राष्ट्र से धोखा

भारत को धोखा देने वाले एक सियासी कुनबे की कहानी

आर. वी. एस. मणि
(पूर्व अवर सचिव, गृह मंत्रालय, भारत सरकार)
अनुवादक: डॉ. महेंद्र ठाकुर

INDIA • SINGAPORE • MALAYSIA

ISBN 979-8-89026-681-1

अनुक्रमणिका

आभार

सर्वप्रथम, मैं ट्रूनिकल की पूरी टीम विशेष रूप से अनंत श्रीवास्तव और अमित पांडे को अपना हार्दिक धन्यवाद देता हूँ जिन्होंने इस विचार को उत्पन्न करने में महत्वपूर्ण भूमिका निभाई कि मुझे यह पुस्तक लिखनी चाहिए। पुस्तक प्रकाशन की पूरी प्रक्रिया की देखरेख करने में अपना अमूल्य समय देने के लिए मनीष पांडे को विशेष आभार। मेरी प्रिय धर्मपत्नी सीता वी.एस. मणि ने इस काम में दृश्यों के चित्रण और पुनरावृत्तियों में जो महत्वपूर्ण योगदान दिया है उसके लिए मैं उनका हार्दिक आभारी हूँ।

संस्कृत में दो शब्द हैं जिनका अर्थ अलग-अलग होता है लेकिन, भाव एक ही है। आज के समय में पारिवारिक संबंधों के हिसाब से इन दोनों शब्दों के अनुभव सर्वथा विपरीत माने जाते हैं। ये शब्द हैं सुता जिसका अर्थ है बेटी या पुत्री और दूसरा शब्द है स्नुषा जिसका अर्थ है बहु या पुत्रबधू। दूसरे शब्दों में पुत्रबधू का अर्थ या भाव भी बेटी या पुत्री ही होता है। मैं इस शब्द के शाब्दिक अर्थ पर नहीं जाना चाहता क्योंकि, मेरा परिवार निश्चय से इन दोनों को बेटियों के रूप में ही मानता है। मेरी बहू ने भी हर अवसर पर यथासंभव योगदान दिया है। उनका नाम श्रीमती पवित्र नारायणन आदित्य है जो एक सुप्रसिद्ध और अग्रणी संस्थान से प्रबंधन स्नातक हैं। इस पुस्तक लेखन में उनके बहुमूल्य योगदान के लिए मैं उनको धन्यवाद देता हूँ। लॉकडाऊन के कारण प्रचलन में आये *'वर्क फ्रॉम होम'* के परिदृश्य के गुण या दोष की विवेचना भी मैं नहीं करना चाहता लेकिन, इसके कारण मेरे पुत्र आदित्य को चंडीगढ़ में रहते हुए भी हमसे बात करने का पर्याप्त समय मिला, जिसके कारण हमारी चर्चाओं के माध्यम से आदित्य ने भी इस पुस्तक को पूर्ण करने में अपना अमूल्य योगदान दिया।

'चामुंडा देवी' का यह चित्र कल्याण ने अपनी मंदिर यात्रा के दौरान खरीदा था

खंडन नोट (डिसक्लेमर) :

यह पुस्तक एक काल्पनिक कृति है। पुस्तक के सभी पात्र काल्पनिक हैं। इनका किसी भी जीवित या मृत व्यक्ति के साथ कोई संबंध नहीं है, यदि ऐसा होता है तो यह विशुद्ध रूप से संयोग मात्र होगा।

प्रस्तावना

दृश्य 1

राजन अथवा राजा दुनिया में शासन का प्रथम प्रकटीकरण था। शासन संहिता को राजधर्म के रूप में जाना जाता है। शासन पर सबसे प्राचीन और ज्ञात ग्रंथों में से एक शास्त्र कौटिल्य का अर्थशास्त्र है। इसमें, यह निर्धारित किया गया है कि शासन के लिए सात तत्व आवश्यक हैं, जिन्हें 'सप्तांग' के रूप में जाना जाता है। कौटिल्य के अर्थशास्त्र में इन सात अंगों में से 'अमात्य' इस सप्तांग अवधारणा का एक महत्वपूर्ण तत्व है। वर्तमान समय में अमात्य व्यापक रूप से आज के आधुनिक अधिकारीतंत्र (नौकरशाही) का प्रतिनिधित्व करता है। राजा एक व्यापक प्रशासनिक तंत्र (मशीनरी) के एक टुकड़े के माध्यम से शासन करता है। अमात्य प्रशासन व्यवस्था का उच्च स्तर होते हैं जो एक मंत्रीमंडल (कैबिनेट) का निर्माण करते हैं।

शासन व्यवस्था में प्रधानमंत्री और महामंत्री की भूमिका सबसे महत्वपूर्ण होती है। आपातकाल में कौटिल्य एक राजा से मंत्रियों की एक व्यापक परिषद के सदस्यों से परामर्श करने का निर्देश देते हैं। मंत्रीमंडल राजा को मंत्रियों और दूसरे विभागों के कार्यकारी प्रमुखों को नियुक्त करने में सहायता करता है। अर्थशास्त्र में महत्वपूर्ण मंत्रियों में गुरु, प्रधानमंत्री, सेना प्रमुख (सेनापति), कोषाध्यक्ष जनरल और कलेक्टर जनरल सम्मिलित हैं। इसलिए अधिकारीतंत्र अथवा नौकरशाही युगों से एक आवश्यक और महत्वपूर्ण तत्व रही है। 20वीं शताब्दी में, नौकरशाही को एक जर्मन वैज्ञानिक मैक्स वेबर द्वारा एक सैद्धांतिक तरीके से प्रस्तुत किया गया था, यह सिद्धांत नौकरशाही को एक अत्यधिक संरचित, औपचारिक और अवैयक्तिक संस्था के रूप में परिभाषित करता है। उन्होंने यह प्रतिपादित किया कि एक संस्था अथवा संगठन के पास एक परिभाषित पदानुक्रमित संरचना और स्पष्ट नियम, विनियम और प्राधिकरण की व्यवस्था होनी चाहिए जो इसे नियंत्रित करती हो।

इसलिए, यह स्पष्ट रूप से स्थापित किया जा सकता है अथवा कहा जा सकता है कि अधिकारीतंत्र अथवा नौकरशाही लोगों को शासन प्रदान करने के लिए एक आवश्यक तत्व अथवा व्यवस्था है, फिर चाहे शासन का कोई भी प्रकार क्यों न हो; चाहे वह राजशाही हो, या लोकतंत्र या फिर निरंकुश शासन अथवा तानशाही आदि। शासन का कोई भी प्रकार नौकरशाही के बिना कार्य नहीं कर सकता। इस संदर्भ में, आधुनिक और उत्तर-आधुनिक युग में, शासन के अंतर्निहित मॉडल के रूप में लोकतंत्र और लोगों की इच्छा का विकास हुआ है।

इसका अनिवार्य रूप से अर्थ है कि सरकार एक ट्रस्ट/न्यास है और शासन के जनादेश का प्रयोग करने वाले लोग शासन के साथ सबसे निचले स्थान पर रहने वाले नागरिक सहित बड़े पैमाने पर शासित लोगों के कल्याण पर ध्यान केंद्रित करते हुए काम करते है। अंग्रेजी भाषा में *'नो क्विड क्वो अगेंस्ट टैक्स पेड'* का सिद्धांत इसे सत्यापित करता है। साथ ही नौकरशाही को उन लोगों के एजेंट के रूप में कार्य करना चाहिए जिनकी इच्छा से वे सेवा कर रहे हैं। इसके लिए उच्चतम स्तर की अखंड प्रतिबद्धता, सेवा की भावना और अंत में नागरिकों को सुनने की इच्छा की आवश्यकता होती है। हम दुनिया के कई अन्य देशों की तरह भारत में भी सरकारी सेवक या लोक सेवक की उपाधि देते हैं। यह हमारे संविधान में प्रयुक्त शब्दावली से देखा जा सकता है, जो अनुच्छेद 309 के तहत सरकारी सेवाओं से सर्वाधिक संबंधित है, संविधान का अनुच्छेद 309 कहता है: –

309: *इस संविधान के उपबंधों के अधीन रहते हुए, समुचित विधान-मंडल के अधिनियम संघ या किसी राज्य के कार्यकलाप से संबंधित लोक सेवाओं और पदों के लिए भर्ती का और नियुक्त व्यक्तियों की सेवा की शर्तों का विनियमन कर सकेंगे: परंतु जब तक इस अनुच्छेद के अधीन समुचित विधान-मंडल के अधिनियम द्वारा या उसके अधीन इस निमित्त उपबंध नहीं किया जाता है तब तक, यथास्थिति, संघ के कार्यकलाप से संबंधित सेवाओं और पदों की दशा में राष्ट्रपति या ऐसा व्यक्ति जिसे वह निर्दिष्ट करे और राज्य के कार्यकलाप से संबंधित सेवाओं और पदों की दशा में राज्य का राज्यपाल या ऐसा व्यक्ति जिसे वह निर्दिष्ट करे, ऐसी सेवाओं और पदों के लिए भर्ती का और नियुक्त व्यक्तियों की सेवा की शर्तों का विनियमन करने वाले नियम बनाने के लिए सक्षम होगा और इस प्रकार बनाए गए नियम किसी ऐसे अधिनियम के उपबंधों के अधीन रहते हुए प्रभावी होंगे।*

उपरोक्त प्रावधान संघ या राज्य के तहत सभी सेवाओं के लिए सर्वव्यापी है। संविधान के तहत अलग-अलग संस्थागत तंत्र जैसे संसद और राज्य विधानमंडल के सचिवालय या भारत के नियंत्रक और महालेखा परीक्षक, केंद्रीय चुनाव आयोग, न्यायपालिका, यूपीएससी विभिन्न न्यायाधिकरणों आदि के लिए अलग-अलग संस्थागत तंत्र प्रदान करने वाले अलग-अलग अनुच्छेद और प्रावधान हो सकते हैं। इन संस्थाओं और सेवा की शर्तों के लिए इन अलग-अलग और विशिष्ट अनुच्छेदों के तहत बनाए गए कुछ नियमों को अधिसूचित किया जा सकता है, लेकिन मौलिक नियमों, आचरण नियमों के रूप में अधिसूचित कुछ नियमों की भावना सर्वव्यापी प्रकृति की है।

इन नियमों के अंतर्गत संघ या राज्य के तहत सेवा में किसी व्यक्ति के मार्ग में कुछ घटनाक्रम अथवा चरण निर्धारित किये गए हैं। पहला चरण है कि सेवा में प्रवेश करने वाले प्रत्येक व्यक्ति को शुरू में भारत के संविधान और राष्ट्रीय हितों के प्रति निष्ठा की शपथ लेनी होगी, दूसरा चरण एक शपथ है जिस पर हस्ताक्षर किए होते हैं, वह गोपनीयता की शपथ है। इन दोनों दस्तावेजों पर सरकारी कर्मचारी के हस्ताक्षर होते हैं और इन्हें उसके संबंधित सेवा रिकॉर्ड में रखा जाता है।

इस पुस्तक का सार यह है कि पिछले कालखंड में कैसे कुछ नौकरशाहों ने उपरोक्त के विरुद्ध कुछ राजनेताओं के साथ मिलकर देश के विरुद्ध काम किया था।

राजनेताओं ने जो किया अथवा सत्तारूढ़ राजनीतिक दल ने जो किया वह गलत है। मैंने अपनी पिछली पुस्तक 'भगवा आतंक एक षडयन्त्र' में इसका खुलासा किया है। इस पुस्तक में यह खुलासा किया गया है कि कैसे एक सत्तारूढ़ सरकार ने पक्षपात किया, तटस्थता का त्याग किया, तथ्यों को अनदेखा और तोड़-मरोड़कर पेश किया, कठिन परिश्रम द्वारा की गयी जाँच से जुटाए गए तथ्यों को दरकिनार कर दिया और सतर्क करने के लिए बजी अनेक खतरे की घंटियों पर भी ध्यान नही दिया। राजनीतिक एजेंडे को आगे बढ़ाने के लिए, तत्कालीन निर्वाचित सरकार ने झूठे तथ्यों को गढ़ा था, कानूनी रूप से स्थापित संस्थागत तंत्र को दूषित किया था, ताकि यह सुनिश्चित किया जा सके कि उनके दुष्प्रचार और मनघड़ंत तथ्यों को मान्य और प्रचारित किया जा सके। संविधान निर्माताओं ने इसकी कल्पना कभी नहीं की थी। इस झूठे और शरारती कुकृत्य ने हमारी सामाजिक व्यवस्था को खंड-खंड करने का खतरा पैदा कर दिया था। अल्पसंख्यक समुदाय के लगातार तुष्टिकरण के लालच में, बहुसंख्यक समाज को दबंग, धमकाने वाले और अत्याचारी के रूप में पेश किया गया था, और देश में हर आतंकवादी हमले के लिए बहुसंख्यक समाज को ही दोषी ठहराने की क्रूर साज़िश रची गई थी। राजनैतिक पार्टियों के गठबंधन के नेता विश्व के एक शक्तिशाली देश के राजदूत के पास गए और रिकॉर्ड पर मौजूद तथ्यों की अनदेखी या उन्हें छुपाते हुए कहा था कि भारत में आतंकवाद का खतरा बहुसंख्यक समुदाय से अधिक है। सिर्फ वोट के लिए ही नहीं बल्कि अज्ञात कारणों से हमारे देश में उपद्रव फैलाने वाले पड़ोसी देश के साथ साझेदारी की गई। वैश्विक विमर्श को उलट दिया गया था और बहुसंख्यक समाज को उत्पीड़क और अपराधी के रूप में कलंकित किया गया था। एक और देश जो भारत के इस दुश्मन पड़ोसी देश के पीछे था, उसे सम्मानित किया गया और वहाँ की सत्तारूढ़ पार्टी के साथ एक समझौता ज्ञापन (एमओयु) किया गया, मानो यह सरकार-से-सरकार का कोई अनुबंध था। देश के भोले-भाले लोग जिनको सुरक्षित और स्वतंत्रता पूर्ण जीवन जीने का अधिकार संविधान प्रदत है, उनके साथ बुरी तरह से धोखा किया गया। लेकिन उन्होंने जो किया वह नौकरशाही की सक्रिय भागीदारी के बिना नहीं हो सकता था। नौकरशाही के कार्य को पहले ही बताया जा चुका है। अनुच्छेद 310 और 311 के अलावा, संविधान नौकरशाहों को कार्यकाल की सुरक्षा और उत्पीड़न के विरुद्ध सुरक्षा की गारंटी भी देता है, ताकि यह सुनिश्चित किया जा सके कि वे निष्पक्षता और अखंडता के अपने मूल्यों से समझौता न करें। वे राष्ट्र की अखंडता और एकता के लिए काम करने की अपनी प्रतिबद्धता जारी रख सकें। वे राजनीतिक दबाव के आगे नहीं झुके और वे बिना किसी भय या पक्षपात के कार्य करते रहें। लेकिन विडंबना यह है कि कुछ लोगों ने सरकारी सेवा में प्रवेश करते समय ली गई शपथ का उल्लंघन किया था। उसी समय, भारत एक राष्ट्र है यह सुनिश्चित करने के लिए हमारी एजेंसियों और कर्मियों ने शत्रुतापूर्ण वातावरण में भी प्रतिबद्धता और निष्ठा के साथ काम किया था। लेकिन यह दुखद है कि जीवन संकट में डालकर चुनौतियों से लड़ने वाले उन लोगों और एजेंसियों की भी अनदेखी की गयी और देश की सुरक्षा से समझौता किया गया था।

राष्ट्र के लिए हर संकट मोल लेकर काम करने वाली हमारी एजेंसियों के कर्मियों की पहचान शत्रुतापूर्ण माहौल से बचाने के लिए यह कल्पनापूर्ण (फिक्शन) पुस्तक लिखी गई है, ताकि उनकी पहचान लोगों के सामने न आये। लेकिन यह पुस्तक भ्रामक नहीं है और यह सत्य है कि ऐसी घटनाएं हुई हैं।

पुस्तक का केंद्रीय और मुख्य पात्र 'कल्याण' नामक एक अधिकारी है। जिसकी ऑपरेशन सम्बंधी अनेक गतिविधियों और देश की विभिन्न एजेंसियों के साथ उसके कामकाज (इंटरफेस) का विवरण संवाद स्वरुप में इस पुस्तक में दिया गया है। जिसके अंतर्गत देश में हुए कई खूनी आतंकी हमलों के साथ-साथ 26.11.2008 के मुंबई में सबसे रक्तरंजित नरसंहार के बारे में भी विस्तार से बताया गया है। इस परिदृश्य में, पुस्तक के मुख्य पात्र कल्याण (जो एक सिविल सेवक है) के लिए नौकरशाही में कुछ तत्वों सहित एक शक्तिशाली तंत्र की ताकत का सामना करना बहुत चुनौतीपूर्ण रहा है। इसके लिए उसके ऊपर गिरफ्तारी, नौकरी खोने, हत्या, किडनैपिंग आदि हर प्रकार का खतरा मंडरा रहा है। लेकिन वह अपनी बात और सिद्धांतो पर अडिग है।

मेरे पिता का हमेशा से मानना था कि महापुरुषों के चरित्र की शक्ति इस बात में दिखाई देती है कि वे चुनौतीपूर्ण परिस्थितियों में कैसे कार्य करते हैं। इसके लिए वह श्रीमद भगवत गीता से एक श्लोक हमेशा उद्धृत करते थे कि महापुरुष और नायक क्या करते हैं:

"यद्यदाचरति श्रेष्ठस्तत्तदेवेतरो जनः ।

स यत्प्रमाणं कुरुते लोकस्तदनुवर्तते ।।

अर्थातः श्रेष्ठ मनुष्य (महापुरुष) जैसा-जैसा आचरण करता है साधारण मनुष्य भी वैसा-वैसा ही आचरण करता है अर्थात उसे अपने आचरण में लाता है। वह श्रेष्ठ मनुष्य अपने अनुसरणीय कार्यों से जो आदर्श प्रस्तुत करता है सम्पूर्ण विश्व उसका अनुसरण करता है।"

इस पुस्तक में कल्याण अपनी चुनौतियों से कैसे निपटता है यह दिखाया गया है। आइए जानते हैं कैसे!

अध्याय 1

कल्याण एक धार्मिक वृति वाला व्यक्ति है, जो डिपार्टमेंट ऑफ़ इंडस्ट्रियल डेवलपमेंट (औद्योगिक विकास विभाग) में काम कर रहा था। यह वही विभाग है जिसका नाम बदलकर डिपार्टमेंट ऑफ़ इंडस्ट्रियल पॉलिसी एंड प्रमोशन किया गया था।

सितंबर 2004 में उसे देश में विनिर्माण क्षेत्र में दक्षता बढ़ाने पर विशेष रूप से ध्यान केंद्रित करने के लिए एक नवगठित विभाग में नियुक्त किया गया था। कॉउंसिल के चेयरमैन डॉ. शंकर थे, जिनका कांग्रेस पार्टी के पिछले कार्यकाल के दौरान एक उत्कृष्ट रिकॉर्ड था। उन्हें एक ऐसे व्यक्ति के रूप में जाना जाता था, जिन्होंने आपातकाल के दौरान तत्कालीन प्रधानमंत्री के पुत्र द्वारा शुरू की गई छोटी कारों की परियोजना सहित कई सार्वजनिक क्षेत्रों को बदल दिया था। चेयरमैन, राष्ट्रीय सलाहकार समिति, राजीव गांधी फाउंडेशन के सदस्य भी थे, और एक राजनैतिक दल (जिसकी 15 वर्षों के अंतराल के बाद सत्ता में वापसी हुई थी) के 'सुपरबॉस' प्रथम परिवार के अत्यंत निकटतम लोगों में से एक थे। उन्हें उक्त विभाग में कार्य करने और उस विभाग को स्थापित करने का कार्यभार सौंपा गया था। अन्य विभागों के विपरीत, इस संस्था के पास नवगठित होने के कारण कार्यालय की जगह नहीं थी, और एक सचिवालय अधिकारी होने के कारण उन्हें इस विभाग को संस्थागत बनाने, कार्यालय हेतु स्थान खोजने और इस विभाग के लिए बजट जुटाने की जिम्मेदारी दी गई थी।

इसके बाद, एक सदस्य सचिव श्री गोविंदा को कॉउंसिल में नियुक्त किया गया। वह 1967 बैच के सेवानिवृत्त आईएएस अधिकारी थे, जो भारत सरकार के सचिव के रूप में सेवानिवृत्त हुए थे।

कल्याण को सरकारी नियम-कानूनों के ज्ञाता, नियमों पर अडिग रहने वाला और संस्थागत विकास के लिए हर प्रकार से सक्षम होने वाले व्यक्ति के रूप में जाना जाता था। इसलिए विभाग को कानूनी/वैध रूप देने के प्रयोजन से उसने चेयरमैन को सुझाव दिया था कि विभाग को एक अवैधानिक मूल के साथ स्थापित किया जाना चाहिए, जिसमें विस्तृत अनुदान आवंटित नहीं किया जाना चाहिए। अनुदान की अलग माँग के साथ यह स्वतंत्र रूप से कार्य कर सकता है। दूसरे शब्दों में कहें तो इसे अनुदान के लिए डिपार्टमेंट ऑफ़ इंडस्ट्रियल पॉलिसी एंड प्रमोशन पर निर्भर नहीं रहना होगा। हालांकि, बजट के अंतर्गत एक अलग अनुदान प्राप्त करने के लिए उत्तरदायित्व और कठोर परिश्रम की आवश्यकता होती है। सेवानिवृत्त सचिव इसके बारे में चेयरमैन को भ्रमित (गुमराह) करने में सफल रहे, जिसके कारण चेयरमैन (जो राष्ट्रीय सलाहकार परिषद चेयरमैन के बहुत निकटम

थे, और जिसके चेयरमैन स्वयं सदस्य और सदस्य सचिव भी थे) ने कल्याण को डांटा फटकारा। चूंकि, वहाँ कार्य करना कठिन हो गया था, इसलिए कल्याण एक वैकल्पिक पदस्थापना (पोस्टिंग) चाहता था।

पृष्ठभूमिः

चेयरमैन चैंबर: केवल 3 व्यक्ति उपस्थित हैं: एक चेयरमैन, सदस्य सचिव और कल्याण

कल्याण: "सर, मंत्रिमंडल का वर्तमान प्रस्ताव हमें केवल स्वायत्त निकाय का दर्जा देकर अनुदान संस्था के साथ जोड़ता है, जिससे हमारे कामकाज में समस्याएं उत्पन्न होंगी।"

सदस्य सचिव: "इससे आपका क्या अर्थ है? या "आप कहना क्या चाहतें हैं?"

कल्याण: "सर, इसका अर्थ है कि हमें हर छोटी स्वीकृति के लिए मंत्रालय जाने की आवश्यकता होगी। यहाँ तक कि कार्यालय संबंधी आवश्यकतओं, यात्रा योजनाओं और व्यय करने संबंधी किसी भी तरह के बड़े से छोटे विषयों में अनावश्यक देरी होगी। वास्तव में, आप वित्तीय शक्तियों के आबंटन के तहत हेड ऑफ़ दी डिपार्टमेंट के रूप में अधिकृत होंगे, जिसका अर्थ है कि आप केवल 10,000 /- रुपये ही खर्च कर सकते हैं।"

चैयरमैन: "मैं तत्काल आधार पर अनुमोदनों की स्वीकृति लूँगा और मैं कैबिनेट मंत्री कमलनाथ से बात करूंगा।"

सदस्य सचिव: "सर, यह (कल्याण) एक 'अलार्मिस्ट' (डर पैदा करने वाला) है और अनावश्यक रूप से झूठा डर फैला रहा है। मैं सेवानिवृत्त सचिव हूँ और मैं जानता हूँ।"

कल्याण: "लेकिन सर, वे आपको केवल हेड ऑफ़ दी डिपार्टमेंट घोषित कर रहे हैं। जबकि हमारे विभाग को वित्तीय शक्ति नियमों के प्रत्यायोजन (डेलीगेशन) के तहत एक विभाग के रूप में घोषित किया जाना है, जिससे हमारे पास व्यय की प्रत्येक आवश्यकता के लिए एक अलग बजट लाइन हो सकती है, जिस पर हमें अधिक स्वायत्तता मिलेगी। इससे हम अपने भाग्यविधाता स्वयं हो सकते हैं।"

सदस्य सचिव: "क्या आप मुझसे अधिक जानते हैं? मैं एक सेवानिवृत्त सचिव हूँ। सर, यह आदमी झूठे डर का माहौल बना रहा है। वैसे, कल्याण ऑफिस के स्थान का क्या हुआ?"

चेयरमैन: "ठीक बात है, सदस्य सचिव जो कह रहे हैं वह सही है। अब बताईये, ऑफिस की जगह का क्या हुआ?"

कल्याण: "सर, विज्ञान भवन तैयार हो रहा है। मैंने सीपीडब्ल्यूडी में कार्यकारी अभियंता से बात की है। उनकी टीम अधाधुंध और तेज गति से काम कर रही है।"

चेयरमैन: "वे इस कार्य को कब तक पूरा करेंगे और इसे कब तक सौंप देंगे?"

कल्याण: "सर, अनुमति अथवा अधिकार के अनुसार यदि वे ऐसा करते हैं तो यह एक महीने में उपलब्ध हो सकता है। लेकिन चेयरमैन ऑफिस एवं सदस्य सचिव ऑफिस में अतिरिक्त आवश्यकताओं के कारण विभाग द्वारा अतिरिक्त व्यय स्वीकृत करना पड़ेगा। यह फाइल विभाग की वित्त शाखा में लंबित है।"

चेयरमैन: "लेकिन इसे वित्त शाखा के पास क्यों जाना चाहिए? सदस्य सचिव, आप वित्तीय सलाहकार से बात करिये। मैं अगले दो दिनों के लिए चेन्नई के दौरे पर हूँ और मैं इसमें कुछ प्रगति देखना चाहता हूँ। वैसे क्या हमें और अधिक वित्तीय शक्तियां नहीं मिल सकती हैं, ताकि इन छोटे मुद्दों में अनिश्चित काल के लिए देरी न हो?"

कल्याण: "सर, क्षमा कीजिये, यह वही है, जिसके स्थायी समाधान का निवेदन करने का प्रयास मैं कर रहा था।"

सदस्य सचिव: "नहीं सर, यह आदमी एक 'अलार्मिस्ट' है। यह बिना मतलब के ऐसा कर रहा है और विभाग में लोगों को भ्रमित (गुमराह) कर रहा है।"

कल्याण:"यह एक निराधार आरोप है। मैं जो कहने का प्रयास कर रहा हूँ वह नियम पुस्तिका के अनुसार है। अन्यथा, मुख्य लेखा नियंत्रक निर्दिष्ट अधिकारी (देसिग्नेटेड अथॉरिटी) की स्वीकृति के बिना पेमेंट जारी नहीं करेंगे। प्रतिबंध जारी नहीं किए जा सकते हैं।"

सदस्य सचिव: "आप हर चीज में बाधा पैदा कर रहे हैं। सर, एक दिन मैंने इनसे मेरा आरएएक्स (RAX) नंबर प्रसारित करने के लिए कहा था। लेकिन इन्होने ऐसा करने से इनकार कर दिया।"

कल्याण: "नहीं सर, ऐसा नहीं था। इसके लिए मैं लिखित आदेश चाहता था। RAX निर्देशिका (डायरेक्टरी) एक क्लासीफ़ाइड (वर्गीकृत) दस्तावेज़ है। मैंने इन्हे केवल यही बताया था कि जिस किसी के पास भी RAX होता है उसके पास RAX निर्देशिका भी होगी। मैं लिखित आदेशों के बिना किसी भी गुप्त-वर्गीकृत जानकारी को प्रसारित नहीं करना चाहता था। इसलिए मैंने मना कर दिया था।"

चेयरमैन:"कल्याण, यदि आप अपनी इच्छाओं और शैली के अनुसार इस विभाग को चलाने की कोशिश कर रहे हैं तो मैं इसकी अनुमति नहीं दूंगा। आपका मतलब है कि सदस्य सचिव इन चीजों को नहीं जानते हैं?"

कल्याण: "नहीं, सर, मैं विनम्रतापूर्वक निवेदन करता हूँ कि मेरा उद्देश्य सदैव यह सुनिश्चित करना रहा है कि कानूनी प्रावधानों के साथ सरकारी नियमों का पालन हो। यदि कोई अवरोध की भावना है, तो मुझे आपके आशीर्वाद से इस प्रभार से मुक्त होने में प्रसन्नता होगी।"

चेयरमैन: "ठीक है! मैं सचिव से बात करूंगा और आप अपने आदेशों की प्रतीक्षा करिये।"

यह शुक्रवार शाम की बात है। चेयरमैन अपनी उड़ान भरने के लिए जल्दी में थे। अगले दो दिन सप्ताहांत अर्थात शनिवार और रविवार थे।

उस वर्ष रविवार के दिन 'महाशिवरात्रि' का त्यौहार था। कल्याण और उनके पिता तथा कुछ अन्य लोगों ने एक बहुत ही प्रसिद्ध दक्षिण भारतीय मंदिर में *रुद्रमचमकम* का पाठ करने में पूरी रात बिताई। युवावस्था के समय से कल्याण इस आचरण का पालन कर रहा है।

अगले दिन 26.02,2006 को कल्याण को डिपार्टमेंट ऑफ़ पर्सनल एंड ट्रेनिंग द्वारा जारी किया गया अपना स्थानांतरण आदेश प्राप्त हुआ, जो निम्लिखित है:

केंद्रीय सचिवालय सेवा के अधिकारी श्री कल्याण कृष्णन को गृह मंत्रालय में स्थानांतरित किया जाता है। उन्हें अपनी नई पदस्थापना पर सम्मिलित्त होने के लिए उनके कार्यों से मुक्त किया जा सकता है।

डिपार्टमेंट ऑफ़ इंडस्ट्रियल पॉलिसी एंड प्रमोशन द्वारा कार्यमुक्त किए जाने पर वह गृह मंत्रालय नॉर्थ ब्लॉक नई दिल्ली के निदेशक श्री जगदेव सिंह को रिपोर्ट करेंगे।

-/हस्ताक्षर

शाम को द्वारका में अपने निवास पर लौटने के बाद कल्याण ने अपने परिवार को यह समाचार सुनाया। यह सुनते ही उनके पिता (मानों कोई भविष्यवाणी कर रहे हों) ने घोषणा की कि यह कल्याण के करियर का एक पथप्रवर्तक कालखंड होगा।

कल्याण को डिपार्टमेंट ऑफ़ इंडस्ट्रियल पॉलिसी एंड प्रमोशन द्वारा अगले दिन अपने कर्तव्यों से मुक्त कर दिया गया। आदेश को कुछ इस तरह पढ़ा जा सकता है:

दिनांक 27.02.2006 के कार्यलय ज्ञापन संख्या 11111/1/2006 के अनुसरण में, श्री कल्याण कृष्णन अय्यर को 28.02.2006 की पूर्वाह्न से अपने कर्तव्यों से मुक्त कर दिया गया है। उन्हें गृह मंत्रालय, नॉर्थ ब्लॉक नई दिल्ली के निदेशक श्री जगदेव सिंह को रिपोर्ट करने का निर्देश दिया जाता है। उन्हें यह भी निर्देश दिया जाता है कि वे विभिन्न अनुभागों से अपने नो ड्यूज प्रमाण पत्र प्राप्त करें और अंतिम वेतन प्रमाण पत्र जारी करने और अपनी सेवा पुस्तिका के हस्तांतरण के लिए कैश सेक्शन (नकदी अनुभाग) में जमा करें।

इसके बाद कल्याण के सभी सहयोगियों ने उसके पास आकर अपनी-अपनी सहानुभूति और संवेदनायें प्रकट की। कुछ लोगों ने कठिन दिनों के लिए उसके साथ सहानुभूति जताई और कुछ ने राजनीतिक तौर पर 'बड़े लोगों' के साथ पंगा लेने के लिए उसका मजाक उड़ाया।

दृश्य 2

अगले दिन कल्याण कृष्णन जाता है और गृह मंत्रालय के तत्कालीन निदेशक श्री जगदेव सिंह को रिपोर्ट करता है। यह सज्जन पुरुष एक झगड़ालू स्वाभाव के अधिकारी थे। उन्हें पदोन्नति के लिए अनदेखा किया गया था जिससे वे निराश थे।

कल्याण: "सर मैं स्थानांतरण होने पर इस मंत्रालय में नियुक्ति लेने के लिए आया हूँ।"

जगदेव सिंह (जेएस): "तो क्या करूं? आरती उतारूं?"

कल्याण: "सर, डिपार्टमेंट ऑफ़ पर्सनल का आदेश।"

जेएस: "तो, सर पर बिठाऊं क्या?"

कल्याण: "सर जी, जहाँ खाली हो वहाँ पर बिठवा दीजिये।"

जेएस: "आप कैसे बोलते हो?"

कल्याण: "सर जी, मैं तो बिल्कुल शालीनता से बोल रहा हूँ।"

जेएस: नहीं, तुम्हारा मतलब मेरा सर खाली है क्या?"

कल्याण: "जी नहीं। मैने ऐसा नहीं कहा। मैं ये कह रहा था कि जहाँ खाली हो वहाँ बैठा दो।"

जेएस: "यही तो बात है कि मेरा सर खाली है इसलिए सर पे बैठाओ।"

कल्याण: "इस बात का कोई संज्ञान नहीं है सर जी, इसमें इतना बड़ा प्रसंग मैं कैसे सोच सकता हूँ।"

जेएस: "ऐसी जगह पोस्टिंग दूंगा जहाँ कोई भी ऑफिसर 6 महीने से ज्यादा नहीं टिक पाया है।"

कल्याण: "धन्यवाद!"

बाद में कल्याण को बताया गया कि उसकी पदस्थापना तय होने के बाद उसे सूचित किया जाएगा और उन्होंने उसका संपर्क सूत्र अर्थात टेलीफोन नंबर ले लिया। कल्याण वापस आ गया और इस अवधि में स्वयं को घर के कुछ कामों में व्यस्त कर लिया, साथ ही अपने बेटे के शैक्षणिक प्रदर्शन का जायजा लिया, जो तब 12वीं कक्षा में गया था।

01.03.2006 को दोपहर में विश्राम करते समय टेलीफोन की घंटी बजी। यह फोन गृह मंत्रालय के एडमिनिस्ट्रेशन सेक्शन (प्रशासन अनुभाग) से था। कल्याण को सूचित किया गया कि उसे इंटरनल सिक्योरिटी डिवीज़न (आंतरिक सुरक्षा प्रभाग) में नियुक्त किया गया है और उसे आगे के निर्देशों के लिए तुरंत संयुक्त सचिव श्री रस्तोगी को रिपोर्ट करने के लिए कहा गया था।

अगले दिन कल्याण अपनी दिनचर्या के अनुसार कार्यालय के रास्ते में आने वाले मंदिर गया, और अपनी पूजा तथा प्रार्थना करने के बाद श्री रस्तोगी को रिपोर्ट किया।

कल्याण: "सर, मैं कल्याण कृष्णन हूँ, डिवीजन में अभी नियुक्त हुआ आपका नया अंडर सेक्रेटरी (अवर सचिव)।"

रस्तोगी: "बैठिये। आप काउंटर-टेररिज्म (आतंकवाद विरोधी), टेरर फंडिंग (आतंकवाद के वित्तपोषण), लॉ एंड आर्डर (कानून और व्यवस्था), इंटेलिजेंस कोआर्डिनेशन (खुफिया समन्वय), और इशू ऑफ़ एडवाईजरीज (परामर्श जारी करना) का काम देखेंगे। संसद के प्रश्नों के लिए कुछ नोटिस हैं जाईये और उन्हें देखिये।"

तभी दरवाजे पर दस्तक हुई और कल्याण ने एक और अधिकारी को आते देखा, जिसे उसने कुछ दिन पहले जगदेव सिंह के कमरे में देखा था।

रस्तोगी : दो महीने से न तो कोई निदेशक है और न ही कोई अवर सचिव।

अजनबी: "सर, मैं पीयूष दुबे हूँ, आपके साथ काम करने के लिए नियुक्त किया गया निर्देशक।"

रस्तोगी: "बैठिये, अभी-अभी आपका अंडर सेक्रेटरी भी जॉइन हो रहा है।"

अजनबी: "ठीक है सर।"

रस्तोगी: अजनबी (पीयूष) की ओर देखते हुए, "यह कल्याण है। नव नियुक्त अंडर सेक्रेटरी। आप दोनों एक साथ काम करेंगे और सभी चुनौतियों को दूर करेंगे।"

कल्याण: "सर!"

रस्तोगी (कल्याण को): "पीयूष आपके डायरेक्टर हैं। वह भी आज ही जॉइन कर रहे हैं। आपका मार्गदर्शन नहीं कर पाएंगे। लेकिन, आप दोनों मेरे कमरे में कभी भी आ सकते हैं, भले ही वहाँ कोई भी बैठा हो अथवा कैसी भी मीटिंग (बैठक) चल रही हो। मेरा मतलब है आप लोगों के लिए कोई प्रतिबंध अथवा बाध्यता नहीं है।"

फिर वह अपने सचिव को कॉल करते हैं और उसे सूचित करते हैं कि कल्याण नया अंडर सेक्रेटरी है और पीयूष डायरेक्टर।

" उनके फ़ोन नम्बर ले लीजिए। वे मेरे कमरे में कभी भी बिना रोक-टोक आ सकते हैं।"

कल्याण: "सर मैं जाता हूँ।"

पीयूष: "सर मैं भी।"

रस्तोगी: "ठीक है! लेकिन याद रखें और मैं चाहता हूँ कि आप उन कागजों के ढेर को देखें और उन पर ध्यान दें। इसके अतिरिक्त, सबसे पहले संसद के नोटिस पर काम करिये। यह सुनिश्चित करने के लिए आप लोग ब्लू बुक देखिये कि क्या वे हमारे डिवीजन से संबंधित हैं या किसी और से।"

कल्याण: "ठीक है सर!"

रस्तोगी: "गड़बड़ मत करना। कोई संदेह हो तो सीधे मेरे कमरे में आना, मैं प्रतिबद्धता चाहता हूँ।"

कल्याण: "मैं आश्वस्त करता हूँ सर।"

कल्याण और पीयूष ग्राउंड फ्लोर पर कल्याण के कमरे में लौट आए। पीयूष के ऑफिस के कमरे की तैयारी हो रही थी, इसलिए उसे कुछ समय अर्थात अगले 15 दिनों के लिए कल्याण के कमरे से ही काम करना था। कल्याण जैसे ही कमरे में प्रवेश करता है, एक अधिकारी और दो कर्मचारी और एक पीए जिसका नाम संदीप था उसकी प्रतीक्षा कर रहे हैं। जैसे ही वे दोनों कमरे में प्रवेश करते हैं, कल्याण को कागजों का एक पुलिंदा सौंप दिया जाता है।

उस दिन के 11:15 बजे थे। मंत्रालयों में, यह समय कर्मचारियों के लिए गैर-घोषित रूप से चाय पीने का समय होता है। कागजों का पुलिंदा कल्याण को सौंपने के कुछ ही मिनटों के भीतर कर्मचारी अपनी चाय/कॉफी का आनंद लेने के लिए चले गए।

कल्याण और उसके बॉस (पीयूष) ने कागजों के पुलिंदे से कागजों को छांटने का काम किया और संसद के नोटिस, इनपुट आदि के रूप में (जिसकों लेकर रस्तोगी ने पहले ही निर्देश दिया था) सबको अलग-अलग सेट किया। इनपुट्स का मतलब ऐसी जानकारी होती है जिसकी उच्च अधिकारियों और एक्स, वाई, जेड के संज्ञान में लाए जाने की आवश्यकता होती है। इस बीच पीए संदीप वापस आ गया था। कल्याण और पीयूष लोकसभा और राज्य सभा के नोटिसों के उत्तरों पर काम करने का निर्णय लेते हैं ताकि तथ्यों या आपत्तियों को प्रश्नों के हिसाब से बनाया जा सके। इनमें से कुछ अर्थहीन हो गए थे और उन्हें पता था कि इनकी समय सीमा बीत चुकी है और प्रश्न को स्वीकार कर लिया गया है।

चूंकि, किसी भी पोस्टिंग के पहले दिन लोग अपना 'डब्बा' नहीं लाते हैं, उन्हें आश्वासन होता है कि वहाँ एक या शायद प्रत्येक मंत्रालय की एक से अधिक कैंटीन होगी और दोपहर का भोजन बहुत मामूली राशि के लिए उपलब्ध होगा।

दोपहर, करीब डेढ़ बजे कल्याण और पीयूष कैंटीन से लंच ऑर्डर करते हैं और भोजन ग्रहण करते हैं। निदेशक पीयूष गुटका चबाने वाला बंदा था। इसलिए अपने दोपहर के भोजन के बाद वे दोनों पीयूष को गुटके की खुराक लेने में मदद करने के लिए नॉर्थ ब्लॉक के उत्तरी गेट पर थोड़ी देर के लिए टहलने निकल जाते हैं। उसके बाद वे अपने कार्य को सेट करने के लिए वापस आते हैं। दोपहर में चाय के लिए एक अंतराल के साथ, उन्होंने कार्य को अधूरा छोड़ दिया, जिसमें केवल संसद के प्रश्न से संबंधित कागजात थे। वास्तव में उन्हें यह ध्यान आया कि समय शाम के 7:00 बजे से ऊपर था। नॉर्थ ब्लॉक में दोपहिया वाहन केवल भवन के उत्तर की ओर पार्क किए जाते हैं, जबकि लेबल लगे चार पहिया वाहनों को नॉर्थ ब्लॉक के दक्षिण के साथ-साथ उत्तर की ओर भी पार्क किया जा सकता है। कल्याण अपनी मोटरसाइकिल से कार्यालय जा रहा था। इसलिए कमरा बंद करने के बाद, कल्याण भवन के उत्तर दिशा के प्रवेश द्वार की ओर चला गया और पीयूष ने (जो पहले नॉर्थ ब्लॉक वित्त मंत्रालय में तैनात था, के पास एक लेबल वाला वाहन था जिसे उसने साउथ साइड में पार्क किया था) दक्षिण गेट की ओर चलना शुरू कर दिया।

उनका जीवन कुछ इस तरह चल रहा था।

अध्याय 2

दृश्य 3

बात 7 मार्च 2006 की है। दोनों कल्याण और पीयूष घर जाने की तैयारी कर रहे थे। पिछले कुछ दिनों से वे अपने पद अनुसार कार्य में व्यस्त थे। रस्तोगी की अपने कमरे में निर्बाध आवागमन की अनुमति होने के बाद से दोनों ने उनका मार्गदर्शन प्राप्त करने के लिए इसका भरपूर उपयोग किया। रस्तोगी उस पक्ष पर पूरी तरह से पेशेवर थे और उन्होंने अपने शब्दों का यथावत पालन किया। कुछ मामलों में, उन्होंने दोनों को अतिरिक्त सूचनात्मक इनपुट और नया दृष्टिकोण आदि भी दिया। 7 मार्च 2006 की शाम को जब कल्याण और पीयूष दोनों कार्यालय से निकलने की तैयारी कर रहे थे, तभी श्री रस्तोगी ने उन्हें इंटरकॉम पर बुलाया।

उनकी आवाज़ की जल्दबाज़ी से कल्याण को आभास हो गया था कि कुछ गंभीर मामला था। रस्तोगी के कमरे में पहुंचने पर उन्होंने आदेश दिए। उन्होंने पहले कहा कि वाराणसी में बम हमले हुए हैं।

"पीयूष, आप कंट्रोल रूम में जाईये और संबंधित डीआईजी से बात करके डिटेल्स प्राप्त करिये। कल्याण, आप जाकर केन्द्रीय गृहमंत्री के वक्तव्य का प्रारूप तैयार कीजिए। पीयूष को पूरा विवरण मिलने के बाद हमें मंत्री के लिए संसद के समक्ष एक पूर्ण और औपचारिक वक्तव्य का प्रारूप तैयार करना पड़ सकता है।"

पीयूष निर्देशानुसार गृह मंत्रालय के कंट्रोल रूम में गया और रस्तोगी द्वारा सौंपे गए कार्य के बारे में बताया। कल्याण अपने कमरे में वापस आया और केंद्रीय गृहमंत्री की ओर से वक्तव्य का प्रारूप बनाने लगा। घटना के समय और स्थान आदि का विवरण देते हुए वक्तव्य में कहा गया कि यह कायरतापूर्ण कार्य है। मैं इस कुकृत्य की निंदा करता हूँ। मैं बनारस के लोगों को इस तरह के बेहद उत्तेजक कृत्यों के सामने संयम दिखाने के लिए बधाई देता हूँ। पीयूष वाराणसी में पुलिस अधिकारियों के संपर्क में था और जो कुछ भी जानकारी इकट्ठा कर सकता था उसने किया। जैसे कितने लोग घायल हैं, कितने लोगों की मृत्यु हुई है, कोई राहत राशि की घोषणा की गई है अथवा नहीं, कितने लोग अस्पताल में भर्ती हैं आदि।

आखिरकार, उन्होंने अगले दिन लोकसभा और राज्यसभा के समक्ष दिए जाने वाले मंत्री के वक्तव्य का प्रारूप तैयार किया क्योंकि उन दिनों संसद का सत्र चल रहा था। इसके साथ लोकसभा स्पीकर और राज्यसभा अध्यक्ष के लिए भी एक प्रारूप दिया जाना था जिसमें मंत्री जी को यह वक्तव्य देने के लिए उपयुक्त समय स्लॉट प्रदान करने की अनुमति मांगी गई थी।

कल्याण ने इस बात से राहत महसूस की कि भगवान की कृपा से रस्तोगी को भाषा को चमकाने (सुधारने) की आदत नहीं थी, जो मंत्रालय के वरिष्ठ अधिकारियों के बीच समान्य बात होती है।

दृश्य 4

कुछ दिनों के बाद पीयूष का ऑफिस रूम तैयार हो गया और वह उसमें चला गया। यह कमरा गेट के बगल में था। हालांकि, भद्र पुरुष रस्तोगी अपनी कार की प्रतीक्षा करने के बहाने उसके कमरे में चला जाता था, और उसे उसकी गुटका चबाने की आदत के लिए फटकारता था।

पीयूष: "सर, आईये सर।"

रस्तोगी: "हाँ बोलो, अब क्या कर रहे हो?"

पीयूष: "नहीं सर! एक कॉलिंग अटैंशन है और तीन क्वेश्चन का इनपुट आना बाकी है। वेट कर रहे हैं सर।"

रस्तोगी: "मगर यार ये गुटका खाना छोड़ दो। यह बहुत खतरनाक है। मैं चाहता हूँ कि आप लंबे समय तक जीवित रहें।"

शर्म से लटके हुए चेहरे के साथ **पीयूष**: "श! श!"

तभी कल्याण कुछ बोलते हुए कमरे में आता है, "सर, इनपुट आ गया।"

रस्तोगी: दिखाओ क्या आया। अरे! यह जानकारी अधूरी है। किसने स्वीकृति दी इसे? साहू को कॉल करो। फिर उसे ऑफिस में बुलाकर दिखाओ कि ये लोग क्या कर रहे हैं। राज्यसभा के एक दूसरे मामले में भी उन्होंने एक अलग ही चित्र प्रस्तुत किया है।"

कल्याण: "जी सर" (और वहाँ से निकल जाता है।)

20 मिनट के बाद कल्याण वापस आता है। उसी समय, एक और सहकर्मी भी पीयूष के कमरे में घुसा। उसके पास दो प्रश्न हैं और कल्याण के पास एक। पहले कल्याण के प्रश्न के उत्तर का प्रारूप तैयार किया गया और उसी कमरे में रस्तोगी द्वारा स्वीकृति दे दी गई। अब दूसरे सहयोगी के मामलों को उठाया जाता है। कल्याण जाने की तैयारी करता है।

रस्तोगी उसे इनपुट का अध्ययन करते समय रुकने का संकेत करता है। बाद में वह कल्याण (जो अंग्रेजी भाषा में पारंगत है) को कंप्यूटर स्क्रीन पर एक दृष्टि डालने के लिए कहता है। इसे अंतिम रूप दिए जाने के बाद प्रिंट की कमांड दी जाती है। मिस्टर X जो प्रिंट कमांड दे रहा था। जैसे ही पहला पेज बाहर आता है, वह पेज 1 के पीछे प्रिंट करने के स्थान पर एक नया पेज प्रिंटर के अंदर डाल देता है।

रस्तोगी अपना आपा खो देते हैं और कहते हैं: "अरे! तुमने पेड़ काट दिया। हर बार जब लोग ऐसा करते हैं तो यह मेरे शरीर पर एक कट की तरह लगता है।"

वे काम समाप्त करते हैं और इस तरह उस दिन का काम समाप्त होता है। मिस्टर X जो कल्याण का एक सहयोगी है उसके साथ नार्थ गेट तक जाता है। वहाँ पहुंचने पर वे पाते हैं कि मिस्टर X की मोटरसाइकिल चालु नहीं होती है। वे रकाबगंज गुरुद्वारे के पास खड़ी पीसीआर वैन के पास पहुंचते हैं। इन पुलिसकर्मियों पर गृहमंत्रालय के अधिकारियों का प्रभाव होता है। वे एक मैकेनिक (मिस्त्री) की व्यवस्था करते हैं। इसके बाद कल्याण घर के लिए निकलता है और रात के लगभग 10 बजकर 40 मिनट पर घर पहुंचता है। उसकी माँ जाग रही है।

कल्याण: "नी तूंगलैया" (आप अभी तक सोई नहीं)? (हाथ धोने के लिए वॉशरूम में जाते हुए)

अम्मा: "इल्लै"

(इस बीच, कल्याण की पत्नी उमा भोजन गर्म करके लाती है।)

उमा (भोजन परोसते समय): "अम्मा तब तक नहीं सोती जब तक कि वह यह सुनिश्चित नहीं कर लेती कि आप वापस आ गए हैं।"

कल्याण: "ठीक है।"

(अम्मा आती है और उन्हें डाइनिंग टेबल पर जॉइन करती है)

अम्मा: "सब्जी पोट्टुको (और सब्जी ले लो)"

कल्याण: "मैंने पर्याप्त ले लिया है, आप सो क्यों नहीं जाती?"

उमा: "भास्कर ने अपने क्वार्टरली में अच्छा स्कोर किया है।"

कल्याण: "ठीक है।"

इस तरह दिन समाप्त हो गया।

अध्याय 3

दृश्य 5

सुबह 10:00 बजे

कल्याण अभी ऑफिस में आया और बैठा ही था। अचानक उसके इंटरकॉम की घंटी बजी, दूसरी तरफ रस्तोगी साहब हैं,

"मेरे कमरे में आओ"

कल्याण पहली मंजिल पर उनके कमरे की ओर भागता है, पीयूष भी उसी समय आ रहा है।

रस्तोगी: "यह पिछले साल की गृह सचिव स्तर की वार्ता का एक फॉलो-अप है। जिन बिंदुओं पर सहमति बनी थी उनमें से एक बिंदु हमारी सीबीआई टीम के साथ बातचीत करने के लिए फेडरल इन्वेस्टीगेशन एजेंसी ऑफ़ पाकिस्तान की टीम की एक यात्रा भी थी।"

कल्याण और पीयूष: "ठीक है सर!"

रस्तोगी: "पीयूष जाओ और जेडी पॉलिसी से बात करो और टीम तय करो। हमें इसे मंत्री जी के पास ले जाना होगा। इसके अलावा विदेश मंत्रालय के जेएस (पीएआई) के साथ समन्वय करो।"

रस्तोगी (कल्याण की ओर मुड़ते हुए): "हमें हर उस चीज को तय करने की जरूरत है जो हमारे मेज पर है। हम संगठित अपराध गुट (ऑर्गनाइज़्ड क्राइम सिंडिकेट) और नकली मुद्रा (फेक करेंसी) पर काम करेंगे।"

कल्याण: "सर नारकोटिक्स।"

रस्तोगी: "जैसा कहा जाता है वैसा ही करो। यहाँ नारकोटिक्स मत लाओ। एनसीबी में एक अलग संस्थागत व्यवस्था पर काम किया जा रहा है। एनसीबी नारकोटिक्स से निपटती है, सीबीआई नहीं। वे पाकिस्तान के एंटी नारकोटिक्स फोर्स के साथ हैंडल कर लेंगे। 'एंटी' यहाँ भ्रामक शब्द है। शब्दों पर मत जाओ।"

कल्याण: "धन्यवाद सर। क्या मुझे इस संबंध में सीबीआई या दूसरी एजेंसियों से कुछ और जानकारी प्राप्त करनी होगी।"

रस्तोगी: "नहीं। जाओ और एनएन वोहरा रिपोर्ट पढ़ो। वहाँ से चर्चा के बिंदु निकालो।"

कल्याण: "सर, डिवीजन में मेरे पास रिपोर्ट है।"

रस्तोगी: वह एक अधूरी रिपोर्ट है जिसे संसद में प्रस्तुत किया गया था। XXXXX सेक्शन में जाओ और वहाँ से फ़ाइल लो। काम आने वाले नोट्स ध्यान से पढ़ना। पीयूष के साथ बैठो वह भी आपका मार्गदर्शन करेगा। चर्चा के बिंदु बनाओ।"

कल्याण:"ठीक है सर"

पीयूष और कल्याण कमरे से निकलते हैं।

पीयूष: "आप जाकर लेकर आईये।"

कल्याण: "ठीक है, सर!"

पीयूष: "मैं जेडी (पॉलिसी) से निपटा के आता हूँ। फिर शाम में बैठेंगे। ये डेली का कूडा निकाल कर तसल्ली से बैठेंगे।"

कल्याण: "ठीक है सर, मैं भी सारे मटेरियल समेट कर आता हूँ।"

दोनों अपने-अपने रास्ते हो लेते हैं।

शाम के समय पीयूष के कमरे में

कल्याण: "सर, जितना मसाला था सब लेकर आया हूँ। कुछ प्रयास किया है।"

पीयूष: "आओ कल्याण साब। डॉक्यूमेंट पर रिफाइनिंग कर दो। पेन ड्राइव से मेरे सिस्टम में लोड कर दो।"

कल्याण: "ठीक है, सर!"

पीयूष: "एक अस्थायी (टेंटेटिव) एजेंडा भी बनाना है। अभी दोनो बैठ कर बना लेंगे।"

कल्याण: "ठीक है सर।"

वे कंप्यूटर पर फ़ाइल खोलते हैं। कुछ क्षेत्रों को कवर करते हुए एक दस्तावेज तैयार किया गया। नकली मुद्रा (फेक करेंसी) पर संदर्भ निर्माण (रेफरेन्सिंग) भी कर दिया गया। ऑर्गनाइज़्ड सिंडिकेट और पाकिस्तान की भागीदारी पर वे दोनों एनएन वोहरा समिति की रिपोर्ट की फाइल लेकर बैठते हैं और काम शुरू करते हैं। रात लगभग 9:00 बजे वे इस काम को पूरा करते हैं। रस्तोगी घर जाने के लिए अपनी कार की प्रतीक्षा के बहाने कमरे में प्रवेश करता है। पेपर का अवलोकन करने में लगभग 25 और मिनट लगते हैं।

रस्तोगी: "ठीक लगता है।" लेकिन इसे सुबह मेरे पीए को दे देना। मैं कुछ अतिरिक्त बिंदु जोड़ूंगा और इसे फ्रीज (अंतिम रूप) कर दूंगा।"

(ठीक लगता है या ओके सर्वोत्कृष्ट प्रशंसा के शब्द थे जिनकी रस्तोगी से उम्मीद कर सकते हैं। 'गुड (अच्छा है)' शब्द उसके शब्दकोश से गायब था)

कल्याण: "धन्यवाद सर!"

रस्तोगी:- "पीयूष एजेंडा क्या है?"

पीयूष: "सर जेडी (पॉलिसी) से कुछ आगे का इनपुट आना है। कल सुबह फाइनल कर देंगे।"

रस्तोगी: "ठीक है। सुबह के पहले घंटे में"

पीयूष: "ठीक है, सर!"

रस्तोगी निकल जाता है।

पीयूष: "कल्याण साब, खड़ूस साहिब से वाह-वाह ले लिया?"

कल्याण: "सर जी कहाँ का वाह-वाह किया। ठीक है ही तो बोला है।"

पीयूष: "यह उसके मानकों के हिसाब से उत्कृष्ट (एक्सीलेंट) है।"

दृश्य 6

रस्तोगी का कमरा

रस्तोगी: "एजेंडा तैयार है क्या?"

पीयूष: "सर हमारी तरफ से सब तैयार है।"

रस्तोगी: अरे! मंत्री जी के अनुमोदन के बाद इसे आज विदेश मंत्रालय को दिया जाना है।"

पीयूष: "सर प्रस्ताव भेजा था। जेडी (पॉलिसी) क्लियर कर दे तो।"

रस्तोगी (अपने सचिव को बजर पर): "अरे! मैं सीबीआई निदेशक से बात करना चाहता हूँ।"

कुछ समय बाद फोन बजता है। संभवतः रस्तोगी के सचिव

"सर सीबीआई निदेशक दौरे पर हैं"

रस्तोगी: "मुझे मिस्टर YYYYY स्पेशल डायरेक्टर से कनेक्ट करो"

फोन कट जाता है।

कल्याण: "आप ने पेपर तो बनाया है। मगर इट्रेशन चाहिये। आपको अपने सोर्स इतना स्पष्ट रूप से प्रकट नहीं करने चाहिए। चलो बैठते हैं और कुछ एडिटिंग करते हैं। पीयूष तुम भी शामिल हो जाओ।"

पीयूष: "ठीक है सर।"

रस्तोगी (कंप्यूटर स्क्रीन देखते हुए) : "अरे! कुछ इनपुट सीबीआई से संबंधित नहीं हो सकतीं। हम इन तथ्यों को छोटे-छोटे टुकड़ों में साझा करेंगे। सीबीआई के लोगों से यह भी पूछो कि क्या वे इन तथ्यों के साथ सहज होंगे।"

पीयूष: "और एमईए?"

रस्तोगी: "उनसे मत पूछो। हम कहेंगे कि यह हमारी स्थिति (पोजीशन) है। ये एमईए वाले हमेशा से पाकिस्तानियों के साथ तालमेल बनाकर बात करते रहते हैं।"

रस्तोगी: "इसके अलावा, यदि पाकिस्तानी डायरेक्टर पूछता है कि इसे किसने मंजूरी दी है तो उसे बताना कि बड़े अधिकारी (कॉम्पीटेंट अथॉरिटी) ने। क्योंकि यह एजेंसी-टू-एजेंसी बातचीत है। गृहमंत्री जी का अनुमोदन पर्याप्त है। वे सीसीएस मंजूरी पर जोर देंगे जहाँ कल्याण के काम को हल्का कर दिया जाएगा।"

पीयूष: "ठीक है सर"

रस्तोगी: "ठीक है, मैं एजेंडा और कम्पोजीशन पर सीबीआई से स्वीकृति लूंगा। इसे डीआईजी स्तर से परे नहीं होना चाहिए। मुझे लगता है कि यह पर्याप्त है।"

रस्तोगी: "ठीक है, आज के लिए इतना पर्याप्त है। पीयूष आपको इसे संभालना होगा। मैं नक्सली राज्यों की सीसी (समन्वय समिति) बैठक के लिए भुवनेश्वर जाऊँगा।"

पीयूष: "ओके सर"

दृश्य 7

कल्याण की मेज पर सीलबंद कवर में एक संचार आता है। लिफ़ाफ़ा खोलने पर पता चलता है कि यह सीबीआई से है और उन्होंने आईजी स्तर के अधिकारी और कुछ अन्य के नेतृत्व में एक प्रतिनिधिमंडल का गठन किया है। कल्याण इसे पीयूष के पास ले जाता है और बाद में दोनों रस्तोगी के कमरे में जाकर पेपर दिखाते हैं।

रस्तोगी: "मैंने उन्हें विशेष रूप से बताया है कि प्रतिनिधिमंडल का नेतृत्व डीआईजी कर रहे हैं। वे अपनी ही संस्था को नीचा दिखा रहे हैं। करने दो।"

पीयूष: "नहीं सर, मैंने जेडी (पॉलिसी) के साथ भी चर्चा की है। सर उन्होंने मुझे बताया कि चूंकि, डायरेक्टर दौरे पर हैं, इसलिए उन्होंने इसे डिपार्टमेंट ऑफ़ पर्सनल एंड ट्रेनिंग को भेज दिया। एडिशनल सेक्रेटरी (श्रीमती

Xxxxxxx) ने यह सुझाव दिया है और इस पर सचिव के आदेश प्राप्त किए हैं। शायद जेएस (पीएआई) से बात करने के बाद।"

रस्तोगी: "ठीक है, एजेंडा के बारे में क्या?"

पीयूष: "सर, वे और मुद्दे भी चाहते हैं। ऐसा लगता है कि पाकिस्तान ने ऐसा सुझाव दिया है और विदेश मंत्रालय ने उन्हें सीधे लिखा है।"

कल्याण: "सर, लेकिन वे अतिरिक्त मुद्दे! उनके लिए यह मंच उपयुक्त नहीं है।"

रस्तोगी:" मैं सहमत हूँ। हम उन्हें बाहर निकाल देंगे।"

पीयूष: "हम ऐसा करेंगे और गृहमंत्री के अनुमोदन के लिए एक नोट बनाने का प्रयास करेंगे।"

रस्तोगी: "पीयूष क्या मैं इसे दोपहर 3:00 बजे तक होम सेक्रेटरी (गृहसचिव) को भेज सकता हूँ।"

पीयूष: "मैं वचन देता हूँ सर।"

पीयूष और कल्याण पीयूष के कमरे में वापस जाते हैं और एक नोट का प्रारूप तैयार करते हैं। उस समय तक दोपहर के भोजन का समय हो जाता है। इसलिए कल्याण दोपहर 2:30 बजे फिर से बैठने की बात करके लंच करने के लिए अपने कमरे में चला जाता है।

वे दोपहर 2:30 बजे फिर से मिलते हैं। प्रारूप को ठीक करने के बाद, वे इसे रस्तोगी के पास ले जाते हैं। बाद में कार्यालय प्रक्रिया के अनुसार औपचारिक रूप से नोट के निचले भाग में अपने हस्ताक्षर करके इसे गृह सचिव को मार्क करते हैं। अनुमोदन प्राप्त होने के अगले दिन इसे औपचारिक रूप से ऑफिस मैमोरेंडम के माध्यम से विदेश मंत्रालय को सूचित किया जाता है।

विदेश मंत्रालय की प्रारंभिक प्रतिक्रिया जैसा अपेक्षित था वैसी ही थी। सबसे पहले विदेश मंत्रालय में डायरेक्टर (पकिस्तान) ने कल्याण को फोन किया।

डायरेक्टर (पाक): "रेड्डी बोल रहा हूँ, डायरेक्टर (पाक) विदेश मंत्रालय"

कल्याण: "सर, गुड आफ्टरनून, मैं आपके लिए क्या कर सकता हूँ, सर?"

डायरेक्टर (पाक): "आपने हमें क्या भेजा है?"

कल्याण: "किस बारे में?

डायरेक्टर (पाक): "यह सीबीआई-एफआईए (फेडरल इन्वेस्टीगेशन एजेंसी) बैठक।"

कल्याण: "सर हमने इसे सुबह भेजा है।"

डायरेक्टर (पाक): "लेकिन हमारे द्वारा प्रस्तावित कुछ सामग्री इसमें सम्मिलित नहीं है।"

कल्याण: "यह निर्णय गृहसचिव और गृहमंत्री स्तर पर लिया गया था।"

डायरेक्टर (पाक): "लेकिन हमने अतिरिक्त सचिव डीओपीटी (डिपार्टमेंट ऑफ़ पर्सनल एंड ट्रेनिंग) से भी बात की थी, जिनकी सीबीआई पर ओवरसाइट है।"

कल्याण: 'सर, मैं उस लूप में नहीं हूँ। इसके अलावा, सर हो सकता है कि उन्होंने इस बातचीत को एमएचए से संबंधित न किया हो।

डायरेक्टर(पाक): "मुझे यह कौन बता सकता है?"

कल्याण: "सर, आप मेरे डायरेक्टर या जेएस से बात कर सकते हैं।"

डायरेक्टर(पाक): "आपके डायरेक्टर तो छुट्टी पर है।"

कल्याण: "सर, हाँ। वह तीन दिन के लिए छुट्टी पर हैं। अपने बेटे के अलंकरण समारोह के लिए गोरखपुर गए हैं। आज सुबह ही गए हैं। लेकिन सर हमारे जेएस यहाँ हैं।"

डायरेक्टर(पाक): "धन्यवाद"

20 मिनट के भीतर इंटरकॉम की घंटी बजती है, दूसरी तरफ मिस्टर रस्तोगी होते हैं

रस्तोगी: "क्या आप आ सकते हैं?"

कल्याण: "सर!"

कल्याण मिस्टर रस्तोगी के कमरे में जाता है

रस्तोगी: "एमईए के लोग भड़के हुए हैं।"

कल्याण: "हाँ सर। मिस्टर रेड्डी ने मुझे फोन किया था।"

रस्तोगी: "आपने क्या कहा?"

कल्याण: "मैंने उनसे कहा था कि यह निर्णय गृहसचिव या गृहमंत्री के स्तर पर लिया गया था।"

रस्तोगी: "ठीक है, अब मैं इसे संभाल लूंगा"

कल्याण: "धन्यवाद"

दृश्य 8

पाकिस्तान एफआईए और भारत की सीबीआई का वार्ता सत्र इस बातचीत के एक सप्ताह के भीतर होता है। हमें यह बताया गया कि पाकिस्तानी एफआईए प्रतिनिधिमंडल ने हमेशा की तरह अपना राग अलापा कि उनके एजेंडे पर चर्चा करने की अनुमति नहीं दी गई। रस्तोगी, पीयूष और कल्याण को पता था कि एजेंडे का छिपा हुआ तत्व क्या था और क्यों था।

विदेश मंत्रालय ने यह कहते हुए अपनी आपत्तियों से अवगत कराना जारी रखा कि कम से कम प्रत्यर्पण को शामिल किया जा सकता है। रस्तोगी ने कहा बिल्कुल नहीं। हम जितना प्राप्त करेंगे उससे अधिक खो देंगे। जहाँ तक दोनों देशों के क्षेत्र में निर्दोष अतिक्रामकों (अवैध रूप से आने/जाने वाले) को क्षमा नहीं देने का संबंध है रस्तोगी ने यह कहते हुए अध्याय को बंद कर दिया कि यह उपयुक्त मंच नहीं है।

एफआईए की टीम भारत पहुंची और दिन भर बैठकें चली। अगले दिन उन्हें कुछ शिष्टाचार भेंट करनी थी जैसे प्रभारी मंत्री, सीबीआई के डायरेक्टर से मुलाकात करना और शाम को एक रात्रिभोज का आयोजन भी किया गया। चूंकि, डिपार्टमेंट ऑफ़ पर्सनल एंड ट्रेनिंग द्वारा प्रोटोकॉल का पालन किया जा रहा था, इसलिए रस्तोगी के सुझाव पर तीन आमंत्रित सदस्यों अर्थात् कल्याण, पीयूष और स्वयं रस्तोगी ने इसमें भाग नहीं लिया।

तीसरे दिन प्रतिनिधिमंडल आगरा में ताजमहल देखने गया। सीबीआई के एक प्रोटोकॉल अधिकारी मिस्टर शंकर उनके साथ थे। संयोग से, कल्याण ने युवावस्था में क्लब-स्तरीय क्रिकेट खेला था। डिपार्टमेंट ऑफ़ पर्सनल का एक प्रोटोकॉल अधिकारी उसके क्लब का साथी था। उसका नाम तेज कश्यप था। उनकी पुरानी दोस्ती के कारण कभी-कभी तेज कश्यप दोपहर के भोजन के दौरान कल्याण के कमरे में बात करने के लिए आ जाता था। घटना के बाद कश्यप अपने एक सहयोगी प्रोटोकॉल अधिकारी की आपबीती सुना रहा था।

तेज: "क्या हालचाल हैं?"

कल्याण: "लवली, अभी भी पैरागॉन क्लब चल रहा है कि नहीं?"

तेज: "नहीं यार। मैंने अपने दोस्त राम जिंदल को सौंप दिया"

कल्याण: "कोई और समाचार?"

(तेज के चेहरे पर उत्सुकता देखकर, कल्याण समझ सकता था कि वह कुछ साझा करना चाहता था)

तेज: "नहीं यार। लेकिन एक महत्वपूर्ण बात है।"

कल्याण: "हाँ बोलो।"

तेज: "एक्चुअली शंकर पाकिस्तानी टीम को आगरा लेकर गया था। और वहाँ पर सबने खा-पीकर निर्धारित सीमा से ज्यादा खर्च दिया। इसके पास पैसे खत्म हो गए थे। आगरा में पोस्टेड किसी एसपी से पैसे अरेंज करवाये। होटल का बिल भी अभी बाकी है।"

कल्याण: "लेकिन आपका विभाग उनको होस्ट करने के लिए सहमत हो गया था। मेरी भागीदारी इसमें कहाँ से आती है?"

तेज: "नहीं संशोधित स्वीकृति के लिए फाइल जायेगी, शर्मा एएफए खडूस है। साला उल्टा ऑब्जेक्शन लगायेगा बात कर लो।"

कल्याण: "वो तो सल्फेट है। अपने द्वारा सैंक्शन की हुई में भी ऑब्जेक्शन लगाता है? लेकिन कितना स्वीकृत था और कितना खर्च हो गया?"

तेज: "नहीं यार! साले किसी फाइव स्टार में थे। 2 लाख रुपये अतिरिक्त है। दारू पीये फाइव स्टार रेट पर और साथ में कबाब, टिक्का और पता नहीं क्या-क्या।"

कल्याण: "वो लिख सकता है।"

तेज: "क्या उल्लू वाली बात करते हो यार!"

कल्याण: "तो फिर मुझे संयुक्त सचिव (एडमिनिस्ट्रेटिव विजिलेंस डिवीज़न) की फाइनेंसियल एडवाइजर(वित्तीय सलाहकार) से बात करके स्थिति स्पष्ट करने दो।"

(संयोग से होम मिनिस्ट्री और पर्सनल मिनिस्ट्री दोनों के लिए अतिरिक्त सचिव और वित्तीय सलाहकार एक ही व्यक्ति है।)

कल्याण: "विदेश मंत्रालय से रेकमेंड करा लो।"

तेज: "नहीं बॉस! एमईए से आपको उनके संसाधन से निकलना होगा। 4 लोगों का प्रतिनिधिमंडल था।"

कल्याण: "शंकर ने भी पीया। बहती गंगा में हाथ धो लिया हो?"

तेज: "नहीं यार! जबसे बाईपास हुआ है तबसे वह नहीं पीता है। लेकिन ये लोग ऑर्डर देते रहे और पीते रहे जैसे कि कल नहीं आने वाला है।"

कल्याण: "3 आदमी और एक महिला थी।"

तेज: "साले सारे पी रहे थे और खूब कबाब और दूसरी चीजे ठूस रहे थे।"

कल्याण: "औपचारिक रूप से आईएस डिवीजन में मत भिजवाना। रस्तोगी सब का बाप है। तेरे से टोन में कहेगा, प्रोटोकॉल अधिकारी को प्रतिनिधियों से गिलास छीन लेना चाहिए था। ठीक है मुझे देखने दो, मैं क्या कर सकता हूँ। लेकिन फाइल यहाँ आईएस डिवीजन में मत भेजना। एफए को भेजना और उसके बाद, मैं शर्मा एएफए या उसके बॉस डीएफए से बात करूंगा।"

उन्ही दिनों सीबीआई से एक रिपोर्ट प्राप्त हुई जिसमें कार्यवाही के सारांश का रिकॉर्ड था, जिसे किसी भी प्रकार के एक्शन पॉइंट्स लगाने के लिए और बाद में रिकॉर्ड में रखने के लिए भेजा गया था।

दृश्य 9

आतंकवाद और मादक पदार्थों की तस्करी पर गृहसचिव स्तर की दूसरी वार्ता के लिए विदेश मंत्रालय से एक प्रस्ताव आया। उन्होंने बताया था कि पाकिस्तान सरकार ने दो दिनों के लिए दो तारीखों की पेशकश की है। इस

प्रस्ताव पर कार्यवाही की गई और आगामी आदेशों के लिए गृहसचिव को भेजा गया। उन्होंने तारीखों के सेटों में से एक को स्वीकृति दी जो 30 मई और 31 मई 2006 थी। यह मई 2006 के मध्य की बात है। तब तक संसद का बजट सत्र भी संपन्न हो चुका था। कल्याण और उसके बॉस पीयूष को रस्तोगी ने बुलाया।

डी रस्तोगी: "कल्याण, आप जाकर पिछले साल की फाइल का पता लगाओ। तुरंत प्रतिनिधिमंडल के लिए एक प्रस्ताव बनाओ। व्यय विभाग के दिशा-निर्देशों का कड़ाई से पालन करना। कोई फ़ालतू नहीं।"

डी रस्तोगी: "पीयूष, एजेंडा आइटम्स को अंतिम रूप दिया जाना है। पिछले साल की फ़ाइल लो और बचे हुए कार्यवाही बिंदुओं के लिए जाँच करो। इसके अलावा, हमें कुछ भी नया प्रस्तुत करने की आवश्यकता नही है। मछुआरों की रिहाई एक वार्षिक कार्यकलाप है, इसलिए लापता मछुआरों के बारे में गुजरात सरकार के मत्स्य पालन सचिव से जानकारी लो। रंजीत को बताओ। रंजीत हमारा सेक्शन ऑफिसर था।"

डी रस्तोगी: आप इन सेक्शन ऑफिसर्स ललित, राकेश और भारद्वाज का उपयोग भी कर सकते हैं। उन्हें और अधिक सहभागिता दिखाने की आवश्यकता है।"

कल्याण: "सर, राकेश अच्छा है। दूसरों को धक्का देने की जरूरत है। हमारे पास किशन लाल भी है।"

डी रस्तोगी: "अरे! वो डेडवुड है। कुछ वर्षों में सेवानिवृत्त हो जाएगा। प्रशासन युवा अधिकारियों को क्यों नहीं देता है?"

कल्याण: "सर, मैं जाऊंगा।"

रस्तोगी: "हाँ, हमें युद्ध स्तर पर काम करने की जरूरत है। ये एमईए वाले ज्यादा समय नहीं देते हैं। वे समय पर तारीखों की पेशकश कर सकते थे। हम बात नहीं करना चाहते। उन्होंने शिखर सम्मेलन स्तर पर निर्णय लिया था कि गृह मंत्रालय बात करेगा। इसलिए उन्हें हमें समय देना होगा।"

कल्याण और पीयूष दोनों कमरे से बाहर निकल जाते हैं। वे पीयूष के कमरे में इकट्ठा होते हैं। जहाँ पीयूष रंजीत, राकेश, ललित और भारद्वाज को भी बुलाता है, सभी लोग वहाँ इकट्ठे होते हैं।

पीयूष: "कल्याण साहिब, आप प्रतिनिधिमंडल के लिए फाइल मूव करिये।"

कल्याण: "ठीक है सर।"

पीयूष: "राकेश, आप पाकिस्तान के बारे में हाल के इनपुट्स इकट्ठा करिये। केवल हमारे डिवीज़न के ही नहीं बल्कि, कश्मीर, नॉर्थईस्ट, विदेशी और मानव संसाधन डिवीज़न के भी। उन्हें सिलेक्ट करिये, फ़्लैग करिये और मेरे पास लाईये। रंजीत, आप एजेंडा फाइल को प्रोसेस करिये, सभी डिविजन से जानकारी इकट्ठा करके कल्याण साहिब को दीजिये। अगले घंटे में डिवीजन को पत्र जाना चाहिए। कोई ग्रीक या लैटिन नहीं। अपनी अंग्रेजी भाषा के कौशल को दिखाने की आवश्यकता नहीं है। उन्हें सीधी सरल अंग्रेजी में जानकारी के लिए पूछो।"

रंजीत: "ठीक है साहब।"

पीयूष: "ललित, रंजीत से पिछले साल की फाइल ले लो। कार्यवाही बिंदुओं को देखो और जो लंबित हैं उन्हें टैग करो। यह इंगित करो कि यह किसकी ओर से लंबित है। हाँ, रंजीत यह एनसीबी वाला लंबित है, लेटेस्ट अपडेट के लिए डिवीजन से पूछो। और सीबीआई पर जेडी (पॉलिसी) को लिखो और हाल ही में हुई सीबीआई-एफआईए की बैठकों के बारे में अपडेट लो।"

पीयूष: "भारद्वाज, उपहार और अन्य प्रोटोकॉल आइटम्स के लिए एडमिनिस्ट्रेशन III अनुभाग के साथ समन्वय करो। उन्हें एमईए के पब्लिक डिप्लोमेसी डिवीज़न से अतिरिक्त सामग्री भी मिलती है। इन सभी चीजों का समन्वय करो।"

पिछले वर्ष के पैटर्न के आधार पर कल्याण प्रस्तावित शिष्टमंडल की संरचना तैयार करता है, जो कुछ ऐसा है:-

होम सेक्रेटरी, चेयरमैन, स्पेशल डायरेक्टर सीबीआई, डायरेक्टर जनरल, नारकोटिक्स कंट्रोल ब्यूरो/ हाई कमिश्नर ऑफ़ इंडिया, इस्लामाबाद

जॉइंट सेक्रेटरी (आईएस), एमएचए

जॉइंट सेक्रेटरी (फॉरेनर डिवीज़न)

जॉइंट सेक्रेटरी,एमएचए

जॉइंट सेक्रेटरी कैबिनेट सेक्रेटेरिएट

जॉइंट सेक्रेटरी(पीएआई) मिनिस्ट्री ऑफ़ एक्सटर्नल अफेयर्स

डायरेक्टर (आईएस), एमएचए

काउंसलर, हाई कमिशन ऑफ़ इंडिया, इस्लामाबाद

पीयूष: "कल्याण साहब, हम सभी कम्युनिकेशन्स होने देंगे। आप यह सुनिश्चित करें। कल हम साथ बैठेंगे, और एजेंडा आइटम्स को पहला कट देंगे।"

दृश्य 10

कल्याण अपने कमरे में बैठा है। इंटरकॉम की घंटी बजती है, दूसरी तरफ पीयूष दुबे थे।

पीयूष: "कल्याण साहब, कृपया आईये।"

कल्याण: "सर"

कल्याण पीयूष के कमरे में जाता है।

पीयूष: "कल्याण साहिब, आज शाम में बैठेंगे।"

कल्याण: "सर, मैं अपनी संध्या करके शाम 6 बजे तक आऊंगा।"

(कल्याण शाम को अपना संध्यावन्दन करने के बारे में बहुत समर्पित था, भले ही वह कहीं फंस ही क्यों न गया हो। इसके लिए उसके कमरे के बेसमेंट में सुरक्षाकर्मियों के उपयोग के लिए बाथरूम था। उसने उनसे अनुरोध किया था और उन्हें इसके लिए कोई आपत्ति नहीं थी। कल्याण हर त्रयोदशी के दिन पड़ने वाले प्रदोषम के दिन भी इसका उपयोग करता, उस दिन वह स्नान करता और कार्यालय से सीधे मंदिर जाता। यह उसके वरिष्ठ अधिकारियों की जानकारी में था और वे भी इसका समर्थन करते थे।)

कल्याण:"सर, मेरा हो गया। क्या हम शुरू करें। मैं कुछ प्रासंगिक इनपुट लाया हूँ। बाकी राकेश ले रहा है।"

पीयूष: "ग्रेट!"

(पीयूष हमेशा क्रिकेट के कॉमेंटेटर टोनी ग्रेग की तरह थे। जो छोटी-छोटी उपलब्धियों पर भी हमेशा बढ़ा-चढ़ाकर बोलते थे, "ओह दैट इज ए ग्रेट जॉब, ओये फट्टे चक दित्ते, ओये यार तू तो हीरा है आदि।")

उन्होंने एजेंडा आइटम तैयार करना शुरू कर दिया और उसी समय में अपने पीए मिस्टर इलियास को इन आइटम्स में से प्रत्येक के लिए प्रासंगिक पृष्ठभूमि सम्बन्धी सामग्री भी बताना शुरू कर दिया। यह सब रुक-रुक चुटकुलों के साथ चलता रहा।

पीयूष: कल्याण साहब, यह फॉर्मूलेशन पिछले पैरा के साथ तालमेल नहीं बैठा रहा है। ऐसा लगता है कि कुछ पुनरावृत्ति हो रही है।"

(उपस्थित तीन लोग बेखबर थे तभी रस्तोगी कमरे में प्रवेश करता है।)

कल्याण (कंप्यूटर स्क्रीन से आँखे हटाये बिना): "सर जी, यहाँ से निपटा देंगे। उपर वाईस प्रेजिडेंट (क्वालिटी कण्ट्रोल) बैठा है। वह हमारी कमियों को दूर करने में विशेषज्ञ है। पहले ही 9:00 बज चुके हैं।"

डी रस्तोगी (अचानक): "पीयूष और कल्याण, अब मुझे पता चला कि आप इस तरह का कम गुणवत्ता वाला काम क्यों रहे हैं। आप यह टेस्ट करना चाहते हैं कि जॉइंट सेक्रेटरी काम कर रहा है या नहीं।"

कल्याण और पीयूष दोनों पीछे मुड़कर देखते हैं।

कल्याण: "सॉरी सर, देर हो रही थी। सर, इसके अलावा हम अपनी पूरी क्षमता से काम करते हैं।"

रस्तोगी: "मुझे समय के बारे में मत बताओ। यह एक पागलखाना है। यह इंटरनल सिक्योरिटी डिवीज़न एक पागलखाना है। इसके अलावा, मैं आपकी क्षमता को जानता हूँ। आप दोनों चालु काम नहीं करना (पहली बार

दोनों ने उसे हल्के मूड में देखा)। ठीक है, आज 24 तारीख है। मैं चाहता हूँ कि दृष्टिकोण पत्र कल तक सीसीएस को चला जाए। मुझे पता है कि आज शुक्रवार है। हम शनिवार को काम कर रहे हैं।"

कल्याण और पीयूष: "सर"

रस्तोगी: "आपके पास विकल्प है या तो आज रात काम करो या कल सुबह जल्दी आओ और काम पूरा करो। अब तक आपने जो कुछ भी पूरा किया है, उसका मैं एक प्रिंट ले रहा हूँ।"

पीयूष: "सर, हम लगभग पूरा करने वाले हैं सर"

रस्तोगी: "ठीक है! प्रिंट ले रहा हूँ।"

पीयूष अपने पीए इलियास को प्रिंट कमांड देने के लिए कहता है। इलियास प्रिंट बाहर निकालता है और पृष्ठवार व्यवस्थित करके इसे स्टेपल करता है। रस्तोगी प्रिंट अपने साथ ले जाता है।

रस्तोगी (जाते समय): "पीयूष गुटका मत खाना। मैं आपकी पत्नी से बोलूंगा कि वह आपको रोके। घरवाली बोलती है तो सब बंद हो जाता है।"

रस्तोगी के जाने के बाद कल्याण, पीयूष और इलियास भी दिन का काम समाप्त करते हैं। कल्याण इलियास को धौला कुआं तक लिफ्ट देता है जहाँ से उसे जनकपुरी तक परिवहन का साधन आसानी से मिल सकता है।

दृश्य 11

सुबह 9:15 बजे पीयूष के कमरे में

रस्तोगी द्वारा पिछली रात लिए गए पेपर को मामूली संशोधन के साथ स्वीकृति दे दी गई है। एक बिंदु जिसे कल्याण ने जोड़ा था, उसे काटा गया था। रस्तोगी भी अंदर आता है।

पीयूष: "गुड मॉर्निंग सर"

कल्याण: "गुड मॉर्निंग सर"

रस्तोगी: "क्या आपको मेटेरियल मिला?

पीयूष: "हाँ सर"

रस्तोगी: "अब हम इसे सीसीएस नोट में बदल देंगे। हिंदी वालों को तुरंत इसका अनुवाद करने के लिए बोलो और उनसे तुरंत हिंदी संस्करण लो। मैं कैबिनेट सेक्रेटेरिएट के संपर्क में हूँ। वे प्रतिनिधिमंडल और दृष्टिकोण को स्वीकृति देने के लिए एक विशेष मामले के रूप में कल बैठक बुलाने के लिए तैयार हैं।"

पीयूष: "हाँ सर"

रस्तोगी: "पीयूष आप होम सेक्रेटरी के पास व्यक्तिगत रूप से जाइए और इसे स्वीकृति दिलाइए। बाद में चीजों को स्पष्ट करने के लिए एचएम से पीएस से बात करिये। व्यक्तिगत रूप से उन्हें फॉलो करो। कल्याण आप हिंदी वालों की सुध लो। वे हमेशा कर्मचारियों की कमी, कर्मचारियों के लिए भोजन, उन्हें वापस छोड़ने के लिए कार के बारे में चिल्लाते रहेंगे। उन पर नियम मत ठोकना। मैं आईजी सीआरपीएफ माहेश्वरी से बात करूंगा और व्यवस्था करूंगा। मतलब हमारा है तो गधे को बाप बनाओ। ऐसे में नियम काम नहीं करते।"

कल्याण: "ठीक है, सर!"

शनिवार को फिर वे पीयूष के कमरे में बैठकर यात्रा व्यवस्था को लेकर काम कर रहे थे।

कल्याण: "सरजी, भारद्वाज ने विदेश मंत्रालय को सभी प्रतिनिधियों के पासपोर्ट जमा कर दिए हैं। वे वीजा के लिए प्रक्रिया शुरू करेंगे और उन्होंने 29 की शाम के लिए पीआईए की दिल्ली से लाहौर की फ्लाइट को भी ब्लॉक कर दिया है।"

पीयूष: "सेक्रेटरी साहब की श्रीमती जी भी जा रही हैं।"

कल्याण: "हाँ सर, भारद्वाज ने पासपोर्ट सौंप दिया है।"

तभी इंटरकॉम की घंटी बजती है।

पीयूष: "हाँ माधव, (गृहसचिव का पीएस)....... ठीक है, मैं एडमिनिस्ट्रेशन के गुप्ता को बताऊंगा ...... ठीक है, ठीक है। फ़ोल्डर सोमवार की सुबह पहले घंटे में उपलब्ध हो जाएगा।"

पीयूष(फोन रखने के बाद): "सेक्रेटरी साब हल्दीराम की काजू कतली गिफ्ट में देना चाहते हैं। वे नहीं चाहते कि गुप्ता ऐसा करे। माधव ने तुम्हारा नाम लेकर कहा कि व्यवस्था कर दो। इम्प्रेस्ट (कोष) से कैश निकाल लो।"

कल्याण: "ठीक है सर!"

उन्होंने भारतीय प्रतिनिधिमंडल के हर छोटे मुद्दे पर ध्यान दिया। बाद में, रस्तोगी ने उन्हें सभी मुद्दों की समीक्षा करने और उन्हें क्लियर करने के लिए बुलाया। शाम 4:00 बजे गृहसचिव ने उन्हें ब्रीफिंग के लिए समय दिया था। तीनों रस्तोगी के कमरे में प्रतीक्षा कर रहे थे। उन्हें शाम 5:00 बजे बुलाया गया।

होम सेक्रेटरी: "क्षमा करिये डीआर (डी रस्तोगी), कहीं फंस गया था।"

और कहा कि गोल्फ खेलते समय किसी होल(छेद) में फंस गया था।

रस्तोगी: "सर"

पीयूष कल्याण के कान में फुसफुसाता है (गोल्फ क्लब से सीधे आ रहा है)

रस्तोगी: "सर यह हमारी एप्रोच है"

होम सेक्रेटरी: "लेकिन वीजा समझौते पर आइटम। "क्या हमें इसे रखने की आवश्यकता है?"

रस्तोगी: "नहीं सर, हमारी एजेंसियां इसको लेकर सावधान हैं, लेकिन विदेश मंत्रालय ने सुझाव दिया है। सर, मुझे अभी पता चला है कि सीसीएस ने इसे स्वीकृति दे दी है। बैठक में भाग लेने वाले रक्षा सचिव ने कुछ मुद्दे उठाये थे। लेकिन फिर भी सीसीएस ने स्वीकृति दे दी।"

होम सेक्रेटरी: "ग्रेट! इसका मतलब हम पूरी तरह से तैयार हैं।"

रस्तोगी: "जी सर"

होम सेक्रेटरी: "माधव ने कुछ बताया होगा।"

रस्तोगी: "हाँ सर, कल्याण इसको देख रहे हैं।"

होम सेक्रेटरी: "मैं नहीं चाहता कि एडमिनिस्ट्रेशन इससे निपटे। वे कुछ बासी सामान खरीदेंगे और उसे पकड़ा देंगे।"

रस्तोगी: "हाँ सर, वह उसे सोमवार को ही खरीदेगा।"

होम सेक्रेटरी: "धन्यवाद, जेंटलमेन!"

तीनों होम सेक्रेटरी के कमरे से बाहर निकलते हैं। रस्तोगी उन दोनों को जाने की अनुमति देता है।

अगला दिन रविवार 28 मई 2006 था। रविवार को दिनचर्या के रूप में, कल्याण सुबह 6:30 बजे नई दिल्ली में एक मंदिर में जाता था। कुछ अन्य लोग एकत्र होकर वेदों से 'अरुण प्रश्न:' का पाठ करते और सूर्य नमस्कार करते थे। कुछ रविवार को वे उपनिषदों के अध्याय 'आनंदवल्ली, नारायणवल्ली और भृगुवल्ली' का भी पाठ करते। यह ऐसा ही एक रविवार था। उन दिनों कल्याण मोबाइल फोन का उपयोग नहीं कर रहा था। लेकिन अचानक मंदिर के प्रबंधक गणेशन उसके पास आते हैं और बताते हैं कि घर से कॉल आया था। जब कल्याण ने वापस फोन किया तो बताया गया कि रस्तोगी ने उसे ऑफिस बुलाया है। इसलिए अपने कपड़े बदलने के बाद वह अपने कार्यालय चला गया। पीयूष वहाँ पहले से ही उपस्थित था। जब उसने कमरे में प्रवेश किया तो पाया कि रस्तोगी के हाथों में एक डोजियर था।

रस्तोगी: "कल्याण, मुझे इन मानचित्रों की रंगीन फोटोकॉपी चाहिए। मैं चाहता हूँ कि इसे बहुत ही लगन से किया जाए। मैंने डीजी एनसीबी से बात की है क्योंकि कोई और फोन उठाने के लिए तैयार नहीं है। पीयूष आप दोनों

आरकेपुरम में डीजी एनसीबी कार्यालय में जाओ। इनकी प्रतियां व्यक्तिगत रूप से बनाओ। फिर डोजियर को डिबाइंड करो और इसे जोड़ने के बाद फिर से तैयार करो। यह मानचित्र का अपडेटेड संस्करण है।"

पीयूष और कल्याण: "सर, हम जा रहे हैं।"

चूंकि, कल्याण मोटरसाइकिल पर चलता था, इसलिए वह मोटरसाइकिल से गया। पीयूष ने पेपर उठाए और उन्हें अपनी कार में ले गया। एनसीबी के महानिदेशक श्री किशनचंद ने उनका स्वागत किया। उसका सहायक आया था। रंगीन फोटोकॉपी उनकी व्यक्तिगत देखरेख में की गई। फिर रिबाइंडिंग प्रक्रिया की गई। इस सब में लगभग तीन घंटे का समय लगा। दोनों को एनसीबी के महानिदेशक द्वारा स्वादिष्ट लंच कराया गया। जिन मानचित्रों को जोड़ा जाना था, वे पीओके और पाकिस्तान में आतंकवादी प्रशिक्षण शिविरों के अपडेटेड स्थान थे। इसके बाद, वे एक आधिकारिक कार में वापस गए, उन्होंने रस्तोगी के कमरे में डोजियर जमा किया, और अपने-अपने रास्ते हो गए।

अगला दिन 29.05.2006

यात्रा के लिए सारी तैयारी हो गई है। कल्याण हल्दीराम से काजू कतली खरीदने के लिए कैशियर से पैसे निकालने के लिए एक नोट बनाता है। इस बीच, एमएचए कण्ट्रोल रूम ने लाजपत नगर पीएस को एक किलोग्राम के मूल्य का पता लगाने के लिए रिंग रोड पर लाजपत नगर-III में हल्दीराम शॉप में जाने के लिए कॉल किया था। उन्होंने एक घंटे में कॉल करके बताया कि इसका मूल्य 550 रुपये प्रति किलो है। उन्हें 1 किलो के 5 पैकेट लेने का निर्देश दिया गया था, और साथ ही निर्देश दिया गया था कि आइटम एकदम ताजा होनी चाहिए और पैकिंग बहुत अच्छी होनी चाहिए। दिल्ली पुलिस ने सूचित किया कि हल्दीराम इस माँग को पूरा करने के लिए केवल पांच किलोग्राम ताज़ी काजू कतली बना रहा हैं और यह दोपहर 3:00 बजे तक तैयार हो जायेगी। कल्याण ने गृहमंत्रालय के कण्ट्रोल रूम से कहा कि वे इसे दोपहर 3:30 बजे तक विजय चौक के ऊपर गेट नंबर 4 नॉर्थ ब्लॉक में पहुंचा दे। कण्ट्रोल रूम कमांडेंट ने निर्देशानुसार लाजपत नगर पीएस को इसकी सूचना दी। टीम में शामिल अधिकारियों में शामिल भारद्वाज को हल्दीराम के कर्मचारी की प्रतीक्षा करने के लिए कहा गया था। हल्दीराम के कर्मचारी को मिठाई के साथ लाने वाली दिल्ली पुलिस की जिप्सी दोपहर के लगभग 3:45 बजे आ गई। मिठाई के पैकेट पीयूष को सौंप दिए गए, जिसे उन्हें अपने साथ ले जाना था। पूरी टीम ने शाम लगभग साढ़े पांच बजे हवाई अड्डे पर रिपोर्ट किया और फिर उड़ान भरी।

अध्याय 4

दृश्य 12

1 जून 2006 सुबह 11:00 बजे के आसपास रेणु, चटर्जी और कुछ अन्य लोग कल्याण के कमरे में जाते हैं। वे गृहमंत्रालय में सहकर्मी हैं और वे सभी पुलिस, केंद्र-राज्य और पब्लिक आदि जैसे विभिन्न कार्यक्षेत्रों की देखभाल करने वाले अंडर सेक्रेटरी हैं। उन्होंने कल्याण को यह कहते हुए बुलाया कि लंबे समय बाद एमएचए 'टॉप पर खाली' है ('शीर्ष पर खाली' भी अधिकारियों की विशेषता का मतलब है) और चलो आज हम कॉफी का आनंद लेते हैं। कल्याण रास्ते में कश्मीर डिवीजन के एक और सहकर्मी को साथ लेने के बाद उनके साथ चल दिया। वे पहली मंजिल पर इंडिया कॉफी हाउस गए। जब वे कॉफी का आनंद ले रहे थे, अचानक कॉफी हाउस के बैरे हनीफ ने कल्याण साहिब को बुलाया, मंत्रीजी का कार्यालय आपको बुला रहा है। उसी समय, कल्याण गृहमंत्री के कार्यालय के एक कर्मचारी को उसका इंतजार करते हुए देखता है।

गृहमंत्री का कमरा नंबर 101 था। स्वतंत्रता के बाद से यह परंपरागत रूप से ऐसा ही रहा है। केंद्रीय गृहमंत्री हमेशा कमरा नंबर 101 पर अधिकार जमा लेते थे। उनके सबसे विश्वस्त अतिरिक्त निजी सचिव नागरे पाटिल केंद्रीय गृहमंत्री के कमरे के ठीक सामने के कमरे में बैठे थे। संदेशवाहक कल्याण के साथ इस अधिकारी के कक्ष तक गया।

कल्याण का पिछला कार्यकाल लोकसभा सचिवालय में था। यह नागरे पाटिल दक्षिण मध्य रेलवे में एक जूनियर कर्मचारी था, लेकिन हमेशा अनिश्चित काल के लिए मंत्रियों के निजी कर्मचारियों में काम करने में सफल रहा। इससे पहले वे लोकसभा स्पीकर श्री मनोहर जोशी के निजी स्टाफ में था। इसलिए नागरे पाटिल कल्याण के लिए कोई अजनबी नहीं था। नमस्कार चमत्कार के बाद, नागरे पाटिल ने कल्याण को सूचित किया कि गृहमंत्री उससे मिलना चाहते हैं, जबकि साथ-साथ फोन बज रहा है।

दूसरी तरफ: ---------"

नागरे पाटिल: "साहिब कल्याण आला (मराठी में)"

दूसरी तरफ:.....

नागरे पाटिल: "अभी.... "बरोबर।"

नागरे पाटिल कल्याण से: "आपको अंदर बुलाया है।"

कल्याण: "आर यू स्योर?"

नागरे पाटिल: "बरोबर, आप अंदर जाईये।"

नागरे पाटिल कल्याण के साथ मंत्री के कमरे तक जाता है और मंत्री के कमरे का दरवाजा खोलता है। कल्याण कमरे में प्रवेश करता है और माननीय मंत्री को नमस्कार करता है (अथवा अभिवादन करता है) और अपना परिचय देता है।

वह उस कमरे में सोफे पर बैठे दो सज्जनों को देखता है, जिनमें से एक प्रमुख कांग्रेस नेता दिग्विजय सिंह थे और एक अन्य व्यक्ति था जिसे वह नहीं जानता था। बाद में उसे पता चला कि वह अजनबी हेमंत करकरे था, जो मुंबई में 26/11 के आतंकवादी हमले में मारा गया था। वह मन ही मन सोच रहा था कि वह भी उन दलालों में से एक था 'साले दलाल यहाँ भी घुस गए।'

शिवराज पाटिल: "बसा" (एक कुर्सी की ओर संकेत करते हुए)

फिर शिवराज पाटिल सोफे पर बैठे दो अजनबियों को संकेत करते हैं। वे बात संभालते हैं।

दिग्विजय सिंह (बहुत विनम्रता और सम्मान के साथ): "आईये कल्याण जी। आप के संज्ञान में भूतकाल में हुए आतंकी हमले की सूचना चाहिये थी।"

कल्याण: "सर, जहाँ तक गोपनीय संस्थानों एवं जाँच संस्थाओं से सूचना प्राप्त है उस आधार पर तो,आईआईएससी बैंगलोर, एलईटी (लश्कर-ए-तैयबा), वाराणसी संकट मोचन और कैंट स्टेशन, एलईटी, श्रमजीवी जैशे मोहम्मद, xx जमात उद दावा, xx हरकत उल अंसार ....

दिग्विजय सिंह: "ये सभी एक ही सम्प्रदाय के हैं। क्या अन्य सम्प्रदाय के लोग भी आतंकी हमला करते हैं?"

कल्याण: "हमारे संज्ञान मे ऐसी कोई सूचना अभी तक प्राप्त नहीं हुई है।"

दूसरा अजनबी: "मुझे अंग्रेजी में बताने दीजिये क्योंकि आप या तो एक तमिल या मलयालम हैं।"

कल्याण: मैं तमिल हूँ सर, लेकिन हिंदी में निपुण हूँ।"

अजनबी: "नहीं, मेरा मतलब यह नहीं था। आप समझिए कि हमारे नेताजी क्या चाहते हैं। आप विवरण लाने के लिए पड़ताल कर सकते हैं।"

अजनबी: "उनके निष्कर्षों का क्या आधार है? ऐसा क्या तंत्र है कि आप इस निष्कर्ष को स्वीकार करते हैं कि ये सभी इस्लामी आतंकवादी संगठन हैं?"

कल्याण: "सर, हम प्रत्येक आतंकवादी मामले में जांच की स्थिति की समय-समय और निगरानी अथवा पुष्टि करते हैं। स्पैशल सेक्रेटरी (आईएस), जो देश के सबसे वरिष्ठ पुलिस अधिकारियों में से एक हैं, इस स्थिति का ध्यान रखते हैं।"

अजनबी: "अभी भी कुछ ऐसे मामले होने चाहिए जो रिकॉर्ड पर नहीं हैं।"

कल्याण: "नहीं सर। इन्हें कई एजेंसियों के इनपुट के माध्यम से दोहराया जाता है। हर प्रकार से पुष्टि होने पर ही हम इसे रिकॉर्ड पर लाते हैं।"

अजनबी: "आप यह कहना चाहते हैं कि एक भी मामला ऐसा नहीं है जिसमें हिंदू संगठन शामिल था।"

कल्याण: "हमारे रिकॉर्ड में नहीं है। लेकिन शायद कुछ मामले होंगे जो नेशनल इंटेग्रेशन एंड ह्यूमन राइट्स डिवीज़न के तहत हैं।"

अजनबी: "नहीं, मैं हिंदू आतंकवादी मामलों के बारे में जानकारी चाहता हूँ।"

कल्याण: "नहीं सर, मेरे पास एक भी मामला नहीं है।"

अजनबी: "अभिनव भारत?"

कल्याण: "जहाँ तक मुझे पता है सर! फाइल मंत्री के कार्यालय में है। इसके अतिरिक्त, मंत्री कार्यालय द्वारा एसएसएफ (SSF) से कुछ फंड अभिनव भारत के खाते में भेजा गया था। सर, 70 लाख रुपये प्रतिवर्ष एसएसएफ है जिसे केवल मंत्री कार्यालय द्वारा आबंटित किया जाता है। यह संगठन **1953** में निष्क्रिय हो गया था, लेकिन यह फिर से 2005 में पुनर्जीवित हुआ है। सर, इस संगठन के पुनरुत्थान के लिए चैरिटी कमिश्नर महाराष्ट्र के समक्ष प्रस्तुत किए गए कुछ दस्तावेजों पर मंत्री के स्टाफ के सदस्यों द्वारा हस्ताक्षर किए गए हैं। एसएसएफ खाता एसबीआई, संसद मार्ग शाखा में है। सर, इसके अतिरिक्त मैं कुछ नहीं जानता।"

अजनबी: "आप विषय से भटक रहे हैं। ठीक है, अभिनव भारत के बारे में नहीं। मुझे कोई और मामला बताओ। औरंगाबाद हथियारों की ढुलाई?"

कल्याण: "यह औरंगाबाद में लश्कर के आतंकियों द्वारा ट्रांसपोर्ट किये जाने के दौरान पकड़े गए हथियारों का एक बड़ा जखीरा था। महाराष्ट्र पुलिस से प्राप्त रिपोर्ट के अनुसार, पूछताछ में .... ने स्वीकार किया कि इसका उपयोग नागपुर में आरएसएस मुख्यालय को उड़ाने के लिए किया जाना था। वे रुबाउद्दीन (सोहराबुद्दीन के भाई) कार्टेल (गुट) के लिंक की जांच कर रहे हैं। ये रिकॉर्ड में हैं।"

अजनबी: "आप फिर से लश्कर-ए-तैयबा कह रहे हैं। यह एक हिंदू आतंकवाद का मामला है। मुझे ऐसा एक मामला लाकर दो!"

कल्याण: "सर मैं आपको वही दे सकता हूँ जो मेरे पास है। होम सेक्रेटरी और अन्य लोगों के शाम 4:00 बजे तक नई दिल्ली में होने की आशा है। सर, आप संयुक्त सचिवों या गृह सचिवों जैसे वरिष्ठ अधिकारियों से अधिक जानकारी प्राप्त कर सकते हैं।"

अजनबी: "अब मैं इसे डेस्क से लेना चाहता हूँ।"

कल्याण: "मैं वही दे सकता हूँ जो मेरे पास है सर।"

दिग्विजय (कुछ सुनाई नहीं दिया): "कोई नहीं जाने दो। इनके पास सूचना नहीं है।"

शिवराज पाटिल: "ठीक है आप जा सकते हैं।"

कल्याण: "धन्यवाद। प्रणाम।"

कल्याण भूतल पर अपने कमरे में लौटता है। वह पूरी बातचीत को संकलित करने के लिए एक नोट बनाता है। प्रिंट कमांड देता है और अपने अधिकारियों के वापस आने पर दिखाने के लिए तैयार रखता है। रस्तोगी की प्रतिबद्धता को जानते हुए उसे पता था कि उसका वरिष्ठ अधिकारी रस्तोगी हवाई अड्डे से सीधे कार्यालय में रिपोर्ट करेगा। भले ही वह आने से पहले घर जाने का फैसला कर सकता था, क्योंकि उसका घर विनय मार्ग में रास्ते में पड़ता था और वह वहाँ जाकर अपनी कमीज बदलकर कार्यालय आ सकता था। कल्याण का पूर्वाभास एकदम सटीक निकला।

शाम 5:30 बजे रस्तोगी कार्यालय में आये और उन्होंने कल्याण को बुलाया। कल्याण ने पूर्वाह्न में गृहमंत्री के चैंबर में हुई अभूतपूर्व बातचीत के बारे में जो नोट तैयार किया था, वह निकाला और रस्तोगी से मिलने गया। रस्तोगी ने नोट पढ़ा और कल्याण से कुछ कहा।

रस्तोगी: "आपने इसे मेरे ध्यान में लाया है और अब इसके बारे में चिंता करना मेरा काम है। आप अभिनव भारत के बारे में जानकारी देने और इसे फंड देने के लिए उपयोग किए जाने वाले एसएसएफ फंड के संदर्भ से बच सकते थे।"

कल्याण: "सर, वे परेशान करते रहे। विशेष रूप से वह व्यक्ति जिसे मैं मानता हूँ कि वह एक अधिकारी होना चाहिए, यदि उसके व्यवहार और प्रश्न पूछने के तरीके से देखा जाए तो उसे पक्का पुलिस अधिकारी होना चाहिए।"

रस्तोगी: "कल हम पीयूष के साथ बैठेंगे। बहुत सारे काम करने बाकी हैं।"

कल्याण: "ठीक है सर! क्या मैं अब जा सकता हूँ?''

रस्तोगी: "ठीक है, आप जाओ। कल सुबह 9:30 बजे आ जाना।"

कल्याण:"सर"

उस दिन कल्याण शाम को लगभग 7:00 बजे तक घर पहुंचा। अपनी सांयकालीन संध्यावंदन करने के बाद, उसने अपने पिता के साथ बातचीत करते समय उस दिन गृहमंत्री के कार्यालय में क्या-क्या हुआ था वह सारा घटनाक्रम साझा किया। कल्याण के पिता कैबिनेट सेक्रेटेरिएट में एक अधिकारी थे और जब 1970 के दशक में जॉइंट इंटेलिजेंस कमिटी का गठन किया गया था वे उसके पहले अधिकारी थे।

कल्याण के पिता: "सावधान हो जाओ। यह सरकार एक अकेले परिवार की सरकार है। प्रधानमंत्री के रूप में उसकी सास ने अपने कार्यकाल के दौरान बहुत सारे झूठ बोले थे।"

कल्याण: "अप्पा, आपका मतलब आपातकाल के समय से है क्या?"

कल्याण के पिता: " नहीं, उससे भी पहले। सिख उग्रवाद के सारे सिद्धांत झूठ और राष्ट्र विरोधी एजेंडे पर आधारित थे।"

कल्याण: "आप ऐसा कैसे कह सकते हैं?"

कल्याण के पिता: "देखो, भारत-बांग्लादेश युद्ध को सिख समुदाय ने हमारे लिए जीता था। इसलिए शिमला समझौते का ढोंग हुआ।"

कल्याण: "इसकी यहाँ कोई प्रासंगिकता?"

कल्याण के पिता: "निल्लू (रुको), मैं उस पर आ रहा हूँ। शिमला समझौते के अलिखित सौदों में से एक सौदा भारतीय रक्षा बलों में सिखों को कम करना था।"

कल्याण: "क्या सच में? क्या यह भुट्टो और आईजी के बीच एक सौदा था?"

कल्याण के पिता: "वास्तव में यह सौदा था। उन्होंने कैबिनेट सेक्रेटेरिएट के तहत जॉइंट इंटेलिजेंस कमिटी का गठन किया था।"

कल्याण: "आप वहाँ नियुक्त थे?"

कल्याण के पिता: "हाँ। यह सोचकर कि शासनादेश पावन और देशहित में होगा, मैंने पोस्टिंग स्वीकार कर ली। एक बार जब मुझे इस अपवित्र एजेंडे की भनक लगी, तो मैंने स्वयं को वहाँ से बाहर निकाल लिया और सामान्य प्रशासन संबंधी दूसरे काम करने लगा।"

कल्याण: "लेकिन अपवित्र एजेंडा क्या था?"

कल्याण के पिता: "यह तीन आयामी कूटनीति के द्वारा भारतीय रक्षा बलों में सिखों की संख्या को लगभग 30% से घटाकर 12% से भी कम करना था। भारतीय पक्ष को राजनीतिक उग्रवादियों के एक समूह को खड़ा

करके सिख समुदाय की अखंडता को बदनाम करना था। भिंडरावाला का मामला देखो। अब पाकिस्तान अलगाववादी आंदोलन शुरू करके कवर फायर देगा। यह परिवार इसमें अच्छी तरह से निपुण है। देखो, यहाँ तक कि जम्मू-कश्मीर में अलगाववादी आंदोलन का संस्थापक भी उसका पिता है। अनुच्छेद 370 और 1953 और 1975 के समझौतों को पढ़ो। यह समझौता संवैधानिक रूप से निर्धारित एजेंडे के विपरीत चलाया जा रहा है। इसी तरह, पाकिस्तान के साथ मिलकर इंदिरा गांधी सिखों को अपराधी बनाना चाहती थीं।"

कल्याण: "कूटनीति अथवा रणनीति का तीसरा चरण क्या है?"

कल्याण के पिता: "यह सिख युवकों के बीच देश से बाहर पलायन करने के वायरस का बीजारोपण था। सिख युवकों के बीच 70 के दशक के बाद पलायन में आई तेजी की प्रवृत्ति को ध्यान से देखो। इससे, रक्षा बलों में सिखों के नामांकन में भारी गिरावट आई है।"

कल्याण: "आपका तात्पर्य है कि 3 दशक बाद बहू भी इसी तरह की शठनीति पर चल रही है?"

कल्याण के पिता: "बहुत ज्यादा। उस समय उन्होंने सिखों को दोषी ठहराया था। अब वे हिंदुओं को दोष देंगे। यदि तुम इसे अच्छी तरह से संभालने के लिए तैयार हो तो ठीक है। नहीं तो बेहतर होगा स्वतंत्रता सेनानियों, राजभाषा, और सेंट्रल स्टेट डिवीज़न में पोस्टिंग ले लो। परिवार ने लगभग 15 वर्षों के बाद सत्ता का स्वाद चखा है और वे निश्चित रूप से राष्ट्र के सद्भाव पर कहर बरसायेंगे। निर्दोषों को उन कृत्यों के लिए दोषी ठहराओ जिनमें वे शामिल नहीं थे, फिर उन्हें आतंकवादी/ उग्रवादी/ राष्ट्र-विरोधी/राजद्रोही, आदि के रूप में ब्रांड करो। मैं भविष्य में होने वाली चीजों/घटनाओं की योजना का अनुमान लगा सकता हूँ। इस एजेंडे को आगे बढ़ाने के लिए वे अनेकों निर्दोष भारतीय नागरिकों की बलि देंगे। इसलिए मेरा परहेज है, लेकिन यदि तुम परिवर्तन का कारण बन सकते हो तो जारी रखो। अन्यथा एमएचए में कुछ गैर-विवादास्पद डिवीजनों में स्थानांतरण करवा लो।"

कल्याण: "मैं ध्यान रखूंगा।"

अध्याय 5

दृश्य 13

जापान सरकार द्वारा जापान में आयोजित की जाने वाली बायोलॉजिकल, रेडियोलॉजिकल, न्यूक्लियर और केमिकल आतंकवाद पर एक कार्यशाला में भाग लेने के लिए डिपार्टमेंट ऑफ़ इकोनॉमिक अफेयर्स से एक सुचना प्राप्त प्राप्त हुई।

रस्तोगी: "पीयूष मैं तुम्हें नामांकित कर रहा हूँ।"

पीयूष: "सर, थैंक यू सर।"

रस्तोगी: "यह मेरी हार है। उन्होंने हराने की साजिश रची है। मैं ठगा हुआ महसूस कर रहा हूँ।"

कल्याण को उस समय अपने पिता की बातें याद आयीं।

रस्तोगी: "लेकिन, कल्याण को आपके लिए दो बातें करनी होगी और हाँ! आप प्रार्थना करो कि कार्यालय में कोई आपातस्थिति पैदा न हो।"

पीयूष: "ठीक है! सर"

रस्तोगी (कल्याण से बात करते हुए): "कल्याण, कोई भी कमी (गड़बड़ी) हुई, तो मैं यात्रा के बीच से पीयूष को बुला लूंगा।"

कल्याण: "सर, ऐसा नहीं होगा।"

इस बीच, होम सेक्रेटरी के कार्यालय का एक कर्मचारी रस्तोगी को एक पेपर सौंपता है।

रस्तोगी: "हाँ बोलो"

होशियार सिंह (गृहसचिव कार्यालय का कर्मचारी): "साहिब, होम सेक्रेटरी साहिब ने तुरंत बात करने को कहा है।"

रस्तोगी: "ठीक है, और पेपर पढ़ना शुरू करता है।"

रस्तोगी: "लो, तुम्हारी इच्छा पूरी हो गई कल्याण।"

कल्याण (कागज की विषयवस्तु पर दृष्टि डालते हुए): "कहाँ सर, मैंने तो रस्सिट (विरोध) किया था।"

पीयूष (कागज़ पर लिखे से अनजान): "क्या हुआ?"

रस्तोगी (इंटरकॉम पर होम सेक्रेटरी से बात करते हुए): "सर, ये बात तो ठीक नहीं है, सर। और फिर रिसीवर पटक देता है।"

रस्तोगी: "कल्याण भाई, प्रस्ताव बनाओ, सीबीआई जाँच करेगी। राज्य सरकार को लूप में लेना होगा।"

पीयूष: "सर, अगर देश में कोई आतंकवादी हमला होता है तो हमारे गृह मंत्रालय के कण्ट्रोल रूम को तुरंत पता लग जाता है। यह एक अस्पष्ट मामला है जिसके बारे में कोई नहीं जानता है, हम इसे आतंकवादी हमला कैसे कह सकते हैं?"

कल्याण: "सर, हमें किसी भी उग्रवादी या आतंकवादी हमले की घटना के 2 घंटे के भीतर सूचना मिल जाती है। सर, आज 20 जून है और इस घटना को हुए दो महीने बीत चुके हैं और अब वे इसे आतंकवादी हमला कह रहे हैं?"

रस्तोगी: "हम सभी जानते हैं। लेकिन वे फिलहाल इसे आतंकी हमला नहीं कह रहे हैं। वे सीबीआई जाँच चाहते हैं।"

कल्याण: "ठीक है सर।"

कल्याण मामले के सीबीआई अधिग्रहण का प्रस्ताव बनाने के लिए कागज लेकर अपने कमरे में वापस जाता है। वह एक प्रस्ताव बनाता है जिसमें लिखा होता है कि अपराधी का नाम समीर देशपांडे है जो नांदेड़, महाराष्ट्र का निवासी, जिसका अपना व्यवसाय है और संगठन का नाम "बजरंग दल" आदि है, और सीबीआई जाँच के लिए उस प्रस्ताव को भेज देता है। दो दिन के भीतर प्रस्ताव को स्वीकृति दे दी जाती है। डिपार्टमेंट और पर्सनल एंड ट्रेनिंग (एवीडी) को एक संचार भेजा जाता है और पेपर स्थानांतरित कर दिया जाता है। बाद में, कल्याण को डिपार्टमेंट ऑफ़ पर्सनल द्वारा महाराष्ट्र सरकार को भेजा अनुशंसा पत्र प्राप्त हुआ और उसके बाद महाराष्ट्र सरकार से पत्र प्राप्त करने की अधिसूचना की कॉपी भी प्राप्त हुई, जिसमें मामले को सीबीआई को सौंपा गया था। इसे 'नांदेड़ में आतंकवादी हमला, 20 अप्रैल, 2006' के रूप में शीर्षक दिया गया था। जाँच मुख्यालय द्वारा की जानी थी।

दृश्य 14

पीयूष जापान चला गया था। यह इंटरनल सिक्योरिटी डिवीज़न में एक शांत दिन था। संसद से उत्तर देने के लिए कोई प्रश्न नहीं है। कोई आकस्मिक मुद्दा नहीं है। 11.07.2006 को एक सामान्य दिन की तरह कल्याण घर लौटा

और रात को जल्दी भोजन करके लगभग 9:30 बजे सो गया। उसके परिवार वाले प्रातः जल्दी उठने वालों में से थे। वह अपनी दिनचर्या अनुसार 5 किमी पैदल यात्रा के लिए सुबह 5:30 बजे तक सड़क पर निकल गया और उसकी धर्मपत्नी ने गृह प्रवेश द्वार साफ किया और कोलम (रंगोली) बनाया। जैसे ही वह 6:15 बजे वापस लौटा, उसकी पत्नी ने उसे जॉइंट सेक्रेटरी रस्तोगी के फोन कॉल के बारे में सूचित किया। उसने रस्तोगी के निवास पर फोन किया, उसे बताया गया कि वह कार्यालय में है। उसने रस्तोगी के कार्यालय में फोन किया, लेकिन कोई प्रतिक्रिया नहीं मिली। इसलिए उसने कंट्रोल रूम में फोन किया। जैसे ही रिसीवर उठाया गया, वह वहाँ हो रही हलचल को सुन सकता था। कमांडिंग ऑफिसर ऑनलाइन आया।

कमांडिंग ऑफिसर: "कल्याण साहिब, सुप्रभात!"

कल्याण: "सुप्रभात!"

कमांडिंग ऑफिसर:"रस्तोगी साहब आपको यहाँ चाहते हैं। वह अकेले हैं।"

कल्याण: "बस 1 घंटे में मैं वहाँ होऊंगा।"

कल्याण ने स्नान किया और अपनी सुबह की पूजा-अर्चना करने के बाद अपनी पत्नी उमा को नाश्ता और दोपहर का भोजन अलग-अलग पैक करने के लिए कहा और आधे घंटे में ऑफिस जाने के लिए तैयार हो गया। सुबह के समय में, यातायात कम था और वह अपनी मोटरसाइकिल पर सवार होकर 30 मिनट में नॉर्थ ब्लॉक पहुंच गया।

रस्तोगी: "आओ कल्याण!"

कल्याण: "सर"

रस्तोगी: "मुझे घर जाना है, इसे देखो और 1 घंटे के लिए संभालो, मैं वापस आऊंगा।"

कल्याण को उस समय तक पता चल चुका था कि मुंबई में लोकल ट्रेनों में पिछली शाम को सीरियल बम विस्फोट हुए थे। तब तक उसे इस बात की जानकारी नहीं थी, लेकिन कंट्रोल रूम के अधिकारियों द्वारा सूचित किया गया कि रस्तोगी पिछली रात कार्यालय से सीधे मुंबई गए थे और वहाँ से वापस आकर सीधे कार्यालय आ गए थे। यह सुनकर कल्याण के मन में रस्तोगी के प्रति आदर और सम्मान और अधिक बढ़ गया, हालांकि, उसने कंट्रोल रूम के कमांडिंग ऑफिसर से कहा, "तभी खड़ूस है, सोयेगा नहीं, खायेगा नहीं, सिर्फ आतंकवादियों के पीछे लगा रहेगा तो खड़ूस तो बनेगा ही।"

बाद में रस्तोगी ने उसे किए जाने वाले आकस्मिक कार्यों के बारे में जानकारी दी। उसने लगभग दो घंटे तक चार्ज संभाले रखा। पीएमओ, विदेश मंत्री, कैबिनेट सेक्रेटेरिएट और मीडिया के फोन लगातार बज रहे थे। उसने पीएमओ, विदेश मंत्री और कैबिनेट सेक्रेटेरिएट को सूचित किया कि केंद्रीय गृहसचिव कुछ घंटों में एक विस्तृत

रिपोर्ट भेजेंगे। प्रेस के लिए उसने आधिकारिक प्रवक्ता को सूचित किया, मिस्टर दूदिया एक संवाददाता सम्मेलन आयोजित करेंगे।"

कल्याण ने आतंकवाद से निपटने के लिए पहला धागा पकड़ा था (अथवा प्रथम लड़ी पकड़ी थी)। बीच की अवधि में, पहली जाँच संकट मोचन की ओर ले जाती है और उसके बाद वाराणसी कैंट आता है।

रस्तोगी: "वाराणसी की रिपोर्ट्स आ गई हैं। क्या आपने पढ़ी है?"

कल्याण: "हाँ, सर"

अध्याय 6

दृश्य 15

कल्याण ऑफिस से घर आ रहा था। उसके अपार्टमेंट परिसर के प्रवेश द्वार पर, एक पुलिस अधिकारी चिल्ला रहा था और अपना वजन झाड़ रहा था। उसने कल्याण को रोका और अपनी पहचान बताने के लिए कहा। कल्याण ने वैसा ही किया। वह गुस्से में था और उसे नाम से पुकारने लगा।

गृह मंत्रालय के अधिकारी आमतौर पर दिल्ली पुलिस के अधिकारियों पर अपना रॉब झाड़ते रहते हैं। क्योंकि, यह पुलिस अधिकारी उसके साथ दुर्व्यवहार कर रहा था इसलिए कल्याण ने एमएचए कंट्रोल रूम को फोन किया। उनके हस्तक्षेप पर, इंस्पेक्टर ने अपनी प्रतिक्रिया को कम कर दिया और वह अपने घर आया।

इंस्पेक्टर: "साब जी, गृह मंत्रालय का रॉब हमेशा नहीं रहेगा।"

कल्याण: "हमारे यहाँ बिन बुलाये मेहमान का कल्चर नहीं है, न हम आदर करते हैं।"

इंस्पेक्टर: "इधर ही रहना है। मुझे जानते नहीं हो।"

कल्याण: "ठीक है आज से हम अजनबी। आप भी मेरे पास किसी मदद के लिए नहीं आयेंगे, ना मैं आपके पास।"

बाद में उस शाम कल्याण को पता चला कि उसके अपार्टमेंट में दूसरे ब्लॉक में एक खतरा था। तीन फ्लैट लूट लिए गए थे। तीनों एक दूसरे के बगल में थे। इसके अलावा, एक निवासी हवाई अड्डे पर तैनात था और एयरलाइन में काम कर रहा था, दूसरा हवाई अड्डे पर ही काम कर रहा था, और तीसरा हवाई अड्डे के कार्गो से संचालित एक सीएफ एजेंट था, जिसकी एक व्यापारी होने के नाते पुलिस अधिकारी से सांयकालीन खाने-पीने की युक्तियों के माध्यम से दोस्ती थी। संयोग से, कण्ट्रोल रूम के रिकॉर्ड के साथ-साथ और पहले के बयान में इंस्पेक्टर और सभी तीन पीड़ितों ने कहा कि अन्य सभी चीजों के साथ विदेशी मुद्रा (फॉरेन करेंसी) की एक बड़ी राशि चोरी हुई थी।

कुछ दिनों बाद गृह मंत्रालय में एक बैठक हुई। उक्त बैठक में प्रवर्तन निदेशालय के प्रतिनिधि ने पुलिस द्वारा सभी मामलों में उनके साथ आय से अधिक जब्ती और प्रतिबंधित जब्ती आदि का विवरण साझा नहीं किए जाने

की जानकारी दी। कोई मिस्टर बस्सी जो बाद में कमिश्नर बने, ने ऐसे मामलों की संख्या आदि बताते हुए अपना पक्ष रखा। अचानक स्पेशल सेक्रेटरी (आईएस) ने कल्याण से पूछा।

स्पेशल सेक्रेटरी (आईएस): "कल्याण आपके पेपर क्या संकेत करते हैं?"

कल्याण: "सर, हमें केवल साझा किए गए मामलों के बारे में जानकारी मिलती है। जो साझा नहीं किए जाते हैं उनकी हमारे पास कोई जानकारी नहीं है।"

बस्सी: "नहीं सर, अगर हमने ईडी के साथ साझा नहीं किया है, तो इसका मतलब है कि कोई मनी लॉन्ड्रिंग या फेमा कोण नही है और न ही इसमें शामिल अन्य मुद्दे हैं।"

कल्याण: "सर, स्पेशल कमिश्नर सही हो सकते हैं। लेकिन फॉरेन करेंसी की एक बड़ी राशि कथित तौर पर चोरी हुई है और मुझे नहीं लगता कि इसके बारे में जानकारी साझा की गई है।"

बस्सी: "कौन सा मामला है?"

कल्याण: "31.08.2006!, द्वारका पीएस। यह मेरे पड़ोस में हुआ था।"

बस्सी: "सर, मैं रिकॉर्ड की जाँच करूंगा और सूचित करूंगा।"

दृश्य 16

दिनाँक 8 सितंबर 2006

कल्याण और पीयूष, पीयूष के कमरे में बैठे हुए हैं और कुछ अत्यंत संवेदनशील मुद्दे पर काम कर रहे हैं। कंट्रोल रूम का कमांडेंट अंदर आता है।

कमांडेंट: "सर, मालेगांव में एक अटैक हुआ है।"

उसी समय इंटरकॉम की घंटी बजती है। यह रस्तोगी थे।

पीयूष: "नमस्कार सर, हाँ सर, अभी पता लगा।"

कल्याण (पीयूष को इशारा करते हुए और फुसफुसाते हुए): "सर, एसपी ग्रामीण से अपडेट लेने के लिए कण्ट्रोल रूम जा रहा हूँ।"

पीयूष: "कल्याण एसपी ग्रामीण से बात करने जा रहा है। हाँ सर, मुंबई सीरियल ब्लास्ट उसे पता है, सर।"

कल्याण कंट्रोल रूम में बैठा हुआ है। वहाँ का स्टाफ एसपी ग्रामीण से संपर्क करता है, कोई गायकवाड़ पाटिल नामक सज्जन थे।

गृहमंत्रालय कण्ट्रोल रूम का कर्मचारी: "एसपी कार्यालय में नहीं है।"

कल्याण: "उसका मोबाइल नंबर लो। उसे बताओ कि आप भारत सरकार के गृहमंत्रालय से बोल रहे हैं।

कर्मचारी: "ठीक है, सर!"

फोन पर एसपी कार्यालय का कर्मचारी: "साब, गृहमंत्रालय से बात करेंगे, केंद्र सरकार। मोबाइल नंबर दो।"

फिर स्क्रिप्ट पैड पर एक नंबर लिखता है और फिर उस नंबर पर कॉल करता है।

कर्मचारी: " साहब, जय हिंद। गृहमंत्रालय कण्ट्रोल रूम से बोल रहे हैं। कल्याण साहब बात करेंगे।"

और रिसीवर कल्याण को सौंप देता है।

कल्याण: सुप्रभात। सर, हम मंत्री जी को ब्रीफ करना चाहते थे। क्या आप विवरण साझा कर सकते हैं? कल्याण विवरण नोट करता है।...... "ठीक है, आपका मतलब है अहले हदीस। क्या यह एक नया संगठन है?..... नहीं, नहीं। ठीक है, यह एक कट्टरपंथी संगठन (रेडिकल ऑउटफिट) है।..... ठीक है?"

कल्याण रस्तोगी के कमरे में जाता है और विवरण साझा करता है।

रस्तोगी: "मालवा, मराठवाड़ा और तटीय महाराष्ट्र आदि में कट्टरपंथीकरण (रैडीकलाइजेशन) के बारे में जेआईसी की भी एक रिपोर्ट है।"

कल्याण: "हाँ सर, मुझे याद है।"

रस्तोगी: "मंत्री के लिए विस्फोट के तथ्यों पर एक नोट बनाओ। उन्हें नाकेबंदी जैसे उठाए गए कदमों और अन्य कदमों से अवगत कराओ। कल इस कट्टरपंथीकरण व्यवसाय पर गृहसचिव के लिए एक विस्तारपूर्ण नोट बनाना।"

कल्याण: "ठीक है सर!"

कल्याण पीयूष के कमरे से होते हुए और मंत्री के प्रेस वक्तव्य के लिए जानकारी साझा करने के बाद अपने कमरे में वापस चला जाता है।

08.09.2006 को कल्याण मालेगांव विस्फोटों के संबंध में रस्तोगी को तथ्यात्मक नोट निर्धारित माध्यम अर्थात् निदेशक पीयूष दुबे के माध्यम से प्रस्तुत करता है। हालांकि, 09.09.2006 को शनिवार था, फिर भी कल्याण ने रस्तोगी के निर्देशों के अनुसार औरंगाबाद हथियार ढुलाई (आर्म्स हॉल), मालेगांव विस्फोटों की प्रवृति, जेआईसी (जॉइंट इंटेलिजेंस कमिटी) रिपोर्ट (जिसमें मालवा के पश्चिम, मराठवाड़ा क्षेत्र, केरल के उत्तरी भागों तक फैले हुए महाराष्ट्र और कर्णाटक के तटीय क्षेत्रों में बढ़ते कट्टरपंथ के बारे में एक खुफिया सैन्य रिपोर्ट भी शामिल थी) का विवरण देते हुए और संबंधित राज्य सरकारों को तत्काल संवेदनशील बनने और सभी संभावित कार्यवाहियों का सुझाव देते हुए एक और नोट को अंतिम रूप दिया। यह फाइल गृह सचिव के पास जाती है

गृह सचिव: "यह एक कट्टरपंथी मुद्दा है। एनआर/एचआई डिवीजन को इसे संभालने दें।"

- एसएस(आईएस)

बाद में कल्याण फाइल प्राप्त करता है और गृहसचिव के आदेशों के अनुसार दूसरे भवन में स्थित एनआर/एचआई डिवीजन को स्थानांतरित कर देता है।

अध्याय 7

दृश्य 17

27.09.2006, सुबह के 11:00 बजे

कल्याण अपने कार्यालय में है; इंटरकॉम की घंटी बजती है।

कल्याण यह देखकर कि यह जॉइंट सेक्रेटरी (आईएस) है, बड़बड़ाते हुए: "साले को सुबह-सुबह चैन नहीं।"

वह फोन उठाता है।

कल्याण: "गुड मॉर्निंग सर!"

रस्तोगी: "तुरंत आओ"

कल्याण:"सर"

कल्याण रस्तोगी के कमरे तक जाता है और एक अन्य अधिकारी को रस्तोगी के साथ बहस करते हुए पाता है।

रस्तोगी: "सर, लेकिन हमें रिसोर्स से इनपुट चाहिए।"

कुर्सी पर बैठे दूसरे अधिकारी से कल्याण को पता चला कि वह कैबिनेट सचिवालय के अतिरिक्त सचिव राज चटर्जी है।

राज चटर्जी: "लेकिन धनंजय, यदि हमारे लोगों ने उस गुप्त संसाधन (रिसोर्स) से सम्पर्क किया तो वो लोग एक्सपोज़ हो सकते हैं। उन्होंने पहले ही उसको (रिसोर्स) गिरफ्तार कर लिया है। वह लाहौर सेंट्रल जेल में है। हम उस तक कैसे पहुँच सकते हैं?"

(यह पहली बार था जब कल्याण को पता चला कि रस्तोगी के नाम में प्रारंभिक शब्द 'डी' का मतलब क्या था अर्थात धनंजय था)

रस्तोगी: "सर, यह हमारे लिए बहुत महत्वपूर्ण है। अन्यथा, हम नहीं जानते हैं कि इसके कितने दूरगामी परिणाम सकते हैं।"

राज चटर्जी (चाय की चुस्की लेते हुए): "मैं इसमें अपने लड़कों को संकट में नहीं डाल सकता। किसी ऐसे बंदे (व्यक्ति) को ढूंढो जो उनके रडार में नहीं हो। क्या आप ऐसा कोई बंदा ढूंढ सकते हैं?"

रस्तोगी(उत्साह और उत्तेजना में): "मेरे लोग उसे ढूंढ लेंगे"

राज चटर्जी:"मूर्ख मत बनो धनंजय। इसमें बहुत अधिक खतरा है। वह मारा जा सकता है। ये लोग (आईएसआई वाले) बहुत निर्दयी होते हैं। सोच समझ कर निर्णय लेना, यही मेरी सलाह है।"

रस्तोगी: "मैं निर्देशानुसार अपना निर्णय लूंगा और आपको अपना आदमी दूंगा।"

राज चटर्जी: "मैं अभी भी सावधानी बरतने और पुनर्विचार करने का परामर्श दूंगा। बहुत रिस्की है। मेरे लोगों को इसके लिए प्रशिक्षित किया जाता है। यह उनका काम है, ... रोजी-रोटी है। यदि वे नहीं कहते हैं तो प्लीज़! इसे नहीं समझो ...। धनंजय कभी-कभी नहीं बोलना अथवा करना भी सीख लो।"

रस्तोगी: "सर, कृपया हमारे आदमी को सहयोग करिये। मेरा आदमी यह काम करेगा। आप केवल सपोर्ट करिये।"

राज चटर्जी (अपनी कुर्सी से उठते हुए): "यदि आप मुझे आदमी दे सकते हैं तो हम 'आउट ऑफ़ द वे' जाकर सपोर्ट करेंगे।"

वहाँ दो अधिकारी थे जिनमें से एक कैबिनेट सेक्रेटेरिएट में डायरेक्टर श्री नायर थे। वहाँ जो भी बातें हुई कल्याण के लिए सब कुछ ग्रीक और लैटिन समान था। लेकिन उसने पूरी बातचीत सुनी थी। उनके जाने के बाद, पीयूष भी आ चुका था। रस्तोगी कल्याण से बोलने लगा।

रस्तोगी: "कल्याण, आप ऐसा करने से मना कर सकते हैं। लेकिन मेरे पास आपके लिए एक मिशन है। मुझे पता है कि आप मना नहीं करेंगे। मैं अपनी टीम में किसी और पर विश्वास नहीं कर सकता। आपने एडिशनल सेक्रेटरी रॉ को सुना होगा। लेकिन दो चीजें हैं, पहली मुझे एक बात सिद्ध करनी होगी। दूसरी, लाहौर में पकड़े जाने से पहले उस बंदे के पास भारत में कुछ और ट्रेन विस्फोट के हमलों के बारे में महत्वपूर्ण जानकारी है।"

अब कल्याण को कुछ-कुछ समझ आने लगा।

रस्तोगी: "कल्याण तुरंत निर्णय लेने की आवश्यकता नहीं है। आप मुझे कल तक बता सकते हैं। इस पर विचार करिये। लेकिन खतरा यह हैं कि यदि आप पकड़े जाते हैं तो सरकार आपको पहचानने से मना (डिसओन) कर देगी। आपके परिवार का ध्यान रखा जाएगा। लेकिन निश्चित रूप से वह कोई सामान्य माध्यम नहीं हैं।"

कल्याण: "सर, मैं आज विचार करके आपको कल बताऊंगा।"

इसके बाद कल्याण और पीयूष कमरे से बाहर चले गए। पहली मंजिल के गलियारे में पीयूष।

पीयूष: "कल्याण साहब, अपने आप को बहुत ज्यादा परेशान मत करो... सब आराम से करिये। यदि आप न बोलना चाहते हैं, तो सीधे न बोल दो।"

कल्याण: "सर, आपकी क्या सलाह है?"

पीयूष: "देखो भाई, आपके दो बेटे हैं। एक 12वीं में है और छोटे वाला 10वीं में। खतरा बहुत अधिक है। एक अधिकारी के रूप में मुझे यह अच्छा लगेगा यदि आप जाते हैं और जानकारी प्राप्त करते हैं। लेकिन एक सहकर्मी (सहयोगी) के रूप में मैं कहूँगा कि इसमें मत पड़ो।"

कल्याण: "सर, मुझे कल तक का समय दीजिए।"

दृश्य 18

28.09.2006

जब भी इस तरह की दुविधा का सामना करना पड़ता था, तो कल्याण सरोजिनी नगर स्थित श्री विनायक मंदिर जाता था और पुजारी को अर्चना प्लेट के साथ दो पर्चियां सौंप देता था। पुजारी रमन शर्मा उस दिन विनायक मंदिर के गर्भगृह में थे। उस दिन कल्याण अपने कार्यालय के रास्ते में पड़ने वाले श्री विनयाक मंदिर में सुबह लगभग साढ़े आठ बजे पहुंचता है। उसने अर्चना प्लेट के साथ पर्चियां सौंपीं, जिसमें पान के पत्ते, सुपारी, दो केले और एक नारियल भी था। एक पर्ची पर 'हाँ' लिखा था और दूसरी पर्ची पर 'न' लिखा था।

आमतौर पर, अपने अनुभव से उसने पाया था कि उसने दुविधा की स्थिति में जब भी दैवीय सहायता मांगी है, तो उसे वह मिली है और उसने जो भी निर्णय लिया वह सही रहा। रमन शर्मा उसके गोत्र और राशि संबंधी विवरण जानते थे, उन्होंने पूजा-अर्चना करवाई। उन्होंने तमिल भाषा में "पिल्लैयार उत्तरवु" (जिसका अर्थ है कि गणेश जी ने आदेश दे दिया) कहते हुए एक पर्ची के साथ उसे प्रसाद दिया और सुबह के अभिषेक की तैयारी करने के लिए चले गए। अपनी प्रार्थना पूरी करने के बाद जब कल्याण ने पर्ची खोली तो यह 'हाँ' वाली पर्ची निकली। कार्यालय पहुँचने पर कल्याण रस्तोगी के कमरे में गया।

कल्याण: "सर, गुड मॉर्निंग!"

रस्तोगी: "गुड मॉर्निंग, आप कुछ कहना चाहते हैं?"

कल्याण: "हाँ सर! और हाँ!"

रस्तोगी ने उससे पूछा: "हाँ,.. "क्या आपकी हाँ कल के प्रस्ताव के लिए है?"

कल्याण: "हाँ!"

रस्तोगी: "अरे! मैंने ताव में बोल दिया था भाई! फिर भी हाँ!"

कल्याण: "सर, मैं सुबह मंदिर गया था और वहीं से आ रहा हूँ।"

रस्तोगी: "हाँ, मेरी पत्नी भी सप्ताह में लगभग 4-5 बार उस मंदिर में जाती है।"

रस्तोगी: "पक्का हाँ"

कल्याण: "मुझे विश्वास है कि भगवान मेरे साथ है। फिर भी मैं चाहता हूँ कि वे मुझे बैकअप के रूप में साइनाइड टैबलेट दे दें। बाकी सब मैं आपके ऊपर छोड़ देता हूँ, सर।"

रस्तोगी: "बैठो। हम चाय पीएंगे।"

रस्तोगी: "कोई भी दूसरा विचार आये तो आप कभी भी पीछे हट सकते हैं।"

रस्तोगी(अपने कार्यालय में चिल्लाता है): "चाय मंगवाओ भाई। इसके अलावा, पीयूष को भी बुलाओ।"

पीयूष रस्तोगी के कमरे में प्रवेश करता है।

पीयूष: "गुड मॉर्निंग सर"

रस्तोगी: "पीयूष, मेरे बहादुर बंदे ने हाँ कहा है।"

चाय आती है और फिर उन्होंने चाय पर चर्चा की।

रस्तोगी: "ठीक है, मैं इस पर काम करूंगा और आपको बताता हूँ।"

पीयूष और कल्याण पीयूष के कमरे में जाते हैं।

पीयूष: "कल्याण साब, हमारे इनकम टैक्स वाले और डीआरआई वाले ऐसा नहीं कर सकते। आप सचिवालय के एक अधिकारी हैं मना कर सकते थे"

कल्याण: "सर, भगवत इच्छा। मैंने सुबह मंदिर में प्रार्थना की है। मुझे अपनी प्रार्थनाओं पर पूरा विश्वास है।"

पीयूष: "आपके पास आपके बूढ़े माता-पिता हैं।"

कल्याण: "सर माता-पिता तो हमेशा बूढ़े ही होते हैं।"

पीयूष: "ये वाली बात मत करो। आपने मुझे बताया हैं कि आपने 10 साल पहले एक दुर्घटना में अपने भाई को खो दिया है। आपके बेटे भी बड़े हो रहे हैं।"

कल्याण:- "सर, जहाँ भी जीवन हमें ले जाए। लेकिन, अब मैं इसके लिए तैयार हूँ।"

कल्याण अपने कमरे में जाता है और बाकी दिनों की तरह अपने काम में व्यस्त हो जाता है। दोपहर के भोजन के बाद, कल्याण अपने दोस्त के साथ नॉर्थ ब्लॉक के गेट नंबर 8 के पास टहल रहा था, जब रस्तोगी के कार्यालय में तैनात अर्धसैनिक बल का जवान चौहान उसे बुलाने आया। उसका दोस्त धूम्रपान कर रहा था और कल्याण पास में खड़ा होकर किसी मजाक का आनंद ले रहा था।

चौहान: "सर, लंच के बाद तुरंत साहिब ने बुलाया है।"

कल्याण: "ठीक है, इन साहिब को सुट्टा मारने दो, फिर पहुंच जाऊँगा।"

चौहान जाता है। फिर एडमिनिस्ट्रेशन सेक्शन से हेमराज कल्याण के पास आता है।

कल्याण: "हाँ भाई, बोलो।"

हेमराज:"सर, आपको पीडीपी में जाना है। 3 अक्टूबर से है। मैसूर।"

कल्याण: "ठीक है, मेरे खसम को भेजो" (मतलब जॉइंट सेक्रेटरी) बोलचाल की भाषा में खसम का मतलब पति होता है।

हेमराज: "ठीक है सर"

फिर लंचटाइम समाप्त हो जाता है। कल्याण रस्तोगी के कमरे में जाता है।

रस्तोगी: "आप मैसूर के सरकारी संस्थान में इस प्रोफेशनल डेवलपमेंट प्रोग्राम में भाग लो। हम इस संस्थान के निदेशक बी एल श्रीकान्थैया के साथ समन्वय करेंगे। वह एक आईएएस अधिकारी हैं और मेरी जान पहचान के हैं।"

कल्याण: "ठीक है सर"

रस्तोगी: "मैंने दिल्ली जेल के डीजी से भी बात की है। आप डीआईजी श्री गर्ग के साथ समन्वय करिये और प्रशिक्षण के लिए जाने से पहले तिहाड़ जेल का दौरा करिये।"

कल्याण: "सर"

रस्तोगी: "हम इस पर शाम के शून्यकाल में बात करेंगे।"

संसद में शून्यकाल दिन की वह अवधि है जब एक सांसद बिना किसी सूचना के सार्वजनिक महत्व के किसी भी मामले को उठा सकता है और जो उस दिन के कामकाज की सूची में सूचीबद्ध नहीं किया गया है। रस्तोगी शाम के उसी समय (शून्यकाल) का उपयोग सप्ताह में कम से कम एक या दो बार बिना एजेंडा के अपने अधिकारियों से मिलने के लिए करता था। कुछ अन्य अधिकारी इसे दरबार कहते हैं, लेकिन वर्कहोलिक होने के नाते रस्तोगी इसके लिए अपने कार्यक्षेत्र की शब्दावली शून्यकाल का उपयोग करता था।

कल्याण: "सर, आज शून्यकाल है"

रस्तोगी: "केवल हम तीन। ये आईएसआई और नक्सल वाले नहीं!"

कल्याण: "ठीक है सर"

कल्याण अपने काम पर वापस आता है जहाँ प्रोफेशनल डेवलपमेंट प्रोग्राम में भाग लेने का पत्र पड़ा था। कल्याण पत्र पढ़ता है, इसके बाद, संस्थान में पीडीपी के दौरान अपने पेपर की प्रस्तुति और अन्य दस्तावेजों के लिए पत्र में निर्धारित 1500 रुपये की अग्रिम राशि के लिए फॉर्म सहित अन्य औपचारिकताओं को पूरा करता है।

शाम 6:00 बजे रस्तोगी का कमरा।

रस्तोगी: "आओ पीयूष, कल्याण आओ।"

कल्याण और पीयूष एक ही समय में: "धन्यवाद, सर"

रस्तोगी: "अब संस्थान से निदेशक श्रीकान्थैया आपको कुछ अधिकारियों से मिलवायेंगे। वो लोग जहाँ भी कहेंगे, आप उनके साथ जाएंगे। सभी खर्चे पूरे हो जाएंगे। निदेशक प्रशिक्षण में आपकी उपस्थिति दिखाएगा। "ठीक है, समझ आ गया न (इज दैट क्लियर?)"

कल्याण: "क्या मैं 2 अक्टूबर 2006 के लिए अपना टिकट बुक कर सकता हूँ?"

रस्तोगी: "जब तक आप मैसूर नहीं पहुंचते, तब तक यह आपकी नही प्रशासन की समस्या है।"

कल्याण: "ठीक है सर। लेकिन बैंगलोर से मैसूर तक, मैं अपने सहयोगियों के साथ यात्रा कर सकता हूँ।"

रस्तोगी: "हाँ, यह उचित होगा।"

कल्याण: "ठीक है, सर"

रस्तोगी: "शांत रहना!"

कल्याण: "ठीक है सर"

रस्तोगी: "कल मेरे घर आओ। मैं वहीं रहूँगा और हाँ अत्यंत सावधान रहना।"

कल्याण: "सर, कल मैं एमएचए क्रिकेट टीम के साथ रहूँगा जो विनय मार्ग पर नेट प्रैक्टिस करेगी और वहाँ से आपके घर आ जाऊंगा।"

रस्तोगी: "आप क्रिकेट खेलते हैं?"

कल्याण: "थोड़ा बहुत। शीर्ष पायदान पर नहीं। सर, 45 वर्ष की आयु में मैं इतना ही कर सकता हूँ।"

रस्तोगी ने सिर हिलाया। कल्याण और पीयूष फिर अपनी चाय समाप्त करते हैं और घर के लिए निकल जाते हैं।

29.09.2006

कल्याण ने बैंगलोर के लिए इंडियन एयरलाइंस की 6:45 बजे की फ्लाइट से प्रस्थान के लिए मंत्रालय के प्रोटोकॉल अनुभाग को अपनी आगे की यात्रा योजना लिखी। बाद में वह अपने सहयोगियों से बात करता है जो

भारत सरकार के अन्य मंत्रालयों से मैसूर में प्रशिक्षण में भाग लेने वाले थे। प्रतिभागियों को मैसूर ले जाने के लिए संस्थान का एक वाहन बैंगलोर हवाई अड्डे पर होगा।

इसके बाद कल्याण, जो उस दिन अपनी क्रिकेट ड्रेस में था, अपनी कार से कार्यालय गया और लगभग 4 बजे कार्यालय से निकल गया। उसके सहयोगी मिस्टर ग्रोवर जो वरीयता सूचि में उससे वरिष्ठ थे, उस समय कमरे में थे और अपना दुखड़ा रो रहे थे।

ग्रोवर: "अरे यार! अभी मेरा नंबर पीडीपी में नहीं आया। आप ने जुगाड़ कर लिया।"

कल्याण: "साले ये डिपार्टमेंट ऑफ़ पर्सनल वाले ऐसे ही हैं। कोई सिनियरिटी से नहीं चले। ठीक है, वैसे भी राक्षस (रस्तोगी की ओर संकेत करते हुए) कहाँ रिलीव करता है। संसद का सत्र नहीं चल रहा है इसलिए उन्होंने मुझे रिलीव कर दिया।"

ग्रोवर: "जाओ दोस्त, एन्जॉय करो।"

कल्याण: "एडमिनिस्ट्रेशन ने केवल 1500 रुपये का चेक दिया है। मैं कल जमा करूंगा और पैसे निकालूंगा।"

ग्रोवर: "एन्जॉय पार्टनर"

कल्याण: "धन्यवाद, डिअर"

कल्याण विनय मार्ग पर नेट प्रैक्टिस करने के लिए ड्राइव करता है। जैसे ही वह आता है, टीम का कप्तान माथुर उससे मिलता है।

माथुर: "सर ईद के चाँद हो गये हो। आओ सर। प्रैक्टिस में आये हो क्या?"

कल्याण: "अगर इज़ाज़त हो तो।"

माथुर: "सर जी, आप आओ तो टीम बढ़िया हो जाएगी। ये साले विकेट में खड़ा रहना नहीं जानते।"

इस बीच, एक सोनी नामक व्यक्ति उनके साथ आता है।

सोनी: "सर जी, आप बास्केटबॉल में ज्यादा इंटेरेस्ट रखते हो। डीपीएस स्पोर्ट्स कॉम्प्लेक्स में डॉ. सैनी के साथ खेलते हो। प्लीज क्रिकेट में इंटेरेस्ट ले लो।"

कल्याण: "नहीं डिअर।" यह इंटर्नल सिक्योरिटी का काम समय ही नहीं देता। आज खेल सकता हूँ ऐसा लगा तो मैं अपना किट बैग ले आया। अन्यथा, मेरी हालत बहुत अच्छी नहीं है।"

माथुर: "सर जी, पैड अप करो।"

कल्याण ने उस समय तक अपनी ड्रैस बदल ली थी। कल्याण पैड अप करता है और बल्लेबाजी की नेट प्रैक्टिस क्रीज पर जाता है। वह अधिकांश समय बचाव करता (डिफेंड) रहता है और रुक-रुक कर कुछ शॉट

खेलता है। बाद में माथुर थैंक यू कहता है। कल्याण वहाँ से बाहर निकलता है। बाद में लोगों के अनुरोध पर वह लगभग 15 मिनट के लिए गेंदबाजी में अपना हाथ आजमाता है और तब तक शाम हो जाती है।

कल्याण ड्रैस बदलता है और पास के नल तक जाकर पानी से अपना चेहरा धोता है, इसके बाद वहीं पर अपनी संध्यावंदन भी करता है। उस समय तक लगभग अंधेरा हो जाता है। कल्याण अपनी कार के पास जाता है। हुंडी लाल जो रस्तोगी के कार्यालय में है, वहाँ प्रतीक्षा कर रहा है।

हुंडी लाल: "सर, साहिब अभी घर पहुंछे है।"

कल्याण (अपनी कार में बैठे हुए): "बैठो, कहाँ चलना है?"

हुंडी: "सर यहाँ से 2 मिनट।"

कल्याण गाड़ी चलाने लगता है।

हुंडी: "सर बस यहाँ। साइड में पार्क कर दो, सत्य मार्ग गवर्नमेंट सी-आई हाउसेस पर।"

कल्याण और हुंडी कार से उतरते हैं और रस्तोगी के घर जाते हैं।

रस्तोगी: "आओ-आओ और बैठो।"

कल्याण: "धन्यवाद सर"

इस बीच दरवाजे की घंटी बजती है। मिस्टर राज चटर्जी अपने डायरेक्टर श्री नायर के साथ पहुंचते हैं। वे सभी रस्तोगी के घर में सोफे पर बैठते हैं।

राज चटर्जी: "तो आप इसे संभालने जा रहे हैं?"

कल्याण: "हाँ सर"

राज चटर्जी: "अब मैं नायर का नंबर शेयर कर रहा हूँ। आप जब भी चाहें पीछे हटने के लिए स्वतंत्र हैं।"

कल्याण: "सर"

राज चटर्जी: "निर्णय लेने की पूरी छूट है"

कल्याण: "सर"

राज चटर्जी: "3 तारीख को आप पीडीपी के उद्घाटन वाले दिन उसमें जाएंगे।"

कल्याण: "सर"

राज चटर्जी: "4 तारीख को आप मुंबई के लिए उड़ान भरेंगे। संस्थान के डायरेक्टर आपको ट्रांसपोर्ट और टिकट देंगे।"

कल्याण: "सर"

राज चटर्जी: "मुंबई में नायर आपसे मिलेंगे और आपको हमारे लोगों से मिलाएंगे। इसके अलावा कुछ पासपोर्ट साइज की फोटो रख लेना।"

कल्याण: "सर"

राज चटर्जी: "आप मुंबई में तब तक रहेंगे जब तक कि आपके पेपर्स नहीं बन जाते।"

कल्याण: "सर"

नायर: "सर, हम यह सुनिश्चित करेंगे कि यह तीन दिनों में पूरा हो जाए। आप 7 तारीख को मैसूर लौट सकते हैं।"

कल्याण: "सर"

राज चटर्जी: 9 तारीख को आप दिल्ली के लिए उड़ान भरेंगे, लेकिन अपने नाम का उपयोग नहीं करेंगे। आप दिल्ली में घर नहीं जाएंगे। आप हवाई अड्डे पर ही रहेंगे। हम इंटरनेशनल डेस्क पर आपके ट्रांसफर की व्यवस्था करेंगे।"

कल्याण: "सर"

राज चटर्जी: "शाम को आप लाहौर के लिए पीआईए की फ्लाइट लेंगे।"

कल्याण: "सर"

राज चटर्जी: "वहाँ से आपको एक होटल में ले जाया जाएगा। 10 तारीख को आप होटल में ही रुकेंगे, हमारे लोग आपके संपर्क में होंगे।"

नायर: "आप ऐसे ही बाहर टहलने के लिए जा सकते हैं। लेकिन किसी से बातचीत नहीं करेंगे।"

कल्याण: "जी सर। लेकिन सर, मुझे कैसे पता चलेगा कि मेरा पीछा करने वाले लोग, हमारे लोग हैं या उनके, जो हवाई अड्डे पर या कहीं और मिलते हैं?"

राज चटर्जी: "एक नए व्यक्ति का वैध प्रश्न है। लेकिन चिंता मत करो। वह आपको पर्याप्त संकेत देंगे।"

कल्याण: "सर"

राज चटर्जी: "11 की सुबह, आपको कोट लखपत जेल में ले जाया जाएगा। 500 मीटर दूर छोड़ दिया जाएगा। आगे जाना, मुलाकत के समय के दौरान एक जुनैद अख्तर से मिलने के लिए कहना। आपको उसके साथ समय मिलेगा। उससे पूछना क्या खबर लाये हो? वह जो कुछ भी बताएगा, ध्यान से सुनना। जब काम खत्म हो जाए,

तो कैद-ए-मिल्लत कॉलोनी में वापस आ जाना। आपको होटल में वापस छोड़ दिया जाएगा। तुरंत होटल छोड़ (चेक आउट) देना। आपकी वापसी की व्यवस्था तैयार होगी।"

कल्याण: "सर"

रस्तोगी: "ध्यान रहे, सब यथावत याद रखना है।"

(इस बीच श्रीमती रस्तोगी कुछ खाने-पीने की चीजों के साथ अंदर आती है।

रस्तोगी: "अरे! हमें अकेला छोड़ दो। हम कार्यालय में ऐसा नहीं कर सकते। इसलिए मैंने इन्हे यहाँ बुलाया है।" वह तुरंत चली जाती है। स्नैक्स खाने के बाद वे सभी चले जाते हैं।

30.09.2006

कल्याण ने तिहाड़ जेल के डीआईजी मिस्टर गर्ग के साथ पहले ही अपॉइंटमेंट ले लिया था। शनिवार का दिन था। कल्याण द्वारका में था और उसकी धर्मपत्नी उमा, जो एक बैंक में सहायक प्रबंधक थीं, जनकपुरी में नियुक्त थीं। यह उमा के लिए कार्य दिवस था। इसलिए कल्याण ने सहर्ष उसे जनकपुरी कार्यालय में छोड़ने की पेशकश की। उसे जिला केंद्र जनकपुरी में छोड़ने के बाद, कल्याण तिहाड़ जेल चला गया। मिस्टर गर्ग और एक अन्य मिस्टर गुप्ता जो तिहाड़ जेल के लॉ ऑफिसर थे, ने उसका स्वागत किया। वे उसे जेल दिखाने ले गए और बाद में उसे मुलाक़ात प्रक्रियाओं के बारे में बताया।

वे कुछ समय के लिए इस प्रक्रिया से बार-बार गुजरे अर्थात उन्होंने मुलाक़ात प्रक्रिया का बार-बार अभ्यास किया। बाद में एक जेल कर्मचारी को कैदी बनाकर उसके साथ एक नकली मुलाकत भी की गई। 3:00 बजे तक कल्याण इस काम से मुक्त हो चुका था। वह घर गया और रस्तोगी को फोन किया और उसे अपनी इस यात्रा के बारे में अवगत कराया। रस्तोगी ने उससे पूछा कि क्या वह ठीक अथवा संतुष्ट हैं, जिसका कल्याण ने हाँ में उत्तर दिया।

अध्याय 8

दृश्य 19

02.10.2006 की सुबह कल्याण ने बैंगलोर के लिए उड़ान भरी। उसके साथ कई वरिष्ठ सहकर्मी थे और उन्होंने फ्लाइट में भी अच्छा समय बिताया। बैंगलोर हवाई अड्डे पर संस्थान का वाहन इंतजार कर रहा था, सभी उसमें सवार हो गए और मैसूर स्थित संस्थान के लिए निकल गये। जब तक वे पहुंचे तब तक दोपहर के भोजन का समय हो चुका था। सभी प्रतिभागियों को ट्विन शेयरिंग रूम दिए गए थे। जब कल्याण का नाम कमरे के आवंटन के लिए आया, तो रिसेप्शनिस्ट ने किसी को फोन किया। उसे संस्थान के छात्रावास में अकेला कमरा आवंटित किया गया था। कुछ वरिष्ठों ने विरोध किया कि कल्याण सबसे जूनियर हैं। उन्हें यह समझाया गया कि कल्याण को जो कमरा आवंटित किया गया है उसमें कुछ खराबी है, इसलिए उस कमरे में दो लोगों को नहीं रखा जा सकता। कुछ प्रतिभागियों के ड्रिंक आदि लेने के साथ ही वह शाम अच्छी तरह से बीती।

03.10.2006

पंजीकरण की औपचारिकताओं के बाद, संस्थान के डायरेक्टर कार्यक्रम के उदघाटन सत्र में आए। बाद में, कॉफी ब्रेक के दौरान डायरेक्टर ने कल्याण को अलग से साथ लिया और उसे प्रशिक्षण सत्रों में बहुत अधिक भागीदारी न करने की सलाह दी। उन्होंने उसे यह भी बताया कि उन्होंने अपने फैकल्टी मेंबर्स के साथ उसका विवरण साझा नहीं किया था, लेकिन वह आश्वस्त रहे कि उसके लापता होने के बारे में संकाय की कोई भी शिकायत उनके पास ही आएगी। इसके अलावा कोर्स के डायरेक्टर, मिस्टर तीर्थ गौड़ा को तलब किया गया और कल्याण की कोर्स में भागीदारी और लापता होने की उनकी संभावनाओं के बारे में बहुत ही हल्के से बताया गया।

वह दिन बिना किसी बड़ी हलचल के बीत गया। जैसा कि अधिकांश लोग मंगलवार को परहेज करते हैं, इसलिए कोई पेय पार्टी नहीं थी और सभी प्रतिभागी सोने के लिए चले गए। कल्याण का कमरा प्रतिभागियों के हॉस्टल से दूर एडमिनिस्ट्रेटिव ब्लॉक में था, वह वहाँ तक गया और सो गया।

दृश्य 20

04.10.2006

सुबह 9:30 से 11:00 बजे तक का सत्र अच्छे से बीता। सत्र के अंत में कल्याण कॉफी और कुकीज़ के साथ मेदू वड़ा का आनंद ले रहा था, उसी समय एक व्यक्ति आया और उसके कानों में कुछ फुसफुसाया। आपको डायरेक्टर के कार्यालय में बुलाया गया है। कल्याण संस्थान डायरेक्टर के कार्यालय में गया और डायरेक्टर ने उसका स्वागत किया। कल्याण ने डायरेक्टर के कार्यालय में दो और व्यक्तियों को देखा। प्रारंभिक परिचय के बाद स्वयं को राव बताने वाले व्यक्ति ने उससे बात करना शुरू कर दिया।

राव: "मैं राव हूँ। आप कैसे हैं? हमें एक साथ काम करना है।"

कल्याण: "आपसे मिलकर अच्छा लगा"

राव: "ये मिस्टर होस्पेतु रंगनाथ भट्ट हैं। ये आपके साथ मुंबई जाएंगे। आज शाम की फ्लाइट से आप यात्रा कर रहे हैं। हमें आगे बढ़ना होगा। मुझे उन चीजों के बारे बताईये जिनकी आपको आवश्यकता है, हम उन्हें रास्ते में खरीद लेंगे।"

कल्याण: "लेकिन मिस्टर राव, मेरे पास सब कुछ है- टूथपेस्ट, हेयर ऑइल, शेविंग क्रीम, और अन्य सभी आवश्यक वस्तुएं।"

राव: "मैं यह जानता हूँ। लेकिन उन्हें यहाँ छोड़ना होगा। आपका सामान दिल्ली से खरीदा गया है। किसी भी तरह से यह कनेक्ट कर सकता है।"

कल्याण: "ठीक है, मैं समझ गया"

राव: "हम कपड़ों का एक नया सेट भी खरीदेंगे। इसके अलावा कुछ अंडरगारमेंट्स भी।"

कल्याण: "ठीक है सर"

राव: "शाम 6:30 बजे हमारी फ्लाइट है। हमें निकलना होगा।"

कल्याण: "ठीक है, मैं कुछ ही मिनटों में वापस आता हूँ।"

राव: "अवश्य। लेकिन, बहुत सारा सामान मत लीजियेगा।"

कल्याण: "ठीक है मिस्टर राव"

राव: "अपना आई-कार्ड और वॉलेट भी मत ले जाना।"

कल्याण: "ठीक है सर"

श्री बी एल श्रीकान्थैया से अनुमति लेने के पन्द्रह मिनट बाद टीम संस्थान से बैंगलोर हवाई अड्डे के लिए रवाना हो गयी। उन्होंने रास्ते में कल्याण के लिए शर्ट और पैंट के तीन जोड़े, कुछ अंडरगारमेंट्स और कुछ कॉस्मेटिक्स खरीदे।

फ्लाइट शाम 6:30 बजे थी। कल्याण को हवाई अड्डे पर पता चला कि वह केट्टमपल्ली जॉर्ज नाम के एक मलयाली ईसाई के नाम से यात्रा कर रहा है। फ्लाइट आधे घंटे की देरी से उडी और शाम 7:00 बजे रवाना होकर रात 8:30 बजे मुंबई उत्तरी। मुंबई पहुंचने पर कल्याण को तारदेव क्रॉसिंग और मुंबई सेंट्रल के पास एक अज्ञात (नॉनडेस्क्रिप्ट) होटल में छोड़ दिया गया। होटल का नाम कोई 'होटल सवेरा' था। रात्रि भोजन के बाद वे लोग अलग-अलग हो गए और मिस्टर भट्ट होटल में नहीं रुके।

05.10.2006

मिस्टर भट्ट एक और सज्जन के साथ सुबह 10:00 बजे होटल पहुंचे।

भट्ट: "कल्याण साहब, ये मिस्टर शिंदे हैं"

कल्याण: "आप दोनों को सुप्रभात"

भट्ट: "सर! ये सबसे पहले चाहते हैं कि आप अपना नया फ़ोटो निकलवा लें। जो आपने हमें दिया है, उससे काम नहीं बनेगा।"

कल्याण: "हाँ, लेकिन इसके लिए हम कहाँ जायेंगे?"

शिंदे: "सर, अभी जाकर फोटो लेंगे। आप ने चाय नास्ता कर लिया?"

कल्याण: "हाँ कर लिया।"

शिंदे: "सर यहाँ सेंट्रल से ग्रांट रोड जाने वाले रोड पर एक रेस्तरां है। भट्ट साहब को बैठा के फिर उसी के पीछे कुछ स्टूडियो हैं। नया फोटो ले लेंगे।"

कल्याण: "जैसा आप कहें"

वे तीनों कार से जाते हैं और रेस्तरां में प्रवेश करते हैं।

शिंदे: "सर, कृपया अपना टिफिन ले लीजिये। हम फोटो लेकर आते हैं।"

भट्ट रेस्तरां में रुक जाता है और कल्याण तथा शिंदे वहाँ की दुकानों के सामने से निकलते हैं। कुछ समय बाद कल्याण और शिंदे वापस आते हैं और रेस्तरां में भट्ट से मिलते हैं।

भट्ट: "क्या हुआ?"

शिंदे: हमने फोटो खिचवा लिया है। आधे घंटे में तैयार हो जाएगा।"

भट्ट: "सर, मैं आपके लिए क्या मँगवाऊं?"

कल्याण: "मैंने नाश्ता ज्यादा कर लिया है इसलिए कुछ भी नहीं।"

इस बीच, शिंदे एक वडापाव और मसाला चाय का ऑर्डर देता है।

भट्ट: "सर, वडापाव मुंबई का प्रसिद्ध व्यंजन है। सर, एक कोशिश करिये"

कल्याण: "तीखा होगा"

भट्ट: "सर, कोशिश करिये सर। यदि आपको अच्छा नहीं लगेगा तो हम बाँट लेंगे। मैं और शिंदे।"

कल्याण (बिना मन के): "ठीक है। इसके अलावा एक मसाला चाय भी।"

शिंदे ने एक और वडापाव एक मिसल पाव और तीन मसाला चाय का ऑर्डर दिया।

कल्याण(एक छोटा सा टुकड़ा खाने के बाद): "यह बहुत तीखा है। मैं नहीं खा सकता।"

भट्ट: "सर, एक छोटा सा टूकड़ा खाइये तो सही। जो बचेगा शिंदे और मैं खा लेंगे। इसके अलावा, थोड़ा सा मिसल पाव भी खाइये सर।"

इसके बाद वह कल्याण को मिसल पाव का एक छोटा सा टुकड़ा परोसता है।

कल्याण (उसे चखने के बाद): ओये यार! यह भी कम तीखा नहीं है। मुझे अल्सर हो जाएगा।"

भट्ट: "सर, वहाँ भी काफी तीखा खाना होगा। थोडा सा कंडीशनिंग कर लो।".

कल्याण: "ठीक है। वैसे, कभी गए हो क्या?"

भट्ट: "मैं 3 साल मुल्तान (कवर्ट) में तैनात था, शिंदे हैदराबाद में और मुन्नाबाव में था। ट्रेन के सिलसिले में काम किया। मगर सरकार ने जोधपुर से मुन्नाबाव ट्रेन चलाने का निर्णय लिया। साला ये एक्सपर्ट है उस मुल्क में। इसने कई ड्रग कार्टेल तोड़े। मगर ट्रेन चलने से ड्रग समग्लिंग (मादक पदार्थों की तस्करी) बढ़ जायेगी।"

कल्याण: "ठीक है"

इस बीच वे नाश्ता समाप्त करते हैं, बिल आता है और वे वहाँ से निकल लेते हैं। वे फोटो स्टूडियो में जाते हैं, फोटो की 16 प्रतियां लेते हैं। बाद में वे बल्लार्ड पियर में किसी कार्यालय के लिए रवाना होते हैं। इसके बाद कार्यालय में प्रवेश करते हुए एक बहुत वरिष्ठ व्यक्ति (अधिकारी) कल्याण का स्वागत करता है। वह कल्याण को सोफे पर बैठाता है, और अपना फाइल वर्क करता रहता है। दिन के 1:30 बज चुके हैं। दोपहर का भोजन आता

है। वरिष्ठ अधिकारी और कल्याण एक साथ लंच करते हैं। इसके बाद वह वरिष्ठ अधिकारी उससे पान और सिगरेट आदि के बारे में पूछता है। कल्याण मना कर देता है। इसके बाद दो व्यक्तियों को बुलाया जाता है।

पहले एक ने कल्याण को के.जॉर्ज के रूप में एक घंटे के लिए बार-बार हस्ताक्षर करने के लिए कहा। उसके बाद हाथ जमने पर उसने के. जॉर्ज के कुछ हस्ताक्षर लिए और चला गया। जल्द ही दूसरे व्यक्ति ने काम संभाल लिया। उसने कल्याण को मुश्किल सवालों पर कोचिंग देना शुरू किया जो उससे लाहौर इमिग्रेशन डेस्क में पूछे जा सकते हैं। उन्होंने उच्चारण की जाँच की जो बहुत अधिक मलयाली था। इसके बाद कल्याण से बार-बार प्रश्न पूछने का सिलसिला चलता रहा। यह सिलसिला 3 घंटे से अधिक चला। शाम हो चुकी थी। लेकिन सभी संतुष्ट थे कि कल्याण जॉर्ज बन गया था और उन्होंने उस दिन का काम वहीं समाप्त कर दिया।

कल्याण ने वरिष्ठ अधिकारी के कमरे में वॉशरूम का उपयोग किया और फिर वहीं अपनी संध्या की। वरिष्ठ अधिकारी घबरा गया अथवा सतर्क हो गया।

वरिष्ठ अधिकारी: "सर, आप इसे दैनिक रूप से करते हैं। मैं भी इस पर विश्वास करता हूँ। लेकिन पेशेवर रूप से यह आपको इस मिशन पर एक्सपोज़ कर सकता है।"

कल्याण: "मैं ध्यान रखूंगा। मैं मन ही मन बोलूंगा। किसी को पता नहीं चलेगा।"

वरिष्ठ अधिकारी: "सर, यह जोखिम से भरा है।"

कल्याण: "डिअर फ्रेंड, मैं इस बात का पूरा ध्यान रखूंगा कि मेरे बगल वाले को भी पता न चले। वैसे, मुझे एक और चिंता है। मैं शुद्ध शाकाहारी हूँ।"

वरिष्ठ अधिकारी: "एएस सर ने हमें बताया था। हम यह सुनिश्चित करेंगे कि आपको वहाँ रहते हुए दिन में दो बार शाकाहारी भोजन मिलें। वे हमारी व्यवस्थाओं की सूची में हैं। वैसे तो सर, वो लोग दाल में भी अंडा डालते हैं। बैगन भर्ता में चिकन होता है। लेकिन, हमारे दोस्त आपको घर का पका हुआ खाना उपलब्ध कराएंगे। इसके अलावा, कोई भी धार्मिक पुस्तक मत ले जाईयेगा। आप एक्सपोज़ हो सकते हैं। केवल वही पाठ करियेगा जो आपको दिल से याद होगा।"

कल्याण: "निश्चिंत रहिये, मैं ध्यान रखूंगा"

उसने कल्याण को सलाह दी कि यदि हो सके तो हर दिन ऐसा करने से बचना। कल्याण उर्फ जॉर्ज ने उसे आश्वासन दिया कि वह इसका विशेष ध्यान रखेगा। इसके बाद वे रात के भोजन के लिए बाहर चले गए। जॉर्ज को रात लगभग 10 बजे होटल में छोड़ दिया गया। इसी होटल परिसर में एक डांस बार था। कल्याण को डांस बार में बजने वाले बॉलीवुड गानों के शोर से नींद नही आई। लेकिन बाद में कल्याण को पता ही नहीं चला कि वह कब सो गया।

06.10.2006

शिंदे और भट्ट कल्याण को लेने के लिए होटल में आते हैं। कुछ दूरी की यात्रा करने के बाद वे चाय पीने के लिए एक टपरी पर रुकते हैं। सुबह 11 बजे थे, ज्यादा भीड़ नहीं थी, शिंदे एक कोने में खड़ा होता है। वे 3 चाय मंगवाते हैं। चाय की चुस्की लेते हुए भट्ट ने दिन के कार्यक्रम की रूपरेखा बताई। उन्होंने परीक्षण करने के लिए पिछले कल की ब्रीफिंग का जायजा भी लिया।

पहली बार जब नाम पूछा गया तो कल्याण लड़खड़ा गया। लेकिन बार-बार किए गए प्रयासों के बाद कल्याण को जॉर्ज बोलने की आदत हो गई और जब भी बुलाया गया तो वह सही उत्तर दे रहा था। वे इस प्रगति से खुश थे।

अगला सवाल था, "आप क्या करते हैं?" कल्याण ने मुंबई से मसालों का व्यापार आसानी से चुन लिया था। इसके बाद वे मुंबई सेंट्रल के दाईं ओर एक जेनिथ एक्सपोर्ट्स के कार्यालय गए। कल्याण को सड़क के बारे में जानकारी नही थी। कुछ समय बाद कल्याण को नाम लिखे बोर्ड मिले और उसे पता चला कि यह कोई हुसैन बाग है। सड़क पर एक लाइन से कई छोट-छोटे कार्यालय और दुकाने थी। शिंदे ने बताया कि मुंबई का कमाठीपुरा नामक रेड लाइट एरिया वहाँ से बहुत नजदीक है। कल्याण ने इसे अनसुना कर दिया। वहाँ शिंदे किसी से बात करने के लिए अंदर गया। बाद में भट्ट और कल्याण भी गए। उसने मसाला ग्राहकों के बारे में बताया। उसका नाम इब्राहिम कुट्टी था। वह केरल के मल्लपुरम से था, लेकिन उसका परिवार कई पीढ़ियों से मुंबई में रह रहा था। उसने पाकिस्तान में मंगाये जाने वाले मसालों के बारे में बताया, जैसे हींग, जीरा, धनिया पाउडर, इमली, लहसुन पेस्ट, सोया पेस्ट आदि। उसने उनकी चल रही कीमतों के बारे में भी बताया। बाद में, उसने कुछ नमूने दिए और शिंदे ने उन्हें रख लिया। घने ट्रैफिक से होते हुए अगले गंतव्य के रास्ते में कल्याण को सब कुछ जैसा समझाया गया था उसे याद रखने के लिए कहा गया। इसके अलावा, उसे नमूनों के साथ-साथ फोल्डर में रखी मसालों की प्राइस लिस्ट रखने के लिए भी कहा गया। कार मुख्य सड़क से दायीं ओर मुड़ी जहाँ ज़ीनत मंजिल नामक एक इमारत थी, कुछ किलोमीटर चलने के बाद कार एक चर्च के बाहर रुकी।

कल्याण सोच रहा था कि दुकानों के बोर्डों पर लिखे उस इलाके के नाम नागपाड़ा जो मुसलमानों से भरा हुआ था, में एक चर्च क्या कर रहा था। तभी शिंदे ने उसे पुकारा।

शिंदे: "कल्याण साब उतरिये"

कल्याण कार से बाहर निकला। शिंदे और भट्ट उसे एक दुकान पर ले गए। वहाँ क्रिसेंट ट्रैवल्स लिखा हुआ था। जैसे ही वे दुकान के अंदर गए, एक रिसेप्शनिस्ट लड़की ने उनका स्वागत किया और कहा कि मालिक इंतजार कर रहे थे। कल्याण उनके साथ मालिक के कमरे में गया। अंदर एक व्यक्ति था जिसका शम्स के रूप में परिचय कराया गया। कल्याण ने उससे हाथ मिलाया।

शम्स: "तो आप पाकिस्तान जा रहो हो? इंशाअल्लाह!"

जॉर्ज: "जी हाँ"

शम्स ने जॉर्ज साब को कुछ फॉर्म दिए।

शम्स: "दो दिन में वीज़ा लग जायेगा इंशाअल्लाह!"

जॉर्ज: "अच्ची बात है!" (मलयाली दिखने के लिए जानबूझकर वैसा उच्चारण करते हुए और जैसा सुझाव दिया गया था अर्थात अशुद्ध हिंदी बोलते हुए)"

शम्स: "कारोबार क्या है, जनाब?"

जॉर्ज: "मसालों का एक्सपोर्ट करते हैं".

शम्स: "बहुत खुब! रहमतुल्लाह बिस्मिल्लाह, खुदा हाफिज!"

जॉर्ज: "धन्यवाद"

शम्स: "आप सोमवार को आकर अपना पासपोर्ट ले जाईये।"

जॉर्ज: "जी जनाब। हमारे लडके आ कर ले जाएंगे। मैं तो सफर में रहुंगा।"

शिंदे: "मैं आकर ले लूंगा"

सभी ने हाथ मिलाया और वहाँ से निकल गए। वे तीनों जब क्रिसेंट ट्रेवल्स से बाहर निकले तब कल्याण को बहुत पसीना आ रहा था।

शिंदे: "साब स्वास्थ्य तो ठीक है, न?"

कल्याण: "ठीक हूँ पर मुझे टॉयलेट जाना है। इस तरह के तनाव में मेरे पेट में मरोड़ हो जाती है और टॉयलेट का उपयोग करना पड़ता है।"

शिंदे: "लघु या दीर्घ?"

कल्याण: "दीर्घ"

उसे वापस उसी होटल में ले गया जहाँ कल्याण ठहरा हुआ था। इस समय शाम के 4:00 बजे थे। अधिकांश होटलों ने दोपहर का भोजन परोसना बंद कर दिया था। इसलिए वे मरीन ड्राइव पर गिरगांव चौपाटी में शिव सागर होटल गए। उन्होंने लंच का आर्डर दिया।

भट्ट: "कल्याण सर, आपकी एक्टिंग बहुत शानदार थी"

कल्याण: "धन्यवाद"

शिंदे: "सर वास्तव में। हमें ऐसी आशा नहीं थी। मैंने वीज़ा लेने के लिए प्लान बी बना रखा था।"

कल्याण: "मैं सब कुछ भूल गया था और सारा ध्यान केवल जॉब पर केंद्रित था। लेकिन सच कहूँ तो अंदर ही अंदर मैं घबराया हुआ था। लेकिन अब मुझे विश्वास हो गया है। मुझे नए पासपोर्ट के बारे में बताईये, मुझे इसके बारे कुछ पता नहीं था।"

भट्ट: "सर इसे जाने देते हैं।"

कल्याण: "ठीक है"

इसके बाद वे बल्लार्ड पियर स्थित उसी कार्यालय में फिर से गए। इस समय तक कल्याण समझ चुका था कि वह वरिष्ठ अधिकारी जॉइंट सेक्रेटरी स्तर या डायरेक्टर स्तर का कोई अधिकारी था। कार्यालय में वे सीधे वरिष्ठ अधिकारी के कमरे में गए।

वरिष्ठ अधिकारी: "गुड इवनिंग"

कल्याण: "गुड इवनिंग सर"

वरिष्ठ अधिकारी (भट्ट और शिंदे से पूछते हुए): "कैसा रहा?"

शिंदे: "सर, एक दम बढ़िया। कल्याण साब आज आउटस्टैंडिंग थे। इन्होने ट्रैवल एजेंट के साथ असली मसाला व्यापारी की तरह आचरण किया। सर बहुत शानदार।"

वरिष्ठ अधिकारी: "बधाई हो कल्याण साब। यहाँ तक कि हमारे लोगों को ऐसा करने में तीन दिन लगते हैं, आपने यह सब एक दिन में किया है। ग्रेट!"

कल्याण: "नहीं सर, मैं आपके लोगों की बराबरी नहीं कर सकता। उनके पास इससे अधिक जटिल असाइनमेंट हो सकते हैं।"

वरिष्ठ अधिकारी: "कल्याण साब, सीआई में कोई भी असाइनमेंट सरल नहीं होता है। हर असाइनमेंट समान रूप से संवेदनशील होता है। इसलिए कोई अंतर नहीं है।"

कल्याण: "सर"

इसी बीच चाय-नाश्ता आ जाता है। शिंदे उन चारों को नाश्ता परोसता है।

शिंदे: "कल्याण साब अब आप आज शांति से सो सकते हैं।"

कल्याण: "नहीं डिअर, डांस बार में बहुत तेज म्यूजिक बजता है और आज शुक्रवार भी है।"

वरिष्ठ अधिकारी: "क्या आप दूसरी जगह जाना चाहते हैं।"

कल्याण: "नहीं, मैं आज रात संभाल लूंगा। वैसे आगे क्या? मेरा प्रस्थान कब है?"

वरिष्ठ अधिकारी: "आप कल जा सकते हैं"

कल्याण: "मैं अपने जॉइंट सेक्रेटरी मिस्टर रस्तोगी को अपडेट करना चाहता हूँ।"

वरिष्ठ अधिकारी: "उन्हें पहले से ही मिनट-टू-मिनट अपडेट मिल रहा है"

वरिष्ठ अधिकारी शिंदे से: " कल्याण साब और भट्ट के लिए कल की टिकट बुक करो। मिस्टर भट, कल्याण साब का संस्थान में वापस पहुंचना सुनिश्चित करो। मैं एएस (एडिशनल सेक्रेटरी) को संस्थान के डायरेक्टर को सूचित करने के लिए कहूँगा कि आप कल आएंगे।"

शिंदे: "ठीक है सर। कल मैं सुबह की इंडियन एयरलाइंस की फ्लाइट बुक करूंगा।"

कल्याण: "ठीक है, सर"

इसके बाद, वे कमरे से बाहर निकल जाते हैं।

वरिष्ठ अधिकारी: "ऑल द बेस्ट कल्याण, आपकी सफलता के लिए शुभकामनायें।"

कल्याण: "धन्यवाद सर, हर चीज के लिए धन्यवाद"

वरिष्ठ अधिकारी: "ठीक है, अपना ध्यान रखना।"

शिंदे, भट्ट और कल्याण कार में सवार होते हैं। इसके बाद कल्याण को होटल में छोड़ दिया जाता है।

शिंदे: "सर, कल सुबह 8 बजे यहाँ होंगे। टिकट हो जाएंगे।"

कल्याण: "धन्यवाद"

07.10.2006

शिंदे भट्ट के साथ कल्याण को होटल में लेने के लिए आता है। वे बिल का भुगतान करते हैं।

शिंदे: "साहिब का कोई रूम सर्विस।"

कैशियर: "केवल दो चाय। लेकिन हमने इसे मानार्थ कर दिया।"

शिंदे (कल्याण से): "सर, आपके कपडे जो आप बैंगलोर में पहन रहे थे"

भट्ट: "सर, कल संस्थान में आप इन कपड़ों को नहीं पहनेंगे। कृपया उन सामान्य कपड़ों को पहनियेगा जिन्हें आप साथ लाए थे।"

कल्याण: "ठीक है"

शिंदे: "बैग को पकड़े हुए। सर, आप केवल इस छोटे से थैले को ले जाइए"

कल्याण: "भाई दूसरी चीजे जैसे जेनिथ ट्रेडर्स आदि का पैम्फलेट।"

शिंदे: वह सब कुछ आपको दिल्ली में मिलेगा"

इस बीच, 9:00 बज चुके था। कल्याण और भट्ट हवाई अड्डे पर उतरे। वे इंडियन एयरलाइंस की फ्लाइट में सवार हुए और लगभग 11:45 बजे बैंगलोर पहुंचे। भट्ट ने बैंगलोर हवाई अड्डे से एक वाहन की व्यवस्था की और वे सीधे मैसूर के संस्थान में चले गए। कल्याण अपने कमरे में चला गया और भट्ट ने उसे वहीं छोड़ दिया। शाम को संस्थान के डायरेक्टर एडमिनिस्ट्रेटिव ब्लॉक में आए जहाँ कल्याण का अकेला कमरा था और उसके साथ बैठक की। उसने कल्याण को अपने परिवार से बात करने के लिए अपना मोबाइल फोन भी दिया।

दृश्य 21

कल्याण: "हैलो भास्कर, नान अप्पा पेसरेन। (मैं तुम्हारा पिता बोल रहा हूँ)"

भास्कर: "अम्मा वै कूपडरेन (मैं अम्मा को बुलाता हूँ)"

कल्याण: "उमा सब ठीक है?"

उमा: "ठीक है। आप इतने लंबे समय के बाद फोन कर रहे हैं। आपने जल्दी फोन क्यों नहीं किया?"

कल्याण: "कोर्स बहुत टाइम कंज्यूमिंग है। समय नहीं मिला। चंदू ठीक है?"

उमा: "हाँ, ट्यूशन के लिए गया है।"

कल्याण: "अप्पा और अम्मा?"

उमा: "अम्बीअन्ना के घर चले गए। (अम्बी बड़े भाई के घर)"

कल्याण: "तुमको कुछ लाना हैं?"

उमा: "अपनी महिला सहयोगियों को कुछ मैसूर सिल्क साड़ियाँ पसंद करने के लिए कहना। आप मत करना, आपकी पसंद खराब हैं।"

कल्याण: "ठीक है, वैकैरेन। (रखता हूँ)"

फिर वह मिस्टर रस्तोगी को कॉल करवाता है, पहले संस्थान के डायरेक्टर

डायरेक्टर: "पार्टनर कैसा है?"

रस्तोगी:...

आईडी: "मैं आपकी अमानत का पूरा ध्यान रख रहा हूँ।"

रस्तोगी---

डायरेक्टर: "उससे बात करो"

(फोन कल्याण को दे दिया)

रस्तोगी: "कल्याण सब कुछ ठीक है?

कल्याण: "सर"

रस्तोगी: "कल्याण अब भी आपके पास एक विकल्प है।"

कल्याण: "नहीं सर, अब मैं इसमें हूँ।"

रस्तोगी: "हम सोमवार को बात करेंगे।"

कल्याण: "धन्यवाद"

रस्तोगी: "अपना ध्यान रखना। भगवान आपका भला करे!"

कल्याण: "ठीक है सर"

यह फोनकॉल 08.10.2006 को हुई थी, उस दिन रविवार था।

प्रशिक्षुओं को चामुंडी मंदिर, मैसूर पैलेस, वृन्दावन गार्डन, श्रवणबेलगोला, नांजागुड़ आदि जैसे निकटवर्ती दर्शनीय स्थलों की यात्रा पर ले जाया जाना था। कल्याण भी पिछले दिन डायरेक्टर की अनुमति लेने के बाद उनके साथ शामिल हो गया। कल्याण ने चामुंडेश्वरी मंदिर में पूजा की, देवी माँ की तस्वीर ली और नांजागुड़ में भी पूजा की। बाद में शाम को उन्होंने वृन्दावन गार्डन में संगीतमय फव्वारे का आनंद लिया। उसके बाद वह हॉस्टल लौट आया।

दृश्य 22

अगली सुबह कल्याण ने अपनी पूजा-अर्चना करने के बाद सामान्य रूप से दिन की शुरुआत की और नाश्ते में अपने सहयोगियों के साथ शामिल हुआ। वह अपने बगल में नाश्ता करने वाली दो महिला प्रशिक्षुओं के पास आता है। चूंकि, वह रेणु शर्मा से परिचित है, इसलिए वह टेबल पर उनके साथ शामिल हो जाता है।

रेणु: "आओ कल्याण जी, आप तो ईद के चाँद हो गए हैं।"

जसप्रीत कौर: "कहाँ खोये रहते हो?"

कल्याण: "बैंगलोर जाना पड़ा। मुझे बैंगलोर में किसी निकट के रिश्तेदार के पास जाना पड़ा जो अस्पताल में भर्ती है।"

रेणु: "क्या डायरेक्टर ने आपको अनुमति दी?"

कल्याण: "मैंने उसे सूचित कर दिया है। बाकी अगर रिपोर्ट भेजेगा तो भाड़ में जाए।"

रेणु: "हरफान मौला"

कल्याण: "मुझे फिर से जाना पड़ सकता है। मुझे अपना शेड्यूल नहीं पता। क्या आप एक एहसान कर सकती हैं?"

रेणु: "ज़रूर"

कल्याण: "मैं आपको पैसे दे दूंगा। क्या आप मेरी पत्नी उमा के लिए सिल्क की दो साड़ियां खरीद सकती हैं?"

रेणु: "क्या रोमांटिक? बीवी को खुश किया जा रहा है। जरूर"

कल्याण: "धन्यवाद"

रेणु: "कोई पसंद का विशेष रंग?

कल्याण: "एक पीले रंग में, संभव हो तो नींबू रंग। दूसरी हल्के पीले (फान) रंग की"

इस बीच, नाश्ता समाप्त हो जाता है। भोजन कक्ष में कल्याण को भट्ट इंतजार करते हुए मिलता है।

अध्याय 9

दृश्य 23

कल्याण भट्ट के पास जाता है।

भट्ट: "गुड मॉर्निंग, सर"

कल्याण: "गुड मॉर्निंग। आगे क्या?"

भट्ट: "हम तुरंत हवाई अड्डे के लिए रवाना हो रहे हैं"

कल्याण: "मुझे अपना सामान पैक करने दो"

भट्ट: "कोई जरूरत नहीं है। यह आप तक दिल्ली पहुंच जाएगा।"

कल्याण: "फिर मैं कपड़ों के लिए क्या करूँ?"

भट्ट: "शिंदे आपके कपड़े और अन्य सामान दिल्ली भेज देंगे।"

कल्याण: "ठीक है"

भट्ट: "वह यह भी सुनिश्चित करेंगे कि आपका पासपोर्ट, टिकट और अन्य सामान दिल्ली हवाई अड्डे पर उपलब्ध हों।"

कल्याण: "ठीक है"

भट्ट: "हम दोपहर की फ्लाइट से जा रहे हैं। समय नहीं है सर। यहाँ से बैंगलोर हवाई अड्डे तक पहुंचने में चार घंटे लग सकते हैं।"

कल्याण: "फ्लाइट कितने बजे है?"

भट्ट: "इंडियन एयरलाइंस। 4.30 बजे"

कल्याण: "डिले नहीं होगी?"

भट्ट: "नहीं सर। इसके अलावा दिल्ली हवाई अड्डे पर आपको घरेलू से अंतर्राष्ट्रीय फ्लाइट में स्थानांतरित कर दिया जाएगा और इमिग्रेशन के साथ अन्य औपचारिकताओं को भी पूरा करना होगा।"

कल्याण: "लेकिन दिल्ली में घरेलू से अंतर्राष्ट्रीय फ्लाइट वो भी इस ट्रैफिक आदि के साथ कठिन है। पीआईए की फ्लाइट रात 8:50 बजे है।

भट्ट: "मदालेगुट्टाडे"

कल्याण: "मुझे कन्नड़ समझ में नहीं आती है"

भट्ट: सॉरी। "यह सब हो जायेगा सर"

फिर वे डायरेक्टर को सूचित करते हैं और कार में बैठते हैं। इसके बाद, वे बैंगलोर हवाई अड्डे के लिए ड्राइव करते हैं। रास्ते में वे दोपहर के भोजन के लिए रुकते हैं और दक्षिण भारतीय थाली लेते हैं। वे दोपहर के लगभग 2 बजे बैंगलोर हवाई अड्डे पर चेक-इन करते हैं और लगभग 3:45 बजे विमान में सवार होकर शाम 6:45 बजे तक दिल्ली पहुंच जाते हैं। चूँकि, कोई चेक-इन सामान नहीं है, इसलिए वे दोनों जल्दी से बाहर निकल जाते हैं और शाम 7:00 बजे तक प्रतीक्षा कार में बैठ जाते हैं, इस प्रकार वे शाम 7:30 बजे तक अंतर्राष्ट्रीय टर्मिनल पर पहुंचते हैं। कल्याण को हवाई अड्डे पर कुछ अजनबियों द्वारा रिसीव किया जाता है।

अजनबी 1: "सर आपका सामान पहले से ही चेक-इन है। अब केवल इमिग्रेशन किया जाना है।"

अजनबी 2: "यह आपका बोर्डिंग कार्ड है। सर गेट नंबर 1 बी। पीआईए फ्लाइट की बोर्डिंग वहाँ से ही होती है। अंतिम गेट, जब आप एंटी-क्लॉकवाइज जाते हैं।"

कल्याण: "ठीक है सर"

उसे केबिन बैगेज और बोर्डिंग कार्ड, पासपोर्ट और टिकट आदि सौंपे जाते हैं। वे इमिग्रेशन के लिए जाते हैं और सीधा ड्यूटी पर इमिग्रेशन अधिकारी (एएफआरआरओ) के कार्यालय में जाते हैं। वह कल्याण का स्वागत करता है।

एएफआरआरओ (फोन मिलाता और कहता है): "सर कृपया रस्तोगी से बात करिये।"

कल्याण: "ठीक है सर"

रस्तोगी (फोन पर): "कल्याण सब कुछ ठीक है?"

कल्याण: "सर"

रस्तोगी: "अपना ध्यान रखना। शुभकामनाएँ। मैं आपके परिवार का ख्याल रखूंगा, चिंता नहीं करना"

कल्याण: "धन्यवाद। ठीक है"

इस बीच इमिग्रेशन की औपचारिकताएं पूरी हो जाती हैं और कल्याण अजनबी नंबर 2 के साथ बोर्डिंग गेट की ओर जाता है। जब तक बोर्डिंग की घोषणा की होती है, तब तक 8:20 बज चुके होते है। बोर्डिंग गेट पर कल्याण अपना पासपोर्ट और बोर्डिंग पास दिखाता है।"

गेट पर कर्मचारी: "सर आपका नाम?"

कल्याण: "केटावराम्बिल जॉर्ज"

कर्मचारी: "हैव ए नाइस फ्लाइट सर"

कल्याण विमान के अंदर अपनी सीट पर बैठ जाता है। सह-यात्रियों के साथ अनावश्यक बातचीत से बचने के लिए कल्याण अपनी सीट बेल्ट बाँधता है और सोने का नाटक करता है। उसे क्रॉकरी की खड़खड़ाहट सुनाई दे रही है। चूंकि, उसे बताया गया है कि पीआईए की फ्लाइट या पाकिस्तान में शायद ही कुछ ऐसा हो जो शुद्ध शाकाहारी हो इसलिए, वह लगभग 2 घंटे बाद जागता है, उस समय लैंडिंग की घोषणा होती है। महिला एयर होस्टेस उसे उतरने का कार्ड देती है। कल्याण अपना पासपोर्ट निकालता है और विवरण भरता है। यहाँ थोड़ा सा विश्वासघात है कि वह जॉर्ज नहीं है। भट्ट ने उसकी पहचान को और पक्का करते हुए उसे गले में एक क्रॉस पहनाया था और उसके हैंड बैगेज में बाइबल की एक प्रति डाल दी थी। जब फ्लाइट लैंड हो जाती है तो वह अपना केबिन बैग बाहर निकालता है और इमिग्रेशन की ओर चलता है। कल्याण काउंटर पर अपने पेपर दिखाता है।

इमिग्रेशन कर्मचारी: "जनाब, कहाँ जा रहे है?"

जॉर्ज: "लाहौर"

कर्मचारी: "क्या काम है?"

जॉर्ज: "बिजिनेस"

कर्मचारी: "इंडिया वाले क्या बिजिनेस करेंगे। आप ऐरो ही है।"

जॉर्ज: "जी हैं"

कर्मचारी: "इस बैग में क्या है?"

जॉर्ज: "हुज़ूर देख ही लो।"

जॉर्ज बैग पकड़ा देता है। कर्मचारी बैग खोलता है। उसमें कॉस्मेटिक्स और हैंड नैपकिन आदि के अलावा माणिकचंद पान मसाला के कुछ बॉक्स, बाबा जर्दा के कुछ पाउच, और बेन्सन हेजेस सिगरेट के पैकेट हैं। इमिग्रेशन कर्मचारी सभी में से एक-एक पैकेट ले लेता है।

कर्मचारी: "किसको देना है?"

जॉर्ज: "जिससे सौदा करते हैं जनाब उसे कुछ शुक्राना तो देना पडता है।"

वह कल्याण को करीब से देखता है और बाद में उसे क्लियर कर देता है। कल्याण बैगेज बेल्ट पर चलता है और सामान की तलाश करता है। वह बैग को नहीं पहचानता है। उसने बैग को कभी नहीं देखा था। इसलिए उसे बैगेज टैग के साथ नंबर कम्पेयर करना पड़ता है और अंत में उसे बैग मिल जाता है। वह सामान उठाता है और बाईं ओर से अंतिम निकास द्वार से बाहर निकलता है, जैसा कि उसे निर्देश दिया गया था। जैसे ही वह इमारत से बाहर आता है, एक काली टैक्सी उसके सामने रुकती है। ड्राइवर बाहर आता है और उसके सामने खड़ा हो जाता है।

ड्राइवर: "मिस्टर जॉर्ज?"

कल्याण: "हाँ"

ड्राइवर: "सर, मैं आपका ड्राइवर हूँ"

कल्याण: "धन्यवाद"

ड्राइवर: "सर होटल जाना है?"

कल्याण: "जी हाँ"

(कल्याण के मन में संदेह होता है, क्या होगा अगर यह आदमी पाक इंटेलिजेंस से हो तो मेरा खेल खत्म हो जाएगा, बाद में वह स्वयं को शांत कर लेता है कि सब कुछ ठीक चल रहा है। इसलिए कुछ भी नहीं होगा)। टैक्सी ड्राइवर लगभग 3 किमी ड्राइविंग के बाद बाहर निकलता है और रुक जाता है।

कल्याण (अंदर ही अंदर घबरा गया है): "क्या हुआ जनाब?"

तभी, एक आदमी कार में घुसता है और सामने की सीट पर बैठ जाता है। कल्याण अपने संयम को बनाए रखने की कोशिश कर रहा था। लेकिन संकेत अशुभ थे और एक सेकंड के लिए उसने महसूस किया कि उसका खेल खत्म हो गया। लेकिन, जो अजनबी सामने की सीट पर था वह बातचीत शुरू करता है।

अजनबी: "हाय जॉर्ज। मैं नाथ हूँ"

कल्याण (धैर्यपूर्वक): "आपसे मिलकर अच्छा लगा"

(हालांकि ड्राइवर गाडी से गायब था और कार के सामने खड़ा होकर टाइम पास कर रहा था)

बाद में ड्राइवर गाडी के अंदर बैठता है।

नाथ ड्राइवर को: "होटल चलो"

ड्राइवर: "कौन सा?"

नाथ: (अवरी जैसा कुछ तो बोलता है) "डेविस रोड"

ड्राइवर: "जी हुज़ूर"

वे होटल पहुंचते हैं। होटल पहुंचने के बाद जब कल्याण चेक-इन करता है तो उसने पाया कि ड्राइवर किसी दूसरी ड्रेस में था। कल्याण को पता ही नहीं चला कि उसके ड्राइवर ने ड्रेस कब बदल ली। बाद में उसने यह भी पाया कि वाहन पर कॉमर्सिअल नंबर नहीं था, बल्कि कोई व्यक्तिगत कार नंबर था। अब कल्याण सुरक्षित महसूस कर रहा था।

नाथ: "आप कमरा नंबर 223 में हैं"

जॉर्ज: "धन्यवाद, सर"

नाथ: "मेरे वरिष्ठ सहयोगी अशोक आपको कुछ मसालों की दुकानों और खान्स (Khans) सहित लाहौर में अन्य प्रमुख दुकानों पर ले जाएंगे। कल वह आपसे लॉबी में 11.00 बजे मिलेंगे।"

जॉर्ज: "धन्यवाद, सर"

नाथ: "कुछ और? आप रूम सर्विस का उपयोग कर सकते हैं और मनपसंद भोजन का आर्डर दे सकते हैं"

जॉर्ज: नाथ के कानों में फुसफुसाते हुए। "सर, मैं एक शुद्ध शाकाहारी हूँ। इसके अलावा, मैं दोपहर से भूखा हूँ।"

नाथ: "पता करिये कि पुरी आलू उपलब्ध है या नहीं। वे आमतौर पर केवल नाश्ते या लंच में रखते हैं। या फिर फलों से काम चलाइये। पहले से ही 11:20 हो गए है।"

कल्याण: "ठीक है सर"

10.10.2006

जॉर्ज सुबह उठता है और पाता है कि उसके रूम में पैंट और शर्ट के तीन नए सेटों के अलावा (जो बैंगलोर में खरीदे गए थे) दो सेट हल्के बैंगनी रंग के थे और हल्के हरे रंग के पठानी सूट भी थे। फिर स्नान करने और सावधानीपूर्वक अपनी पूजा करने के बाद कल्याण नाश्ते के लिए बाहर जाता है। वहाँ नजर मारने के बाद वह फल, एक गिलास जूस (संतरे का जूस जिस पर माल्टा जूस का लेबल था), मक्खन के साथ टोस्ट, और चाय लेना पसंद करता है। अशोक सुबह 11:00 बजे होटल एवरी की लॉबी में कल्याण से मिलता है।

अशोक: "गुड मॉर्निंग"

जॉर्ज: "गुड मॉर्निंग"

अशोक: "मैं आपका गाइड हूँ"

जॉर्ज: "धन्यवाद"

अशोक: "मुझे अख़्तू के नाम से जाना जाता है।"

जॉर्ज: "ठीक है सर। मैं आपको अख़्तू ही बुलाऊंगा"

अख़्तू: "चलिए फिर हम कुछ ग्राहकों से मिलते हैं"

अख़्तू उसे शहर के अलग-अलग हिस्सों में कई व्यापारियों और खुदरा विक्रेताओं से मिलाने के लिए ले गया। इन वस्तुओं के थोक विक्रेताओं और आयातकों में से अधिकांश वॉल्ड सिटी में स्थित थे। फिर वे किसी सलीम इलाही से भी मिले, जो खान्स नामक स्टोर का परचेस मैनेजर था। उसके बाद वे कुछ अन्य स्टोरों भी मिले। उन्होंने जेनिथ एक्सपोर्ट्स द्वारा पैक किए गए मसालों के नमूने, पान मसाला डब्बा, जर्दा और सिगरेट देकर काम पूरा किया। कुछ और लोग भी मिले। अख़्तू को एक ऐसी जगह पता थी जहाँ उन्हें शुद्ध शाकाहारी चना भटूरा मिलेगा, उन्होंने वहाँ चना भटूरा खाया। बाद में उन्होंने शहर के अनारकली बाजार में चाय पी। अख़्तू ने उसे डिफेन्स कॉलोनी जिमखाना इलाके के आसपास भी दिखाया जो लाहौर के पॉश इलाकों में आता है। वे रात 9:00 बजे तक होटल वापस लौट आए।

अख़्तू: "सर डिनर कैसे होगा?"

कल्याण: "देख लेंगे। नहीं तो मैं टोस्ट और फल खाकर सो जाऊंगा।"

अख़्तू: "दाल में भी अंडा दाल देते हैं। कोई नहीं साब। कल मैं घर से बना कर लाऊंगा।"

कल्याण: "फैमिली के साथ हो क्या?"

अख़्तू: "नहीं सर, यह एक जंगल है, यहाँ फॅमिली को नहीं रख सकते हैं। सेल्फ कुकिंग।"

जॉर्ज: "ठीक है, गुड नाइट"

अख़्तू: "कल 10:00 बजे हम चेक-आउट करेंगे"

जॉर्ज: "ठीक है"

जॉर्ज अपने कमरे में जाता है, रूम सर्विस से कुछ मक्खन वाले टोस्ट, नाशपाती, आड़ू और सेब आदि फल लाने का ऑर्डर देता है। जॉर्ज सोचता रहता है, "ये क्या बकवास है। मैं एक मिशन के लिए आया था। कल मैं चेक-आउट कर रहा हूँ। फिर, मिशन कब होगा?"

अध्याय 10

दृश्य 24

11.10.2006

जॉर्ज नाश्ता करता है, फिर अपना सामान पैक करता है और तैयार होकर अख़्तू का इंतजार कर रहा है। सुबह करीब 10 बजे अख़्तू आता है। अख़्तू कपड़ों की पैकिंग देखना चाहता है। जॉर्ज उसे अपने कमरे में ले जाता है। अख़्तू शेविंग क्रीम, ब्लेड और ब्रश रखने का सुझाव देता है। वह एक पठानी सूट भी बाहर निकालता है और जॉर्ज को इसे पहनने के लिए कहता है। बैग में पैंट-शर्ट का एक सेट रखता है। बाद में जॉर्ज के कमरे में बैठकर वह सूचित करता है।

अख़्तू: "सुबह 10.00 बजे से दोपहर 12:00 बजे तक मुलाकत का समय है। आपको फॉर्म भरना होगा। विजिटर रजिस्टर में अपना नाम सैयद इमरान अहमद निवासी फारूखाबाद शेखपुरा भरना। साथ ले जाने के लिए उसने एक पाकिस्तानी मोबाइल और एक नंबर भी दिया। जेल नंबर 3 के कैदी नंबर 305 जुनैद अख्तर से मिलने के लिए कहना। गेट से एक और औरत आपके साथ आएगी। वह जुनैद की माँ है और आप उसके भाई के रूप में अभिनय करेंगे।"

जॉर्ज: "सर, अब तक मैं जॉर्ज था। अब मुझे सैयद इमरान बनना है।"

अख़्तू: "कोई विकल्प नहीं है डिअर"

जॉर्ज: "कोई समस्या नहीं है। लेकिन मुझे उससे क्या निकालना है अथवा क्या प्राप्त करना है?"

अख़्तू: "पूछना आगे क्या प्रोग्राम है? वह आपको 8-10 मिनट में एक संक्षिप्त विवरण देगा। वहाँ लंबे समय तक मत रहना। जब वो बोलेगा, तब हर बात को अच्छे से याद कर लेना और वापस आ जाना। जुनैद की अम्मी के साथ रिक्शा पकड़ना और उसी जगह पर उतरना जहाँ हम आपको छोड़ेंगे। आपको जगह याद रखने में दिक्कत होगी।"

जॉर्ज: "ठीक है"

अख़्तू चेकआउट करता है और जॉर्ज का सामान ले जाता है और कार में रखता है। वह जॉर्ज को कुछ पाकिस्तानी करेंसी के नोट भी देता है। वह जॉर्ज को आँखों पर लगाने के लिए काले आईलाइनर (सुरमा) की एक ट्यूब भी देता है।

जॉर्ज: "ओह, यह तो जल रहा है।"

अख़्तू: "3 मिनट में ठीक हो जाएगा।"

अख़्तू: "क़ैद-ए-मिल्लत में स्ट्रीट वेंडर होंगे। कुछ फल खरीद लीजियेगा।"

वे लगभग 10:40 बजे होटल से रवाना हुए। करीब 40 मिनट तक गाड़ी चलाई, फिर अख़्तू ने एक फल वाले के पास कार रोकी। आँखों में सूरमा और पठानी सूट के साथ जॉर्ज एकदम लाहौरी व्यक्ति की तरह ही दिख रहा था। मेकओवर उस पर जच रहा था। इसके अलावा, जॉर्ज को फल विक्रेता के साथ पंजाबी में तोलमोल करते हुए भी पाया गया। अख़्तू ने ऑटो रिक्शा किया।

अख़्तू: "बाबूजी नूं कोट लखपत छड्ड दो।"

ऑटो वाला: "पंजा रूपइये लगने। अर्थात पचास रूपए लगेंगे"

अख़्तू: "ओये लेले यार"

ऑटो रिक्शा ने उसे कोट लखपत जेल के पास छोड़ दिया। जॉर्ज जो सैयद इमराम खान बन गया था, जेल नंबर 3 के मुलाक़ात पंजीकरण काउंटर पर गया। उसने काउंटर पर नाम लिया, बुर्का पहने एक महिला उसके पास आई और बोली, "प्राजी, अस्सलाम वालेकुम!"

सैयद: "वालेकुम सलाम, पैणा"

फॉर्म देखने के बाद, वह अपनी बहन को बुलाता है।

सैयद: "पैणा, गल्ल सुणो।" (बहन बात सुनो)

जुनैद की अम्मी: "दस्सो प्राजी।" (बोलो भाई जी)

सैयद: "मैं जेड़ा चश्मा पुल आयां। तुस्सी एह फॉर्म पर दो। (मैं अपना चश्मा भूल आया हूँ, कृपया यह फॉर्म दो)।

जुनैद की अम्मी समझ गई कि फॉर्म उर्दू और पंजाबी में था इसलिए सैयद बहाना ढूंढ रहा था।

जुनैद की अम्मी: "कित्थों पुल आये हो।" (कहाँ भूल गए)?

सैयद: "लगदा है करो, शेखपुरा चा।" (लगता है घर पर)

जुनैद की अम्मी: "प्राजी लाओ पर देणिया। (लाईये भर देती हूँ)

और वह फॉर्म भर देती है। फॉर्म भरने के बाद वह सैयद से कहती है 'गुग्गी पा दो' (उस पर हस्ताक्षर कर दो)" सैयद फॉर्म पर कुछ लिखता है और उसे काउंटर पर दे देता है। कुछ मिनटों के बाद, उनकी तलाशी ली जाती है और अंदर जाने दिया जाता है। सैयद जो फल ले जा रहा है उसमें से अधिकांश सुरक्षाकर्मियों द्वारा ले लिए गए। वहाँ एक घोषणा होती है कि मुलाकत के लिए केवल 15 मिनट बचे हैं। सैयद जुनैद से मिलने के लिए जाता है।

सैयद: "आगे क्या प्रोग्राम है?"

जुनैद: "मुंबई होणा है एक और"

सैयद: "कब?"

जुनैद: "3-4 महीने में। इस बार मुसलमान मारना हैगा।"

सैयद: "किधर?"

जुनैद: "मुमकिन है इंडिया-पाकिस्तान ट्रेन विच होवे। इक अद्दा बड्डी मस्जिद विच होवे।"

सैयद: "लड़के पौंच (पहुंच) गये?"

जुनैद: "कराची दे किसी कुट (गिरोह) नू काम्म दित्ता हैगा। मुंडे दिल्ली पौंच गए ने, किद्रों नूर नगर विच रहेश लित्ता" (लड़के दिल्ली पहुंच गए हैं। किसी नूर नगर में ठिकाना लिया है)

सैयद: "किवें होणा है"

जुनैद: "अजी मोहाजिर ने। अपणे घरवालों मिलण पिंडे जाएदा, किद्रे बदायूं बरूट पिंड दा नाम हैगा। दिल्ली दे नेड़े हैगा। (वे मोहाजिर हैं; अपने गाँव में अपने रिश्तेदारों से मिलने के बहाने जाएंगे। वे वहाँ पहुंच गए हैं और दिल्ली के नजदीक कोई बदायूं/बरूट को अपना गाँव बताया है)

सैयद: "घरवाले कदों इंडिया आणा हैगा। (ये लोग भारत में कब आ रहे हैं)

जुनैद: "मैनु पता नी हैगा। 3-4 महिने विचकार काम्म हो जाणा। (मुझे नहीं पता, 3-4 महीनों के भीतर काम किया जाएगा।"

सैयद: "वखरी गल्ल. खुदा हाफिज"

जुनैद की अम्मी: "प्राजी मैं इक दो गल्ला करके आवांगी। तुस्सी जाओ जी। (भाई, मैं एक दो बातें करके आउंगी, आप कृपया आगे बढिये)

सैयद: "बारों हैगां। ऑटो स्टैंड विच मुंडे नूं मिलके आई। (मैं ऑटो स्टैंड पर बाहर इंतजार कर रहा हूँ, लड़के को मिलकर वहीं आ जाना)।

सैयद बाहर निकलता है और जेल से बाहर आता है और एक ऑटो रोकता है।

ड्राइवर: "कित्थे जाणा हैगा? (कहाँ जाना है)?

जॉर्ज: "कैद-ए-मिल्लत बस स्टॉप"

ड्राइवर: "तुस्सी 60 रूपइये दे दो हुज़ूर"

जॉर्ज: "ठीक है"

वह ऑटो में बैठ जाता है। रास्ते में, एक व्यक्ति ऑटो को रोकता है। सैयद 60 रुपये का भुगतान करता है, और ऑटो से निकलकर कार में बैठ जाता है जिसमें अख़्तू ड्राइवर सीट पर बैठकर इंतजार कर रहा है।

अख़्तू: "जानकारी मिल गयी?"

जॉर्ज: "जी हाँ"

कुछ देर बाद कार रुक जाती है। मिस्टर नाथ आते हैं और जॉर्ज के साथ बैठ जाते हैं।

नाथ: "जॉर्ज, ग्रेट जॉब"

अख़्तू: "सर, हो गया सर"

नाथ: "जी हाँ, लेकिन शक को खारिज नहीं कर सकते"

अख़्तू: "क्या लीड है सर?"

नाथ: "अवीरा होटल में पूछताछ के लिए पहुँचे हैं।"

नाथ (जॉर्ज को पानी की एक बोतल सौंपते हुए): "चलती कार में ही अपनी मूंछों को शेव कर लीजिये। इसके अलावा, अपनी ड्रैस भी बदल लीजिये। पैंट और शर्ट पहन लीजिये।"

जॉर्ज: "डन सर"

नाथ: "अख़्तू सीधे अटारी के लिए ड्राइव करो"

अख़्तू: "ठीक है सर"

नाथ: "हमें इन्हे बचाना है। ये इन जानवर पाकिस्तानियों के हाथ नहीं आने चाहिए, वो इन्हे लिंच कर देंगे।"

अख़्तू: "सर, मैं डेढ़ घंटे में वहाँ पहुंच जाऊंगा। सर उसी पासपोर्ट से"

नाथ: "कोई समस्या नहीं है। भारतीय आईसीपी को मैनेज किया जा सकता है"

अख़्तू: "सर"

नाथ: "मैं आप लोगों के साथ जाऊँगा। आईसीपी वाघा को मैनेज करने के लिए चटर्जी सर को संदेश भेजेंगे।"

अख़्तू: "सर, वाघा में भी कुछ समय लगेगा सर"

नाथ (कल्याण से): आप देख रहे होंगे कि हम आपको वापस भेज रहे हैं। अपने पुराने पासपोर्ट के साथ पाकिस्तानी इमिग्रेशन को क्लियर करियेगा। यह एक अंतिम चेकपोस्ट है जिसे आपको क्लियर करना है।

उसी समय अख़्तू कल्याण से अपना फोन वापस ले लेता है।

अख़्तू: "डन सर"

नाथ: "जो पठानी सूट इन्होने जेल में पहना था उसे जला दो"

अख़्तू: "ठीक है सर"

नाथ: "जेंटलमेन, हम दोपहर के भोजन के लिए इंतजार करते समय आराम करने का संकट मोल नहीं ले सकते। सीधे वाघा के लिए चलो।"

जॉर्ज: "ठीक है सर"

नाथ: "इन्हे इनका पासपोर्ट और पेपर्स सौंप दो। इमिग्रेशन पर वो लोग जो पर्ची देते हैं उस पर मुहर लगी होती है।"

अख़्तू: "डन सर"

नाथ: "मिस्टर जॉर्ज, क्या अब तक आपने कोई कारण सोचा है कि आप सड़क से क्यों लौट रहे हैं?"

जॉर्ज: "सर, सिंपल! पंजाब में भी ग्राहकों से मिलना है। वे घरेलू ग्राहक हैं। मेरे पास जेनिथ के पर्याप्त विजिटिंग कार्ड हैं।"

वे एक घंटे तक ड्राइव करते हैं। जॉर्ज सो गया था और किसी के मोबाइल फोन की घंटी बजने पर जाग गया। उसने देखा कि नाथ उतर गए थे। अख़्तू एक ड्राइवर की ड्रेस पहने हुए था। वहाँ एक नया व्यक्ति आ गया था जिसने अपना परिचय अभि के रूप में दिया। जो भी मिलने वाले लोग थे, जॉर्ज को उन लोगों की पूर्ण पहचान नहीं पूछने के लिए कहा गया था। उसने हाथ मिलाया और परिचय दिया।

जॉर्ज (अपना हाथ बढ़ाते हुए: "जॉर्ज"

अभि: "सर, पता है। आपका सामान अमृतसर पहुंच गया है।"

जॉर्ज: "ओह, धन्यवाद"

अभि: "हमने वाघा को मैनेज कर लिया है। आप इमिग्रेशन पर काउंटर नंबर 4 पर जाईयेगा। किसी अन्य काउंटर में खड़े नहीं होना है। हमने व्यवस्था कर दी है। वह आपसे पूछताछ नहीं करेगा।"

जॉर्ज: "धन्यवाद"

अभि: "सर, भले ही काउंटर नंबर 4 में भीड़-भाड़ हो और कर्मचारी आपको दूसरी लाइन में खड़े होने के लिए क्यों न बोले। आप उसको अनदेखा/अनसुना करियेगा।"

जॉर्ज: "धन्यवाद"

दृश्य 25

वे वाघा सीमा पर पहुंच गए। प्रथम सुरक्षा पोस्ट से लगभग एक किलोमीटर पहले जॉर्ज ने उन्हें अलविदा कहा और उतर गया। अभि ने थम्स-अप किया और वे अजनबी बन गए। जब आप पर्यटन स्थलों में जाते हैं तो पंक्तिबद्ध दुकानों के साथ सड़क पर बहुत से लोग आपका पीछा करते हुए ऐसा बोलते हुए मिलते हैं-साहिब फोटो लेलो, खाना, ड्रिंक्स, स्नैक्स, आदि। ऐसी ही भीड़-भाड़ भरी सड़क से गुजरते हुए जॉर्ज को पहली सुरक्षा जाँच चौकी तक पहुँचने के लिए आधा घंटा लगा। जॉर्ज ने सलाह के अनुसार कलाई में घड़ी नहीं पहनी थी। वह चुपचाप जाँच के लिए अपनी बारी की प्रतीक्षा कर रहा था। उन्होंने उसके बैग की जाँच की और इसके बाद उसके शरीर की अच्छे से जाँच की। एक सुरक्षा अधिकारी उसके पासपोर्ट की बड़ी बारीकी से जाँच कर रहा था। वह बहुत गंभीर प्रतीत हो रहा था। घबराहट से जॉर्ज का दिल डूबा जा रहा था।

जॉर्ज की ओर देखते हुए उसने कहा: "क्या मूछ सफाया कर दिया?"

जॉर्ज: "जी हाँ, एक साइड से कट गया तो सारा ही साफ कर दिया"

सुरक्षा अधिकारी: "जी इधर से जाईये"

जॉर्ज: "धन्यवाद"

उसने राहत महसूस की और सुरक्षा चौकी से बाहर आ गया। वहाँ उसके सामने कुछ लोग इकट्ठा हो गए। कई लोगों ने सुझाव दिया:

"ट्रेन लेलो"

उसने इधर उधर देखा,

एक दो ने पेशकश की, "सर 50 पाकिस्तानी रुपया दे दो, इमिग्रेशन छोड़ देंगे।"

जॉर्ज: "नहीं भाई"

जॉर्ज अगले 20 मिनट तक और चला और इमिग्रेशन काउंटर पर पहुंच गया। इमिग्रेशन में सामान्य भीड़ थी। जॉर्ज की फिर से तलाशी हुई और उसके बैग की जाँच भी की गई। क्लीयरेंस के बाद, जॉर्ज काउंटर नंबर 4 ढूंढने

लगा। सभी काउंटरों पर भीड़ थी। जॉर्ज ने अपने यात्रा के पेपर हाथ में लिए और प्रतीक्षा करने लगा। लगभग आधे घंटे बाद जॉर्ज को काउंटर पर खड़े आदमी द्वारा इशारा किया गया।

काउंटर नंबर 4 पर आदमी: "जी जनाब"

जॉर्ज ने उसके हाथ में कागजात सहित एक छोटी सी पर्ची थमाई

आदमी: "सिर्फ दो दिहाड़ी वास्ते"

जॉर्ज: "जी हाँ, साहब"

(जब वह जॉर्ज से प्रश्न पूछ रहा था, तब जॉर्ज को लग रहा था मानो उसके पैरों के नीचे से जमीन खिसक गयी हो)

आदमी (एक कागज सौंपते हुए): "इत्थे साइन कर दो"

जॉर्ज: "जी जनाब"

आदमी: "लो जी, अपने मुल्क वापस जाओ। खुदा हाफिज"

जॉर्ज: "शुक्रिया, सलामत रहो"

जॉर्ज स्टेडियम नाम के इमिग्रेशन भवन से बाहर आता है और भारतीय इमिग्रेशन के लिए भारतीय सीमा की ओर चलता है। जैसे ही वह भारतीय इमिग्रेशन भवन में प्रवेश करता है एक व्यक्ति उसकी प्रतीक्षा कर रहा होता है। उसने उसे पहचान लिया।

अजनबी: "आप इधर से आईये" (उससे बैग लेते हुए)

जॉर्ज उसके पीछे चलता है, अब उसे राहत मिल चुकी है। अजनबी वहाँ के इमिग्रेशन अधिकारी से बात करता है। जॉर्ज को भारत में जाने की अनुमति मिलती है। वह अपने सामान के साथ-साथ यात्रा के पेपर भी ले जाता है, इसके बाद वे लगभग 600 मीटर तक चलते हैं जहाँ एक वाहन उनकी प्रतीक्षा कर रहा है। अटारी सीमा से वे लगभग एक घंटे तक ड्राइव करते हैं। वे रास्ते में बहुत कम बात करते हैं। गाडी एक होटल के सामने रूकती है।

अजनबी: "सर यहाँ होटल में आपका समान है"

जॉर्ज: "धन्यवाद"

अजनबी: "कल्याण साहब अभी आपको कोई टेंसन नहीं"

अजनबी आगे चलता है, लिफ्ट लेता है और तीसरी मंजिल पर जाता है, वहाँ पर कमरा नंबर 317 खोलता है। जॉर्ज उर्फ़ कल्याण उसके पीछे-पीछे चलता है।

अजनबी: "सर जी कुछ चाहिये?"

कल्याण: "लंच तो किया नहीं, भूख लगी है"

अजनबी होटल इंटरकॉम से कॉल करता है और रूम सर्विस से पूछता है।

अजनबी: "सर जी 5 बजे है, उनके पास केवल कुछ स्नैक्स हैं। छोडिये सर! सड़क पर बहुत शानदार छोले भटूरे मिलते हैं, हम लोग वहाँ जाएंगे।"

कल्याण: "ठीक है"

वे होटल से बाहर निकलते हैं फिर बाएं मुड़ते हैं और फिर से मुख्य सड़क पर बाईं ओर मुड़ते हैं। वहाँ छोले भटूरे की दुकान है और उस समय भी वहाँ अच्छी भीड़ है। अजनबी दो छोले भटूरे और दही का आर्डर देता है।

भटूरे वाला: "साहिब जी, दही खत्म हो गया"

अजनबी: "ठीक है, छोले भटूरे लाओ"

उसको समाप्त करने के बाद वे होटल में वापस चले जाते हैं।

कल्याण: "मुझे एक कॉपी और पेन चाहिये"

अजनबी: "ठीक है" और तुरंत बाजार में एक स्टेशनरी की दुकान पर रुकता है और एक कॉपी और पेन खरीदता है।

अजनबी: सर आपका लगेज होटल में है। यह वाला सामान हमने ले लिया है। और बैंगलोर से भट्ट ने ये कहा है कि आपके लिए नया यज्ञोपवीत और उसे पहनने के मंत्र लगेज में ऊपर के पाउच में रखा है"

कल्याण: "बहुत बहुत धन्यावद"

वे होटल में प्रवेश करते हैं और फिर कमरे में जाते हैं। इसके बाद अजनबी कल्याण को नोटों की एक गड्डीं सौंपता है।

कल्याण: "किस बात के लिए?"

अजनबी: "सर! एएस ने बोला है। एसएसएफ से काम के लिए स्वीकृत किया गया है। सर जी सरकारी है"

कल्याण: "ठीक है"

अजनबी: "सर! अब आगे बीएसएफ संभालेगी। वे आपको दिल्ली ले जाएंगे। बीएसएफ से कोई आपके पास आएगा और आपको वहाँ ले जाएगा। क्या मैं अब जा सकता हूँ सर?"

कल्याण: "आपने जो कुछ भी किया है उसके लिए धन्यवाद"

अजनबी चला जाता है। कल्याण स्नान करता है, अपनी संध्या करता है और सूटकेस के ऊपर के पाउच से यज्ञोपवीत बाहर निकालता है। उसे यह जानकर आश्चर्य हुआ कि भट्ट ने बड़े ध्यान से एक पूजा पात्र रखा था, वह यज्ञोपवीत बदलने के लिए पूजा पात्र का उपयोग करता है। और इस तरह वह अपनी संध्यावंदन पूरी करता है।

अध्याय 11

दृश्य 26

तब तक दरवाजे पर दस्तक होती है। कल्याण ने दरवाजा खोला। यह अपनी टीम के साथ बीएसएफ के डीसी थे।

कल्याण: "वेलकम"

डीसी: "सर, हमें आपका स्वागत करने में गर्व हो रहा है सर। सर आप आज रात के लिए ऑफिसर्स मेस में रहेंगे।"

कल्याण: "धन्यवाद"

डीसी तीन सैनिकों में से दो को सामान नीचे ले जाने और उसे कार में रखने का आदेश देता है।

डीसी: "सर, नॉर्थ ज़ोन के आईजी ने आपके लिए आयोजित किए जा रहे रात्रिभोज में कुछ इंटेलिजेंस लोगों को भी आमंत्रित किया है, सर"

कल्याण: "लेकिन माय डिअर, मैं अपने परिवार और मिस्टर रस्तोगी के साथ बात करना चाहता हूँ"

डीसी: "सर, हम इसकी भी व्यवस्था करेंगे"

इस बीच उन्होंने कमरे में आई चाय समाप्त की और चलने लगे। बीएसएफ के जवान कल्याण को होटल से चेक-आउट कराते हैं। उन्हें जो बिल मिलते हैं, उनका पहले से ही भुगतान हो चुका है। वे अमृतसर में बीएसएफ ग्रुप सेंटर तक ड्राइव करते हैं। ऑफिसर कॉम्प्लेक्स में, हालांकि शाम के 7:20 बजे है, लेकिन आईजी अभी भी कार्यालय में हैं। कल्याण को आईजी के कमरे में ले जाया जाता है।

आईजी: "आपका स्वागत है मिस्टर कल्याण"

कल्याण: "धन्यवाद, सर"

आईजी कल्याण को कुछ सहयोगियों से मिलवाते हैं, जैसे डीआईजी इंटेलिजेंस, डीआईजी लॉजिस्टिक्स, डीआईजी हुसैनीवाला सेक्टर, डीआईजी पठानकोट, स्पेशल आईजी आदि। चाय के एक और कप के बाद, वे रात के खाने के लिए ऑफिसर्स मेस में मिलने का तय करते हैं।

कल्याण: "सर, मैं दो कॉल करना चाहता था। एक मिस्टर रस्तोगी को और दूसरा अपने घर में।"

आईजीः "स्योर"

आईजी ने अपने कार्यालय को कॉल किया, मुझे गृहमंत्रालय में संयुक्त सचिव डी. रस्तोगी से कनेक्ट करो। कुछ ही मिनटों के भीतर फोन की घंटी बजती है।

आईजी (फोन उठाते हैं): "सर, हमें मिस्टर कल्याण मिल गए हैं, और फिर रिसीवर कल्याण को सौंप दिया"

कल्याण: "सर"

रस्तोगी: "सब कुछ ठीक हो गया?"

कल्याण: "सर, गणेश जी के आशीर्वाद से"

रस्तोगी: "कब आ रहे हो?"

कल्याण: "मैं कल सुबह आना चाहता हूँ सर"

रस्तोगी: "मैं आईजी से कहूँगा कि आपके लिए व्यवस्था करें। किसी के साथ कुछ भी साझा मत करना"

कल्याण: "सर, मैं नहीं करूंगा, लेकिन आज अधिकारियों की एक मीटिंग आयोजित की गई है। आईजी को बोल दीजिये कि पूछताछ करने वाले किसी भी व्यक्ति से मुझे बचाकर रखे।"

रस्तोगी: "मैं ऐसा ही करूंगा। कल्याण मुझे आप पर गर्व है। सेक्रेटेरिएट ऑफिसर होकर भी कर के दिखाया। मैं खुश हूँ। सीधे ऑफिस आना। मैं आपके लिए सुबह की शताब्दी से आने की व्यवस्था कर रहा हूँ"

कल्याण: "धन्यवाद सर"

रस्तोगी: "भगवान आपका भला करे"

फोन कट गया। फिर उसके घर पर फोन किया गया।

कल्याण: "उमा"

उमा: "हाँ, एप्पिडी येरुकै (आप कैसे हैं)?"

कल्याण: "मैं ठीक हूँ। एल्लम सरिया इर्रुक्कू नल ऐक्कू (सब ठीक है)। मैं कल शाम को आ जाऊंगा। वे कल प्रशिक्षण समाप्त कर रहे हैं। दोपहर की फ्लाइट लूँगा और आ जाऊंगा।"

उमा: "ठीक है, क्या मुझे आपको लेने एयरपोर्ट आना है?"

कल्याण: "नहीं, मैं प्रीपेड लेकर आ जाऊंगा। परेशान मत होना"

इसके बाद कल्याण आईजी के साथ जाता है और वे दोनों कार से ऑफिसर्स मेस जाते हैं। कल्याण कमरे में जाकर तैयार होकर आने की अनुमति लेता है और लगभग पंद्रह मिनट के बाद डिनर के लिए प्रतीक्षा कर रहे दूसरे लोगों के साथ शामिल होता है।

आईजी: "वेलकम कल्याण साब"

कमरे में उन लोगों के अलावा कुछ और अधिकारी भी हैं जिनसे वह पहले मिला था। आईजी, आईबी के स्टेशन हेड का परिचय देते हुए, और उसके बाद यह अमुक है, आदि आदि।

कल्याण: "आपसे मिलकर अच्छा लगा सर"

एक स्टेशन हेड: "कल्याण, हमारे एएस आपकी बहुत प्रसंशा करते हैं"

कल्याण: "धन्यवाद"

आईजी: "कोई गंभीर जाँच जैसी चर्चा नहीं करेगा। मैंने मिस्टर रस्तोगी से वादा किया है।"

इसके बाद वहाँ का वातावरण हास्यपूर्ण हो गया।

आईजी: "कल्याण साहब आपका जहर क्या है?"

कल्याण: "सर, मैं नहीं लेता"

आईजी: "कभी तो ली होगी?"

कल्याण: "2003 आखिरी था। संसद समिति के दौरे में"

आईजी: "कुछ तो ले लो, आपको चिंतामुक्त होने और सोने की आवश्यकता है"

कल्याण: "सर"

एक और सज्जन: "नही तो ये चेहरे आपको परेशान करते रहेंगे"

कल्याण: "सर"

आईजी मेसमैन को सोडा और बर्फ के साथ एक बड़ा डिंपल व्हिस्की का गिलास लाने के लिए कहता है। कल्याण को ड्रिंक दिया जाता है, जिसे कल्याण शाकाहारी पनीर टिक्का और हरे-भरे कबाब जैसे स्टार्टर्स के साथ धीरे-धीरे पीता है। रात के खाने के बाद, कल्याण सबसे विदाई लेता है और अपने कमरे में जाता है। रात के 10:30 बजे हैं। कल्याण कमरे में कोट लखपत जेल में हुई बातचीत का एक संक्षिप्त विवरण तैयार करता है।

अध्याय 12

दृश्य 27

12.10.2006, सुबह के 6:30 बजे

ऑफिसर्स मैस के बरामदे में एक गाड़ी प्रतीक्षा कर रही है। कल्याण के कमरे के दरवाजे पर दस्तक होती है। कल्याण दरवाजा खोलता है। बीएसएफ का एक सब इंस्पेक्टर दो और जवानों के साथ बाहर प्रतीक्षा कर रहा है। कल्याण का सूटकेस तैयार है। वे सामान ले जाते हैं और कल्याण उनके पीछे चलता है, फिर वह अम्बेसेडर कार में बैठता है और वे अमृतसर स्टेशन की ओर ड्राइव करते हैं। कल्याण के लिए एक्जीक्यूटिव चेयर कार में बुकिंग की गयी है। उसका सीट नम्बर ईसी-1/04 है और बीएसएफ के जवान जो उसके साथ जाने वाला था वह सी-1 चेयर कार में अपनी सीट पर बैठा था। ट्रेन सुबह 7:05 बजे प्रस्थान करती है। रास्ते में कल्याण ने कुछ पाठ करने में अपना समय बिताया जो पिछले 3 दिनों के दौरान छूट गया था। ट्रेन में नाश्ता परोसा जाता है और अन्य दिनचर्या सामन्य रूप से चलती रही।

दोपहर के 12:30 बजे शताब्दी एक्सप्रेस नई दिल्ली रेलवे स्टेशन पर रूकती है। सी-1 कोच में बैठा बीएसएफ का सब-इंस्पेक्टर उतर चुका है और कल्याण की प्रतीक्षा कर रहा है। दो और जवान प्रतीक्षा कर रहे हैं, वे उसका सामान ले जाते हैं।

कल्याण और अन्य लोग प्लेटफार्म नंबर 1 से वीआईपी निकास की ओर चलते हैं जो राज्य प्रवेश मार्ग की ओर जाता है। लगभग 1:00 बजे वे प्रतीक्षा कर रही कार में बैठते है। वहाँ से वे सीधे नॉर्थ ब्लॉक के लिए ड्राइव करते हैं। सामान को दो कर्मियों द्वारा संभाला जाता है। उन्होंने कल्याण को सूचना दी कि मिस्टर रस्तोगी उनकी प्रतीक्षा कर रहे हैं। नॉर्थ ब्लॉक में पहुंचने पर वह सीधे पहली मंजिल पर मिस्टर रस्तोगी के कमरे में जाता है और दरवाजा खटखटाता है। मिस्टर रस्तोगी,अपनी सीट से उठते हैं और कल्याण को गले लगाते हैं, उनकी आंखों में आँसू हैं।

रस्तोगी: "कल्याण! मूर्खता कर दी। जब से आपने भारत छोड़ा है तब से मैं सो नहीं पाया हूँ।"

कल्याण: "सर! भगवान मेरे साथ थे"

रस्तोगी: "नहीं कल्याण यह एक गलती थी। लेकिन आपने यह कर दिखाया। मैं इस बात से खुश हूँ। आपका बहुत-बहुत धन्यवाद"

रस्तोगी राज चटर्जी को फोन करता है।

रस्तोगी: "सर! मेरे आदमी ने काम करके दिखाया"

राज चटर्जी: ... .

रस्तोगी: "वह अभी मेरे कमरे में है"

राज चटर्जी: ....

रस्तोगी: "सर, वह आपके आने तक मेरे साथ रहेगा"

राज चटर्जी: ....

रस्तोगी (कल्याण से): "कल्याण यहाँ रुको। मिस्टर राज चटर्जी आपसे मिलना चाहते हैं"

कल्याण: "बस सर, मैं अपने कमरे तक जाऊंगा और लंच करके आऊंगा।"

रस्तोगी: "ठीक है, लेकिन 2:00 बजे है, क्या आपको वहाँ कुछ मिलेगा?"

कल्याण: "मैं आईआरसीटीसी की कैंटीन में प्रयास करूंगा"

रस्तोगी: "नहीं, आप रुको मैं कुछ व्यवस्था करता हूँ"

और फिर कल्याण की प्रतिक्रिया की प्रतीक्षा किए बिना, रस्तोगी अपने निजी सचिव को कॉल करता है और कहता है कि बांग्ला कॉर्नर से दो लंच की व्यवस्था करो। इसका बिल मत लेना मैं भुगतान करूंगा। मुझसे पैसे ले लो। इसी बीच पीयूष जिसे बुलाया गया था वह रस्तोगी के कमरे में आता है।

पीयूष: "सर"

रस्तोगी (सोफे पर आगे बढ़ते हुए): "आओ पीयूष, हम जानकारी लेते हैं कि कल्याण क्या लाया है"

वे तीनों सोफे पर बैठते हैं और कल्याण कोट लखपत जेल की पूरी कहानी बताता है। रस्तोगी को दो बातों पर संशय हुआ।

कल्याण: "सर उसने कहा था कि त्वाडे मुल्कां दे मुसलमाना नूं मारना है।"

रस्तोगी:"लेकिन वे भारत में मुसलमानों को क्यों मारेंगे? चटर्जी को आने दो"

कल्याण: "दूसरे सर, उसने कहा था कि मुमकिन है इंडिया पाकिस्तान ट्रेन विच हमला हो"

रस्तोगी: "यह संभव लगता है, लेकिन यह कराची कुट, आपका मतलब कराची के किसी संगठित गिरोह से है।"

कल्याण: "सर, मैंने वही सुनाया है जो मुझे बताया गया था"

इस बीच, राज चटर्जी और नायर रस्तोगी के कमरे में प्रवेश करते हैं। वे फिर से कल्याण द्वारा लाई गयी जानकारी सुनते हैं।

राज चटर्जी: "एक्सीलेंट दोस्त! आप हमारे लिए कार्यवाही योग्य बहुत महत्वपूर्ण जानकारी लायें हैं।"

यह सुनकर रस्तोगी भी आश्चर्यचकित था।

राज चटर्जी: "धनंजय! सुनो हमारे लोगों के पास जानकारी है कि आईएसआई एक आतंकवादी हमले को 'ट्रिगर' करने के लिए किसी संगठित अपराधी गिरोह को शामिल कर सकती है। कल्याण की जानकारी से इसकी पुष्टि हो जाती है। दूसरा है, भारतीय मुसलमानों पर हमला करना ताकि, देश में सांप्रदायिक उपद्रव हो। यह आईएसआई की दूसरी योजना है। तो कल्याण यह एक कठिन पहेली की तरह फिट बैठता है। नायर, कल्याण के साथ बैठो और कार्यवाही योग्य इनपुट तैयार करो"

नायर: "ओके सर"

इस बीच, दोपहर का भोजन आ जाता है।

रस्तोगी: "सर, थोडा लंच"

राज चटर्जी: "कल्याण इसका अधिक हकदार है। उसने शेर के मुंह से माँस छीन लिया है। ब्रेव ऑफिसर! आपका बहुत-बहुत धन्यवाद"

रस्तोगी: "सर, लंच तैयार है"

राज चटर्जी: "नहीं, मुझे जाना होगा, धनंजय! अगली बार सही"

राज चटर्जी कमरे से बाहर निकल जाते हैं। लंच को पीयूष के कमरे में भेजा जाता है। नायर, पीयूष और कल्याण पीयूष के कमरे की ओर जाते हैं और लंच करते हैं।

दृश्य 28

नायर: "आईये कल्याण साहब, हम इसे लिखित रूप में तैयार करते हैं"

नायर कंप्यूटर का कीबोर्ड पकड़ कर बैठता है। कल्याण बातचीत के बिंदु बताता है। लिखित प्रारूप बनाने की प्रक्रिया के दौरान कल्याण को यह आभास होता है कि नायर को पाकिस्तान में उसकी हर गतिविधि के बारे में पहले से ही जानकारी दी जा चुकी है। वह केवल कुछ ही मिनटों के लिए कोट लखपत जेल में अकेला था। कोट लखपत जेल में फॉर्म भरने की कल्याण की स्थिति को जिस तरह से कल्याण ने संभाला था, नायर ने उसकी भी सराहना की।

नायर: “कल्याण साहब, दैट वाज एक्सीलेंट। आपने उसे बहुत अच्छी तरह से संभाला। इससे आरसी सर भी बहुत प्रभावित हुए”

कल्याण: “धन्यवाद, सर”

नायर: “वह आपको और काम दे सकते हैं”

पीयूष: “प्रश्न ही नहीं उठता। इस गरीब आदमी का एक परिवार है और बूढ़े माता-पिता इसके साथ रहते हैं। रस्तोगी साब मुझे बता रहे थे कि उन्होंने ताव में आकर चुनौती ले ली थी और तब से वे सो नहीं पा रहे हैं।”

नायर: “चलो फिनिश करते हैं।”

वे लिखने का काम पूरा करते हैं और एक कॉफी सत्र के साथ उसकी बार-बार जाँच/पुष्टि भी करते हैं। तब तक 6:30 बज चुके हैं। कल्याण के कार्यालय से जुड़ा सीआरपीएफ का कर्मचारी आता है और कहता है कि

“कल्याण साहिब, सामान आपकी ही गाड़ी में है”

कल्याण: “ठीक है, कमरा बंद करो अभी 10 मिनट में चलेंगे।”

कल्याण अपना काम समेटता है और कार्यालय के वाहन तक चलता है जिसमें उसे पिक किया गया था। नायर उसका पीछा करता है और उसे यह कहते हुए नोटों की एक और गड्डी सौंपता है कि यह आपके द्वारा पूरा किए गए काम के लिए आरसी सर के खाते से विशेष रूप से है।”

द्वारका के रास्ते में काफी घना यातायात (ट्रैफिक) है। धौला कुआं में जाम हैं, फिर द्वारका फ्लाईओवर पर एक और जाम है। इस प्रकार कल्याण रात के लगभग 8 बजकर 45 मिनट पर अपने अपार्टमेंट में पहुंचता है। उस दिन कल्याण को ट्रैफिक जाम के बारे में कोई शिकायत नहीं थी क्योंकि यह उसके अनुकूल था। वह अपनी पत्नी से झूठ बोलते हुए पकड़ा नहीं जाना चाहता था कि वह दोपहर तक प्रशिक्षण से वापस आ गया था और इतनी जल्दी कैसे पहुंच गया।

कल्याण लिफ्ट लेकर अपने घर पहुंचता है और उसका छोटा बेटा चंद्र दरवाजा खोलता है, वे सभी हैरान हो जाते हैं कि वह एक दिन पहले ही आ गया है।

दृश्य 29

14.10.2006 (शनिवार), कल्याण का निवास

सुबह 10:00 बजे एक व्यक्ति आता है और कल्याण को एक बैग सौंपता है। घर पर अकेला होने के कारण कल्याण दरवाजा खोलता है। बच्चे स्कूल गए हुए थे और उसकी पत्नी ऑफिस में थीं। इसलिए वह प्रशिक्षण में प्रतिभाग लेने का अपना प्रमाण पत्र खोजने के लिए बैग खोलता है, उसमें उसे दो मैसूर सिल्क साड़ियाँ मिलती

हैं जिनमें से एक गुलाबी रंग में और दूसरी हल्के पीले रंग में थी। दोपहर बाद जब उसके बच्चे और पत्नी आये तो कल्याण ने अपनी पत्नी को साड़ियाँ दिखाई। निसंदेह वह खुश हुई, लेकिन उसने पूछताछ शुरू कर दी कि कल्याण इसे क्यों नहीं लाया था। कल्याण ने उसे बताया कि यह एक लापता सामान का मामला था और उसने इंडियन एयरलाइंस को सूचित किया था और इसे ट्रेस करने और पहुँचाने के लिए अपने एक सहयोगी के अच्छे संपर्कों का उपयोग किया था।

17.10.2006

कल्याण ऑफिस में है। उसकी सहयोगी सुश्री रेणु शर्मा, जो नॉर्थ ब्लॉक के उसी भवन में डिपार्टमेंट ऑफ़ पर्सनल में अंडर सेक्रेट्री के रूप में नियुक्त थीं, कल्याण के ऑफिस में आई।

रेणु: "कल्याण आप तो बहुत महत्वपूर्ण हो गए हो यार। कहाँ गायब रहे?"

कल्याण: "कुछ पारिवारिक मामला था, इसलिए बैंगलोर में फंस गया था।"

रेणु: "क्या डायरेक्टर ने आपको अनुमति दी थी?"

कल्याण: "मैंने जेएस से बात की थी। श्रीकांत, उनके बैचमेट हैं। उन्होंने कहा कि वह ध्यान रखेंगे।"

रेणु (उसे एक पार्सल सौंपते हुए): ये दो मैसूर सिल्क साड़ियाँ हैं। आपने मुझे 6,000/- रुपये दिए थे, मैंने बिल रखा है। इनकी कीमत 5380 रुपये है, बाकी बची हुई राशि बैग में ही रखी है।"

इसी बीच कॉफी आ गई और दोनों ने कॉफी पी और बाद में रेणु चली गई। अब कल्याण उमा को बताने के लिए एक कारण के बारे में सोच रहा था। उसके पास पहले से ही 60,000 रुपये (अमृतसर में दिए गए 30,000 रुपये और नायर द्वारा दिए 30,000 रुपये) थे। उसने पहले भी बहाना बनाया था। अब कल्याण को एक और बहाना बनाना था। इसके अलावा, संयोगवश, दोनों साड़ियों के रंग लगभग वही थे जो उसने पहले से ही उसे दी थी। इसी बीच नायर आ गए। दोनो अंडर सेक्रेट्री नॉर्थ ब्लॉक में कल्याण के कमरे में बैठते हैं।

नायर: "कल्याण साब, हम यहाँ बात नहीं कर सकते। पीयूष के कमरे में मिलते हैं।"

कल्याण: "5 मिनट में वहाँ आ जाऊँगा"

कल्याण नायर को पीयूष के कमरे में मिलता है। दोपहर के 12.00 बजे हैं।

नायर: "जब आप दिल्ली में विमान में सवार हुए थे, तब क्या आपने ध्यान दिया था कि आपके साथ कौन बैठा था?"

कल्याण: "सर, मैं सो गया था।"

नायर: "आपने नोटिस नहीं किया?"

कल्याण: "एक अच्छा खासा तगड़ा व्यक्ति सीट नम्बर 12 बी में बैठा था। मेरी सीट 12 A थी। लेकिन मैंने लाहौर में उतरने से ठीक पहले ही उसे देखा था।"

नायर: "तो आप कहते हैं कि आपने उससे कोई बात नहीं की?"

कल्याण: "नहीं"

नायर: "लाहौर हवाई अड्डे पर क्या आपने किसी के साथ बातचीत की थी?"

कल्याण: "मैं केवल आपके आदमियों के साथ था"

नायर: "इमिग्रेशन"

कल्याण: "उसने मुझसे पूछा था कि मेरा व्यवसाय क्या है। फिर पान मसाले का टिन, जर्दा पाउच, और एक सिगरेट का पैकेट भी लिया था। लेकिन सर, उसने सुरक्षा को कैसे क्लियर कर दिया?"

नायर: "क्या उसने पूछा कि आप इसे किसके लिए ले जा रहे हैं?"

कल्याण: "हाँ, मैंने कहा ग्राहकों के लिए"

नायर: "जब आप बाहर आए, तो आपको होटल में छोड़ दिया गया?"

कल्याण: "सर"

नायर: "अविरा होटल?"

कल्याण: "सर"

नायर: "क्या आप लॉबी या किसी दूसरी जगह पर किसी और से मिले थे?"

कल्याण: "नाश्ते के दौरान बस सलाम अलैकुम कहा था"

फिर लाहौर में उसकी गतिविधियों के बारे में प्रश्न पूछे गए और कल्याण विवरण देता रहा। लगभग दोपहर 1:30 बजे नायर उठ खड़ा हुआ और बोला:

नायर: "सॉरी डिअर बस अपनी ड्यूटी कर रहा हूँ, अब मुझे रिकॉर्ड करना होगा कि मैंने आपको डीब्रीफ किया है"

कल्याण: "सर, इट्स ओके"

इसके बाद कल्याण भोजन करने के लिए अपने कमरे में वापस चला जाता है।

अध्याय 13

दृश्य 30

21.10.2006

दिल्ली में आमतौर पर, हितधारकों, सत्ता दलालों (पॉवर ब्रोकर्स) और उन सभी लोगों द्वारा नौकरशाहों को पारंपरिक उपहार दिया जाता है जिनका कोई न कोई मतलब अथवा स्वार्थ होता है। कल्याण को उद्योग मंत्रालय में अपने कार्यकाल के दौरान दो कर्मचारियों वाली सहकारी समितियों से दीपक, सूखे मेवे, फलों की टोकरी और कभी-कभी कंबल जैसे कुछ उपहार मिले थे। लेकिन उसे कभी भी कोई महंगा उपहार नहीं मिला था। शनिवार का दिन था। अपना पारंपरिक तेल स्नान करने और तमिल परंपरा के अनुसार दिवाली मनाने के बाद, कल्याण अपने परिवार के साथ मंदिरों में दर्शन के लिए गया। बैंकों का कार्य दिवस था। इसलिए उमा को अपने ऑफिस में छोड़ना पड़ा। इसके अलावा, कल्याण को उमा ने बताया था कि उसके माता-पिता विकासपुरी में उसके भाई के घर से द्वारका वापस आना चाहते हैं।

मंदिर में प्रार्थना करने के बाद, कल्याण अपनी पत्नी को कार्यालय छोड़ने गया और बाद में विकासपुरी में अपने भाई के घर चला गया। तमिलों के घरों में दिवाली के दिन मैसूर पाक और नमकीन मिक्चर मिलना बड़ी सामान्य सी बात है। दोनों का स्वाद लेने के बाद, अपने बेटों सहित कल्याण ने अपने माता-पिता को सीढ़ियों से नीचे उतरने और कार में बैठने में मदद की। वे द्वारका में कल्याण के निवास पर वापस चले गए। उनके अपार्टमेंट के प्रवेश द्वार पर एक पुलिस जीप प्रतीक्षा कर रही थी। जब कल्याण ने गेट से प्रवेश किया तब सुरक्षा गार्ड ने उसे सूचित किया।

"सर जी, आप के लिए खडे हैं"

कल्याण: "कौन है पता किया?"

गार्ड: "नहीं साब, बता नहीं रहे है। दिल्ली पुलिस कहते हैं?"

इस बातचीत के दौरान, एक पुलिसकर्मी जीप से नीचे उतरा और कल्याण को सूचित किया।

पुलिसकर्मी: "सर जी, साहिब ने भेजा है"

कल्याण (अपनी कार में बैठे हुए): "कौन से साहिब ने?"

कांस्टेबल: "साहिब जी यादव साहिब, डीसीपी साउथ वेस्ट"

कल्याण (गार्ड को संकेत करते हुए): "भाई आने दो"

कल्याण हैरान था। वे घर के अंदर जाते हैं। कांस्टेबल कल्याण की माँ की मदद करने के लिए रास्ते से बाहर जा रहा था। कल्याण के पिता बड़े सख्त व्यक्ति (नो-नॉनसेंस मैंन) थे और इस प्रकार के लाड़ प्यार (चापलूसी) को सहन नहीं करते थे। दरवाजा खोलने के बाद वे सभी अंदर प्रवेश करते हैं। जैसे ही वे अंदर प्रवेश करते हैं, कल्याण उन्हें सोफे पर बैठने के लिए संकेत करता है।

कांस्टेबल: "साहिब जी, ये सुकराना साहिब ने भेजा है।"

कल्याण: "रख दो"

कांस्टेबल: "साहिब जी, साहिब पूछ रहे थे कोई नाराजगी है क्या?"

कल्याण: "मैं क्यों नाराज होऊंगा। मेरा तो परिचय भी नहीं है डीसीपी से।"

एक अन्य पुलिसकर्मी: "साहिब जी मैं एएसआई हूँ साहिब जी।"

कल्याण: "तो मेडल लोगे क्या?"

एएसआई; "नहीं सर, साहिब को इस साल पीएम (प्रेसिडेंट मैडल) मिलना है। आपने किसी बैठक में बात कर दी"

कल्याण: "अरे भाई, बैठक में जो बात होती है वो कागज से होती है, अपने आप तो कुछ नहीं होता न"

एएसआई: "सर जी साहिब जी मिलना चाहते हैं"

कल्याण: "अब से आज पूरा दिन घर में हूँ, जब भी आ जाईये।"

एएसआई: "ठीक है साहब"

कल्याण की माँ उन्हें चाय देती है।

कांस्टेबल: "माता जी आप क्यों तकलीफ करते हो?"

चाय पीने के बाद वो लोग चले गए। उनके जाने के बाद कल्याण सोचने लगा कि उसने ऐसा क्या कहा जिसने डीसीपी को प्रभावित किया है। उमा के दोपहर लगभग 3:00 बजे घर वापस लौटने के बाद,

कल्याण: "जनकपुरी से द्वारका के बीच डेढ़ घंटे में क्या हुआ"

उमा: "सनियन (शनि को कोसते हुए) ट्रैफिक जाम, सभी जगह"

कल्याण: "ये लोग आखिरी मिनट में सारी खरीदारी करते हैं"

अम्मा (कल्याण की माँ): "दिहाड़ीदार मजदूरों को खरीदारी के लिए पैसे जुटाने पड़ते हैं। कूटम इर्रुकाधन इरुकुम अर्थात वहाँ भीड़ होगी ही"

इसके बाद ये सभी दोपहर के भोजन के लिए बैठते हैं।

कल्याण के पिता (अप्पा): "इनिक्की अमावासायी, तो रात के खाने के लिए केवल फल"

उमा: "शनिवार रात को मैं भी केवल फल ही खाती हूँ"

वे अपना दोपहर का भोजन समाप्त करते हैं।

उमा: "भास्कर और चंद्र जाओ पढ़ाई करो"

बेटे: "ठीक है माँ"

इस बीच, इंटरकॉम की घंटी बजती है।

कल्याण: "कौन है?"

गेट गार्ड: "सर जी! कोई डीसीपी आयें है"

कल्याण: "भेज दो"

कल्याण अभी भी सोच रहा था कि उसने बैठक में ऐसा क्या कहा था कि डीसीपी परेशान है। उतने में दरवाजे की घंटी बजती है, कल्याण दरवाजा खोलता है।

डीसीपी यादव: "नमस्कार सर"

कल्याण: "प्लीज वेलकम"

यादव अप्पा और अम्मा को देखता है और उनके पैरों पर गिरकर उनका आशीर्वाद लेता है। कल्याण सोच रहा था कि आईपीएस अधिकारियों ने इतनी सभ्यता के साथ व्यवहार करना कब शुरू कर दिया। कल्याण उसे सोफे पर बैठने के लिए कहता है।

डीसीपी: "कल्याण साहिब, क्या आपने द्वारका मामले के बारे में हमारे संयुक्त आयुक्त स्पेशल सेल से शिकायत की थी?"

कल्याण: "मैं स्पेशल सेल के लोगों में एसीपी यादव, डीसीपी अलोक कुमार और जॉइंट सीपी से मिलता रहता हूँ, हम बहुत सी चीजों पर चर्चा करते हैं।"

डीसीपी: "नहीं सर मनी लॉन्ड्रिंग और विदेशी मुद्रा के बारे में कुछ"

कल्याण: "मुझे याद नहीं है। यदि आप कोई संदेश पहुंचाना चाहते हैं तो मैं पहुंचा दूंगा"

(कल्याण को याद था कि उसने विदेशी मुद्रा की एक बड़ी खेप की कथित चोरी के मामले में जिला पुलिस द्वारा गैर-रिपोर्टिंग का मुद्दा उठाया था)

डीसीपी: "नहीं सर, उन्होंने एक जाँच शुरू की है। मेरा नाम इस साल पुलिस मेडल के लिए जाना है। सर, प्लीज हेल्प करिये"

कल्याण: "ठीक है। मैं अपने संयुक्त सचिव से हस्तक्षेप करने का अनुरोध करूंगा" (पूरी तरह से जानते हुए कि रस्तोगी नहीं करेंगे और क्योंकि वह रस्तोगी से ऐसा बोलने की हिम्मत नहीं करेगा)।

डीसीपी: 'धन्यवाद सर, हैप्पी दिवाली! माताजी, बाबूजी का भी आशीर्वाद मिल गया। धन्यवाद सर अगर आपको कभी मेरी जरूरत पड़े तो कृपया मेरे कार्यालय में जरुर पधारियेगा।"

कल्याण: "धन्यवाद"

अध्याय 14

दृश्य 31

इन सब घटनाक्रमों के बीच गृहमंत्रालय में एक अतिरिक्त सचिव (बीएम) ने अपने गृह कैडर में प्रत्यावर्तन (स्थानांतरण) की माँग की। उन्हें छत्तीसगढ़ राज्य के मुख्य सचिव के रूप में कार्यभार संभालना था। यह एक बहुत ही सामान्य सी घटना है। आमतौर पर, भारत सरकार में पद उत्तराधिकार योजना बहुत प्रभावी नहीं होने के कारण इस पद के कुछ समय के लिए रिक्त होने की आशा थी। हालांकि, एक अधिकारी को तुरंत इस पद पर नियुक्त किया गया। वह अधिकारी था एहसान खान। खान ने उस डिविजन में कभी काम नही किया था, जिसमें कल्याण ने काम किया था, इसलिए कल्याण का उसके साथ सीधी रिपोर्टिंग का कोई संबंध नहीं था। लेकिन पिछले मंत्रालय में जहाँ जहाँ कल्याण कार्यरत था, खान ने 5-5 वर्षों के दो कार्यकाल पूरे किए थे - एक बार डायरेक्टर के रूप में और दूसरी बार संयुक्त सचिव के रूप में। यहाँ तक कि पिछले विभाग में भी उसके साथ कल्याण का सीधी रिपोर्टिंग का संबंध नहीं था। हालांकि, वह अन्य डोमेन प्रभारों को धारण करने के अलावा पिछले विभाग में एडमिनिस्ट्रेशन और विजिलेंस विभाग का डायरेक्टर भी था। भारत सरकार में, हर कोई एडमिनिस्ट्रेशन और विजिलेंस विभाग के डायरेक्टर और उस क्षेत्र के अन्य पदाधिकारियों के निकट रहना चाहता है इसलिए कल्याण का उससे परिचय था।

दृश्य 32

1 नवम्बर 2006

कल्याण के मेज पर एक परिपत्र प्राप्त हुआ जिसमें यह अधिसूचित किया गया था कि श्री एहसान खान ने मंत्रालय में अतिरिक्त सचिव (सीमा प्रबंधन) का कार्यभार ग्रहण कर लिया है। पुराने परिचित होने के साथ-साथ यह देखते हुए कि मंत्रालय में उसके पिछले विभाग से एक और अधिकारी आये हैं, कल्याण ने एहसान खान से शिष्टाचार भेंट करने का विचार किया। वह उसके कमरे में गया और स्वागत किया। खान ने भी प्रसन्नता व्यक्त की कि वह खुश हैं कि उसकी पिछली टीम के कुछ सदस्य फिर से उसकी टीम के सदस्य होंगे। इस भेंट के दौरान कल्याण ने एक विचित्र बात नोट की। पिछले विभाग में 10 वर्षों के दो अलग-अलग कार्यकालों में, मिस्टर खान बहुत उदार और व्यापक विचारधारा वाले प्रतीत होते थे। लेकिन यहाँ बातचीत के दौरान कल्याण ने उनमें कुछ बदलाव देखे, जैसे कि उनकी आँखों पर सुरमा (आईलाइनर) लगाना, उनके माथे पर जालीदार टोपी के निशान जो केवल

नियमित उपयोग का संकेत देते हैं, आदि। कल्याण ने सोचा कि उसने हज या कुछ और किया होगा इसलिए यह मजहबी हो गया होगा।

जब कल्याण खान के कमरे से लौट रहा था तब एक अन्य वरिष्ठ सहयोगी अधिकारी मिस्टर कुट्टी कल्याण से मिले। चूंकि, कुट्टी कल्याण के पुराने परिचित थे और वह विनायक मंदिर में नियमित रूप से आते थे, इसलिए उन्होंने कल्याण को कॉफी के लिए आमंत्रित किया। कल्याण के साथ गये दूसरे व्यक्ति ने मना कर दिया और वह चला गया। मिस्टर कुट्टी डिपार्टमेंट ऑफ़ पर्सनल एंड ट्रेनिंग के डायरेक्टर और साथ में एडमिनिस्ट्रेटिव विजिलेंस का काम भी देख रहे थे। दोनों (कल्याण और कुट्टी) कुट्टी के कमरे में प्रवेश करते हैं।

कुट्टी (अपने स्टाफ को आवाज लगाते हुए): "अरे! आज हम सभी धन्य हो गए। एक महान भक्त इस कमरे में आए हैं।

कल्याण: "सर जी मैं नियमित रूप से मंदिर जाता हूँ। लेकिन 'ओवरस्टेट' न करें सर"

कुट्टी: "मैंने आपको रुद्रमचमकम और अन्य सूक्तम का पाठ करते हुए सुना है। मेरी पत्नी ने मुझे बताया कि आप पुरोहितों की तुलना में अधिक धाराप्रवाह बोलते हैं।"

कल्याण: "सर मैं फिर से स्वीकार करता हूँ कि यह एक ओवरस्टेटमेंट है।"

कुट्टी: "वैसे एहसान खान ने अतिरिक्त सचिव के रूप में पदभार संभाला है।"

(कार्य आबंटन और शक्तियों के प्रत्यायोजन के अधिदेश के अनुसार, संयुक्त सचिव और उससे ऊपर के स्तर की सभी नियुक्तियों को मंत्रिमंडल की नियुक्ति समिति द्वारा स्वीकृति दी जाती है। डिपार्टमेंट ऑफ़ पर्सनल एंड ट्रेनिंग ईओ शाखा प्रस्ताव देती है। लेकिन एवीडी शाखा (जिसमें कुट्टी डायरेक्टर थे) को प्रस्ताव को क्लियर करना होता है और इसलिए उन्हें डोजियर देखने को मिलते हैं)

कल्याण: "हाँ सर। वह मेरे पिछले विभाग में थे, हालांकि मैंने उनके साथ कभी काम नहीं किया। फिर भी मैं जगदीश (वह सहकर्मी जो उसके साथ एहसान खान के कमरे में गया था) के साथ शिष्टाचार भेंट के लिए गया था।"

कुट्टी: "नो प्रॉब्लम। लेकिन उसने लगभग सारे पैनल को दरकिनार कर दिया है। सिर्फ इसलिए कि मुस्लिम अधिकारियों को एक उदार मूल्यांकन और कुछ राजनीतिक प्रभाव का लाभ दिया जाता है। उसकी पाँच में से तीन 'सीआर' बेंचमार्क से नीचे थीं।"

कल्याण: "ठीक है सर"

कुट्टी: एक अनुपूरक सूची मिली है। उस अनुपूरक सूची में केवल एक व्यक्ति का नाम था।"

कल्याण: "ओके। लेकिन उसे कैसे चुना गया?"

कुट्टी: "वह प्रस्ताव सूची में भी नहीं था। लेकिन पीएमओ और किसी मंत्री के हस्तक्षेप ने यह सुनिश्चित किया कि उसे विशेष रूप से एमएचए में नियुक्त किया जाए।"

कल्याण: "यह कुछ नया है। लेकिन क्या प्रस्ताव सूची के बिना मंत्री जी चुन सकते हैं?"

कुट्टी: "प्रस्ताव सूची किसी भी चीज की तुलना में एक अवांछित अधिकारी को रिजेक्ट करने के लिए एक चाल है।"

तभी कॉफी आती है। कल्याण और कुट्टी ने कॉफी का आनंद लिया और अब कल्याण जाना चाहता है। दोनों हाथ मिलाते हैं और कल्याण अपने कमरे में जाता है। 1 नवम्बर 2006 के परिपत्र के बाद अतिरिक्त सचिव (सीएस) और नवनियुक्त अतिरिक्त सचिव (बीएम) के बीच कार्य आवंटन के संबंध में एक अन्य परिपत्र जारी किया गया। परिपत्र में कहा गया कि अतिरिक्त सचिव (बीएम) सीमा प्रबंधन, फोरेनर्स, पीपी डिवीजन, स्वतंत्रता सेनानियों, प्रशासन, सतर्कता, समन्वय आदि के काम की निगरानी करेंगे। एडमिनिस्ट्रेशन डिविजन के प्रभारी के रूप में, वह सरकारी सम्पदा की सुरक्षा, भवनों के लिए संपत्ति नियंत्रण आदि के प्रभारी भी बने, जो अभी तक मुख्य सुरक्षा अधिकारी (सीएसओ) धनंजय सिंह के पास थे। सीएसओ का पद एक सीमित कार्यकाल का पद है, जिसका कार्यकाल अधिकतम पाँच साल तक बढ़ता है। कारण एकदम स्पष्ट हैं कि पीएमओ और कैबिनेट सचिवालय सहित सभी महत्वपूर्ण भवनों के सुरक्षा प्रबंधन के साथ जुड़ा कोई भी पदाधिकारी एक अत्यधिक संवेदनशील पद पर होता है और एक सीमित कार्यकाल से परे उसकी निरंतरता किसी भी प्रकार के समझौते के लिए एक प्रवेश द्वार समान होता है। धनंजय सिंह केंद्रीय रिजर्व पुलिस बल से डीआईजी स्तर के अधिकारी थे।

बहुत ही विनम्रतापूर्वक बोलने वाले अधिकारी धनंजय सिंह तुरंत ही अपने सुपर बॉस के ख़ास बन गए। उस समय धनंजय को संयुक्त सचिव (प्रशासन) के माध्यम से मिस्टर खान को रिपोर्ट करना था। अपने सभ्य संचार कौशल (कम्यूनिकेशन स्किल) और व्यवहारिकता के कारण वे पहले से ही अपने 5वें वर्ष का कार्यकाल पूरा करने के बाद तीन एक्स्टेंशन ले चुके थे। अब उनकी दृष्टि उसी पद पर आईजी के स्तर पर अपग्रेड होने पर थी और बाद में ऐसा हुआ भी।

अध्याय 15

दृश्य 33

09.11.2006

इस बीच कैबिनेट सचिवालय ने कल्याण द्वारा साहसिक यात्रा में एकत्र की जानकारी का इनपुट बनाया। उन्होंने औपचारिक रूप से इसे वर्गीकृत (क्लासीफाइड) मार्किंग के साथ रस्तोगी को भेजा। कल्याण अपने कार्यालय में बैठा है, तभी इण्टरकॉम की घंटी बजी।

कल्याण (यह देखते हुए कि यह रस्तोगी ऑनलाइन है): "हाँ सर"

रस्तोगी: "तुरंत आओ"

कल्याण: "सर"

कल्याण पहली मंजिल पर रस्तोगी के कमरे में जाता है:

रस्तोगी: "आओ कल्याण।"

रस्तोगी ने कल्याण को रिपोर्ट सौंपते हुए कहा

रस्तोगी: "आपके मसाले की सब्जी पक गई है। अविश्वसनीय! सभी कड़ियाँ जुड़ गई हैं"

कल्याण: "धन्यवाद सर"

रस्तोगी: "मैं इसे प्रक्रिया के माध्यम से भेजूंगा यह क्लासीफाइड है। एक प्रस्ताव बनाओ और कल तक भेजो।"

कल्याण: "ज़रूर सर"

कल्याण अपने कमरे में वापस चला जाता है। 20 मिनट के बाद इंटरकॉम फिर से बजता है। कल्याण देखता है कि यह उसका डायरेक्टर पीयूष है।

पीयूष: "कल्याण क्या आप अभी आ सकते हैं?"

कल्याण: "सर"

कल्याण पीयूष के कमरे में जाता है

पीयूष: "आओ कल्याण साब। "क्या आपने इसे देखा है?"

कल्याण: "अभी जेएस ने मुझे बताया"

पीयूष: "आज हम प्री-एम्पटिव प्रपोजल बनायेंगे।"

कल्याण: "सर"

पीयूष: "शाम 6:00 बजे"

कल्याण: "सर शाम 5.00 बजे ठीक रहेगा। देर हो जाती है।"

पीयूष: "शाम 5 बजे कोई गोपनीयता नहीं होगी। कोई न कोई आ जाता है।"

कल्याण: "ठीक है"

शाम 6 बजे कल्याण पीयूष के कमरे में जाता है और कहता है, "सर"

पीयूष अपने भरे मुंह के साथ कमरे से बाहर निकलता है। कल्याण जानता है कि वह गुटखा थूकने और कुल्ला करने के लिए वॉशरूम गया है। पीयूष वापस आता है।

पीयूष: "ग्रेट, कल्याण साहिब। आप इसके पिता हैं। प्री-एम्प्ट करना है। चलो बनाते हैं। कीबोर्ड पकड़ लो"

कल्याण पहले से ही कंप्यूटर की कुर्सी पर बैठकर एक वर्ड फ़ाइल खोल चुका है और प्रस्ताव का प्रारूप तैयार करना शुरू कर देता है। उपर्युक्त जानकारी के आधार पर प्रस्ताव का निष्कर्ष निकलता है कि समझौता दिल्ली-लाहौर ट्रेन के साथ-साथ मुस्लिम समुदाय के धार्मिक स्थलों में, भीड़-भाड़ वाले क्षेत्रों में, विशेषरूप से पीक टाइम पर और संभवतः मुसलमानों के तीर्थस्थलों आदि में आतंकवादी खतरों की संभावना आसन्न है। यह भी संकेत दिया गया है कि कुछ स्लीपर सेल इस योजना को प्रभावी बनाने के लिए पहले से ही स्थापित कर दिए गये हैं और सक्रिय हैं। यही हाल दिल्ली के जामिया इलाके के नूरनगर के साथ-साथ पश्चिमी यूपी के बड़ौत और बदौनी में भी है। आतंकियों का अनुमानित डिजाइन यह है कि ये स्लीपर सेल समझौता एक्सप्रेस से यात्रा करने वाले पाकिस्तानी नागरिकों के साथ संपर्क में रहेंगे और भारत में अपना पता नूरनगर या बदौनी या बड़ौत बतायेंगे। इसलिए हम बीओआई (ब्यूरो ऑफ़ इमिग्रेशन) को उपरोक्त मानदंडों को पूरा करने वाले यात्रियों की तलाशी करने का परामर्श भी देते हैं। धार्मिक स्थलों में हुए विस्फोटों के बाद सांप्रदायिक दंगे होने का अनुमान है। इस संबंध में,हम एसओपी के रूप में परामर्श भेज सकते हैं। आपके विचार और आगामी आदेश हेतू प्रस्तुत

हस्ताक्षर

कल्याण

हस्ताक्षर

पीयूष दुबे (जेएस) (आईएस)

10.11.2006, दोपहर 4.00 बजे

रस्तोगी इंटरकॉम पर कल्याण को फोन करता है

रस्तोगी: "गृह सचिव के कमरे में आ जाओ"

कल्याण: "सर"

कल्याण केंद्रीय गृहसचिव के कमरे तक जाता है वहाँ उसे रस्तोगी मिलते हैं और पीयूष पहले से ही वहाँ हैं। गृहसचिव के स्टाफ अधिकारी के कमरे से उसने एहसान खान को गृहसचिव के कमरे में जाते हुए देखा।

स्टाफ अधिकारी: "सर, गृहसचिव अभी खाली हैं। आपको बुला रहे हैं"

रस्तोगी: "धन्यवाद"

रस्तोगी, पीयूष और कल्याण कमरे में जाते हैं। एहसान खान पहले से ही वहाँ बैठा हैं।

रस्तोगी: "सर"

गृहसचिव: "यह क्या है? क्या आप बहक गये हैं?"

रस्तोगी: "सर, यह एक प्रामाणिक और विश्वसनीय रिपोर्ट है।"

गृहसचिव: "आप ऐसा कैसे कह सकते हैं? रस्तोगी आप आईएएस में 27 वर्ष से हैं। यदि हम इस इनपुट के अनुसार सतर्कता करके अति करते हैं, तो इससे हर जगह गलत संदेश जाएगा। केवल इसलिए कि राज ने कुछ जंगली और काल्पनिक इनपुट दिया है कि वे समझौता एक्सप्रेस पर हमला कर सकते हैं, हम यात्रियों को परेशान नहीं कर सकते हैं। इससे गलत संदेश जाएगा"

रस्तोगी: "सर, यह बहुत ही विश्वसनीय इनपुट है सर"

गृहसचिव: "आप दूसरे प्रस्ताव में क्या कहते हैं? मैं डीजीपी से कहूँगा कि वे हर मस्जिद में नाकाबंदी करें। आप चाहते हैं कि मैं उन्हें ऐसा करने के लिए आदेश जारी करूं। संदेश स्पष्ट है। यदि मैं इसे कार्यवाही योग्य और विश्वसनीय इनपुट के रूप में लेता हूँ, तो मैं सांप्रदायिक सद्भाव डिविजन से इसे संभालने और पूर्वनिर्धारित करने के लिए कहूँगा।

रस्तोगी: "नहीं सर! इस इनपुट को बनाने और जानकारी जुटाने में हमारा एक अधिकारी सम्मिलित था। मिस्टर राज ने हमारे अधिकारी की सेवाओं के लिए अनुरोध किया था और मैंने सहमति व्यक्त की थी।"

गृहसचिव:"अधिकारी कौन है?"

रस्तोगी: "सर वह अधिकारी कल्याण है, जॉइंट सेक्रेटरी है"

एहसान खान: "वह कहाँ गया था?"

रस्तोगी: "पाकिस्तान"

एहसान खान: "आप अपने आपको क्या समझते हैं? आप किसी को भी, कहीं भी भेज सकते हैं?"

रस्तोगी: "सर, यह एक गुप्त मिशन था"

एहसान खान: "यह खुले या गुप्त का सवाल नहीं है। हर चीज को प्रशासनिक स्वीकृति होनी चाहिए"

एहसान खान (कल्याण से पूछते हुए): "आप एक अनुभवी अधिकारी हैं। आपने प्रशासनिक अनुमोदन के बिना पाकिस्तान की यह यात्रा कैसे की?"

कल्याण: "सर मैंने आदेशों का पालन किया"

एहसान खान: "वैध या अवैध आदेश। कल कोई अगर आपसे कुएं में कूदने के लिए कहता है तो क्या आप कूदोगे?"

कल्याण: "सर आचरण नियम वरिष्ठ अधिकारी द्वारा सौंपे गए किसी भी कार्य को करने का प्रावधान करता है। सीसीएस आचरण नियमों का नियम 3"

गृहसचिव: "ज्यादा तकनीकी में मत जाओ"

एहसान खान: "रस्तोगी, कोई जॉइंट सेक्रेट्री अवैध रूप से पाकिस्तान की यात्रा करते हैं, एक काल्पनिक रिपोर्ट लिखते हैं, और आप पूरे विश्वास निर्माण के उपायों को समाप्त करना चाहते हैं। बड़े दुःख की बात है।"

रस्तोगी: "नहीं सर। इस मिशन के उपयोग से इनपुट का केवल एक पहलू ही प्राप्त किया गया था। राज चटर्जी ने कहा कि ऑपरेशन संबंधी समस्यायें हैं इसलिए उन्होंने हमारे आदमी के लिए अनुरोध किया था।"

गृहसचिव: "रस्तोगी मैं आगे से सब सही चाहता हूँ। यह झांसापट्टी करके खेल गडबड मत करो"

एहसान खान: "सर हमें मिस्टर कल्याण को निलंबित करना होगा"

गृहसचिव: "क्या आप एक प्रकरण बना सकते हैं?"

एहसान खान: "सर इनके अनाधिकृत रूप से पाकिस्तान जाने के बारे में हम निश्चित रूप से बना सकते हैं"

गृहसचिव: "ठीक है, आगे बढो"

एहसान खान: "मैं प्रशासन और सतर्कता टीम के साथ काम करूंगा"

गृहसचिव: "पीयूष मुझे विश्वास है कि आप भी रस्तोगी के इस बेवकूफी भरे प्रस्ताव के साथ थे"

पीयूष: "सर मिस्टर चटर्जी ने यह प्रस्ताव रखा था। हमने सोचा कि यह राष्ट्रीय हित में होगा"

एहसान खान: "राष्ट्रीय हित माय फुट! अगर अधिकारी पाकिस्तान में पकड़ा गया होता तो हम बहुत बड़े संकट में पड़ सकते थे। सर इसे प्रधानमंत्री के स्तर तक बढ़ाने की आवश्यकता है।"

गृहसचिव: "कल तक इन्हें निलंबित करने का प्रस्ताव लेकर आईये"

एहसान खान बाहर निकलता है।

गृहसचिव: "आप सभी जा सकते हैं"

दृश्य 34

तीनों रस्तोगी के कमरे में मिलते हैं।

रस्तोगी (बजर पर): "मिस्टर चटर्जी को बुलाओ"

रस्तोगी: "कल्याण मुझे खेद है। आप संकट में फस गए हैं"

कल्याण: "सर चिंता मत करिए, मैं अपने निलंबन के विरुद्ध कैट में जाऊंगा"

फ़ोन की घंटी बजती है

रस्तोगी: "सर"

राज चटर्जी दूसरी ओर हैं

रस्तोगी: "सर हम भयानक संकट में हैं"

राज चटर्जी: ....

कल्याण और पीयूष अपने-अपने कमरों में वापस चले जाते हैं। कल्याण पूरी तरह से तनाव में है। वह गेट नंबर 8 से बाहर निकलता है और कियोस्क से एक चाय और ब्रेडपकौड़ा मंगवाता है। जैसे ही वह चाय और ब्रेडपकौड़ा खाने लगा रस्तोगी का कर्मचारी हुंडी लाल दौड़ते हुए आता है।

हुंडी लाल: "साब आपको जेएस बुला रहे है"

कल्याण: "आराम से आऊंगा। (गाली देते हुए) एक तो काम करवाते हैं और बीच मैदान में नंगा छोड़ देते हैं"

अपनी चाय और पकौड़ा समाप्त करने के बाद कल्याण धीरे-धीरे रस्तोगी के कमरे में जाता है। वह देखता है कि कमरा अधिकारियों से भरा हुआ है। मिस्टर राज चटर्जी और नायर भी वहाँ हैं।

अध्याय 16

दृश्य 35

उसी समय एहसान खान अपने अधिकारियों के साथ एक बैठक कर रहे हैं।

एहसान खान: "क्या प्रावधान है?"

निदेशक (प्रशासन): "सर पहले हमें उनका स्पष्टीकरण मांगना होगा।"

डीएस (सतर्कता): सर संस्थान निदेशक को लिखें और उनसे उपस्थिति पत्र मांगें।"

अवर सचिव (प्रशासन): "सर निलंबन तब भी किया जा सकता है जब हम जाँच पर विचार कर रहे हों, सर यह कानून का उल्लंघन है। वह झूठे पासपोर्ट पर और बिना प्रशासनिक स्वीकृति के दूसरे देश में गया है। सर झूठा पासपोर्ट अपने आप में एक अपराध है। हम पुलिस से भी शिकायत करेंगे।"

एहसान खान: "यदि आप पुलिस स्टेशन स्तर पर दर्ज करते हैं तो पुलिस शिकायत से कुछ नहीं होगा। मेरी ओर से पुलिस आयुक्त को शिकायत का प्रारूप तैयार करो। ऍफ़आरआरओ से सारी डिटेल्स पता करो और साथ ही संस्थान निदेशक से भी सारा विवरण लो। मैं चाहता हूँ उसे फंसाया जाए। कल सुबह निलंबन आदेश डिसीप्लनेरी ऑथोरटी को चला जाना चाहिए।"

डायरेक्टर और जॉइंट सेक्रेट्री: "सर आपको यह सुबह पहले घंटे में ही मिल जाएगा।"

रस्तोगी का कमरा

नायर: "सेक्रेट्री अभी-अभी गृहसचिव के कमरे में जा रहे हैं।"

राज चटर्जी: "मैंने डीआईबी को भी शामिल होने के लिए कहा है।"

रस्तोगी: "सर मैंने भी उनसे बात की है वे किसी भी पल आ सकते हैं।"

डीआईबी कमरे में प्रवेश करता है।

डीआईबी: "हाँ, धनंजय क्या हुआ?"

राज चटर्जी: "सर यह मेरा प्रस्ताव था"

और फिर उन्होंने डीआईबी को पूरा प्रकरण बताया।

डीआईबी (ध्यान से सुनने के बाद): "अरे! कुछ भी गलत नहीं है। यह एहसान ऐसा क्यों कर रहा है? हमें गृहसचिव को समझाने की जरूरत है। आओ चलते हैं।"

डीआईबी, राज चटर्जी, नायर, पीयूष और कुछ अन्य अधिकारी केंद्रीय गृहसचिव के कमरे में जाते हैं।

गृहसचिव: "आओ। कैबसेक्ट सचिव पहले से ही यहाँ है।"

वे सभी मेज के चारों ओर बैठते हैं। कल्याण भी कुर्सी लेता है जबकि उसके पैर कांप रहे थे।

गृहसचिव (बजर पर): "कॉल एहसान"

सचिव (कैबसेक्ट) और डीआईबी बात करना शुरू करते हैं।

सचिव: "सर यह क्रैक नहीं किया जा सकता था। हमारे साथी एक्सपोज हो जायेंगे। सर! हमें इस काम के लिए प्रतिनियुक्त व्यक्ति के पूर्ण रूप से विश्वसनीय होने की आवश्यकता थी। दो मुद्दे हैं सर। पहला इस अधिकारी द्वारा एकत्र की गई जानकारी बिल्कुल सटीक है। दूसरा सर, क्या हमें कोई प्रशासनिक कार्यवाही करनी चाहिए? ऐसा करने से हम अपने सभी संसाधनों (एसेट) को उजागर कर देंगे।"

डीआईबी: "मैं सहमत हूँ सर। हमें एक खतरनाक रास्ते पर चलना होगा। सर संसाधनों का निर्माण लंबे समय तक अनथक परिश्रम के बाद होता है। इतना ही नहीं सर! हमारी दूसरी एजेंसियों के संसाधन भी एक्सपोज हो जायेंगे। सर कृपया इसे यहीं रोक दीजिये और समाप्त करिए।"

सचिव (कैबसेक्ट): "सर इस व्यक्ति को उसके कौशल के लिए पुरस्कृत किया जाना चाहिए। लेकिन सर हम उसे दंडित कर रहे हैं। इसके अलावा, इस तरह की कार्यवाही से हम उसके जीवन को भी खतरे में डाल देंगे। वह अपने जीवन और परिवार को अनावश्यक रूप से उजागर करने के लिए न्यायिक उपचार के लिए न्यायलय में जाएगा। सर मैं इस प्रकरण को यहीं बंद करने का अनुरोध करता हूँ।"

डीआईबी: "दोनों मामलों में, मैं सचिव सर के साथ हूँ। मुझे मिशन और कल्याण के काम पर प्रतिक्रिया प्राप्त करने का अवसर मिला है। यह अनुकरणीय है। वह जो भी जानकारी लेकर आया है वह अक्षरसः सच है। मेरे सभी संसाधनों और अधिकारियों ने इसकी पुष्टि की है।"

गृहसचिव: "आप दोनों मुझे धमकाने का प्रयास कर रहे हैं। आपके सभी काम गोपनीयता में डूबे हुए हैं। मुझे गृहमंत्री से बात करने दीजिए।"

डीआईबी: "सर यदि उन्हें इस मामले की जानकारी नहीं है तो मैं सुझाव दूंगा कि मत कीजिए।"

एहसान खान (जो इस बीच कमरे में आया है): "नहीं। प्रशासनिक आवश्यकताएं और औपचारिकताएं हैं। हम उन्हें अनदेखा नहीं कर सकते। अगर वह पकड़ा जाता तो क्या होता? अनावश्यक शर्मिंदगी और कॉन्फिडेंस बिल्डिंग मेजर्स की हानि होती। हमें अंतरराष्ट्रीय शर्मिंदगी का सामना करना पड़ता।"

सचिव (कैबसेक्ट): "सर मामले को बंद कर दीजिए। नही तो कई अन्य स्थानों पर हमारे संसाधन उजागर हो सकते हैं।"

डीआईबी: "इसको बंद करते हैं। यदि आवश्यकता होगी तो मैं एनएसए और प्रधानमन्त्री को भी ब्रीफ करूंगा।"

गृहसचिव: "ठीक है। कल्याण के विरुद्ध कोई कार्यवाही नहीं की जाएगी। क्या आप अब खुश हैं?"

"एहसान इस प्रक्रिया को तुरंत बंद कर दो। मुझे विश्वास है कि आपने अपने लोगों को यह नहीं बताया है कि अधिकारी कौन है"

एहसान खान: "सर अभी मेरे निदेशक (एडमिनिस्ट्रेशन) और डीएस (विजिलेंस) को बताया"

गृहसचिव: "स्टॉप दैट"

सचिव (सीए), डीआईबी और अन्य अधिकारी चले जाते हैं। केवल एहसान खान, रस्तोगी, पीयूष और कल्याण को रुकने के लिए कहा जाता है।

गृहसचिव: "धनंजय मैं फ़ाइल एहसान को भेज रहा हूँ। विदेश विभाग इसे संभाल लेगा। जब यात्री ट्रेन में सवार हो रहे होंगे तब वे निरिक्षण करेंगे। इमिग्रेशन जांच के एक भाग के रूप में पर्याप्त उपाय करिए।"

एहसान: "सर, धन्यवाद। मैं जेडी (इमिग्रेशन) को ब्रीफ करूंगा"

गृहसचिव: "इनपुट का दूसरा हिस्सा मैं एएस (सीएस) को संभालने के लिए बोल रहा हूँ। वह संभावित सांप्रदायिक गड़बड़ी के बारे में राज्यों को संभाल लेंगे।"

रस्तोगी: "लेकिन सर, इनपुट नियोजित आतंकवादी हमलों से संबंधित है।"

गृहसचिव: "अगर बंदा ट्रेन में नहीं चढ़ेगा तो वह आतंकवादी हमलों का कारण कैसे बन सकता है?"

इसके अलावा, यदि राज्य सरकार उनको किसी भी उपासना स्थल में प्रवेश करने से रोकती है, तो वह हमले को कैसे ट्रिगर करेगा? मैं गृहमंत्री से आदेश लूंगा और मामलों को स्थानांतरित कर दूंगा।"

इसके बाद, इन सभी ने गृह सचिव से छुट्टी ली और चले गए। रात के 9 बज रहे थे। कल्याण और पीयूष रस्तोगी के पीछे-पीछे उसके कमरे में चले जाते हैं।

रस्तोगी: "सॉरी कल्याण! आपके कड़े परिश्रम को ठंडे बस्ते में डाल दिया गया है। मैं कुछ नहीं कर सकता"

कल्याण: "ठीक है सर"

पीयूष: "सर, यदि कुछ भी अनहोनी अथवा अप्रिय होता है तो हम दोष लेंगे"

रस्तोगी: सॉरी हमने अपना सर्वश्रेष्ठ दिया है। कल्याण निराश न हों"

कल्याण: "कोई बात नहीं सर"

दृश्य 36

09.11.2006 को हुई घटना के बाद रस्तोगी हर प्रकार से अपनी टीम को एकजुट रखने का प्रयास कर रहा था। उसे एक झटका लगा था। बाद में वह संसद के शीतकालीन सत्र में व्यस्त हो गया। कुछ दिन बाद आतंकवाद का मुकाबला करने पर एक कार्यशाला में भाग लेने के लिए एक निमंत्रण प्राप्त हुआ। रस्तोगी ने सिंगापुर में कार्यशाला में भाग लेने के लिए कल्याण को नामित किया। इसका पूरा खर्च सिंगापुर सरकार को वहन करना था। संसद के शीतकालीन सत्र की समाप्ति के बाद कल्याण सिंगापुर गया और 01.01.2007 से 07.01.2007 तक कार्यशाला में भाग लिया और वापस लौट आया। उसने 09.01.2007 को कार्यालय में कार्यभार ग्रहण किया।

कल्याण (रस्तोगी के कमरे में प्रवेश करते हुए): "गुड मॉर्निंग सर"

रस्तोगी: "आओ कल्याण! कार्यशाला कैसी थी?"

कल्याण: "सर यह एक अंतरराष्ट्रीय कार्यशाला थी। लेकिन मैं आपको बताऊँ तो दो व्यक्तियों ने शानदार हस्तक्षेप किया। एक इजरायली प्रतिनिधि था और दूसरा श्रीलंका का।"

रस्तोगी: "थोडा धीरे बोलो। हम जानते हैं कि हमारे इस मंत्रालय में भी विभिन्न दृष्टिकोणों के प्रेमी हैं। इसके अलावा, रिपोर्ट में इसकी बहुत अधिक सराहना न करना। इसे बिल्कुल सामान्य रखना। कोई निष्कर्ष मत निकालना। आपने पहले ही राजनीतिक हल्कों में उठापटक पैदा कर दी हैं। जो रिपोर्ट बनाओगे उसे मुझे दिखाना"

कल्याण: "ठीक है सर"

रस्तोगी: "खूब विलायती पीया होगा?"

कल्याण: "नहीं सर! मैं नहीं पीता। मैंने वहाँ कई मंदिरों का दर्शन किये। लगभग 28 मन्दिर हैं।"

कल्याण रिपोर्ट का प्रारूप तैयार करता है और अनौपचारिक रूप से इसे रस्तोगी को दिखाता है।

रस्तोगी: "फाइल पर सबमिट करिये"

कल्याण: "सर"

कल्याण वापस जाता है और फ़ाइल पर रिपोर्ट सबमिट करता है। कार्यशाला के सारांश रिकॉर्डिंग में यह भी कहा गया था कि भारतीय प्रतिनिधि (कल्याण) ने कहा था कि वे वार्ता और बातचीत के माध्यम से समाधान खोजने का प्रयास कर रहे हैं। कल्याण आंतरिक रूप से आश्वस्त था कि सरकार यही कर रही है, हालांकि उसे इस पर विश्वास नहीं था। रस्तोगी सर ने संकेत दिया कि यह उसके लिए प्रायश्चित करने का अवसर था। अगले सप्ताह, रस्तोगी को आईआईएम अहमदाबाद में कुछ मिड-करियर कार्यक्रम के लिए जाना था। यह अतिरिक्त सचिव स्तर पर उनकी पदोन्नति के लिए अनिवार्य प्रशिक्षण था। इस कार्य की देखरेख संयुक्त सचिव (पुलिस) द्वारा की जा रही थी।

दृश्य 37

वित्त मंत्रालय से एक संचार पत्र प्राप्त हुआ जिसके अनुसार वित्तीय कार्यवाही कार्य बल (फायनेंसियल एक्शन टास्क फ़ोर्स) का अगला पूर्ण सत्र 20-24 फरवरी 2007 को पेरिस में निर्धारित किया गया था। वित्तीय कार्यवाही कार्यबल के पास बेंचमार्क के दो सेट थे। इनमें से एक सेट केंद्रीय गृह मंत्रालय से संबंधित है और दूसरा सेट वित्त मंत्रालय से संबंधित है। कल्याण ने एक उपयुक्त अधिकारी को नामित करने के लिए प्रस्ताव दिया। निर्देशक पीयूष दुबे का नाम कल्याण ने प्रस्तावित किया था।

पीयूष: "कल्याण साहब, शिवरात्रि कब है?"

कल्याण: "सर कदाचित 14 फरवरी को है"

पीयूष: "तो फिर ठीक है। मैं शिवरात्रि का व्रत रखता हूँ और उस समय देश से बाहर नहीं हो सकता।"

कल्याण: "सर मैं भी उपवास करता हूँ और हम चौबीस घंटे (दिन-रात) रुद्रम का पाठ करते रहते हैं। हम सुबह उपवास तोड़ते हैं।"

पीयूष: "तो मैं रात में तुम्हारे साथ आऊँगा। "कौन सी जगह है?"

कल्याण: "सी ब्लॉक वसंत विहार"

पीयूष: "ग्रेट! लेकिन क्या आपने 40 सिफारिशों और 9 विशेष सिफारिशों का अध्ययन किया है।"

कल्याण: "सर मैंने उन्हें सारणीबद्ध किया है। हमें अपने ढांचे के अनुरूप कानूनी और संस्थागत दोनों तरह से करना होगा।"

पीयूष: "इसे मेरे पास भेज दीजिये, मैं भी देखता हूँ"

कल्याण: "ओके सर"

पीयूष: "रस्तोगी जी चाहते हैं कि आप उनकी प्रस्तुति के लिए पीपीटी तैयार करें। हम बैठेंगे और इसको अंतिम रूप देंगे।"

कल्याण: "हमने मंत्री के लिए सितंबर में एक पीपीटी बनाया था। शीर्षक था आंतरिक सुरक्षा की स्थिति। हम उसके आधार पर बना लेंगे।"

पीयूष: "ग्रेट! फिर तो काम आसान हो गया।"

कल्याण पीयूष के कमरे से बाहर निकलता है।

14.02.2007

कल्याण कार्यालय से छुट्टी पर है। उसने दिन के दौरान अपनी पूजा की, फिर दोपहर 3 बजे तक घर वापस आ गया और स्नान किया, बाद में शाम को फिर से स्नान करने के बाद, वह अपने पिता के साथ फिर से वसंत विहार देव स्थान पर वापस चला गया। उन्होंने बड़ी संख्या में एकत्र हुए लोगों के साथ रात भर पाठ किया। मध्यरात्री के समय पीयूष अपनी पत्नी के साथ आया और उनके साथ शामिल हो गया। पीयूष ने कल्याण को संकेत किया कि वह कुछ बात करना चाहता है। वे दोनों किनारे चले गए।

पीयूष: "कल्याण साब, मुझे एफएटीएफ (फाइनेंसियल एक्शन टास्क फ़ोर्स) के लिए वित्त मंत्रालय की टीम के साथ जाना है। वे 16 तारीख को जा रहे हैं। उन्हें भारत की सदस्यता के लिए कुछ लॉबिंग करनी है।"

कल्याण: "सर"

पीयूष: "आज आप कार्यालय आयेंगे न?"

कल्याण: "निश्चित रूप से सर"

पीयूष: "जाने से पहले मैं आपके साथ दो फाइलों पर चर्चा करना चाहता था"

कल्याण: "ज़रूर सर। मैं सुबह 10 बजे तक वहाँ पहुंच जाऊँगा। और हाँ सर, स्वीकृति भी जारी की जानी है। अन्यथा पेरिस में दूतावास आपको होटल और दैनिक भत्ता नहीं देगा।"

पीयूष: "ठीक है"

इसके बाद कल्याण जप में व्यस्त हो गया और पीयूष के जाने पर ध्यान नहीं दिया। रात भर चली पूजा सुबह लगभग साढ़े पांच बजे समाप्त हुई। इसके बाद, कल्याण और उनके पिता द्वारका में अपने घर वापस चले गए और सुबह लगभग 6.30 बजे पहुंचे। कल्याण तैयार होकर ऑफिस चला गया। 15.02.2006 को एफएटीएफ की 40 सिफारिशों और 9 विशेष सिफारिशों की तुलना में कल्याण द्वारा यूएपीए, एफसीआर अधिनियम और अन्य कानूनी ढांचे के प्रावधानों के साथ-साथ मंत्रालय के अन्य प्रभागों से एकत्र की गई जानकारी के आधार पर जो

प्रतिक्रियाएं देने का प्रयास किया गया था, को कल्याण और पीयूष ने एकत्र किया और गृहसचिव के अनुमोदन के लिए भेज दिया।

दिनांक 16.02.2006 को केन्द्रीय गृहसचिव का अनुमोदन प्राप्त हुआ। इस प्रकार डोमेन क्षेत्र पर एफएटीएफ के पूर्ण अधिवेशन के लिए डॉक्यूमेंटेशन का कार्य पूरा कर लिया गया। पीयूष दुबे ने एक फोल्डर तैयार किया। निदेशक, पीयूष दुबे की प्रतिनियुक्ति का आदेश भी पूरा हो गया था। इसके बाद अन्य सामान्य दिनों की तरह कल्याण घर लौट आया। 17.02.2007 शनिवार और 18.02.2007 को रविवार था। यह कल्याण के लिए बिना हलचल वाला सप्ताहांत था।

अध्याय 17

दृश्य 38

19.02.2007

18.02.2006 की मध्यरात्रि के बाद अर्थात तड़के, कल्याण को आधी नींद में ही अपना टेलीफोन बजते हुए सुनाई दिया। उसने फोन उठाया, और नींद खराब होने के कारण रिसीवर पर चिल्लाते हुए बोला।

कल्याण: "कौन है भाई, क्या वक्त में?"

कॉल करने वाला: "सर कंट्रोल रूम से बोल रहा हूँ"

कल्याण: "क्या हुआ?"

कंट्रोल रूम: "सर, कृपया डीसी से बात करिये"

कल्याण: "क्या हुआ?"

कंट्रोल रूम डीसी: "सर, समझौता एक्सप्रेस में एक विस्फोट हुआ है।"

कल्याण: "तो हमें क्या करना है? इस फ़ाइल को विदेश प्रभाग में स्थानांतरित कर दिया गया है।"

डीसी: "सर, गृहमंत्री जा रहे हैं। आपको उनके साथ जाना पड़ सकता है। उनके कार्यालय ने आपको तैयार रहने के लिए कहा।"

कल्याण: "ठीक है जब यह निश्चित हो जाए तब मुझे बता देना। आपको मुझे घर से ले जाना पड़ेगा।"

डीसी: ओके सर! जैसे ही यह तय होता है मैं आपको बताता हूँ और आपके लिए कंट्रोल रूम का वाहन भी भेज दूंगा।"

कल्याण: "ओके! सारी डिटेल्स भी ले लेना। जैसे कि मौत कितनी हुई, घायल कितने हुए आदि।"

इसके बाद कल्याण ने फिर से सोने की कोशिश की। लेकिन, वह सो नहीं पाया। पिछला दृश्य उसके सामने वापस आ रहा था। एहसान खान गृहसचिव के कमरे में उस पर चिल्ला रहा था। उसने सोने की बहुत कोशिश की लेकिन नही सो पाया। थोड़ी देर बाद फोन फिर से बजता है।

कल्याण: "हाँ क्या हुआ?"

कॉल डीसी कंट्रोल रूम से था।

डीसी: "सर, गृह मंत्री के कार्यालय ने फोन किया था। वे नहीं चाहते कि आप उनके साथ जायें। विशेष सचिव गृह मंत्री के साथ जा रहे हैं।"

कल्याण: "ठीक है धन्यवाद"

फिर भी कल्याण को नींद नहीं आ रही थी। उसके दिमाग में एक ही बात दौड़ रही थी कि यह रोका जा सकता था, मैंने अपने जीवन को इसके लिए खतरे में डाल दिया था आदि। और फिर अचानक कल्याण को कब नींद आई उसे पता ही न चला।"

सुबह 6 बजे

उमा: "उठिए"

आमतौर पर कल्याण के घर में उसके माता-पिता, कल्याण और उसकी पत्नी सुबह 5:00 बजे तक जाग जाते हैं। देर रात तक बारहवीं और दसवीं की परीक्षा की तैयारी कर रहे उसके दोनों बेटे भी सुबह 6:00 बजे तक जाग जाते थे, लेकिन उस दिन रात में बार-बार फोन आने के कारण कल्याण देर तक सोता रहा।

उमा: "आपके लिए कॉल है। अहमदाबाद से मिस्टर रस्तोगी"

कल्याण हडबडी में उठता है और कॉल रिसीव करता है।

कल्याण: "सर"

रस्तोगी: "कल्याण समझौता एक्सप्रेस पर हमला हुआ है। ग्रैंडस्टैंडिंग के लिए समय नहीं है"

कल्याण: "सर! मुझे कंट्रोल रूम से समाचार मिला है"

रस्तोगी: "एसएस (आईएस) ने मुझे बताया और उन्होंने सुझाव दिया कि क्या आप साइट पर जा सकते हैं?"

कल्याण: "सर लेकिन मुझे सूचित किया गया था कि वह गृहमंत्री के साथ गए थे।"

रस्तोगी: "हाँ, ये सच है। लेकिन आप पूरी जानकारी का आकलन नहीं कर सकते हैं। गृहमंत्री की यात्रा केवल औपचारिकता है अर्थात दिखावा है। इसलिए मैं एक वाहन की व्यवस्था कर रहा हूँ। साईट पर जाओ और बाद में एसपी (अपराध और रेलवे) पानीपत से मिल लेना। अच्छा है कि दोनों ही डोमेन एक ही अधिकारी के पास हैं। अन्यथा, वे दोनों आपस में लड़ रहे होते।"

कल्याण: "सर"

रस्तोगी: "कार आपको सुबह 9.00 बजे घर से ले जाएगी।"

कल्याण: "सर"

रस्तोगी: "ठीक है। निराश न होना। मुझे पता है कि आप निराश महसूस कर रहे होंगे। लेकिन क्या करें यह हमारा मॉडल है।"

कल्याण: "सर मैं 9 नवंबर के एपिसोड को भूल गया हूँ"

रस्तोगी: "अच्छा है कि आप भूल गए हैं, लेकिन हर बार जब कुछ घटनाएं होती हैं तो यह एपिसोड की याद दिलाता है। शनिवार को कार्यालय में रहूँगा, आप आईए, हमारे पास करने के लिए बहुत कुछ है।"

कल्याण: "सर"

कॉल डिस्कनेक्ट हो गया

दृश्य 39

वाहन सुबह लगभग 9:15 बजे आया। कल्याण तैयार हो गया था। उसने अपनी पत्नी उमा को भी तैयार रहने के लिए कहा था क्योंकि वे आउटर रिंग रोड के रास्ते से जाने वाले थे इसलिए वह उसे जिला केंद्र जनकपुरी में कार्यालय में छोड़ सकता था। अपनी पत्नी को उसके कार्यालय में छोड़ने के बाद उसके वाहन ने बाहरी रिंग रोड मार्ग पकड़ा। यातायात घना था। वे सुंदर विहार, पश्चिम विहार आदि से होते हुए मुकरबा चौक तक गए और बाईपास से राष्ट्रीय राजमार्ग से दोपहर के आसपास पानीपत पहुंचे। वह सीधे पुलिस अधीक्षक सुश्री अनामिका आनंद के कार्यालय गया। एक बहुत ही युवा आईपीएस अधिकारी अनामिका ने बड़ी गर्मजोशी के साथ उसका स्वागत किया। कल्याण यह आकलन कर सकता था कि वह आधी रात से जाग रही थी और रात भर काम करने का तनाव उसके चेहरे पर स्पष्ट दिख रहा था। कल्याण और अनामिका ने उन जले हुए डिब्बों, हताहतों की संख्या, प्रारंभिक सुरागों की संख्या, और कैसे मंत्री की यात्रा के परिणामस्वरूप घटनास्थल (क्राइम सीन) को खराब कर दिया था जिसके बारे में उसने विशेष सचिव को सूचित किया था आदि के विवरणों पर चर्चा की।

अनामिका: "सर पार्टी के सभी राजनीतिक कार्यकर्ता घटनास्थल में घुस गए थे। सर, हमें उन्हें नियंत्रित करने और महत्वपूर्ण साक्ष्यों को बचाने में बहुत परिश्रम करना पड़ा। अब मंत्री जी के जाने के बाद साक्ष्यों को बचाने के लिए हम जो कुछ भी कर सकते थे उसके लिए उस जगह पर बैरिकेडिंग की है। मैंने विशेष सचिव महोदय को जानकारी दी है। वह बहुत दयालु थे और हमने उनसे जो कुछ भी साझा किया उसको उन्होंने बड़े ही ध्यान से सुना। वह हमसे बात करने के लिए राजनीतिक हाथापाई से निकलकर बाहर आये थे।"

कल्याण: "एसपी मैडम, वह सबसे वरिष्ठ सेवारत आईपीएस अधिकारियों में से एक हैं। क्या आप यह जानते हैं?"

अनामिका: “ओह! सर मुझे लगा कि वह आईएएस थे”

कल्याण: “नहीं, गृहमंत्रालय में कोई भी विशेष सचिव आमतौर पर विशेष डीजीपी रैंक का आईपीएस अधिकारी होता है। गणेश इच्छा, आप कभी वहाँ बैठें।”

अनामिका: “आपकी शुभकामनाओं के लिए धन्यवाद सर”

अनामिका: “सर, यह विस्फोट ट्रेन के दिवाना स्टेशन से गुजरने के कुछ ही समय बाद रात लगभग 11:52 बजे हुआ। ट्रेन लगभग 100 किमी प्रति घंटे की गति से चल रही थी।”

उसी समय जिस इंस्पेक्टर को बैठक में शामिल होने के लिए कहा गया था, वह आता है।

अनामिका: “सर ये इंस्पेक्टर रणबीर सिंह हैं। उनकी टीम सबसे पहले घटनास्थल पर पहुंची थी। मैं कुछ मिनट बाद पहुंची थी”

कल्याण: “आपसे मिलकर अच्छा लगा”

इंस्पेक्टर: “सर दो विस्फोट हुए थे। सर जी दो बोगियों में ट्रिगर हुआ, सर जी अभी तक 60 शव मिले हैं। खोज जारी है।”

कल्याण: “कोई लीड?”

इंस्पेक्टर: “विस्फोटक का उपयोग हुआ है। 3 जिंदा बम एक डिजिटल टाइमर के साथ मिले हैं”

कल्याण: “साइट विजिट करना था”

अनामिका: “सर हम दोपहर के भोजन के बाद जाएंगे”

अनामिका ने लंच का प्रबंध किया और वे भोजन करने के लिए बैठे, दही भल्ले बहुत स्वादिष्ट थे।

कल्याण: “यह रात के बाद से आपका पहला भोजन होना चाहिए?”

अनामिका: “सर मैं आधी रात से शवों की गिनती कर रही हूँ। जब गृहमंत्री और विशेष सचिव यहाँ थे तो हमने कुछ चाय और स्नैक्स की व्यवस्था की थी। लेकिन उन जले हुए शवों को देखने के बाद मेरा खाने का मन नहीं कर रहा था। एसएस (स्पेशल सेक्रेट्री) ने भी केवल चाय ही पी थी।”

कल्याण: “आप इन शवों को सिर्फ एक बार के लिए गिन रहे हैं। हम इन्हें दिन-प्रतिदिन करते हैं। लेकिन चिंता मत करिये इन राजनेताओं को कोई समस्या नहीं है।”

इंस्पेक्टर: “सर कोई अग्रिम खुफिया जानकारी नहीं थी। कोई इनपुट नहीं था। सर आमतौर पर गृह मंत्रालय से डीजीपी कार्यालय तक अग्रिम संकेत मिलते हैं। क्या यह संभव है कि खुफिया विभाग के पास कुछ भी नहीं था?”

कल्याण: "कोई टिप्पणी नहीं कर सकता। लेकिन आश्वस्त रहिये हमारा ख़ुफ़िया तन्त्र कभी विफल नहीं होता है।"

वे दीवाना स्टेशन घटनास्थल के लिए ड्राइव करते हैं। कल्याण और अनामिका एक कार में बैठे हैं।

अनामिका: "सर आपने बहुत कुछ कह दिया"

कल्याण: "किस बारे में?"

अनामिका: "इंटेलिजेंस के बारे में"

कल्याण: "मुझे नहीं पता। लेकिन यह संभव नहीं है कि सरकार के पास कोई जानकारी न हो। हो सकता है उसे किसी गलत अथवा दूसरी एजेंसी के साथ साझा किया गया हो"

अनामिका: "संभव है"

कल्याण घटनास्थल का दौरा करता है और कुछ विवरण इकट्ठा करने के बाद सीधे घर लौट आया क्योंकि पहले से ही 7:00 बज चुके थे जब उसने बाई-पास पार किया था।"

दृश्य 40

20.02.2007 को कल्याण अनामिका आनंद को जांच में हुई आगे की प्रगति साझा करने के लिए एक ईमेल भेजता है। उत्तर प्राप्त हुआ कि मृतकों की संख्या बढ़कर लगभग 90 हो गई है और घायलों की संख्या लगभग 70 थीं। कल्याण ने अगले दिन संसद के दोनों सदनों के समक्ष मंत्री के लिए एक बयान बनाने की तैयारी की। संसद का मानसून सत्र 21.02.2007 से शुरू होना था और इसमें भारी हंगामा होगा। उसने अपनी यात्रा और केंद्रीय गृह मंत्री के बयान का विवरण दिया और इसे जेएस (पुलिस) को भेजा, जो जेएस (आईएस) का प्रभार देख रहे थे। शाम लगभग 6:00 बजे कल्याण को जेएस (पुलिस) ने फोन किया।

जेएस (पुलिस): "कल्याण आओ"

कल्याण: "सर"

जेएस (पुलिस): "आपको एसएस (आईएस) द्वारा दीवाना जाने के लिए कहा गया है, उन्होंने मुझे ऐसा ही बताया"

कल्याण: "हाँ सर"

जेएस (पी): "तो ये जानकारी वही है जो आपने एकत्र की है"

कल्याण: "सर"

जेएस (पी): "कोई भी अपडेटेड स्थिति"

कल्याण: "सर मैं संबंधित एसपी के संपर्क में हूँ"

जेएस (पुलिस): "ठीक है, मैं इसे एसएस (आईएस) को देता हूँ"

कल्याण: "सर"

जेएस (पुलिस): "कल्याण! रस्तोगी कब आ रहा है?"

कल्याण: "सर, अगले सोमवार को"

जेएस (पुलिस): "आप इन फ़ाइलों को अच्छे से पढना। आईएस डिवीजन की फाइलों को एक अलग पंक्ति में रखा गया है। उन फाइलों की सावधानीपूर्वक पहचान करिये जिनपर तत्काल कार्यवाही की आवश्यकता है। आप केवल संसदीय प्रश्न, संसदीय मामले और अदालती मामलों सम्बंधी फाईलें ही मेरे पास भेजेंगे। आपको लगता है अन्य जो रुक सकती हैं, उन्हें आप वापस ले सकते हैं अथवा रोक सकते हैं।"

कल्याण: सर मेरे कार्यक्षेत्र में काउंटर टेरेरिज्म, टेरर फंडिंग और एफआईसीएन (फेक इंडियन करेंसी नोट्स), कानून और व्यवस्था और इंटेलिजेंस समन्वय आता है और मैं पहले से ही ऐसा कर रहा हूँ।"

जेएस (पुलिस): "तो फिर मुझे इतनी सारी फाइलें कैसे मिल रही हैं?"

कल्याण: सर ज्यादातर आईएसआई की गतिविधियों, भारतीय क्रिटिकल इंफ्रास्ट्रक्चर में विदेशी हितों सम्बन्धी सुरक्षा स्वीकृतियों और पंजाब से जुड़े शेष मामलों से संबंधित हैं।"

जेएस (पुलिस) "ठीक है, संबंधित अधिकारियों को बताईये"

कल्याण: "ज़रूर सर, कल सुबह मैं उन्हें भेज दूँगा। अभी वे कार्यलय से जा चुके होंगे।"

दृश्य 41

23.02.2007 (शनिवार)

रस्तोगी कार्यलय में था। कल्याण उसे इंटरकॉम पर सूचित करता है कि वह भी कार्यालय में आया है। रस्तोगी उसे बुलाता है।

रस्तोगी: "कल्याण, आपने जो प्रस्तुति भेजी थी वह अच्छी थी। धन्यवाद"

कल्याण: "धन्यवाद सर"

रस्तोगी: "मुझे पता है कि आपका खून खौल रहा होगा। आपने कड़ी मेहनत की है। राज चटर्जी और सचिव (कैबसेक) ने इसे प्रधानमन्त्री के पीएस और कैबिनेट सचिव के ध्यान में लाया था। मैंने अभी बात की। उसने आपके काम की सटीकता के लिए फिर से धन्यवाद कहा है।"

कल्याण: "सर, मैं 9 नवंबर को जो कुछ भी हुआ उसके बाद इसे भूलना चाहता हूँ"

रस्तोगी: "हाँ, हमें इस समझौता विस्फोट को रोकना चाहिए था, इतनी स्पष्ट जानकारी हमारे पास थी। कई पुष्ट तथ्य भी थे, फिर भी यह हुआ। पाकिस्तानी हमारे ऊपर हँस रहे होंगे? पानीपत में घटनास्थल की यात्रा पर आपके निष्कर्ष क्या थे?"

कल्याण: "सर! 18/19.02.2007 की रात्री लगभग 11:40 बजे रेलगाड़ी संख्या 4001 समझौता एक्सप्रेस (दिल्ली से अटारी) में एक विस्फोट हुआ था जिसमें हरियाणा में दीवाना (पानीपत) के पास दो रेलयान जल गए थे। सर, 68 यात्रियों की मौत हो गई है और 12 लोग घायल हुए। केवल 48 शवों की पहचान की जा सकी, जिनमें से 39 पाकिस्तानी नागरिक और 9 भारतीय थे।"

"पुलिस स्टेशन जीआरपी, करनाल में सार्वजनिक संपत्ति की रोकथाम और क्षति अधिनियम की धारा 3 और 4 के तहत 19.02.2007 को अंडर सेक्शन 124-ए/438/446 आईपीसी और अंडर सेक्शन 3/4/6 विस्फोटक अधिनियम 150/151/152 रेलवे अधिनियम की धारा 3 और 4 के तहत एक मामला एफआईआर संख्या 28 दिनांक 19.02.2007 को दर्ज किया गया है।"

"सर, इसके अलावा, विभिन्न सूटकेसों में केरोसिन तेल की बोतलों के साथ दो लाइव टाइम बम बरामद किए गए हैं, जिन्हें बम निरोधक दल द्वारा निपटाया गया था।" "कराची स्थित एक आतंकवादी संगठन ने हमले की जिम्मेदारी ली है।"

रस्तोगी: "कल्याण, रविवार को मैंने एसएस से भी बात की थी। उन्होंने बताया कि गृहमंत्री नहीं चाहते थे कि आप उनके साथ जाएं। उन्हें डर है कि आप कुछ प्रश्न खड़े कर सकते हैं। उन्हें इस पूरी गाथा के बारे में जानकारी है। मिस्टर खान ने प्रधानमंत्री कार्यालय और गृहमंत्री को इस बात से अवगत करा दिया है। यह तो सचिव (कैबसेक) थे जिन्होंने प्रधानमंत्री को धमकी दी थी कि यदि आपके विरुद्ध कार्यवाही की जाती है तो खुफिया प्रतिष्ठान के शीर्ष अधिकारी भी त्यागपत्र दे देंगे। यहाँ अब आप नहीं हैं जो परेशानी का सामना करेंगे। अलग-अलग स्थानों पर उनके लोगों को उजागर किया जाएगा जो आगे की समस्याएं पैदा करेगा।"

कल्याण: "सर, लेकिन मैं इस पूरे घटनाक्रम को भूलना चाहता हूँ।"

रस्तोगी: "ठीक है, मैं समझता हूँ। अच्छा बताईये संसद के दोनों सदनों से कितने नोटिस आए हैं?"

कल्याण: "सर, लोक सभा के 12 और राज्य सभा के 8 नोटिसों पर सचिवालय को तथ्य भेजे हैं। लोकसभा के जिन नोटिसों पर हमने आपत्तियां उठाई थीं उनमें से 5 को हटा दिया गया है। 6 के सम्बन्ध में हमारी जानकारी प्रश्न

पूछने वाले सदस्य के साथ साझा की गई है। तो यह तारांकित प्रश्न के रूप में नहीं आ सकता है। केवल एक ही संभावना है। इसके अलावा, 8 में से राज्यसभा के मामले में मुझे बताया गया है कि उनमें से कुछ को हटा दिया जाएगा और एक या दो अतारांकित हो सकते हैं।"

रस्तोगी: "मैं राज्यसभा के साथ आपकी सहजता के स्तर को जानता हूँ। आप उनसे बात कर सकते हैं। आप उनके रोल में थे, है ना?"

कल्याण: "नहीं सर, मेरी प्रतिनियुक्ति लोक सभा में हुई थी, राज्यसभा में नहीं।"

रस्तोगी: "ठीक है"

जब कल्याण जाने के लिए खड़ा होता है

रस्तोगी: "कल्याण, हमें इस नकली मुद्रा (फेक करेंसी) पर अपना ध्यान केंद्रित करना होगा"

कल्याण: "निश्चित रूप से सर"

रस्तोगी: "कोई और इनपुट आ रहा है क्या?"

कल्याण: "सर एनसीआरबी के आंकड़े केवल मामलों के संख्यात्मक सार (कुल संख्या) को कैप्चर कर रहे हैं। इसलिए मैंने अपनी एजेंसियों से अनुरोध किया है कि वे कुछ कार्यवाही योग्य सुराग दें।"

रस्तोगी: "आरबीआई का वो पराशर"

कल्याण: "सर आरबीआई के सीजीएम मिस्टर पराशर के पास कभी कोई उत्तर अथवा समाधान नहीं होता है। वह आमतौर पर हाँ या न में उत्तर देते हैं। कभी भी एक भी इनपुट प्रस्तुत नहीं किया। नोटों का स्मगलिंग होता है ऐसा कहते रहते हैं। जो भी पकड़े गए और जब्त किए गए नोट होते हैं, वह उन्हें हर महीने अपने साथ ले जाते है और महीने के बाद बैठक के लिए आते हैं और अपनी विशेषज्ञ रिपोर्ट प्रस्तुत करते हैं।"

रस्तोगी: "एसएस मुझे अपने कमरे में बुला रहा है। लेकिन मैं आपको एक बात बताना चाहता हूँ कि मैं अब गृहसचिव से भी भीड़ सकता हूँ, 9 नवंबर की घटना पर हमारे पास इनपुट था, हमारे आदमी ने अपने जीवन को खतरे में डालकर जानकारी जुटाई थी, और फिर भी हमने ऐसा होने दिया। यह बहुत दुःख की बात है"

कल्याण: "ठीक है, सर"

रस्तोगी: "यह मेरी हार है। उन्होंने हराने की साजिश रची है। मैं ठगा हुआ महसूस कर रहा हूँ। मैं इसे ऐसे ही नहीं छोड़ूंगा"

कल्याण (विषय को बदलते हुए): "सर मुंबई ट्रेन हमले की जाँच रिपोर्ट भी आ गई है। जब आप प्रशिक्षण में थे तब हमें यह मिली थी। फ़ाइल पर प्रस्तुत कर दिया है"

रस्तोगी: "फ़ाइल मुझे भेज दीजिये मैं इसे पढ़ूंगा। मुझे वाराणसी रिपोर्ट भी भेजिए। बुधवार दोपहर को हम बैठेंगे और ट्रेंडस निर्माण पर काम करेंगे। मंगलवार, बुधवार तक प्रश्न दिवस समाप्त हो जायेंगे।"

कल्याण: "सर, मैंने भी कुछ रूपरेखा बनाई है। क्या बुधवार को दोपहर 300 बजे इस पर चर्चा करें?"

रस्तोगी: "मैं आपको कार्यालय के समय पर छोड़ दूंगा। उमा को नाराज नहीं करूंगा।"

कल्याण: "वो बात नहीं है सर। दोनों लड़कों का बोर्ड है इसलिए।"

कल्याण रस्तोगी के कमरे से निकल गया। वह दोपहर 2:30 बजे तक घर लौट आया। उसकी पत्नी उमा भी उसी समय लौटी थीं। उस दिन कल्याण ने अपने परिवार के साथ फर्श पर बैठकर दोपहर का भोजन किया जो गृह मंत्रालय में नियुक्त होने के बाद से एक दुर्लभ सा अवसर बन गया था। फिर उसने अपने दोनों बच्चों की बोर्ड परीक्षा की तैयारी का जायजा लिया।

28.02.2007

रस्तोगी के कमरे में

रस्तोगी: "बताईये मुंबई में नया क्या है?"

कल्याण: "सर ये शॉर्ट ब्रीफ है और एक पेज सौंप दिया"

11 जुलाई 2006 को मुंबई उपनगरीय रेलगाड़ियों के प्रथम श्रेणी डिब्बों में सिलसिलेवार सात विस्फोट हुए, जिनमें 187 व्यक्तियों की मौत हुई (जिनमें बम लगाने वाला 1 पाकिस्तानी भी शामिल था) और लगभग 872 लोग घायल हुए थे। मुंबई पुलिस के आतंकवाद निरोधक दस्ते (एटीएस) ने 30 नवंबर 2006 को इन सिलसिलेवार विस्फोटों के लिए 13 भारतीय नागरिकों के खिलाफ आरोप पत्र दायर किया था। इन सभी 13 आरोपियों को पुलिस ने गिरफ्तार कर लिया है। इसके बाद, 1 दिसंबर 2006 को 15 वांछित अभियुक्तों (10 पाकिस्तानी और 5 भारतीयों) के खिलाफ आरोप पत्र दायर किया गया था। मुंबई की मकोका नामित अदालत ने इन 15 भगोड़ों के खिलाफ गैर-जमानती वारंट जारी किए हैं। इन 15 में से राहिल शेख और रिजवान मोहम्मद दावरे के खिलाफ रेड कॉर्नर नोटिस जारी किए गए हैं। आजम चीमा और सोहेल शेख के मामले में आरसीएन के लिए परिशिष्ट भी जारी किए गए हैं। इस मामले में कुल 28 लोगों (18 भारतीय और 10 पाकिस्तानी) के खिलाफ आरोप पत्र दायर किया गया है। इसके अलावा, इस मामले में शामिल 1 पाकिस्तानी मुंबई में एक पुलिस मुठभेड़ में मारा गया था। एटीएस मुंबई ने यह सिद्ध कर दिया है कि ये विस्फोट लश्कर और सिमी के आतंकियों द्वारा रची गई साजिश थी। वास्तव में, पाकिस्तान में स्थित लश्कर कमांडर आजम चीमा वांछित आरोपियों में से एक है।

रस्तोगी: "अब वाराणसी"

कल्याण: "सर, ये वाराणसी का पोजीशन है"

दो-टाइम डिवाइस आईईडी जिनमें अमोनियम नाइट्रेट और एल्यूमीनियम पाउडर युक्त उच्च श्रेणी के विस्फोटकों के साथ इलेक्ट्रिक डेटोनेटर का प्रयोग करके संकटमोचन मंदिर और कैंट रेलवे स्टेशन, वाराणसी में 7 मार्च, 2006 को विस्फोट हुआ। एक अनएक्सप्लोडेड आईईडी भी बरामद किया गया था। इसमें 14 लोगों की मौत हो गई और 100 लोग घायल हो गए। जेईएम के सहयोग से हुजई-बीडी शामिल था। मुख्य साजिशकर्ता वलीउल्लाह इलाहाबाद के फूलपुर का रहने वाला है जिसने बांग्लादेश से आए आतंकवादियों की सहायता की और उन्हें उकसाया था, उसे गिरफ्तार कर लिया गया है और उस पर मुकदमा चल रहा है। एक मोहम्मद जुबेर निवासी बरोद, जिला बागपत जम्मू-कश्मीर में एक मुठभेड़ में मारा गया है। तीन बांग्लादेशी आतंकवादी बशीरुद्दीन, मुस्तफिज और जकारिया और एक भारतीय आतंकी मोहम्मद शमीम अलीनगर पीएस, चंदौली (उत्तर प्रदेश) को अभी तक पकड़ा नहीं गया है और उनके खिलाफ गिरफ्तारी वारंट जारी किए गए हैं। वलीउल्लाह के विरुद्ध दिनांक 11.07.2006 को आरोप-पत्र दायर किया गया है। पुलिस फरार आरोपियों की तलाश में जुटी हुई है। बांग्लादेशी नागरिकों के खिलाफ व्यक्तिगत ब्यौरे के अभाव में आरसीएन (रेड कार्नर नोटिस) जारी नहीं किए गए हैं।

रस्तोगी: "अब पूर्व और पश्चिम से हमारी शत्रुता है और यह सरकार हमारे इंटेलिजेंस के साथियों को उजागर करना चाहती है। वाराणसी के अलावा लश्कर का कोई और लिंक?"

कल्याण (रामजन्मभूमि का संक्षिप्त विवरण सौंपते हुए): "दिल्ली ट्रिपल ब्लास्ट और आईआईएससी बैंगलोर"

रस्तोगी: "बहुत बढिया काम"

कल्याण: "धन्यवाद सर"

रस्तोगी: "बोर्ड परीक्षाएं कबसे शुरू हो रही हैं?"

कल्याण: "सर, कल से बारहवीं की और 02 तारीख से10वीं की"

रस्तोगी: "पीयूष ऑफिस में होगा। मैं उससे कहूँगा कि वह आपको परेशान न करे। कल कौन सा पेपर है?"

कल्याण: "सर गणित"

रस्तोगी: "आपके बेटों को मेरी शुभकामनाएं"

कल्याण: "धन्यवाद सर, मैं पहुंचा दूंगा"

अध्याय 18

दृश्य 42

कल्याण के जीवन में व्यस्त कार्यक्रम के साथ दो महीने से अधिक समय बीत चुका था। पूरे सप्ताह कल्याण विभिन्न विषयों पर संसदीय प्रश्नों, प्रस्ताव बुलाने, ध्यानाकर्षण, विशेष उल्लेखों, समिति की बैठकों आदि में भाग लेने के लिए कार्यालय में व्यस्त रहा। इसके साथ ही उसके पास इंजीनियरिंग प्रवेश के लिए विभिन्न प्रतियोगी परीक्षाओं के स्थानों पर अपने बेटे को ले जाने की जिम्मेदारी भी थी। अप्रैल के अंत तक यह व्यस्त कार्यक्रम थोडा आसान होना शुरू हो गया था। कल्याण ने 5-7 मई 2007 को विश्व बैंक द्वारा कोलंबो में आयोजित टेरर फंडिंग पर एक कार्यशाला में भाग लिया। उस दौरान उसे उमा से सूचना मिली कि उनके बड़े बेटे ने आईआईटी प्रवेश परीक्षा उतीर्ण कर ली है। उसने उस समय कल्याण से बेटे के रैंक का खुलासा नहीं किया क्योंकि उसे आशा थी कि कल्याण फोन पर ही बच्चे पर गुस्सा हो जाएगा। श्रीलंका से लौटने पर:

कल्याण: "भासी येन्ना रैंकु। (रैंक क्या है)?"

भास्कर: "1405"

कल्याण: "रसायनो सविलोकी एडिथु पडी। (कैमिकल या सिविल जो भी मिले पढो) दिल्ली आईआईटी में तुम्हे केवल यही मिलेगा।"

भास्कर: "कंप्यूटर साइंस?"

कल्याण: "कोई मौका नहीं है। कोई बात नहीं, तुम कभी भी माइग्रेट कर सकते हो। ये कोई बड़ी बात नही है"

भास्कर: "ठीक है अप्पा! लेकिन अगर मुझे डीसीई (दिल्ली कॉलेज ऑफ़ इंजीनियरिंग) मिल जाए तो?"

कल्याण: "आसाडू (मुर्ख)। पूरी दुनिया आईआईटी में प्रवेश के लिए मरी जा रही है और तुम इसे फेंक रहे हो"

भास्कर: "ठीक है अप्पा"

कल्याण: "काउंसलिंग कब है?"

भास्कर: "तिथियाँ नहीं आई हैं"

कल्याण: "उमा, हमें शंकरनकोइल और तिरुपति जाना था न"

उमा: "काउंसलिंग के बाद इसकी योजना बनायेंगे। अप्पा और अम्मा (कल्याण के माता-पिता का जिक्र करते हुए) भी आ सकते हैं"

कल्याण: "ठीक है भासी अब दस दिनों के लिए तुम आनंद ले सकते हो। तुम अपनी तैराकी फिर से शुरू कर सकते हो"

चंद्रू: "अप्पा नानुम (मैं भी)"

कल्याण: "तैयारी के बारे में क्या?"

कल्याण की अम्मा: "कोज़ंडई पोयित्तु वरतम (बच्चे को जाने दो)"

कल्याण के अप्पा: "भासी और चंद्रू हमें इन छुट्टियों में अन्य सूक्तों को याद करना है"

दोनों बच्चे: "ठीक है ताता"

दृश्य 43

18 मई 2007

कल्याण श्री विनायक मंदिर में था, वह मंदिर के प्रबंधन कार्यों को देखता था। बृहस्पति के एक राशि से दूसरी राशि में पारगमन (गोचर) जिसे गुरु पेयार्ची के रूप में जाना जाता है, के कारण कुछ विशेष अनुष्ठान था। कल्याण नवग्रह सूक्तम में अच्छी तरह से प्रशिक्षित था और वह अनुष्ठान की देखरेख और व्यवस्था कर रहा था। कल्याण ने अपनी पत्नी के मोबाइल फोन का उपयोग करना शुरू कर दिया था, उसने एक प्रीपेड सिमकार्ड उसमें डाला था और केवल पीयूष दुबे के साथ ही नंबर साझा किया था। उस समय उसने फोन की घंटी महसूस की। कल्याण को पता था कि यह पीयूष होगा।

कल्याण (अनुष्ठान स्थल से बाहर निकलकर): "सर"

पीयूष: "कल्याण साब"

कल्याण: "सर मैं छुट्टी पर हूँ"

पीयूष: "मुझे पता है। हैदराबाद में विस्फोट हो गया"

कल्याण: "हमने अभी-अभी अनुष्ठान समाप्त किया है। पिताजी को वापस घर छोड़ना होगा। क्या आप व्यवस्था कर सकते हैं?"

पीयूष: "उन्हें नॉर्थ ब्लॉक में ले आओ। हम उन्हें कंट्रोल रूम की कार में भेज देंगे।"

कल्याण: "सर बाहर बहुत गर्मी है। गृह मंत्रालय कंट्रोल रूम की कार नॉन-एसी जिप्सी है। पिताजी को समस्या होगी"

पीयूष: "मैं दो ड्राइवर भेजूंगा। कोई एक बाबूजी को आपकी कार में आपके घर छोड़ देगा।"

कल्याण: "ठीक है सर"

वह नॉर्थ ब्लॉक की ओर जाने लगा।

पिता: "एन्नाडा एनगा पोरे? (तुम कहाँ जा रहे हो)"

कल्याण: "कार्यालय, कुछ अर्जेंसी है"

पिता: "मुझे बताना चाहिए था। मैं अपनी व्यवस्था कर लेता"

कल्याण: "84 साल की उम्र में। कोई आवश्यकता नहीं। आपको किसी वाहन में आराम से छोड़ दिया जाएगा।"

पिता: "ठीक है"

कल्याण ने विजय चौक पर पहुंचते ही पीयूष को फोन किया।

कल्याण: "सर मैं विजय चौक पर पहुंच गया हूँ, बाईं ओर मुड़ा हूँ और रायसीना की ओर बढ़ रहा हूँ"

पीयूष: "गेट 4 पर रस्तोगी सर का ड्राइवर होगा। बस चाबियाँ उसे दे देना और सीधे जेएस रूम में आना।"

कल्याण ने जैसा कहा था वैसा ही किया। चाबी उस ड्राइवर को सौंपी जो उसके पिता को घर लेकर गया।

ड्राइवर: "सर, महेंद्र (एक और ड्राइवर) गाड़ी लेकर आपके घर से मुझे ले लेगा"

कल्याण: "ठीक है"

कल्याण रस्तोगी के कमरे की ओर भागता है, वहाँ का तनाव भरा माहौल महसूस किया जा सकता है। उसने कमरे में दो आईबी अधिकारियों के साथ कैबसेक के श्री चटर्जी, नायर और पीयूष को देखा।

कल्याण: "सर"

रस्तोगी: "आओ कल्याण"

कल्याण: "सर, मक्का मस्जिद !!!"

रस्तोगी: "हम सभी जानते हैं। लेकिन कुछ अधिकारी इस अफ़वाह को फैला रहे हैं कि इसके पीछे भारतीय खुफिया अधिकारी हो सकते हैं।"

कल्याण: "सर, बेतुका है ये सब"

राज चटर्जी: कल्याण, "मैं आपकी निराशा को जानता हूँ कि इन्हें रोका नहीं जा सकता है। लेकिन आपको बहुत सावधान रहने की जरूरत है। ये लोग आपके पीछे पड़ सकते हैं और ढूढ़ सकते हैं"

कल्याण: "सर, निश्चित रूप से मैं ध्यान रखूंगा"

(इस पूरे घटनाक्रम को लेकर कल्याण को एक बार फिर अपने पिता की बातों का ध्यान आया कि कैसे एक राजनीतिक परिवार पाकिस्तानी सरकार के साथ मिलीभगत करके भारत के एक समुदाय को दूसरे के विरूद्ध खड़ा करने के लिए निर्दोष लोगों के प्राण ले रहा था आदि)

रस्तोगी: "सर लेकिन यह गंदगी कौन फैला रहा है?"

राज चटर्जी: "आपके मंत्रालय के अधिकारियों के साथ-साथ एमईए भी। मैंने अभी-अभी एमईए को अवगत कराया है। लेकिन एमएचए को भी इस बकवास को फैलाना बंद करना होगा"

रस्तोगी: "सर कौन फैला रहा है?"

राज चटर्जी: "धनंजय आपने आईएएस में 28 साल पूरे कर लिए हैं। क्या मुझे अभी भी आपको ये चीजें सिखानी होगी? आप जानते हैं कि मैं किसकी बात कर रहा हूँ?"

आईबी: "सर, हमारे पास भी कुछ संवेदनशील मुद्दे हैं। जम्मू-कश्मीर में पीएसए शरण में है। आपके कुछ अधिकारी अलगाववादियों को वकीलों की सिफारिश कर रहे हैं।"

कल्याण: "गाबा जी?

आईबी (अपना सिर हिलाता है): "सर धनंजय सिंह, जो आपके नाम वाला है"

रस्तोगी: "कोई संदेह या आपत्ति?"

आईबी: "सर वास्तव में नहीं। लेकिन निश्चित रूप से उसकी गतिविधियों पर नजर रखने की जरूरत है"

रस्तोगी: "इस एएस के साथ उसका क्या संबंध है?"

आईबी: "कोई सीधा लिंक नहीं हैं सर। लेकिन जब भी मलेशिया में कार्यरत उनका बेटा भारत आता है तो उन्हें बीओआई में एएस द्वारा प्रतिनियुक्त किया जाता है। उनका नाम कोई कौसर खान है"

रस्तोगी: "यह धनंजय क्या करता है?"

आईबी: "सर वह पद के कार्यकाल से लगभग दोगुने से अधिक समय से मुख्य सुरक्षा अधिकारी है।"

रस्तोगी: "मैंने उसे नियुक्त नहीं किया"

आईबी: "नहीं, खान साहब इस धनंजय सिंह को व्यक्तिगत रूप से यह सुनिश्चित करने के लिए भेजते हैं कि उनके बेटे को इमिग्रेशन पर जल्दी से मंजूरी (क्लियरेंस) मिले। पिछले महीने और एक महीने पहले के दो उदाहरणों को देखे तो जो लोग इस जूनियर खान के साथ थे और उनके साथी जिनमें से कुछ मुस्लिम प्रचारक प्रतीत होते हैं भारत में अधूरे (अपर्याप्त) कागजात के साथ आये हैं।"

रस्तोगी: "केवल अपर्याप्त या इंजीनियर किए गए कागजात अर्थात नकली?"

आईबी: "अभी तक वह जाँच नहीं की गई है, वह हमारे लोगों के नाम काट देता था और हमारे कर्मचारियों को गाली देता है और इन लोगों को मंजूरी दे देता था"

रस्तोगी: "मुझे इनपुट भेजो"

आईबी 2: "सर ने एक इनपुट भेजा था। उन्होंने इसे विदेशियों के डिवीजनों को भेजा, जिन्होंने कोई कार्यवाही नहीं की। उन्होंने जेडी (इमिग्रेशन) को एक स्टिंकर पत्र भेजा जिसमें हम पर विदेशी आगंतुकों के साथ दुर्व्यवहार करने का आरोप लगाया गया था। अब जब भी वे आते हैं तो एएफएफआरओ में से एक को ड्यूटी रोस्टर से बाहर रखा जाता है। उसी व्यक्ति ने जूनियर खान के साथ जाने वाले तीन मजहबी पहनावे वाले यात्रियों पर आपत्ति जताई थी।"

दृश्य 44

श्री मनोज गोयल की जगह नए गृहसचिव ने पदभार ग्रहण कर लिया था। वह कश्मीर संकट प्रबंधन में अपने बहुत महत्वपूर्ण कार्यों सहित कई लड़ाइयों के अनुभवी अधिकारी थे, जिसमें चुनाव आदि का संचालन करना और साथ ही अयोध्या मामला भी शामिल था।

इंटरकॉम बजती है, कल्याण ऑफिस में ही है। यह पीयूष है।

पीयूष: "कल्याण साब, कृपया जेएस कार्यालय में आईये। गृहसचिव स्तर की वार्ता बैठक की तारीखें आ गई हैं"

कल्याण: "सर"

पीयूष और कल्याण पहली मंजिल पर गलियारे में मिलते हैं और एक साथ जेएस के कमरे में प्रवेश करते हैं।

रस्तोगी: "आओ बैठो। पीयूष विदेश मंत्रालय ने इस वर्ष की गृहसचिव स्तर की वार्ता के लिए तारीखों का प्रस्ताव भेजा है। उन्होंने 3-4 जुलाई और 10-11 जुलाई की तारीखों का प्रस्ताव रखा है। कल्याण! फिर भी मैं गृहसचिव से अनुरोध कर रहा हूँ। आप उनके कार्यालय में जाईये और उपयुक्तता का पता लगाईये और उसके बाद गृहसचिव से आदेश लेना। नये गृहसचिव बहुत ही विनम्र और सरल व्यक्ति हैं"

कल्याण: "ओके सर"

कल्याण गलियारे के दूसरी ओर गृहसचिव के कार्यालय की ओर जाता है। वह माधव के कमरे में जाता है।

माधव: "आओ कल्याण साब। इवडै" (आप यहाँ कैसे?)

इस बीच, उसे अपने इंटरकॉम में निर्देश प्राप्त होता है, माधव ने फिर कल्याण को गृहसचिव के कमरे में प्रवेश कराया

गृहसचिव: "माधव रुको। कुछ निर्देश आपके लिए भी हो सकते हैं"

माधव: "सर"

गृहसचिव: "बताओ कल्याण"

कल्याण: "सर पाकिस्तान के साथ गृहसचिव स्तर 2007 की वार्ता है। हमें विदेश मंत्रालय को पाकिस्तान से जो तारीखें प्राप्त हुई हैं उनके अनुसार तारीखें निर्धारित करनी होंगी।"

गृहसचिव: "तारीखें क्या हैं?"

कल्याण: "3-4 जुलाई और 10-11 जुलाई"

गृहसचिव: "उन्होंने जानबूझकर 11 जुलाई का प्रस्ताव किया है। पिछले साल उन्होंने मुंबई हमले को अंजाम दिया था और वे इसकी बरसी पर बात करना चाहते हैं!!! 11 जुलाई बिल्कुल नही होगा।"

कल्याण: "सर"

गृहसचिव: "हमारे उच्चायोग ने पहली बार में इसका खंडन क्यों नहीं किया?"

कल्याण: "शायद वे नहीं जानते थे"

गृहसचिव: "भारत सरकार में हर कोई जानता है"

कल्याण: "सर"

गृहसचिव: "माधव इसे 3-4 जुलाई रखो। 3 जुलाई को सभी अपॉइंटमेंट रद्द कर दो"

गृहसचिव (कल्याण से पूछते हुए): 'दूसरे दिन मेरी ज्यादा भूमिका नहीं है"

कल्याण: "सर अधिकारी संभाल लेंगे। लेकिन फिर दोपहर में आपकी आवश्यकता हो सकती है।"

गृहसचिव: "जैसा आपका आदेश"

कल्याण: "सर जी समर्पण है"

गृहसचिव: "अब हम मेज पर क्या रख रहे हैं?"

कल्याण: "सर हम उसे बना रहे हैं। महत्वपूर्ण इनपुट एकत्र कर रहे हैं"

गृहसचिव: "यह मछुआरों का मुद्दा महत्वपूर्ण है। ये लोग हमारे मछुआरों को पकड़ते हैं और उन्हें हर साल 14 अगस्त को रिहा करके नुमाईश करते हैं।"

कल्याण: "सर स्योर सर। मुझे कोस्टल सिक्योरिटी से इनपुट मिलेगा।"

गृहसचिव: "मैं धनंजय से बात करूंगा। इसे सीधे हमारी एजेंसियों से प्राप्त करें। इसके अलावा, डीएनआई टैप करें। मुझे लगता है कि तटरक्षक बल के पास भी एक खुफिया विंग है।"

कल्याण: "सर निश्चित रूप से"

गृहसचिव: "ठीक है, धन्यवाद"

कल्याण: "धन्यवाद सर"

फिर कल्याण रस्तोगी के कमरे में वापस आता है।

रस्तोगी: "यार इतनी देर कैसी लगा दी?"

कल्याण: "सर गृहसचिव ने कमरे में ही बुला लिया था"

रस्तोगी: "कोई महत्वपूर्ण निर्देश?"

कल्याण: "3-4 जुलाई की तिथि सूचित करने को कहा है। इसके अलावा, गृहसचिव ने गुजरात के मछुआरों के मुद्दे पर एक विशिष्ट एजेंडा आइटम का सुझाव दिया है।"

रस्तोगी: "आपका मित्र एएस (बीएम) क्या इसकी अनुमति देगा?"

कल्याण: "नहीं सर, गृहसचिव ने डीएनआई और डीजी कोस्ट गार्ड से सीधे इनपुट लेने का सुझाव दिया"

रस्तोगी: "पीयूष चलो पत्र भेजना शुरू करते हैं। इसके अलावा भगोड़ों, नक्शों के साथ आतंकवादी शिविरों, टेरर फंडिंग आदि की डोजियर सम्बन्धी सामग्री के लिए एजेंसियों को लिखो।"

पीयूष: "सर"

रस्तोगी: "कल्याण आप अनुमोदन की प्रक्रिया करो। पिछली बार उन्होंने हमारे साथ स्टेट गेस्ट्स के रूप में व्यवहार किया था। एमईए के साथ चैक करो। इसके अलावा मिनट-टू-मिनट कार्यक्रम से संबंधित मुद्दों पर काम करिये। होटल, आवास इत्यादि"। सबसे पहले व्यय अनुमोदन के लिए फ़ाइल चलाईये।"

कल्याण: "सर"

पीयूष और कल्याण पीयूष के कमरे में वापस जाते हैं। पीयूष फिर रंजीत, राकेश, ललित और भारद्वाज को बुलाता है। थोड़ी देर में सभी इकट्ठा होते हैं।

पीयूष: "राकेश अपने डेस्क पर इनपुट की जांच करो और साथ ही नए इनपुट भी प्राप्त करो"

राकेश: "सर"

पीयूष: "गृहसचिव के शुरुआती भाषण के लिए उन्हें संकलित करो। रंजीत तुम्हारा काम है एक वित्तीय प्रस्ताव बनाना। ललित ले मेरीडियन, ताज, आदि से कुछ अस्थायी कोटेशन्स लो।"

ललित: "कितने दिनों के लिए और कितने लोग सर?"

कल्याण: "3 दिन और 12 व्यक्ति लगभग"

ललित: "सर"

पीयूष: "मैंने अभी पूरा नहीं किया है। इसके अलावा 3 रात को लगभग 100 लोगों के लिए एक रिसेप्शन जैसे रात्री भोज के लिए भी पूछो। इसका स्थान जहाँ वे रुकेंगे उससे अलग होगा।" "ललित अस्थायी अनुमान की जानकारी लो और उसे रंजीत को देना"

रंजीत: "केवल फाइल मत फैंक देना और इंतजार करते रहना। हर स्तर पर इस फ़ाइल का पीछा करते रहना जैसे कि यह आपकी प्रमोशन फ़ाइल है"

कल्याण: "प्रतिनिधिमंडल के अनुसार यह एफए की सीमा से परे है। डी/ओ व्यय के पास जायेगी"

रंजीत: "सर यह होगा। सर आप की मैडम हैं ना लक्ष्मी मैडम, डीएस"

कल्याण: "अभी शादी तो होने दो। जब प्रसूति गृह में जायेगी तब स्त्री रोग विशेषज्ञ को बोल देंगे कि प्रस्ताव प्राप्त करो"

रंजीत: "सर सभी घटक क्या हैं?"

कल्याण: "रंजीत अब बहुत अधिक हो रहा है। व्यय विभाग के आदेशों को लो और पढो। सभी घटकों में इसे निर्धारित सीमाओं के अनुसार शामिल किया गया है।"

रंजीत: "ठीक है सर"

कल्याण: "अंग्रेजी सरल"

रंजीत: "ठीक है सर"

पीयूष: "राकेश, रंजीत, आप आगे बढ़ो"

पीयूष: "ललित, मैं कार्यक्रम के मिनट-टू-मिनट पर एक प्रस्ताव चाहता हूँ, जैसे कि प्रतिनिधिमंडल को कौन रिसीव करेगा, प्रोटोकॉल व्यवस्था, लोजिस्टिक्स सम्बन्धी हर व्यवस्था आदि। भारद्वाज के साथ काम करिये, जैसे वह होटल, आवास का मेनू आदि संभाल रहे हैं और भारतीय अधिकारियों को आमंत्रित करेंगे आदि।"

ललित: "कार्ड मुद्रण और फ़ोल्डर आदि"

पीयूष: "भारद्वाज एडमिनिस्ट्रेशन III अनुभाग के साथ काम करेंगे। फ़ोल्डर, कलम, पैड, आदि और आप अपने आप को मंज़ूरी आदि के लिए रखिये"

भारद्वाज: "सर रात का खाना कॉकटेल के साथ या फिर सिम्पल?"

कल्याण: "आमतौर पर हम शराब परोसने से बचते हैं"

पीयूष: "कल्याण साब! आप नहीं पीते भाई, जेएस नहीं पीते। मगर हम लोग तो हैं।"

कल्याण: "नहीं सर सभी प्रतिनिधि मुसलमान हैं। उनके मजहब में यह हराम है"

पीयूष (पाकिस्तानियों का मजाक उड़ाते हुए): "साले सब पीते हैं। पाकिस्तानी मुसलमान तो मुफ़्त में गू भी मिले तो उसको भी ले लेंगे। बस इंडिया को लूटना है।"

कल्याण: "देख लो भाई"

भारद्वाज: "सर मैं दोनो बना देता हूँ। जेएस को निर्णय लेने दें।"

पीयूष: "इसका मतलब है कि आप पहले ही तय कर चुके हैं। हम जानते हैं कि वह क्या निर्णय करेंगे। ठीक है, आगे बढ़ो"

भारद्वाज और ललित कमरे से चले जाते हैं।

पीयूष: "कल्याण जी! कृपया भारतीय तटरक्षक, डीएनआई (नौसैनिक ख़ुफ़िया निदेशालय) और गुजरात सरकार के साथ गृहसचिव द्वारा सुझाए गए एजेंडा आइटम के लिए इनपुट लेने का काम करिये"

कल्याण: "मैं पहले ही बात कर चुका हूँ सर। डीएनआई के एडमिरल जोशी, तटरक्षक बल के एडमिरल चोपड़ा। वे जेएस को ब्रीफ करने के लिए एक अधिकारी को भेज रहे हैं।"

पीयूष: "ग्रेट यार। "आपने कब बात की?"

कल्याण: "जेएस रूम से आने के बाद और यहाँ आने से पहले"

पीयूष: "लवली। "आप बहुत महान हैं"

कल्याण: "धन्यवाद सर"

अध्याय 19

दृश्य 45

रंजीत द्वारा चलाई गई व्यय स्वीकृति की फाइल कुछ मुद्दों में उलझ गई। गृह सचिव कार्यालय से यह एएस (बीएम) को निर्देशित की गई जो प्रशासन के प्रभारी थे। उन्होंने प्रस्तावित आइटम वार व्यय को बढ़ा-चढ़ाकर प्रस्तुत किया और अतिरिक्त व्यय भी जोड़ा। विदेश मंत्रालय ने भी उनके साथ एएस (बीएम) के परामर्श पर कुछ आइटम्स का सुझाव दिया। इसलिए कुल प्रस्तावित व्यय की राशि बहुत अधिक हो गई। रंजीत प्रस्ताव पर काम कर रहे थे और हर कदम पर अपडेट दे रहे थे, उन्हें भी देरी के लिए अनावश्यक रूप से फटकार लगाई गई। बाद में रंजीत द्वारा दी गई जानकारी के अनुसार यह गृह मंत्रालय के वित्त प्रभाग में चली गयी। कल्याण ने अपने समकक्ष अधिकारी से फॉलोअप लेने के लिए बात की।

कल्याण: "हाँ गुरु! गृहसचिव स्तर के टॉक की फाइल आपके पास होनी चाहिए"

एएफए: "ओह डिअर, यह एएस एंड एफए से प्राप्त हुई है। कड़ी टिप्पणियों के साथ इसे अभी भेजता हूँ"

कल्याण: "इसे वहाँ से मंगवाता हूँ"

एएफए: 'ठीक है किसी को भेज दो"

कल्याण: "ठीक"

तब कल्याण बीएसएफ के मिस्टर मीणा को आदेश देता है कि वह उसका यह काम करे।

कल्याण: "आप एएफए के पास जाओ और फाइल लेकर आओ। कमरा नंबर 201"

मीणा फाइल लेकर लौटा, कल्याण पीयूष को इंटरकॉम पर कॉल करता है।

कल्याण: "सर"

पीयूष: "बोलिये कल्याण साब"

कल्याण: "व्यय प्रस्ताव फाइल आ गई है। एएस एंड एफए ने रिकॉर्ड पर बड़े कड़े शब्दों का उपयोग किया है"

पीयूष: "फ़ाइल लाओ"

कल्याण पीयूष के कमरे में जाता है और फाइल दिखाता है।

पीयूष (पढ़ता है): "सिर्फ इसलिए कि वे पाकिस्तान से आ रहे हैं और हमारी नीति उनकी आतंकवादी गतिविधियों को रोकने के लिए बात करने की है, हम उनके उपहारों पर व्यय नहीं कर सकते। इसे पूरी तरह से सीमाओं के भीतर रखें। एडी (प्रशासनिक प्रभाग) दोबारा बनाने और समीक्षा करने के लिए"।

कल्याण: "मैं सैद्धांतिक रूप से सहमत हूँ। लेकिन सर यह हमारी फाइल है"

पीयूष: "आइटम किसने बढ़ाए हैं?"

कल्याण: "सर एएस (बीएम)"

पीयूष: "यह उसके पास क्यों गई?"

कल्याण: "गृहसचिव ने भेजा"

पीयूष: "इसे मेरे पास छोड़ दो। मैं अपने जेएस के साथ और बाद में एएस एंड एफए के साथ चर्चा करूंगा। वो मेरा रिश्तेदार है। उसे अपना निर्णय देने दो। लेकिन हम किसी भी क्रॉसफायर में नहीं पड़ेंगे।"

कल्याण पीयूष के कमरे से बाहर निकल जाता है।

दृश्य 46

जैसी की प्रक्रिया है आइटम अनुसार 20 लाख रुपये की अधिकतम सीमा के साथ एएस एंड एफए कार्यालय के माध्यम से वित्तीय अनुमोदन व्यय विभाग से प्राप्त हुआ था। यह गृहसचिव को दिखाया गया, जिन्होंने फाइल पर लिखा कृपया वित्त मंत्रालय के निर्देशों का पालन करें। अन्य मुद्दों के संबंध में पीयूष द्वारा दिनांक 21.06.2007 को एक समीक्षा बैठक ली गई।

पीयूष: राकेश! इनपुट इकट्ठा करने, डोजियर के लिए सामग्री आदि के बारे में क्या चल रहा है?"

राकेश: "सर, प्राप्त इनपुट को एक नोट में संकलित किया गया है। फाइल अवर सचिव (कल्याण) के पास है। सर, जहाँ तक बाकि मुद्दों का संबंध है तो वर्ष 2005 में शुरू किए गए एनसीबी-एएनएफ समझौता को अभी समाप्त नहीं किया गया है। सीबीआई-एफआईए दौरे में सीबीआई की वापसी भी लंबित है।"

कल्याण: "सर महत्वपूर्ण बात है। लेकिन गृहसचिव के शुरुआती भाषण में क्या होगा"

पीयूष: "रस्तोगी जी एक कॉल कर सकते हैं"

कल्याण: "इसके अलावा कुछ नई वस्तुओं का सुझाव दिया गया है। वीजा समझौता और कांसुलर एक्सेस पर समझौता"

राकेश: "इसके अलावा, सर! भगौड़ों की सूची डोजियर के लिए तैयार है। लेकिन सर, हमें कैबसेक से आतंकी शिविरों के लोकेशन मैप प्राप्त करने होंगे।"

पीयूष: "जेएस के साथ चर्चा करेंगे"

कल्याण: "मैंने इसे अभी अस्थायी एजेंडे में शामिल किया है"

पीयूष: "इन पर आईबी कर्मियों को जेएस और गृहसचिव को ब्रीफ करने दें"

कल्याण: "ठीक है सर"

पीयूष: "रंजीत! आपके काम का क्षेत्र व्यय की स्वीकृति है। ललित और भारद्वाज के साथ साझा करो। अब सीसीएस नोट्स के लिए राकेश के साथ समन्वय करना शुरू करो। इसके अलावा, आपको भारतीय आधिकारिक प्रतिनिधिमंडल के लिए एक प्रस्ताव भेजने की आवश्यकता है।"

रंजीत: "सर! यह प्रतिनिधिमंडल मायने रखता है, मैं शाम तक पूरा करता हूँ। सर सीसीएस प्रारूप के बारे में मैंने एजेंसियों से एक दृष्टिकोण पत्र के लिए कहा है। आज यदि यह तैयार हो जाता है, तो अवर सचिव के साथ बैठेंगे और कल इसे अंतिम रूप देंगे"

पीयूष: "ललित?"

ललित: "सर! मैंने सुरक्षाकर्मियों के लिए बीसीएएस (ब्यूरो ऑफ़ सिविल एविएशन सिक्यूरिटी) को पत्र लिखा है।" वे उन लोगों के नाम चाहते हैं जो प्रतिनिधिमंडल का स्वागत करेंगे। एमईए के पाकिराफ (PAKIRAF) अनुभाग से पता लगाया है। प्रतिनिधिमंडल के 2 जुलाई शाम को पहुंचने की उम्मीद है।"

पीयूष: "अधिकारियों के लिए कुछ वाहनों की व्यवस्था हेतु सीआरपीएफ के आईजी को पत्र भेजो"

ललित: "सर, वीआईपी लाउंज को भी अवरुद्ध कर दिया गया है। एडमिनिस्ट्रेशन III अनुभाग और प्रोटोकॉल को रिसेप्शन पर चाय स्नैक्स की व्यवस्था करने के लिए कहा गया है"

पीयूष: "ओके सर"

ललित: "सर बीओआई की प्रतिक्रिया का इंतजार है। हमने वीआईपी लाउंज में इमिग्रेशन सेवाओं की सुविधा के लिए लिखा था।"

पीयूष: "भाई कंप्यूटर कहाँ से लायेंगे?"

ललित: "सर! यदि आप संबंधित जेडी से बात कर सकते हैं तो यह एक कड़ी है जो अभी बंद नहीं हुई है"

पीयूष: "ठीक है, मुझे बीओआई जेडी से बात करने से पहले जेएस से बात करने दो। अब एफएंडबी विशेषज्ञ भारद्वाज"

भारद्वाज: "सर, ताज या मेरिडियन पर निर्णय के लिए फाइल प्रस्तुत की गई है। यदि मेरिडियन रहने के लिए है तो प्रोटोकॉल डिनर के लिए ताज पैलेस और यदि ताज रहने के लिए तो मेरिडियन प्रोटोकॉल डिनर के लिए होगा। इसके अलावा स्टेशनरी उपयोगिताओं के संबंध में मैं शुक्रवार को फ़ोल्डर, पैड पेन के नमूने दिखाऊंगा। सर, उपहार किसी उच्च अधिकारी द्वारा तय किया जाना है। मेरे पास कॉटेज इंडस्ट्रीज कॉर्पोरेशन से वस्तुओं की एक सूची है। मेनू के बारे में भी सर, कुछ हलाल सम्बंधी मुद्दे हैं। इसलिए एएस (बीएम) के कार्यालय से श्रीनी ने मुझे उनसे परामर्श करने के लिए कहा है। उन्होंने 23 तारीख शुक्रवार को शाम 4:00 बजे का समय दिया है सर।"

पीयूष: "इसमें हलाल कहाँ से आ गया भाई?"

भारद्वाज: "सर, उन्होंने आपको और कल्याण सर को कॉल किया था लेकिन, कहा गया कि आप बैठक में थे।"

पीयूष: "ठीक है। निमंत्रण कार्ड के बारे में क्या?"

भारद्वाज: "सर, शुक्रवार तक मामला सौंप देंगे। लेकिन सर, यदि संभव हो तो कार्ड आज तय किए जा सकते हैं।"

पीयूष: "मैं जेएस से बात करूंगा"

भारद्वाज: "सर, कोशिश करिये सर"

पीयूष: "आप जानते हैं कि वह मेरे बॉस है। मैं उन्हें रिपोर्ट करता हूँ। मुझे उनकी बात सुननी है नाकि उन्हें मेरी। फिर भी कोशिश करूंगा"

भारद्वाज: "धन्यवाद सर"

तभी इंटरकॉम की घंटी बजती है

पीयूष: "सर"

रस्तोगी: ....

पीयूष: "चलो जेएस के कमरे में। वह भी समीक्षा करना चाहतें हैं"

पीयूष और कल्याण उठते हैं और अन्य 4 लोगों के साथ पहली मंजिल पर जेएस के कमरे में जाते हैं। रस्तोगी अपनी टीम के साथ सभी व्यवस्थाओं की समीक्षा करते हैं।

रस्तोगी: "सोमवार को हम एक और अंतिम बैठक करेंगे। इसे किसी पर न छोड़ें। कृपया असाइन किए गए कार्यों को करें। भारद्वाज, आप कुछ धनराशी निकालो"

"जो मैं कह रहा हूँ उसको एक नोट कर लीजिये, यह महत्वपूर्ण है। एक नोट बनाओ। कुछ धनराशी निकालो और अपने पास रखो। पाकिस्तानी अधिकारी बिना किसी प्रोटोकॉल के धूम्रपान करते हैं। वे निश्चित रूप से सिगरेट के लिए पूछेंगे। आप 5-स्टार दरों पर भुगतान नहीं कर सकते हैं।"

भारद्वाज: "समझ गया सर। मैं 1 या 2 को ही पैसे निकाल लूँगा। कोई विशेष ब्रांड सर?"

रस्तोगी: "मैं धूम्रपान नहीं करता। मुझे कैसे पता चलेगा? वे बीडी के लायक भी नहीं हैं लेकिन, क्या करना है आपके एमीए वाले उन्हें हमारे बजट पर बाहर खिलाएंगे"

भारद्वाज: "सर, बीडी तो खुद के पैसे से पिला देंगे"

रस्तोगी: "कोई होशियारी नहीं। जाओ एएस के कार्यालय से पूछो। या किसी अन्य धूम्रपान करने वाले को ढूंढो। पीयूष आप गुटका ले लो। मुझे नहीं लगता कि आप धूम्रपान करते हैं"

पीयूष: "सर, मैं नहीं करता"

भारद्वाज को पता चला कि रेगुलर, लाइट, आदि जैसे क्लासिक सिगरेट के कुछ पैकेट पर्याप्त होंगे।

कल्याण: "भारद्वाज! *मुफ़्त का चंदन घिस मेरे नंदन* वाली बात है। आपके पास सिगरेट देखने के बाद यहाँ तक कि धूम्रपान नही करने वाले भी पूछेंगे।"

भारद्वाज: "क्या करें साहब। जिम्मेवारी है"

कल्याण: "तुम तो स्मोक नहीं करते हो। हरियाणा में 11 साल के लडके स्मोक करते हैं"

भारद्वाज: "ब्राह्मण परिवार से हूँ साहब। पापा हेडमास्टर हैं और मंदिर के साथ भी जुड़े हैं"

कल्याण: "नहीं भाई बस ऐसे ही पूछ रहा हूँ"

शाम 4:00 बजे एएस (बीएम) मिस्टर खान ने सभी को बुलाया और बैठक की। रस्तोगी ने उन्हें व्यवस्था के विवरण के बारे में जानकारी दी। उसने पूछा कि रिसेप्शन कहाँ आयोजित किया जा रहा है और वे कहाँ रहेंगे।

रस्तोगी: सर! ले मेरिडियन में ठहरेंगे और 03.07.2007 को ताज पैलेस डिप्लोमेटिक एन्क्लेव में रिसेप्शन।"

एएस (बीएम): "पहले यह सुनिश्चित करो कि सारा भोजन, मेरा मतलब है कि मांसाहारी खाना हलाल हो।"

पीयूष: "सर, गैर-हलाल खाने वाले भी हो सकते हैं। भारतीय प्रतिनिधियों की तरह।"

एएस (बीएम): "उन्हें शाकाहारी खाने दो। ध्यान रहे कि यह व्यवस्था हमारे सम्मानित मेहमानों के लिए है। वे केवल हलाल खाते हैं। उनका मजहब इसकी अनुमति नहीं देता है"

पीयूष: "ठीक है सर"

कल्याण(धीरे से बडबडाता है): हरामी लोग साले मुफ़्त में तो सुवर भी खा लेंगे। इनकी मेहमानवाजी में हम लगे हैं।"

कल्याण के बगल में बैठा पीयूष जोर से उसकी जांघों को दबाता है।

एस (बीएम): "ठीक है। उपहार का हिस्सा मेरे लिए छोड़ दो। मैं कल अपनी पत्नी के साथ जाऊंगा और उन्हें अंतिम रूप दूंगा। मुझे कैटलॉग दे दो"

भारद्वाज ने रस्तोगी को कैटलॉग सौंपा और रस्तोगी ने इसे एएस (बीएम) को सौंप दिया।

रस्तोगी: "सर, व्यय विभाग ने उपहारों की लागत पर कुछ सीमाएं निर्धारित की हैं"

खान: "इसके बारे में चिंता मत करो। हम इसे दरकिनार कर देंगे। मैं अपने पुराने दोस्त कल्याण को मुसीबत में नहीं डालूंगा।"

कल्याण को पता था कि कुछ परेशानी होने वाली है।

एएस (बीएम): "पीयूष मैं फ़ोल्डर के नमूनों से संतुष्ट नहीं हूँ। कुछ बेहतर लेकर आओ। सुपीरियर क्वालिटी वाला" **पीयूष**: "सर"

एएस (बीएम) (कल्याण को पीयूष को धक्का देते हुए देखते हुए): "कल्याण एक दुखी गृहिणी मत बनो जिसके ससुराल वाले आ रहे हैं। उनके लिए अच्छी गुणवत्ता वाली चीजें खरीदो"

कमरे में उपस्थित सभी लोग हँसने लगते हैं।

कल्याण: "ओके सर। लेकिन वित्त मंत्रालय ने पहले ही फाइल का अवलोकन कर लिया है।"

एएस (बीएम): "मैं कोई न कोई रास्ता निकाल लूँगा।"

कल्याण: "सर"

एएस (बीएम): "विदेश मंत्रालय के सार्वजनिक कूटनीति प्रभाग में भी जाओ और उनके फ़ोल्डर में डालने के लिए कुछ अच्छी प्रचार सामग्री एकत्र करो"

कल्याण: "स्योर सर, मैं ऐसा करूंगा"

एएस (बीएम): "आप खुश नहीं लगते हैं। मैं आपके चेहरे से अनुमान लगा सकता हूँ"

कल्याण: "नहीं सर ऐसी बात नही है, मैं आदेशों का पालन करूंगा"

एएस (बीएम): "अच्छा है, आप आदेशों का पालन करेंगे। लेकिन यहाँ कुछ भी निगल मत लो।"

कल्याण: "नहीं सर, मैं कुछ भी निगल नहीं रहा हूँ"

एएस (बीएम): "मैं आपको पिछले 20 वर्षों से जानता हूँ। मुझे बेझिझक बताओ कि आप क्या कहना चाहते हो।"

कल्याण: "हल्के-फुल्के अंदाज में मैं बस यही सोच रहा था कि हमें उन्हें प्रचार सामग्री देने की जरूरत क्यों है? उनके पास तो आईएसआई अपडेट के माध्यम से अधिक जानकारी है"

सब हँसने लगे। एएस (बीएम) भी, लेकिन उसके चेहरे के भावों से यह स्पष्ट था कि वह खुश नहीं था।

एएस (बीएम): "ठीक है, पीयूष। कल बेहतर क्वालिटी वाले फ़ोल्डर लाओ। कल्याण सोमवार को पीडी डिवीजन से संपर्क करो और सामग्री की व्यवस्था करो"

बैठक समाप्त हो गई।

दृश्य 47

कुछ देर बाद पीयूष के कमरे में

पीयूष: "सही है कल्याण साहब। साले को बोल दिया".

कल्याण: "सर, किसी को तो बोलना था। वित्त मंत्रालय वाली बात"

पीयूष: "आईएसआई वाली बात भी"

कल्याण:"सर झूठ तो नहीं था?"

पीयूष: "100% सच है। लेकिन वह एक अच्छा मेजबान क्यों बनना चाहता है? वो लोग तो हमारी यात्राओं के दौरान सस्ते फ़ोल्डरों और घटिया उपहारों की बौछार करते हैं, जिन्हें हम लाहौर हवाई अड्डे पर फेंक देते हैं। और तो और भोजन की क्वालिटी भी घटिया, हमारे रस्तोगी साहब और जेएस (विदेश विभाग) शाकाहारी हैं। भोजन का कोई विशेष प्रावधान नहीं था। उच्चायोग के कर्मचारी के आवास से भोजन की व्यवस्था की गई थी। साले दाल में अंडे डालते हैं और भर्ता में चिकन डालते हैं, वहाँ इतना बुरा हाल होता है कि मांसाहारी खाने वालों के लिए भी बहुत कठिन समय होता है। और यहाँ यह बंदा हलाल मेनू को अंतिम रूप देना चाहता है और हमारे अपने अधिकारियों को भूखा रखना चाहता है।"

कल्याण: "कोई मदद नहीं कर सकता"

पीयूष: "आइए आज गृहसचिव के शुरुआती भाषण को पूरा करें।"

कल्याण: "सर, प्राप्त जानकारी के आधार पर मैंने एक प्रयास किया है। आपके कंप्यूटर पर अपलोड किया है"

पीयूष: "ग्रेट। यहाँ तक कि जेएस को आपके लेखन की शैली पसंद है। तो फिर सिर्फ एक घंटे में खत्म हो जाएगा"

पीयूष (अपने पीएस के बजर पर): "कॉल राकेश"

कुछ ही मिनटों के बाद राकेश आता है, वे कल्याण द्वारा तैयार किए गए प्रारूप को देख रहे हैं। रुक-रुक कर राकेश को उन फ़ाइलों के ढेर से संदर्भ दस्तावेजों को दिखाने के लिए कहा जाता है जिनको लेकर वह बैठा था। प्रारूप को पूरा करने के बाद प्रिंट लेकर एक लिफाफे में रखा जाता है, बाद में लाल मोम के साथ सील कर दिया जाता है। वही रस्तोगी को भेजा जाता है। इस बीच आईबी वाले ने इनपुट भेजा। कल्याण (इसे खोलता है और पीयूष को सौंपते हुए बोलता है:

कल्याण: "सर प्रारूप में कुछ भी नहीं बदला है। पाकिस्तानियों ने वीजा समझौते का सुझाव दिया है। आईबी ने टिप्पणी की है कि पाकिस्तानी पासपोर्ट वाले यात्रियों को कोई विशेष छूट नहीं दी जा सकती है।"

पीयूष: "वो लोग विशिष्ट क्यों हैं? पाकिस्तानी पासपोर्ट? कल्याण साहब इसका क्या मतलब है?"

कल्याण: "सर, ये अविश्वसनीय जोकर दुबई, सऊदी, कुवैत, मलेशिया और अन्य सभी स्थानों से आने लगेंगे। इसके अलावा, सर कोई विशेष व्यवस्था क्यों?"

पीयूष: "उन्होंने पारस्परिकता (अदला बदली) की पेशकश की है"

कल्याण: "सर! किस लिए? हमारे लोग पाकिस्तान नहीं जाना चाहते हैं। पेरोल पर कुछ समझौता करने वाले पत्रकारों को ही जाना होगा"

पीयूष: "कल्याण साहब! एक पत्रकार है कोई वेंकटरमन जो इस्लामाबाद में रहती है। मैं अपनी पिछली यात्रा के दौरान उससे मिला था। वह अपडेट के लिए हमारा पीछा भी कर रही थी"

कल्याण: "सर मैं भी लंदन की अपनी यात्रा के दौरान उससे मिला हूँ। वह लंदन कॉरेस्पॉन्डेंट के रूप में एक ही पेपर में काम कर रही थी।"

दरवाजा खुलता है; आईबी का एक अधिकारी अंदर आता है। तीनों पीयूष, कल्याण और राकेश उठते हैं और उसका स्वागत करते हैं। वह आईजी स्तर का अधिकारी है।

आईजी: "अरे! कल्याण क्या हाल है?"

कल्याण: "सर बढ़िया है, सर आप देख रहे है"

आईजी: "मुझे पता है क्या बीत रही है तुम पर। प्रोटोकॉल छोडो एक बार दिल से बोलो"

कल्याण: "सर, पीयूष सर"

आईजी: "अरे! मैं यहाँ सबसे वरिष्ठ हूँ, मैं आपको अनुमति देता हूँ। वैसे भी रिलीज होगा सब के लिए अच्छा है"

पीयूष: "ठीक है कल्याण साहब"

कल्याण: "साले इन चूतियों को घर लूटा के खिला पिला रहे हैं। बीसी साले अपनी ब......की दलाली कर के रोटी कमाते हैं और हमारे बराबर बैठेंगे"

आईजी: "कुछ और कहो भाई, लाहौर होटल वाली बात"

कल्याण: "जिनकी माँ की शादी नहीं हुई वो 1947 में पाकिस्तान में रहने लगे और जो शरीफ खानदान के थे वो हिंदुस्तान में बस गए"

आईजी: "साला कवर्ट में हिम्मत है भाई। तू शेर है प्रा"

कल्याण: "धन्यवाद सर"

आईजी: "हमारे संसाधन (एसेट) ने कहा है, वे अप्रत्यक्ष रूप से आंतरिक सचिव के शुरुआती भाषण में इस बिंदु को उठाएंगे। यह कहते हुए कि यह गलत जानकारी भारत में कुछ समूहों द्वारा फैलाई जा रही है"

कल्याण: "सर, मैं कभी पाकिस्तान नहीं गया"

आईजी: "मुझे पता है कि आप कभी नहीं गए"

आईजी: "पीयूष! वीज़ा के बारे में भी आपको हमारा इनपुट प्राप्त हुआ होगा"

पीयूष: "सर अभी-अभी और कल्याण इसके बारे में बहुत खुश है"

आईजी: "मुझे पता था कि आप सभी एक आदमी को छोड़कर खुश होंगे।"

पीयूष: "सर, हम सभी जानते हैं"

आईजी: "अब वे निश्चित रूप से वार्ता के दौरान मेज पर एक और एजेंडे को आगे बढ़ाने की कोशिश करेंगे। तीर्थयात्रियों पर प्रोटोकॉल में संशोधन"

कल्याण: "सर, इस तरह इस एजेंडे को पिछले दरवाजे से प्रवेश कराया जायेगा"

आईजी: "यार इस बंदे को एजेंसी में होना चाहिए था। यह सचिवालय में क्या कर रहा है? इसके अलावा बहुत समय के बाद, हमारे पास कुछ लोग हैं जो आईबी की चिंताओं की सराहना करते हैं। आप दोनों।"

पीयूष: "धन्यवाद, सर"

आईजी: "डीआईबी गृहसचिव से बात करेंगे। उपसमूहों की बैठकों के दौरान मैं कल्याण को अपने उपसमूह में रखना चाहता हूँ"

पीयूष: "ज़रूर सर। लेकिन काउंसलर एक्सेस एग्रीमेंट ग्रुप भी वहाँ इनकी उपस्थिति की माँग कर रहा है।"

आईजी: "अरे! वे संभाल सकते हैं"

पीयूष: "सर जो भी आदेश आता है"

आईजी: "ठीक है। क्या मैं गृहसचिव के शुरुआती भाषण पर भी एक नज़र डाल सकता हूँ?"

पीयूष: "सर, रस्तोगी सर के पास है।"

आईजी: "ठीक है, मैं उसे वहाँ देख लूँगा"

पीयूष: "धन्यवाद"

दृश्य 48

शनिवार 29.06.2007

रस्तोगी का कमरा, पूरी टीम मौजूद है

रस्तोगी: "कल्याण, क्या हो गया भाई? बजट के बाहर जा रहा है। हमें फिर से व्यय विभाग में जाना होगा। आपके पास वहाँ आपका दोस्त उपसचिव है"

कल्याण: "सर, उनकी भी अपनी सीमाएं हैं। उपहार आदि व्यय उनके आदेशों के अनुसार निश्चित है। इसके अलावा, जेएस (पर्स) सुश्री मधु पांडे ने विशेष रूप से कहा है कि हम अधिक खर्च नहीं कर सकते हैं और उनको महंगे उपहार नहीं दे सकते हैं।"

रस्तोगी: "चलो यह एएस (बीएम) नहीं मानने वाला। मैं उसके साथ एक और मुठभेड़ (विवाद) शुरू नहीं करना चाहता। गृहसचिव नए हैं।"

कल्याण: "तो हम क्या करें सर? मैं केवल वही कर सकता हूँ"

रस्तोगी: "अभी इसकी चर्चा नही करते जब समस्या सामने आएगी तब देखेंगे। अभी हम खर्च करते हैं। पीयूष फ़ोल्डर्स के बारे में क्या"

पीयूष: "सर, सुपर बाजार या केंद्रीय भंडार जहाँ से हम क्रेडिट पर खरीद सकते हैं उनमें सरकारी आपूर्ति के लिए कुछ भी बेहतर नहीं है। हमें खुले बाजार से खरीदना पड़ेगा।"

कल्याण: "हमारे पास वहाँ एक नियम बाधा है। इस तरह की स्थानीय खरीद 10,000 रुपये की सीमा से अधिक नहीं हो सकती है। यदि हम एएस (बीएम) के अनुसार चले तो उच्च क्वालिटी वाले फ़ोल्डर 1000-1200 रुपये से कम में नहीं आयेंगे। इस प्रकार पाकिस्तानी प्रतिनिधियों के लिए 15 इकाइयों की दर से इसकी लागत 15000 से 18000 रुपये होगी।"

रस्तोगी: "कल्याण हम इसको तब देखेंगे जब समस्या सामने आएगी"

भारद्वाज: "मैं डायरेक्टर सर के साथ आजाद मार्केट के पास शिदीपुरा जाऊंगा। आपको अच्छे फ़ोल्डर मिल सकते हैं"

रस्तोगी: "अभी 11:30 बजा है। अगले आधे घंटे में जाओ। मैं कल्याण के साथ हूँ, हम दोनों फ़ोल्डर में रखने वाली सामग्री को अंतिम रूप देंगे। पीयूष पेन की क्वालिटी के बारे में ज्यादा न सोचना। पिछली बार उन्होंने जो पेन दिए थे वह दस पैसे के पेन थे जो 70 के दशक में डीटीसी बसों में बेचे जाते थे। उस समय मैं बस आया ही था। उन्हें चुपचाप फ़ोल्डर में डाल देना। एएस (बीएम) से परामर्श नही करना"

पीयूष और भारद्वाज: "सर"

रस्तोगी: "कल्याण और राकेश मेरे साथ रहेंगे। रंजीत कैब सचिवालय के संपर्क में रहेंगे। कैबिनेट III अनुभाग में बैठक हो रही है। उनसे मुद्दों के मिनट्स शीघ्र देने का अनुरोध करो"

रंजीत:"ठीक है, सर"

रस्तोगी:"इसके अलावा रंजीत, दूसरी जो भी गतिविधि अभी पूरी होने को है उसको क्रॉस-चेक करो। यह आपका काम है। हम सब बस आपकी सहायता कर रहे हैं"

रंजीत: "ठीक है सर"

और वह कमरे से बाहर निकल जाता है

रस्तोगी: "ललित, अब आप 01.07.2007 को जब वो लोग आयेंगे, उस दिन होने वाले आवश्यक प्रोटोकॉल के लिए बीसीएएस कार्यालय से बात करो।"

ललित: "सर मैं करूंगा, मैं उपायुक्त श्री भटनागर के संपर्क में हूँ"

रस्तोगी: "कुछ अधिकारी प्रतिनिधिमंडल का स्वागत करने जाएंगे। हमें प्रवेश पास की आवश्यकता है"

ललित: "सर पहले दी गई सूची भेज दी गई है। सोमवार सुबह भटनागर जारी करेंगे"

रस्तोगी: "यह अस्थायी है। कुछ परिवर्तन हो सकते हैं। आपका दोस्त एएस (बीएम) उन्हें बाहर निकालने के लिए उन्हें व्यक्तिगत रूप से रिसीव कर सकता है।"

ललित: "सर, जैसे ही आदेश आते हैं उसके बाद मैं इसे प्राप्त कर लूंगा।"

रस्तोगी: "ललित, हवाई अड्डे पर वीआईपी लाउंज के बारे में क्या है?"

ललित: "पहले से ही इसकी व्यवस्था कर चुका हूँ। प्रोटोकाल अधिकारी को चाय और स्नैक्स की व्यवस्था करनी होगी, यदि आप मंजूरी देते हैं तो"

रस्तोगी: "चलो पिला ही दो। लेकिन वह प्रोटोकॉल अधिकारी खेमचंद एक बेकार आदमी है। वह इसका 1000 लोगों के लिए बिल बनाएगा और पैसे जेब में डाल लेगा। उसे व्यक्तियों की संख्या लिखकर दे दो, सिम्पल।"

ललित: "सर, हम कितने लोगों की अपेक्षा करते हैं?"

रस्तोगी: "गिनती करो। 15 प्रतिनिधि, पीएचसी से 5 और हमारे अधिकारियों से 10। वैसे, सुरेंद्र प्रतिनिधिमंडल के लिए प्रोटोकॉल अधिकारी होगा। डीजी, बीएसएफ के कार्यालय से उसका रैंक आदि पता करें। इसके अलावा, उसका मोबाइल भी लो और उसके संपर्क में रहो"

ललित: "सर, कल्याण सर ने यह सर को दिया है। मैं उनसे बात करूंगा"

रस्तोगी: "वाहनों के बारे में क्या है?"

ललित: "सर वर्तमान में हम आपकी आधिकारिक कार का उपयोग कर रहे हैं और सीआरपीएफ द्वारा हमारे डिवीजन को दी गई कार का उपयोग भी कर रहे हैं।"

रस्तोगी: "बस मुझे आवश्यकता बताओ। मैं आईजी सीआरपीएफ महेश से बात करूंगा।"

ललित: "सर, हमें कम से कम छः कारों की आवश्यकता है। सर फ़ोल्डर आदि सामग्री ले जाने और बाद में कर्मचारियों के परिवहन के लिए"

रस्तोगी: "कितने अधिकारी और कर्मचारी हैं? कल्याण मुझे अनुमानित संख्या बताओ"

कल्याण: "मेरे सहित 5 अधिकारी और नियंत्रण कक्ष से भी दो, सर मैंने एडमिनिस्ट्रेशन से दो स्टेनोग्राफर मांगे हैं"

रस्तोगी: "उन्हें दूर रखो। मैं अपने आदमी और पीयूष के साथ काम करने वाले केरलवासी को वहाँ तैनात करने के लिए कहूँगा। एडमिनिस्ट्रेशन के ये लोग छुट्टीमार लोग है जो बिल्कुल अयोग्य और बेकार हैं"

कल्याण:"वो तो है"

रस्तोगी: "ललित इमिग्रेशन के बारे में क्या है?"

ललित: "सर वे कुछ घंटों की सुविधा के लिए पायसन पैकेज के साथ एक अस्थायी कंप्यूटर लगायेंगे।"

रस्तोगी: "कल्याण तुम्हारे लड़के होशियार हो गए हैं"

कल्याण: "वे हमेशा से थे"

रस्तोगी (हंसते हुए): "आपको एक इंच दो तो आप एक मील लेते हो। नहीं ललित, अगर वे किसी भी समय मेरा हस्तक्षेप चाहते हो तो सीधे अंदर चलें आना। यह सरकारी कार्य के लिए उपलब्ध सरकारी कक्ष है। मुझे 6:00 बजे अपडेट देना"

ललित (कराहते हुए): "सर, क्या हम इसे पहले कर सकते हैं?"

रस्तोगी: "मैंने कहा 6 मतलब 6 ठीक है?"

इसके बाद रस्तोगी, कल्याण और राकेश दस्तावेजों सहित फ़ोल्डरों में रखे जाने वाली आइटमों को अंतिम रूप देने के लिए एक साथ बैठते हैं। एक नमूना फ़ोल्डर बनाया गया।

रस्तोगी: "कल्याण! आपको दो मुद्दों का सोमवार को आकलन करना है। प्रत्येक सामग्री की मात्रा और आकार जो आपको एमईए के पीडी डिवीजन से मिलेगा। मैं एक उल्टी प्राथमिकता दे रहा हूँ। डॉक 1 अनिवार्य, डॉक 2 अंतिम उपाय और डॉक 3 जगह बनाने के लिए इसे हटा देना। लेकिन स्लिप पैड और पेन के साथ कोशिश करना। इसके अलावा दिल्ली मानचित्र आदि रखने की भी आवश्यकता नहीं है।"

कल्याण: "सर"

इस समय तक दोपहर के 1:30 बजे थे

रस्तोगी: "कल्याण! अब आप दोनों जल्दी से लंच करने जाओ। हम दोपहर 2:30 बजे फिर मिलेंगे। प्रतिनिधिमंडल को दिए जाने वाले डोजियर को अंतिम रूप देना है"

कल्याण: "सर"

वे दोनों कमरे से निकलकर अपने-अपने कमरे की ओर चल पड़े।

कल्याण: "ठीक है, राकेश 2:20 पर मिलते हैं"

राकेश: "सर लंच के लिए बाहर जाना होगा। कैंटीन नहीं है। मैं घर से कुछ भी नहीं लाया हूँ"

कल्याण: "मेरे पास जो कुछ भी है उसे साझा करते हैं"

राकेश: "नहीं सर, मैं व्यवस्था कर लूंगा"

कल्याण: "ठीक है। लेकिन समय सीमा है, अन्यथा, जेएस एक पागल बिल्ली की तरह चिल्लायेगा"

राकेश: "जी सर"

दृश्य 49

कल्याण और राकेश रस्तोगी के कमरे में हैं। पीयूष अंदर आता है।

रस्तोगी: "हाँ पीयूष। यह क्या है?"

पीयूष (तीन बैग दिखाते हुए): "सर, मैं ये नमूने लेकर आया हूँ। भारद्वाज दुकान में इंतजार कर रहा है। जिसे भी आप अनुमोदित करते हैं, वह ले आएगा।"

रस्तोगी: "यह कोई रॉकेट विज्ञान नहीं है। ये लोग बमों से परेशान हैं इसलिए उन्हें सबसे सस्ता दो। क्वालिटी पर चर्चा न करो। नही तो आपका कल्याण कहेगा सर कृपया फोल्डर आईईडी के साथ भर दो। लेकिन मैं इतना निर्दयी नहीं हूँ। क्यों कल्याण?"

कल्याण: "सर"

रस्तोगी: "अब उसे फोन करो और सबसे सस्ता खरीदने के लिए बोलो। सोमवार को बिल क्लियर होंगे। आज ही पहुँचने चाहिए यह सुनिश्चित करो। क्या उसके पास कोई कार है?"

पीयूष: "ठीक है सर, मैं बताता हूँ। मैं अपना वाहन भेज दूंगा। क्योंकि मेरे ड्राइवर को स्थान पता है। दूसरों को शिदीपुरा में खोजना थोड़ा मुश्किल होगा"

रस्तोगी: "उसे यहाँ से कॉल करो। "क्या आपने दोपहर का भोजन किया है?"

पीयूष: "नहीं सर, मैं लाया हूँ। लेकिन बाद में कर लूँगा"

रस्तोगी: "कब? पहले ही तीन बज चुके है। जाओ पीयूष अपना लंच कर लो और 15 मिनट में वापस आ जाना। हम डोजियर पर काम कर रहे हैं। यह भी सुनिश्चित करना कि पान मसाला का आदेश बाहर न आए"

पीयूष: "सर"

पीयूष कमरे से जाता है।

कल्याण: "सर, पहले हम भगौड़ों की सूची को अंतिम रूप देंते हैं"

रस्तोगी; " मैं यही कहने वाला था। पिछली बार हमने 35 नाम दिए थे"

कल्याण: "हमें 5 और मिल गए हैं"

रस्तोगी: "ठीक है। शानदार। इसे टैग करो"

कल्याण: "क्या मैं इसे फाइनल मान सकता हूँ?"

रस्तोगी: "नहीं कल्याण, गृहसचिव को क्लियर करना होगा। मैं आज शाम एसएस (आईएस) और डीआईबी के साथ उनसे मिल रहा हूँ। 20 साल पुराना आपका दोस्त नहीं आ रहा"

कल्याण: "क्यों सर, लेकिन वह बैठक में चला आएगा"

रस्तोगी: "नहीं, उसे फटकार लगाई गई थी। गृहसचिव ने उसे बाहर निकाला था। वह चाहते थे कि यह दृष्टिकोण बदला जाए। डीआईबी और सचिव कैबसेक ने इसका विरोध किया था। इसलिए वह चुनौती महसूस कर रहा था"

कल्याण: "सर"

रस्तोगी: "वह मेरा डिवीज़न नही चला सकता, मैं उसे रिपोर्ट नही करता।"

कल्याण: "सर"

रस्तोगी: "वह चाहता था कि यह डोजियर व्यवसाय बंद हो जाए।"

कल्याण: "इसलिए हमारे पास इस बात का कोई सबूत नहीं है कि इसे द्विपक्षीय तंत्र में उठाया गया है"

रस्तोगी: "नहीं, यहाँ तक कि विदेश मंत्रालय भी इसे नहीं चाहता है"

उनकी चर्चा से अनजान पीयूष कमरे में प्रवेश करता है।

कल्याण: "सर, विदेश मंत्रालय देश के गृहमंत्री की तरह काम करता है"

रस्तोगी: "पीयूष आओ, आपका अंडर सेक्रेट्री विदेश मंत्रालय पर अपमानजनक आरोप लगा रहा है"

पीयूष: "सर मैंने सुना। मैंने इसे पहले भी सुना है। डीआईबी भी यही दृष्टिकोण रखता है"

रस्तोगी: "चलो हम आगे बढ़ते हैं"

कल्याण: "डोजियर का अगला हिस्सा व्यवसाय का अंत है। सर, पीओके और पाकिस्तान में आतंकवादी प्रशिक्षण शिविरों के लोकेशन हैं।"

रस्तोगी: "निश्चित रूप से, आओ हम तस्वीरों को देखें"

रस्तोगी: "ग्रेट, आपके पास इसकी सीडी भी है"

कल्याण: "सर"

रस्तोगी: "पीयूष और कल्याण। आज गृहसचिव की बैठक के लिए आओ।"

कल्याण और पीयूष: "सर"

इस बीच दरवाजे पर दस्तक होती है, अनुभाग अधिकारी भारद्वाज कमरे में प्रवेश करता है।

रस्तोगी: "हाँ भारद्वाज आप हमारे लिए क्या लेकर आए हैं?"

भारद्वाज एक बैग निकालता हैं और उसे रस्तोगी को दिखाता है।

रस्तोगी: "सस्ती है तो ठीक है। अब राकेश के साथ जाओ और सुनिश्चित करो कि इनमें सारी सामग्री समा जाये जैसा कि हमने राकेश को बताया है। बस कुछ ही मिनटों के लिए जाना"

भारद्वाज: "जी सर, लेकिन मैं निमंत्रण कार्ड के लिए एडी III के गुप्ता के साथ जा रहा हूँ"

रस्तोगी: "ठीक है, आप उसके लिए जाओ। राकेश आप रंजीत के पास जाओ"

राकेश: "सर"

रस्तोगी: "पता लगाओ कि ललित क्या कर रहा है। क्या उसने कोई प्रगति की है?"

राकेश: "ज़रूर सर"

रस्तोगी: "अन्य लोगों को भी अंतिम दौर में शाम छः बजे मिलने के लिए कहो। उन्हें इंतजार करने दीजिए। हम तीनों गृहसचिव के साथ होंगे। देरी हो सकती है तो कृपया प्रतीक्षा करें"

राकेश: "सर"

रस्तोगी: "अन्यथा आप सभी को रविवार को भी काम करना होगा"

राकेश: "ठीक है, सर"

इसी बीच भारद्वाज कमरे में आता है।

रस्तोगी: "हाँ पंडित जी, क्या बात है? (पीयूष और कल्याण को बताते हुए) यह व्यक्ति मेरे पड़ोसी जिले का रहने वाला है। मैं भिवानी का रहने वाला हूँ और यह रोहतक का रहने वाला है। मुझे इसके पिताजी ने पढ़ाया है। लेकिन, भारद्वाज आपने मुझे कभी नहीं बताया कि आप कुशलराम भारद्वाज के बेटे हो। मैं उनका विद्यार्थी हूँ।"

भारद्वाज: "नहीं सर। मेरे पिता को यह पसंद नहीं है। उन्होंने हमें स्पष्ट रूप से कहा है कि उनके नाम की डींग न हांके।"

रस्तोगी: "सिद्धांत वाले व्यक्ति हैं। अच्छा! अब आपको यहाँ जल्दबाजी में क्या लाया है?"

भारद्वाज: "कल्याण साहब से है सर।"

रस्तोगी: "बताओ समस्या क्या है?"

भारद्वाज: "सर एएस (बीएम) ने सीसीआईई (सेंट्रल कॉटेज इंडस्ट्रीज इम्पोरियम) में लगभग 50,000 रुपये का बिल चलाया है।"

रस्तोगी: "मैं यह जानता था। लेकिन उपहारों के लिए वित्त मंत्रालय की मंजूरी क्या है। फाइल के साथ रंजीत को बुलाओ।"

भारद्वाज: "सर"

और वह बाहर चला जाता है। कुछ देर बाद रंजीत कमरे में प्रवेश करता है। चाय भी आती है। चाय पीते समय वे फाइल के नोटिंग भाग को पढ़ते हैं जहाँ वित्त मंत्रालय के व्यय विभाग की टिप्पणी है। टिप्पणी कुछ इस तरह थी:

व्यय विभाग

ईIV सेक्शन

आइटम (viii) उपहार:- प्रति विजिटिंग डेलीगेट 1250 रुपये से अधिक नहीं।

रस्तोगी: "15 प्रतिनिधियों का अर्थ है 18750 रुपये। कोई रास्ता नहीं है, क्या आपका एहसान अपने रिश्तेदारों को भुगतान करने के लिए अपनी जेब से शेष राशि निकालेगा?"

कल्याण: "क्या मैं उससे पूछूँ सर? उसने कहा था कि वह पैसे का प्रबंध कर लेगा"

रस्तोगी: "मुर्ख, वह पहले से ही आपसे चिढ़ा हुआ है। आपके पास आपकी सहेली डीएस एक्सपेंडिचर लक्ष्मी के अलावा और कोई सहारा नहीं है।"

कल्याण: "सर, सरकारी काम और व्यक्तिगत जुगाड़"

पीयूष: "मैं आपका स्वभाव जानता हूँ। हाजमोला खालो।"

फोन की घंटी बजती है।

रस्तोगी: "ठीक है, माधव हम आ रहे हैं"

गृहसचिव कार्यालय की ओर से कॉल थी। कल्याण और पीयूष रस्तोगी के पीछे गृहसचिव के कमरे में चले गए।

अध्याय 20

दृश्य 50

रस्तोगी गृहसचिव के कमरे में प्रवेश करता है और उसके बाद पीयूष और कल्याण। वे विशेष सचिव और साथ ही डायरेक्टर आईबी और आईजी (जो कुछ समय पहले पीयूष के कमरे में आये थे) और राज चटर्जी, विशेष सचिव, कैबिनेट सचिवालय को पहले से ही वहाँ बैठे हुए पाते हैं। गृह सचिव अधिकारियों को संबोधित करते हैं।

गृहसचिव: "रस्तोगी अब चलो काम के मुद्दों पर आते हैं। हम मेज पर क्या रखने जा रहे हैं?"

इसी बीच, विदेश मंत्रालय से एक संयुक्त सचिव आता है। आईबी के आईजी सावधानी से कल्याण को आँख मारते हैं और दोनों मुस्कुराते हैं। रस्तोगी ने वार्ता के मुख्य एजेंडे की शुरुआत आतंकवाद और मादक पदार्थों की तस्करी के निपटारे से की।

गृहसचिव: "उन्होंने एजेंडे में क्या सुझाव दिया है। क्या उन्होंने कोई सुझाव भेजा है?"

रस्तोगी: "सर, उन्होंने दो समझौतों का सुझाव दिया था, एक विशेष वीजा दर्जे पर और दूसरा काउंसलर एक्सेस के समझौते पर। लेकिन हमने अपनी एजेंसियों से परामर्श किया है और दोनों को हमारी एजेंसियों द्वारा अनुशंसित नहीं किया गया है।"

गृहसचिव: "लेकिन डीजी एनसीबी और एएस (बीएम) या जेएस (विदेश विभाग) को आमंत्रित किया है"

पीयूष: "हाँ सर"

एएस (बीएम) ने पुष्टि की है कि वह आएंगे। इस बार राज चटर्जी और उनके जूनियर नायर कल्याण को आँख मारते हैं। यह बात गृहसचिव के संज्ञान में आई।

गृहसचिव: "क्या बात है हर कोई कल्याण को आँख मार रहा है? इससे पहले मैंने आईबी वालों को ऐसा करते हुए देखा था। अब राज आप कल्याण को इशारा कर रहे हैं। आखिर राज क्या है? क्या मैं जान सकता हूँ। क्या कल्याण मैन ऑफ द मैच हैं?"

कल्याण: "सर मैं मैन ऑफ द मैच नहीं बन सकता हूँ। सर मैं तो शादीशुदा हूँ और मैच की तलाश नहीं कर सकता हूँ।"

हर कोई खिलखिलाकर हंसने लगा। राज चटर्जी ने उसे थम्स अप का इशारा किया।

गृहसचिव: “यह बहुत अच्छा है, आप मैच को दूर ले गए और ध्यान भी।”

इसी बीच एएस (बीएम) और डीजी एनसीबी कमरे में प्रवेश करते हैं और बैठते हैं।

गृहसचिव: “आपका स्वागत है खान। आपको किसने देरी की?”

एएस (बीएम): “सर, प्रतिनिधिमंडल के लिए उपहारों को अंतिम रूप देने के काम में अटक गया था”

गृहसचिव: “आपको यह सब किसी महिला डायरेक्टर पर छोड़ देना चाहिए था। वंदना या रीता”

खान: “सर, मैं यह सुनिश्चित करना चाहता था कि यह एक और चुभने वाला मुद्दा न बन जाए।” कुछ वस्तुएं, जैसे मोर, देवताओं की मूर्तियां आदि, ठीक नही हैं।”

गृहसचिव: “ठीक है, ठीक है, चलो हम शुरू करते हैं”

रस्तोगी: “शुरूआती टिप्पणियां (भाषण) आपके समक्ष प्रस्तुत की गई हैं। यह विशुद्ध रूप से दृष्टिकोण पत्र के अनुसार है जिसे हमने सीसीएस अनुमोदन के लिए भेजा था।”

गृहसचिव: “हाँ, मैंने उसी का उपयोग किया है। मैं दृष्टिकोण पत्र को भाषण में परिवर्तित करने के लिए कल्याण पर भरोसा करता हूँ। वेल डन कल्याण। लेकिन मैंने अधिक उपयुक्त शब्दों का उपयोग करने जैसे मामूली बदलाव किए हैं। इसलिए हम इसे फ्रीज करते हैं।”

एएस (बीएम): “सर, क्या हम इसकी विदेश मंत्रालय के व्यक्तियों द्वारा जांच करवा सकते हैं?”

गृहसचिव: “खान, उन्होंने दृष्टिकोण पत्र देखा है। उन्होंने अपनी टिप्पणियां सीसीएस नोट पर कैबिनेट सचिव को भेजीं है। विदेशमंत्री ने सीसीएस की बैठक में भाग लिया है। हम काम को बढाते क्यों हैं? यदि कल्याण मजाक कर सकता है तो मैं भी करूंगा। कितने डीटीसी के टिकट लोगे खान ऑल रूट पास है, सीसीएस सभी रूट पास है।”

हर कोई हंसने लगता है।

रस्तोगी: “सर, हम जिन दो समझौतों पर चर्चा कर रहे थे”

गृहसचिव: “हाँ धनंजय”

रस्तोगी: “सर, हमें हमारी एजेंसियों से नकारात्मक रिपोर्ट मिली है”

एएस (बीएम): “सर, क्षमा करें, मुझे ये समझ नही आया, मैं इसे मिस्स कर गया”

जेएस (एमईए): हम चाहते हैं कि एजेंसियां उनकी सिफारिशों की समीक्षा करें।”

रस्तोगी: “सर, विशेष वीजा वितरण पर समझौता”

गृहसचिव: "डीआईबी को अपनी राय देने दो"

डीआईबी: "सर, ऐसा करने से हम अवैध इमिग्रेशन के लिए अपने द्वार खोलेंगे। सबसे पहले प्रस्तावित वीज़ा की श्रेणियां शैक्षिक, चिकित्सा वीजा और कुछ अन्य हैं, मेरे पास पिछले रिकॉर्ड और बीओआई से वर्तमान इनपुट के साथ सम्पूर्ण विश्लेषण था। जब तक हम अपने इमिग्रेशन तंत्र को एक मजबूत तंत्र में सुधार नहीं करते हैं तब तक हमें इसे स्वीकार नहीं करना चाहिए।"

एएस (बीएम): "लेकिन सर, यह फोरेनेर्स डिवीजन डोमेन में आने वाला एक मामला है। आंतरिक सुरक्षा इसमें क्यों प्रवेश करती है?"

एसएस (आईएस): "कल्याण! क्या हमने विदेशी डिवीजन से भी परामर्श किया था?"

रस्तोगी: "सर, हमने काउंसलर एक्सेस और विशेष वीजा वितरण दोनों पर उनकी टिप्पणियां मांगी थीं। वे अभी तक नहीं आई हैं"

गृहसचिव: "अब मुझे बताओ खान आप टिप्पणी कब भेजेंगे। सुरक्षा सर्वोपरि है। जो कुछ भी सुरक्षा के लिए एक संभावित चुनौती है क्या हमें उस पर चर्चा नहीं करनी चाहिए।"

जेएस (एमईए): "सर, मैं इस पर एफएस से आदेश लेना चाहता हूँ"

गृहसचिव: "आप लेने के लिए स्वतंत्र हैं। लेकिन, आपकी स्थिति पर पहले से ही कैबिनेट समिति द्वारा विचार किया जा चुका है।"

गृहसचिव: "अगला, कोई और मुद्दा जिसपर अभी चर्चा करना जरूरी है।"

रस्तोगी: "नारकोटिक्स कंट्रोल ब्यूरो और पाकिस्तान के एंटी नारकोटिक्स फोर्स के बीच एक पारस्परिक सहयोग समझौते का निर्णय 2005 की वार्ता में लिया गया था"

गृहसचिव: "डीजी एनसीबी क्या प्रगति है?"

एनसीबी के महानिदेशक: "सर, कुछ रुपरेखा बनाई गई थी। हमने इसे 2006 में शुरू भी किया था। लेकिन जिन बिन्दुओं पर सहमती बनी थी अब पाकिस्तानी टीम ने उनमें से अधिकांश खंडों को रद्द कर दिया है। हम आरोपी के मूल देश आदि में मुकदमे जैसे बिंदु पर उनके सुझावों से सहमत नहीं हो सकते हैं। यह एनडीपीएस अधिनियम के विपरीत है। इसके अलावा, कानूनी मुद्दा भी है, भारत में ड्रग्स की तस्करी करते हुए गिरफ्तार किए गए पाकिस्तानियों की संख्या बहुत अधिक है, जबकि शायद ही कोई भारतीय वास्तविक अर्थों में तस्करी करते हुए पकड़ा गया हो। ड्रग्स मिलने के मामले हो सकते हैं लेकिन, वो सम्भवतः अपने उपयोग के लिए होंगे। किसी आर्थिक लाभ के लिए नहीं। न ही वह किसी भी सिंडिकेट के लिए काम कर रहा है। वास्तव में, अब हमारा सुझाव यह है कि इस होने वाली वार्ता में इसे रद्द कर दिया जाए।"

गृहसचिव: “मिनट कौन बना रहा है, पीयूष?”

पीयूष: “कल्याण बना रहा है सर”

गृहसचिव: “कल्याण इस पर ध्यान दो। बैठक के तुरंत बाद एक लिखित नोट बनाओ”

एनसीबी के महानिदेशक:”सर, मैं अपने डीडीजी ईश्वर कुमार को रिकॉर्ड के लिए तुरंत एक लिखित नोट लाने का निर्देश दूंगा।”

डीआईबी/एसएस (आईएस) ने अपने हाथ उठाएं

गृहसचिव: “हाँ मेरा एसएस पहले”

एसएस (आईएस): “सर डीआईए का अनुमान है कि ड्रग्स की यह समस्या वास्तव में भारत में पूर्वोत्तर, वामपंथी उग्रवाद वाले राज्यों और कश्मीर में आतंकवादी गतिविधियों के लगभग 20% को वित्त पोषित कर रही है।”

डीआईबी: “मैं सहमत हूँ सर। इसके अलावा, ड्रग्स के खतरों के साथ इन लिबरल प्रवेश मानदंडों के कारण ड्रग्स के साथ भारत में आने वाले कूरियर भी हैं। हमें इस पर राजस्व विभाग को भी जोड़ने की आवश्यकता है। सर, यदि आप जयपुर में पिछले वर्ष हुई चैम्पियन ट्राफी की घटना को याद करें, तो यदि कस्टम विभाग ने सभी क्रिकेट टीमों के साथ वीआईपी आचरण न किया होता तो शायद हमें ड्रग्स मिलती। सर, मेरा यह कहना है कि गृह सचिव, कैबिनेट सचिव आदि को छोड़कर कस्टम के इमिग्रेशन में किसी के साथ कोई वीआईपी व्यवहार नहीं किया जाना चाहिए है।”

राज चटर्जी: “सर हमारे मंत्रियों को अन्य देशों में ऐसा कोई वीआईपी प्रबंध नहीं मिलता है।”

गृहसचिव: “आपको इसे लागू करने से कौन रोक रहा है, डिअर? बीओआई आपका डोमेन है। क्या आपने कभी कोई प्रस्ताव भेजा है?”

जेएस (एमईए): “सर डिप्लोमेटिक एगज्म्पश्न्स (राजनयिक छूट) पर विचार किया जा सकता है”

गृहसचिव: “मुझे उन देशों की सूचि दो जिनके पास ये प्रावधान हैं”

उसी समय कल्याण पीयूष के माध्यम से रस्तोगी को एक पर्ची देता है जिस पर लिखा है “पारस्परिकता का सिद्धांत” (प्रिंसिपल और रेसिप्रोसिटी)

रस्तोगी: “पारस्परिकता के सिद्धांत पर”

गृहसचिव: “मैंने कल्याण से आया नोट देखा। लेकिन मेरा डर यह है कि जिन परिस्थितियों में पाकिस्तान पहले आपके राजनयिकों के लिए इस तरह की व्यवस्था करेगा और पारस्परिकता अथवा बदले में आपको

सरसरी जांच के बाद उनके सभी नशेड़ी और जासूसों को देश में आने की अनुमति देनी होगी। कोई दूसरा देश ऐसा नहीं करेगा। यह बिल्कुल स्वीकार्य नहीं है। डीआईबी बैठक के समाप्त होने के तुरंत बाद एक प्रस्ताव भेजो।"

डीआईबी: "स्योर सर"

गृहसचिव: "इसलिए हमने काम के मुद्दों पर चर्चा की है। मुझे बताया गया है कि कैबिनेट मिनट्स भी जारी किए गए हैं।"

रस्तोगी: "सर, हमारा अधिकारी उन्हें लेने के लिए पहले से ही राष्ट्रपति भवन में हैं"

गृहसचिव: "बहुत अच्छा। नहीं कल्याण। मैं कल ऑफिस में हूँ आपके लिए कोई रविवार नहीं"

कल्याण: "सर"

गृहसचिव: "मैं चाहता हूँ कि यह सब इकट्ठा हो जाए। कुछ महत्वपूर्ण बातें डीआईबी ने कही हैं। डीजी एनसीबी ने एक लिखित नोट भी दिया हैं। इसे एक नोटिंग की तरह बनाओ और गृहमंत्री के लिए प्रोसेस करो। मिनट-टू-मिनट कार्यक्रम आदि की व्यवस्था के बारे में क्या है?"

रस्तोगी: "सर, आपको ब्रीफ करेंगे सर"

गृहसचिव: "हवाई अड्डे पर उन्हें कौन रिसीव करने जा रहा है?"

रस्तोगी: "सर, एएस (बीएम) आपको इस बारे में जानकारी देंगे"

एएस (बीएम): "सर, मैं खुद पीयूष और कल्याण। मैं निदेशक (एडमिनिस्ट्रेशन) मिस्टर खन्ना और सीएसओ को भी ले जा रहा हूँ। इसके अलावा, हमारा प्रोटोकॉल अधिकारी भी है"

गृहसचिव: " कौन? वह खेमचंद। वह तो बड़ा ही बेकार आदमी है। पहला काम आप ये करो कि उसकी जगह कोई और बन्दा देखो।"

एएस (बीएम): "ओके सर"

रस्तोगी: "हमने प्रतिनिधिमंडल में संपर्क अधिकारी के रूप में उप-कमांडेंट सुरिंदर को भी नामित किया है।"

गृहसचिव: "विश्वसनीय व्यक्ति"

रस्तोगी: "डीजी बीएसएफ ने सुझाव दिया"

गृहसचिव: "ठीक है। अब कल्याण पीयूष और जेएस (आईएस) इसे फाइल पर लेकर आओ, जैसा कि कल दोपहर 2:00 बजे तक चर्चा की गई थी। एएस (बीएम) आप होटल सुरक्षा, स्वागत व्यवस्था की जांच करो। मुझे शाम 4:00 बजे तक ब्रीफ करो। थैंक्स जेंटलमेन"

गृह सचिव को धन्यवाद देने के बाद सभी उठ खड़े हुए। बाहर ईश्वर कुमार डीडीजी के नोट के साथ इंतजार कर रहे थे। एनसीबी के महानिदेशक ने इसका अवलोकन किया और बाद में अपने हस्ताक्षर करके कल्याण को सौंप दिया।

दृश्य 51

रविवार

सरोजिनी नगर में श्री विनायक मंदिर में सूर्य नमस्कार सहित अपनी सुबह की प्रार्थना समाप्त करने के बाद, कल्याण सुबह 10:30 बजे तक ग्राउंड फ्लोर नॉर्थ ब्लॉक में अपने कार्यालय पहुंचता है। पिछली रात वे योजना के अनुसार व्यवस्था की समीक्षा नहीं कर सके क्योंकि, गृहसचिव की बैठक रात 8:00 बजे के बाद भी चलती रही। इसलिए रस्तोगी ने सुझाव दिया है कि वे दोपहर में मिलेंगे क्योंकि, कल्याण को हर चीज लिखित में बनाना होगा। इसलिए वह पहले आ गया था। वह अपने कंप्यूटर पर काम करने की तैयारी करता है। लगभग 11:15 बजे उसके कार्यालय से जुड़ा कांस्टेबल अंदर आता है।

कल्याण: "चाय लाओ यार"

कॉस्टेंबल: "सर, अभी लाया"

कल्याण: "कैंटीन बंद है। बाहर से लाना पडेगा"

कॉस्टेंबल: "जी हाँ, साहिब"

कल्याण: "पैसे ले जाओ"

कांस्टेबल: "जी हाँ साहिब"

और फिर कल्याण अपना काम शुरू करता है। पहले प्रारूप बनाता है और एक प्रिंटआउट लेता है। उसे अभी-अभी सूचित किया गया था कि रस्तोगी कार्यालय में आ गए हैं। कॉस्टेंबल चाय लेकर आता है। उसी समय पीयूष उसके कमरे में आता है।

पीयूष: "कल्याण साहिब"

कल्याण (कांस्टेबल को दो कप में चाय डालने के लिए संकेत देता है): "सर, चाय पीजिये"

चाय पीते समय वे कल्याण द्वारा तैयार किए गए प्रारूप को देखते हैं। पीयूष सहमती जताता है और वे रस्तोगी के कार्यालय में जाते हैं। रस्तोगी अपने कमरे में है, जहाँ वह अपने पीए को गृहसचिव के शुरुआती भाषण में कुछ मामूली सुधार करने के बारे में बता रहे हैं।

रस्तोगी: अरे! आओ भाई। गृह सचिव मामूली बदलाव बता रहे थे। ये तो पूरा पेंट मार डाला।"

पीयूष: "सर, कल्याण का पसंदीदा है साहब। कल्याण जो कुछ भी कहता है वह उससे सहमत होता है और उसी समय कल्याण द्वारा तैयार किया गया प्रारूप रस्तोगी को सौंपता है।"

रस्तोगी: "ठीक है, सभी बिंदु कवर किए गए हैं। यह कौन से कंप्यूटर पर किया गया है और फ़ाइल नाम क्या है"

कल्याण: "सर मेरा कंप्यूटर। फ़ाइल नाम मिनट्स फ्रॉम यस्टरडेज डेट है"

रस्तोगी (बजर पर): "शक्ति सिन्हा को भेजो भाई"

एसएसबी से उनके पीए में से एक शक्ति सिन्हा अंदर आता है।

रस्तोगी (सिन्हा से): "अंडर सेक्रेट्री के कमरे में जाओ इसे इस पेन ड्राइव पर कॉपी करो और उसके बाद अपने कंप्यूटर पर लोड करो। हमें इस पर काम करने की जरूरत है"

सिन्हा: "सर"

बाद में सिन्हा अपनी पेन ड्राइव के साथ वापस आता है और फाइल को रस्तोगी के कमरे में कंप्यूटर पर अपलोड करता है। मामूली संशोधन करने के बाद वे मिनट्स को अनुमोदन के लिए गृहमंत्री को भेजते हैं। एक घंटे के भीतर पता चलता है कि गृहसचिव ने अनुमोदित कर दिया है और गृहमंत्री को फाइल भेज दी है। बाद में टीम के साथ अन्य सभी व्यवस्थाओं की समीक्षा करने के बाद वे घर जाने की तैयारी करते हैं। जैसे ही वे निकलने वाले थे फोन की घंटी बजती है। रस्तोगी फोन उठाता है।

रस्तोगी: "हाँ"

सिन्हा: "सर, अतिरिक्त सचिव विदेश मंत्रालय"

रस्तोगी: "कनेक्ट करो"

प्रोटोकॉल के अनुसार पहले टेलीफोन एएस (एमईए) के कार्यालय से कनेक्ट किया गया और बाद में एएस ऑनलाइन आता है।

रस्तोगी: "सर"

रस्तोगी पीयूष और कल्याण को छोड़कर सभी को जाने का संकेत करता है।

रस्तोगी: "सर, मैं गृहसचिव से आदेश लूंगा।"

रस्तोगी: "सर, व्यय विभाग पहले से ही खर्चों पर बहुत सख्त है। सर वे कुछ और क्लियर नहीं करेंगे"

रस्तोगी: "सर क्या आप अपने हॉस्पिटैलिटी बजट से व्यवस्था कर सकते हैं, सर?"

हम विवश हैं”

रस्तोगी: “मैं गृहसचिव से बात करूंगा”

फोन कॉल समाप्त हो गया। कल्याण और पीयूष ने कभी भी रस्तोगी को ऐसे शब्दों का उपयोग करते हुए नहीं सुना था। लेकिन इस बार गुस्से में उन्होंने कहा, “अगली बार ये बास्टर्ड्स अपनी महिलाओं को भी लेटा देंगे। कल्याण हमेशा ठीक बोलता है। विदेश मंत्रालय वास्तव में पाकिस्तान के गृहमंत्रालय का ब्रांच ऑफिस है।”

पीयूष: “सर क्या हुआ?”

रस्तोगी: “तीन चीजें”

पीयूष: “हाँ सर”

रस्तोगी: “विदेश मंत्रालय ने सूचित किया है कि पाकिस्तान का गृहसचिव अपनी पत्नी के साथ आ रहा है।”

कल्याण: “कितनी सारी सर?”

रस्तोगी: “कोई होशियारी नहीं। बीहेव योरसेल्फ”

कल्याण: “सॉरी, सर”

रस्तोगी: “वे अपनी यात्रा के दौरान उसे कंपनी देने के लिए एक महिला अधिकारी चाहते हैं”

कल्याण: “सर हम एएस (बीएम) से अनुरोध कर सकते हैं कि वह अपनी पत्नी को कंपनी देने के लिए कहे”

रस्तोगी: “उसके पीछे क्यों पड़े हो?”

कल्याण: “आगे से नहीं होगा सर”

रस्तोगी: “नम्बर 2 वे उसके लिए एक अलग कार चाहते हैं”

कल्याण: “हमने इंटीरियर सेक्रेट्री के लिए एक कार (टोयोटा कैमरी) का प्रबंध किया है”

पीयूष: “प्लस सर, वे ले मेरिडियन में रुकेंगे और मीटिंग वेन्यू भी वही है”

रस्तोगी: “आपका मतलब है कि जब बैठक चल रही होगी तो वह उसी कार का उपयोग कर सकती है।”

पीयूष: “सर”

रस्तोगी: “पीयूष अच्छा आईडिया है। लेकिन जब वह अपना भाषण हम पर फेंक देगा और दोपहर का भोजन भी समाप्त हो जाएगा, तब वह आईएसआई के बंदे के साथ पीएचसी (पाकिस्तान उच्चायोग) नई दिल्ली जाएगा”

कल्याण: "दुसरे प्रतिनिधियों की कार उठा लेंगे"

रस्तोगी: "संभव नहीं है, एक और कार की व्यवस्था करो। कैमरी नहीं लेकिन, होंडा सिटी जो हम दूसरों को दे रहे हैं। और हाँ! सोमवार को नहीं, केवल मंगलवार और बुधवार के लिए।"

कल्याण: "सर, करेंगे"

रस्तोगी: "अपने ख़ास दोस्त निदेशक (एडमिनिस्ट्रेशन) को एक महिला अधिकारी को दुल्हन की सहेली बनने के लिए नियुक्त करने के लिए बोलो।"

कल्याण: "सर"

पीयूष: "सर, तीसरी बात क्या है?"

रस्तोगी: "कुछ प्रतिनिधि गुरुवार 05.07.2007 को आगरा का दौरा करना चाहते हैं।"

कल्याण: "सर, तारीख और स्थान दोनों के लिए वीजा एक्सटेंड कर देते हैं।"

रस्तोगी: "कल्याण मैं थक गया हूँ और आप मुझे परेशान कर रहे हैं।"

पीयूष: "और मुद्दा क्या है सर?"

रस्तोगी: "पीयूष तुम भी कल्याण के साथ बैठकर मेरा मजाक मत उडाओ। ये पेपर वेट लो और मेरे सिर पर मार दो। मुझे कम से कम मेडिकल लीव मिल जायेगी।"

पीयूष: "समझ में आया सर, वैरी सॉरी सर"

कल्याण: "क्या इसका मतलब अधिक खर्च है सर?"

रस्तोगी: "इतनी बात समझ में आ गई"

कल्याण: "सर, गरीबी में आटा गीला। मुझे एफए और व्यय विभाग का सामना करना पड़ेगा। इन आतंकवादियों को खिलाया जा रहा है और सारी गालियाँ मुझे सुननी होगी।"

रस्तोगी: "जब यह होगा हम तब देखेंगे। भारद्वाज और ललित से कहो कि कल सुबह ठीक 9:00 बजे मुझसे मिलो"

कल्याण: "सर"

रस्तोगी: "ठीक है, हम सुबह 9:00 बजे फिर से मिलते हैं। कोई बहाना नहीं चलेगा। कोई यातायात जाम आदि नहीं। जल्दी निकलना और अपने लड़कों को भी बता देना।"

पीयूष और कल्याण रस्तोगी के कमरे से निकलते हैं और पीयूष के कमरे में फिर से इकट्ठे होते हैं।

दृश्य 52

निदेशक (आईएस) का कमरा

पीयूष: "तो आप सभी यहाँ हैं?"

कल्याण: "हाँ सर"

राकेश: "सर चाय तो पिला दो सर, हम सुबह से काम कर रहे हैं।"

पीयूष (अपने कांस्टेबल को बुलाता है और आदेश देता है): "सबको चाय पिलाओ और खाने के लिए कुछ मांगवाओ।"

कांस्टेबल: "सर, गेट नंबर 8 की दूकान में सिर्फ आलू भुजिया मिलेगा"

पीयूष: "ला दो यार"

पीयूष: "ललित और भारद्वाज आपको कुछ प्रतिनिधियों के लिए आगरा की यात्रा पर काम करना होगा। यह किसका डोमेन है?"

ललित: "वीज़ा एक्सटेंशन- मेरा सर"

भारद्वाज: "सर, हो जाएगा, मैं अशोक टूर्स एंड ट्रैवल्स से बात करूंगा"

"यह एक आईटीडीसी (ITDC) इकाई है। फिर कोटेशन्स की कोई आवश्यकता नहीं है"

ललित: "ठीक है सर, जैसे ही आगरा जाने वाले प्रतिनिधियों के नाम पता चल जायेंगे, मैं विदेशी प्रभाग के साथ आवश्यक काम करूंगा"

पीयूष: "जेएस (विदेश) और एएस (बीएम) वहाँ होंगे"

इतने में चाय और स्नैक्स आते हैं और वे सभी चाय पीते हैं।

पीयूष: "कारों के बारे में क्या है?"

ललित: "सर, एक कार 7:45 पर अंडर सेक्रेट्री के आवास पर रिपोर्ट करेगी, दूसरी मेरे घर पर। मैं आपके पीएस को भी साथ लूँगा क्योंकि वह पड़ोस में रहता है। तीसरी कार राकेश के पास होगी। वह जेएस के पीएस और कल्याण साहिब के पीए को लेगा। एक और है जिसका उपयोग रंजीत और दो अन्य कर्मचारी करेंगे। दो कारें सुबह 7:00 बजे कंट्रोल रूम में रिपोर्ट करेंगी। सर, हम कुछ सामग्री कंट्रोल रूम में रख रहे हैं उन्हें उठाया जाएगा।"

पीयूष: "धन्यवाद ललित। हमें शाम को ही उस स्थान पर जाना पड़ेगा। इसलिए ये दोनों कारें दोपहर में रिपोर्ट कर सकती हैं। ये कंट्रोल रूम वाले उनका दुरुपयोग करेंगे। वह डीसी राघव आज अपने सभी रिश्तेदारों को लिफ्ट देगा। तो योजना बदलो"

भारद्वाज: "सर"

कल्याण: "भारद्वाज कितने लोगों के लिए हवाई अड्डा पास चाहिए? कल शाम वे आ रहे हैं"

ललित: "सर मैं अटेंड करूंगा"

कल्याण: "मेरा तात्पर्य कारों से था और उन कुछ लोगों से भी था जो हमने प्रतिनिधियों के लिए लगाए हैं।"

भारद्वाज: "सर, मैं कल 11:00 बजे तक लूप को पूरा कर लूंगा, जब मुझे नंबर मिलेंगे"

कल्याण: "आपका क्या है ललित"

ललित: "एएस (बीएम), बीएसएफ के सुरिंदर, निदेशक सर, आप सर, और मैं सर"

पीयूष: "आकस्मिक प्रावधान है"

ललित: " सर बीसीएएस के भटनागर दोपहर 3:00 बजे तक इंतजार करेंगे। उसके बाद हम जरूरत पड़ने पर हवाई अड्डे पर तैनात सीआईएसएफ के माध्यम से व्यवस्था करेंगे।"

पीयूष: "राकेश फ़ोल्डर्स का क्या अपडेट है?"

राकेश: "मैंने और रंजीत ने पूरा कर लिया है। कल्याण सर को पीडी डिवीजन से जो सामग्री मिलेगी उसे उनमें डालने के लिए देना होगा।"

पीयूष: "ठीक है, रंजीत तुम बुककीपर हो। कृपया सभी व्यय वाउचरों को ध्यान से रखना। आप इन सभी बिलों को प्रोसेस करेंगे"

रंजीत: "जी ठीक है सर, लेकिन मुझे घबराहट हो रही है सर। हम प्रत्येक आइटम में व्यय सीमा का उल्लंघन कर रहे हैं।"

पीयूष: "आप अपने दोस्त की शादी पर खर्च कर रहे हैं। हम जेएस के साथ इसे सुलझा लेंगे। कल्याण साब वित्त विंग में उनके टेबल टेनिस वाले साथी और बाद में व्यय विभाग में उनके समुदाय की सहेली लक्ष्मी के साथ काम करने के लिए अपने पास हैं। बस वाउचर तैयार रखना।"

कल्याण: "सर, लक्ष्मी अयंगर है और मैं एक अय्यर हूँ। हम एक ही समुदाय से नहीं हैं"

पीयूष: "टैब्रहम सभी एक ही है"

कल्याण: "सर"

सभी दिन के लिए तितर-बितर हो जाते हैं क्योंकि शाम के 7:30 बज चुके हैं।

दृश्य 53

02.07.2007, सोमवार

सुबह के 9:00 बजे, रस्तोगी का कमरा

रस्तोगी: "मैं प्रभावित हूँ कल्याण। सभी लोग यहाँ हैं। केवल आपके निदेशक को छोड़कर"

कल्याण: "सर वह भी गेट नंबर 4 पर हैं। बस आते होंगे"

रस्तोगी: "उसको बचाने की कोशिश मत करो। उसने फोन किया था और बताया कि वह तुगलक रोड पर है। 5-7 मिनट का समय लगेगा"

कल्याण: "ओके सर"

रस्तोगी: "सब कुछ नियंत्रण में है न?"

कल्याण: "अब तक तो है सर"

रस्तोगी: "अंतिम कड़ियाँ कौन सी हैं जिन्हें जोड़ने की आवश्यकता है?"

कल्याण: "सर, डिनर के लिए इनविटेशन कार्ड"

भारद्वाज: "सर एएस (बीएम) को प्रारूप क्लियर करना है"

कल्याण: "सर आमंत्रितों की सूची"

रस्तोगी: "हम आज दोपहर को अंतिम रूप देंगे"

रस्तोगी: "प्रतिनिधियों के लिए कारें"

भारद्वाज: "सर, आज रात 11:00 बजे तक मुझे नंबर मिल जाएंगे। फिर सर हमें वीआईपी क्षेत्र में उनकी पार्किंग के लिए प्रवेश पास मिलेंगे।"

ललित: "अधिकारियों के लिए प्रवेश पास भी, मैंने निदेशक सर, अंडर सेक्रेट्री सर, सुरिंदर बीएसएफ, एएस (बीएम) सर और मेरे लिए भी व्यवस्था किया है। प्रोटोकॉल अधिकारी खेमचंद के पास एक स्थायी प्रवेश पास है। कोई और सर?"

रस्तोगी: "भारद्वाज आप हवाई अड्डे पर जाओगे और जलपान के तुरंत बाद निकल जाना और सीधा होटल पहुंचना। मैं वहाँ रहूँगा और हम बैठक स्थल पर व्यवस्थाओं को एक बार चेक करेंगे।"

भारद्वाज: "सर"

रस्तोगी: "रंजीत अब से आप सभी दस्तावेजों को संभालेंगे। कैबसेक वाले एक डोजियर देंगे। आपको उसे अपने जीवन से अधिक सुरक्षित रखना होगा। आप किस कार का उपयोग करेंगे या आप उपयोग कर रहे हैं? मैंने किसी सुरक्षाकर्मी को इस बारे में विस्तार से बताया है। आप उसके बिना नॉर्थ ब्लॉक के अंदर एक भी कदम बाहर नहीं रखोगे।"

रंजीत: "ठीक है सर। क्या मैं इसे रात के लिए यहाँ छोड़ दूं?"

रस्तोगी: 'नहीं, आप इसे आज रात घर ले जाएंगे और इसे कार्यक्रम स्थल पर लाएंगे। इसके अलावा गृहसचिव के फ़ोल्डर जिसमें उनका उदघाटन भाषण है उसको भी साथ लाना है।"

रंजीत: "स्योर सर"

रस्तोगी: "जो कोई भी आपसे कुछ भी मांगे चाहें वो मैं क्यों न हूँ या फिर कल्याण या पीयूष क्यों न हो उनको आपका उत्तर होगा," जेएस (आईएस) से पूछिये" इज दैट क्लियर?"

इस बीच पीयूष कमरे में आता है।

रंजीत: "सर"

रस्तोगी: "शौचालय जाते समय भी आप इसे लॉक में संभाल कर रखेंगे। सुरक्षाकर्मी को इसकी सुरक्षा करने के लिए रखना और तब जाना। आपके पास दस्तावेज़ों और अन्य वाउचरों आदि का प्रबंधन करने के अलावा और कुछ नहीं है। इसलिए ध्यान से निगरानी रखना।"

रंजीत: "सर"

रस्तोगी: "राकेश फ़ोल्डर की क्या स्थिति है?"

राकेश: "सर कल्याण सर को पीडी डिवीजन की सामग्री को पूरा करना है"

रस्तोगी: "उन्हें एक बॉक्स में सील करो और तैयार रखो"

राकेश: "सर"

रस्तोगी: "आप सामग्री कब लेंगे?"

कल्याण: "सर दोपहर तक। दोपहर 3:00 बजे तक वे फ़ोल्डर तैयार कर लेंगे"

रस्तोगी: "ललित आप डीसीपी (सुरक्षा) और डीसीपी ट्रैफिक से बात करने वाले थे"

ललित: "सर, मैं अभी कर रहा हूँ।"

रस्तोगी: "ये पुलिस वाले सब बकवास लोग हैं। उनको लगता है कि एमएचए से हर कोई उनसे फेवर चाहता है। इसलिए यदि वह रेस्पोंड नहीं करे तो तुरंत मुझे बताना।"

ललित: "सर, लेकिन हमने यातायात और सुरक्षा दोनों को पहले ही सूचना भेज दी है"

रस्तोगी: "कल्याण की भाषा में बोलूं तो कांस्टेबल पता लगा रहा होगा कि इसमें क्या लिखा है। इन लोगों को सरल अंग्रेजी भी नहीं आती है।"

कमरा सबकी हंसी से गूंज उठता है।

भारद्वाज: "सर, क्या मैं जा सकता हूँ। आगरा यात्रा और कार नंबरों के लिए ट्रेवल वालों के साथ समन्वय करना होगा"

कल्याण: "सर मैं भी साउथ ब्लॉक जा रहा हूँ ताकि पीडी डिवीजन से उन सामग्रियों को उठा सकूं"

रस्तोगी: "एक बार आकलन कर लेना कि बैग में क्या रखा गया है। कुछ भी भारी नहीं होना चाहिए"

कल्याण: "स्योर सर"

सभा समाप्त हुई अर्थात सब लोग चले गए।

दृश्य 54

दोपहर 3:00 बजे, रस्तोगी का कमरा

कल्याण: "क्या फ्लाइट शाम 6:00 बजे उतर रही है, सर?"

रस्तोगी: "भारद्वाज तुरंत चले जाओ। पूरे रास्ते पर कई निर्माण संबंधी गतिविधियों के कारण गड़बड़ी चल रही है। बारिश भी हो रही है।"

भारद्वाज: "सर, मैं नार्थ ब्लॉक में गाड़ियों के काफिले के आने का इंतजार कर रहा हूँ।"

रस्तोगी: "आप यहाँ ट्रैफिक जाम करा दोगे। आपने उन्हें यहाँ क्यों बुलाया? उन्हें सीधे हवाई अड्डे पर रिपोर्ट करना चाहिए था"

भारद्वाज: "नहीं सर, बीसीएएस लेबल अभी आए हैं। मैं उन्हें सौंप दूंगा"

रस्तोगी: "पीयूष तुमने कहा था कि तुम्हारा आदमी अच्छा है। लेकिन ऐसा लगता है कि उसके पास कॉमन सेन्स नहीं है। बस किसी एक ड्राइवर को फोन करना था और सभी पास उसको सौंप देना चाहिए था।"

पीयूष: "सर मेरे अच्छे से मतलब था कि वह प्रतिबद्ध और ईमानदार है। मैंने ऐसा नही कहा था कि इंटेलिजेंट है।"

रस्तोगी: "कोई मजाक नहीं, प्लीज। आप चारों तुंरत जाओ। ललित तुरंत नॉर्थ ब्लॉक वापस आ जाएगा और कंट्रोल रूम के सामान की देखभाल करेगा, जबकि राकेश सभी प्रकार की सामग्रियों को ले-मेरिडियन में स्थानांतरित करेगा।" "रंजीत तब तक नॉर्थ ब्लॉक नहीं छोड़ेगा जब तक मैं उसे नहीं बोलूँगा। सुरिंदर का क्या हुआ, क्या उसने रिपोर्ट किया।"

कल्याण: "बताया गया है कि वह शाम 5:00 बजे तक हवाई अड्डे के वीआईपी लाउंज में सीधे रिपोर्ट करेंगे"

रस्तोगी: "आप लोग सबसे पहले निकलो"

कल्याण: "सर"

रस्तोगी: "भारद्वाज क्या आपके पास धनराशी है"

भारद्वाज: "नहीं सर, खेमचंद ले जा रहे हैं"

कल्याण: "सर हम निकलते हैं"

कल्याण, पीयूष, ललित और भारद्वाज हवाई अड्डे के लिए रवाना होते हैं।

दृश्य 55

आईजीआईए हवाई अड्डा, वीआईपी लाउंज

आवश्यक जाँच के बाद उन सभी को अंदर जाने की अनुमति दी जाती है। केरल के राज्यपाल श्री रघुनंदन जो पूर्व विदेश मंत्री भी थे वहाँ पहले से ही बैठे थे। पीयूष और कल्याण प्रवेश करते हैं। वह उन्हें नमस्कार करता है।

रघुनंदन: "कौन मेहमान आ रहे हैं"

पीयूष: "सर पाकिस्तान से प्रतिनिधिमंडल"

रघु: "मेरा प्रस्थान शाम 7:00 बजे है। अगर मुझे समय मिलता है तो उनसे मिलूंगा।"

कल्याण: "ज़रूर, सर। हमारे एडिशनल सेक्रेट्री भी उनका स्वागत करने के लिए आएंगे। सर, मैं उनसे परिचय कराने का अनुरोध करूंगा।"

रघु: "ठीक है, ठीक है"

वे रघुनंदन से अनुमति लेते हैं और दूसरे कोने में सोफे पर बैठ जाते हैं। कुछ मिनट बाद भारद्वाज और ललित भी उनके साथ शामिल हो जाते हैं।

पीयूष: "लेबल का मुद्दा हल हो गया"

भारद्वाज: "सर च.. पंती कर दी, जेएस ने ठोक दिया"

पीयूष: "10 दिनों से हम लगातार काम कर रहे हैं"

भारद्वाज: "चाय / कॉफी"...

ललित: "मैं इमिग्रेशन वालों को भी सूचित करूंगा"

भारद्वाज: "सर प्रबंध करेंगे सर"

ललित बाहर निकलता है और भारद्वाज भी जो खेमचंद से मिलता है और वीआईपी लाउंज के पेंट्री एरिया की ओर जाता है। कुछ मिनटों के बाद एएफएफआरओ मिस्टर शर्मा ललित के साथ आते हैं।

शर्मा: "गुड आफ्टरनून सर"

कल्याण: "गुड आफ्टरनून"

शर्मा: "सर, क्या चला रहा है आतंकवादियों की मेहमानबाजी"

पीयूष: "नौकरी कर रहे हैं। सेट अप हो गया क्या"

शर्मा: "नहीं सर, तकनीकी मुद्दे हैं। सीआईएसएफ वालों के साथ एक विकल्प की व्यवस्था की है। वे दो कर्मियों को तैनात कर रहे हैं जो सभी पासपोर्ट और एम्बार्केशन कार्ड इकट्ठा करेंगे। उसके बाद मैं उन्हें क्लियर करूंगा। वे काउंटर पर इंतजार कर सकते हैं।"

पीयूष: "यह सुनिश्चित कर लेना कि यह एएस (बीएम) को स्वीकार्य हो"

शर्मा: "सर खरी बात करता हूँ। एएस (बीएम) हो या गृहमंत्री। सर हमारे पास जो भी इंफ्रास्ट्रक्चर है हमें उसके साथ ही मैनेज करना है। यदि एएस (बीएम) चाहते हैं कि वे ऐसे ही प्रवेश करें तो उन्हें मुझे सुपरसीड करके आदेश देने होगा और तब हम अनुमति देंगे। लेकिन, उन्हें जिम्मेदारी लेनी होगी। मेरे साथ पहले से ही उसके दो मुद्दे चल रहे हैं।"

कल्याण: "बहरहाल वो छोडो। हीरोइन के साथ क्या हुआ?"

शर्मा: "सर रहने दीजिये"

पीयूष: "मुझे बताओ मैं शेयर नहीं करूंगा"

शर्मा: "वह XXXXXXX के साथ मास्को जा रही थी। बिजनस क्लास लाइन और नागरिकता ब्रिटेन की थी। जन्म स्थान होंगकांग था और पासपोर्ट में एम्प्लॉयमेंट एंडोर्समेंट नही था। मैंने उसे रोक दिया। मैंने कहा कि वह आगे नहीं उड़ सकती।"

पीयूष: "इसके बाद?"

शर्मा: "सर, थोड़ी देर बाद"

"मुझे जेडी (बीओआई) ने यह पूछने के लिए फोन किया था कि क्या मैं सहयोग कर सकता हूँ। मैंने कहा, "मैडम, आदेश पारित कर दीजिये'। वह स्टेटस नोट चाहती थी।"

"हमने एक नोट बनाया और इसे विशेष सन्देशवाहक द्वारा उसके निवास पर भेजा। मॉस्को की फ्लाइट निकल गई। उसे इंट्रो रूम में रखा गया था। हमने उसके साथ अच्छा व्यवहार किया। लेकिन उसके सह-कलाकार, मेकअप टीम आदि भी नहीं जा सके। मैं उन्हें इंट्रो रूम में नहीं रख सकता था। इसलिए हमने उन्हें सुरक्षा जाँच के लिए अलग पंक्ति में धकेल दिया। बाकियों को हमने चेक-इन एरिया में वापस भेज दिया। डीआईबी के स्टाफ ऑफिसर मिस्टर सिंह ने मुझे कॉल किया था। सर, वह अपडेट चाहता था। मैंने उसे कहानी बता दी।"

"बाद में, डीआईबी ने आधी रात को 7 आरसीआर से फोन किया। उन्होंने मुझे उन सभी को छोड़ने के लिए कहा। हमें किसी तरह यह करना पड़ा। सर, अगले दिन मुझे डीआईबी के कार्यालय में बुलाया गया। डीआईबी ने बहुत अच्छा काम कहा। लेकिन मुझे आधी रात को पता चला कि गृहमंत्री, विदेशमंत्री, एनएसए, पीएस-टू-पीएम और ओएसडी-टू-चेयरपर्सन एनएसी ने उन्हें अच्छे से सुनाया। मुझे स्थानांतरित किया जाने वाला था लेकिन, फिर किसी ने उन्हें यह सब रोकने के लिए कहा।"

पीयूष: "एएस (बीएम) आ गया है। आओ मैं विवशताओं को समझाऊंगा"

कल्याण: "ठीक है सर, आप शर्मा जी के साथ जाईये"

पीयूष: "एएस (बीएम) से इतनी क्यों फटती है आओ तुम भी आओ"

कल्याण: "सर"

इस बीच बीएसएफ के डिप्टी कमांडेंट सुरिंदर भी आ गए हैं। शाम के 6:00 बज चुके थे। पाकिस्तानी उच्चायुक्त और कुछ अन्य कर्मचारी भी कमरे में दाखिल हुए।

ललित: "कल्याण साहिब"

कल्याण: "हाँ बन्धु"

ललित: "सर हमने ओएसए मामले निपटाया था, जो आदमी पाक उच्चायोग की जासूसी कर रहा था, सर क्या आपको याद है?"

कल्याण: "हाँ"

ललित: "सर वह वही आदमी है"

पीयूष: "ललित?"

ललित शांत हो जाता है। इतने में फ्लाइट उतर गई, अतिरिक्त सचिव एहसान खान द्वारा गुलदस्ते के साथ प्रतिनिधिमंडल का स्वागत किया गया। जब तक भारद्वाज और खेमचंद तथा सीआईएसएफ के कुछ कर्मियों के साथ पीएचसी के दो कर्मचारियों द्वारा उनके इमिग्रेशन, कस्टम क्लियरेंस आदि किया जा रहा था तब तक उन्होंने वीआईपी लाउंज में इंतजार किया। प्रतिनिधियों को सैंडविच और अन्य स्नैक्स के साथ चाय कॉफी परोसी गई थी, जबकि एहसान खान इस दौरान उनसे बातचीत में व्यस्त था। काम पूरा होते ही भारद्वाज आदेशानुसार होटल चला गया और ललित नॉर्थ ब्लॉक के लिए रवाना हो गया। कल्याण और पीयूष भी काफिले के पीछे-पीछे होटल में आए। उन्हें होटल में चेक-इन कराने के बाद कल्याण होटल की लॉबी में टहल रहा था, जब उसका सामना दिल्ली विश्वविद्यालय के एक पुराने साथी के साथ हुआ। उसका नाम मुजफ्फर था और वह एक पत्रकार बन गया था, जो अब पाकिस्तानी डेली: द डॉन के लिए काम कर रहा था। एक दुसरे का हालचाल पूछने के बाद कल्याण ने उससे अनुमति ली और होटल से निकल गया। बाद में कार्यक्रम के अनुसार, कल्याण और पीयूष ताज पैलेस होटल में अगले दिन के खाने की व्यवस्था की जाँच करने गए और बाद में वापस आ गए। जब वह होटल से निकला तब रात के 10:00 बजे थे।

अध्याय 21

दृश्य 56

03.07.2007

नॉर्थ ब्लॉक पहुंचने के बाद सुबह आठ बजे कल्याण होटल की 15वीं मंजिल पर स्थित सम्मेलन स्थल पर गया। इस बीच, उसने यह भी जाँच की कि क्या दिन के दौरान आंतरिक सचिव की पत्नी को कंपनी देने के लिए किसी महिला अधिकारी को नामित किया गया है अथवा नही। धीरे-धीरे लोग अंदर आने लगे। सबसे पहले भारतीय प्रतिनिधिमंडल आया जिसमें आईबी के आईजी जिनकी कल्याण के साथ मित्रता थी आये और उनके साथ-साथ डीजी एनसीबी राज चटर्जी और एक के बाद एक अन्य लोग आये। गलियारे में चाय / कॉफी और स्नैक्स की व्यवस्था की गई थी।

सुबह 10:00 बजे

सभी प्रतिनिधि अपने-अपने निर्धारित स्थानों पर बैठ जाते हैं। कल्याण पीयूष के बगल में बैठा था, जबकि अन्य अधिकारियों को वरिष्ठता और प्रोटोकॉल के अनुसार बैठाया गया था। रंजीत और राकेश के तीनों पीए को किसी भी संदर्भ या शब्दशः प्रक्रिया के लिए गृहसचिव के पीछे की सीट पर बैठाया गया था।

स्वागत का प्रोटोकॉल पूरा होने के बाद, गृहसचिव ने सहजता से और बिना रुके अपना उद्घाटन भाषण देना शुरू किया। यह कमोबेश वही विषयवस्तु थी जिसका प्रारूप कल्याण ने बनाया था। समाप्ति पर कुछ लोगों ने तालियां बजाईं और बाद में पाकिस्तान के गृहसचिव ने अपना संबोधन शुरू किया। आईबी के आईजी ने मुस्कुराते हुए संकेत किया कि प्रतिनिधिमंडल में शामिल आईएसआई का बन्दा बार-बार कैसे हस्तक्षेप करेगा। बड़ी भयानक आवाज के साथ आंतरिक सचिव ने बोलना शुरू किया।

“महामहिम>>>>>” भाषण के लगभग पंद्रह मिनट के बाद सेवानिवृत्त ब्रिगेडियर की उपाधि वाले उनके साथी प्रतिनिधि ने उन्हें रोकने के लिए हस्तक्षेप किया। जैसे-जैसे भाषण आगे बढ़ा यह हस्तक्षेप भी बढ़ता गया। कम से कम तीन बार भारतीय गृहसचिव ने लाल झंडा दिखाया जब ‘भारत अधिकृत कश्मीर और आजाद कश्मीर’ जैसे शब्दों का उल्लेख किया गया। हमारी आपत्तियों से पाकिस्तानी प्रतिनिधिमंडल को अवगत करा

दिया गया था, हालांकि, प्रतिनिधिमंडल में विदेश मंत्रालय के निदेशक ने पहले भी सुझाव दिया था कि हमें टिप्पणियों में हस्तक्षेप नहीं करना चाहिए, बल्कि बाद में पाकिस्तान उच्चायोग को एक आपत्ति पत्र भेजना चाहिए, जिसे गृह मंत्रालय द्वारा अस्वीकार कर दिया गया था। इसके अलावा, जब बैठक शुरू हो चुकी थी तब कल्याण को कुछ एजेंसियों के माध्यम से आंतरिक सचिव के उद्घाटन भाषण की एक प्रति दी गई थी जिसमें गृहसचिव द्वारा भाषण में अन्य आपत्तिजनक बिंदुओं को चिह्नित करने का आदेश दिया गया था। कल्याण ने अनेक मुद्दों को चिन्हित किया था जिनमें समझौता एक्सप्रेस ब्लास्ट, मक्का मस्जिद ब्लास्ट, 11.07.2006 मुंबई में लोकल ट्रेनों में सिलसिलेवार बम विस्फोट, पाकिस्तान में लश्कर के आंतकी शिविर, बढ़ती घुसपैठ, एनसीबी और एएनएफ के कुछ संदर्भ जिनमें पाकिस्तान एमोयु को पूरा करने में विफल रहा था लेकिन, उन्होंने भारत को दोषी ठहराया था, साथ ही मेडिकल वीजा, खेल वीजा आदि पर आने वाले पाकिस्तानियों द्वारा मादक पदार्थों की तस्करी के बढ़ते मामले, पाकिस्तान की जेलों में भारतीयों तक काउंसलर पहुंच, कराची और हैदराबाद जेलों में अवैध रूप से पकड़े गए मछुआरे और वर्ष 2006 की सीबीआई-एफआईए की बैठक का कोई अनुसरण नहीं किया गया, जैसे मुद्दों की सूची बहुत लंबी थी। बैठक चाय के लिए रुकी। गृहसचिव ने कल्याण और रस्तोगी को संकेत दिया। वे दोनों एक अलग कमरे में उनके पीछे गए।

गृहसचिव: “अरे कल्याण, आपने तो कागज को लाल रंग से रंग दिया है।”

रस्तोगी: “सर सभी प्रासंगिक बिंदु हैं सर”

गृहसचिव: “धनंजय आप क्या सुझाव देते हैं? प्रत्येक को संबंधित उपसमूहों में व्यक्त किया जाना चाहिए या हमें एक अंतिम लिखित आपत्ति पत्र भेजना चाहिए।”

रस्तोगी:”कल्याण, क्या विचार है?”

कल्याण: “प्रत्येक उपसमूह में हम इसे उठाएंगे। लेकिन फॉलो-अप में लिखित संचार भेजा जा सकता है।”

गृहसचिव: “ठीक है कल्याण। और इन एमईए वालों को हमारी स्थिति को व्यक्त करने में बीस साल लगेंगे, तब तक जमीनी स्थिति बदल जाएगी।”

कल्याण: “सर एक छोटा सा सुझाव”

गृहसचिव: “बेझिझक बोलो”

कल्याण: “सर उसके बाद हम पीआईबी के माध्यम से अपनी स्थिति के बारे में एक प्रेस विज्ञप्ति देंगे कि ये वे चीजें थीं जिन्हें प्रतिनिधिमंडल के सामने प्रस्तुत किया गया था।”

रस्तोगी: “सर एचएम अनुमोदन या सीसीएस अनुमोदन की आवश्यकता होगी।”

कल्याण: “सर केवल जो मुद्दे उठाये थे नाकि, उसकी विषयवस्तु।”

गृहसचिव: "शानदार आईडिया लगता है। एक प्रेस नोट का प्रारूप तैयार करो।"

इसके बाद वे उस स्थान की ओर जाते हैं जहाँ चाय और कॉफी परोसी जा रही थी। कल्याण आईबी के आईजी और कैबसेक के नायर के पास जाता है।

नायर: "कल्याण पेंट कर दिया (प्रारूप को संशोधित कर दिया) "

आईजी: "हाँ यार, यहाँ तक कि हम भी इतने सारे मुद्दों को याद नहीं रख पायेंगे। इसके अलावा, हम भी टुकड़ों में काम करते हैं।"

उतने में पीयूष आता है।

आईजी: "पीयूष मैं सहमत हूँ, गृहसचिव को पहले ही अपने इनपुट देकर कल्याण ने शानदार काम किया है"

पीयूष: "कब"

कल्याण: "गृहसचिव ने पूछा, मैंने बता दिया"

पीयूष: "ठीक है, ग्रेट! लंच के दौरान मुझे ब्रीफ करना। जेएस को बताया?"

कल्याण: "सर, रस्तोगी सर ने मुझे कोहनी से पकड़ा और कमरे में खींच लिया। वह आपको खोज रहे थे, सर।"

पीयूष: "जेएस गाली देगा उन्हें मत बताना। मैं मुँह खाली करने गया था।"

कल्याण: "ठीक है, सर"

फिर वे दोबारा बैठे जहाँ यह निर्णय लिया गया कि पारस्परिक रूप से स्वीकार किए गए एजेंडे की प्रत्येक आइटम को सचिवों द्वारा अपने प्रतिनिधि डेलिगेट के साथ ब्रीफ किया जाएगा जो इस पर चर्चा करेंगे। जब वीज़ा समझौते का समय आया तो आईजी और कल्याण एक टीम में थे। जेएस (विदेश) जिसका यह कार्यात्मक डोमेन था वह यह देखकर आश्चर्यचकित था। उसे अवैध घुसपैठ, निर्दोष सीमा पार करने वाले और मछुआरों की रिहाई आदि से संबंधित कुछ मुद्दे सौंपे गए थे। गृहसचिव ने जेएस (विदेश) को कुछ संकेत किया। पीयूष एनसीबी/एएनएफ एमओयू के ग्रुप में था। लंच के बाद दोनों देशों के सचिव चले गए। गृहसचिव ने जाने से पहले अपनी टीम अर्थात रस्तोगी, पीयूष और कल्याण को बुलाया और निर्देश दिए। रात्रिभोज रात के 8:00 बजे था और अधिकारियों को इसमें भाग लेना था, कल्याण ने भारद्वाज को यह सुनिश्चित करने का निर्देश दिया था कि एनएसए जैसे प्रत्येक गणमान्य व्यक्ति को निमंत्रण कार्ड भेजे गए हैं अथवा नहीं और उपस्थिति के बारे में उनकी स्थिति की जानकारी भी ली। एनएसए ने उप-एनएसए को प्रतिनियुक्त किया था उनमें से प्रतिनिधियों को छोड़कर कईयों ने मना कर दिया था। गृहसचिव ने अंतिम आदेश के रूप में कहा था, "कल्याण इस काम का सबसे गंदा हिस्सा आपके लिए है। आपको पाकिस्तानी प्रतिनिधिमंडल को डोजियर सौंपना होगा।"

कल्याण: "स्योर सर"

रस्तोगी: "एकदम सही व्यक्ति। पीयूष अभी भी कुछ इधर-उधर कर सकता है लेकिन, कल्याण इसे दृढ़ता कर सकता है।"

गृहसचिव: "आईएएस में 34 साल हो गए हैं धनंजय, मैं गलत निर्णय नहीं ले सकता। वैसे कल्याण हमने जो चर्चा की थी वो प्रेस नोट। उसे धनंजय को दे दो।"

उन सभी ने सहमती जताई।

कल्याण: "प्रेस नोट बन जाएगा सर।"

कल्याण को नायर से पता चला कि डोजियर किसे दिया जाना है। उसने उस व्यक्ति को डोजियर सौंप दिया और बदले में उसे भी एक गुलाबी हार्ड बाउंड डोजियर सौंपा गया। कल्याण जानता था कि यह क्या था। इस आदान-प्रदान के बाद कल्याण ने एक पीए को एक संक्षिप्त प्रेस नोट का प्रारूप तैयार करने के लिए बुलाया। इसके तैयार होने के बाद उसने मिस्टर रस्तोगी को ऑन-स्क्रीन पढ़ने के लिए बुलाया। संशोधन करने के बाद उसने इसे पेन ड्राइव में लिया। उसके बाद उसने राकेश को बुलाया और कहा:

रस्तोगी: "राकेश, इसे सचिव कार्यालय में माधव के पास ले जाओ। और माधव को तुरंत गृहसचिव को भेजने के लिए कहो।"

राकेश: "ओके सर"

और वह चला गया।

बाद में तीखी वार्ता के साथ दोनों देशों के बीच एक विशेष वीजा समझौते को लेकर पाकिस्तान के प्रस्ताव को खारिज कर दिया गया। शाम 5:30 बजे तक सभी समूह उठ चुके थे। कल्याण नॉर्थ ब्लॉक गया और गृहमंत्रालय के कई अधिकारियों ने वैसा ही किया। भूतल के कमरे (जिसे सीआईएसएफ कर्मी उपयोग करते हैं) में एक त्वरित फ्रेशनिंग के बाद कल्याण अपने कमरे में गया, उसने अपनी संध्या प्रार्थना की और जब वह अपना औपचारिक ब्लैक सूट पहन रहा था उतने में जेएस (आईएस) ने इंटरकॉम पर उसे कॉल किया।

कल्याण: "सर"

रस्तोगी: "मेरे कमरे में आओ"

कल्याण: "सर" (और वह जेएस (आईएस) के कक्ष की ओर भागता है)

वहाँ उसने गृहसचिव के स्टाफ अधिकारी (जो आमतौर पर केंद्र शासित प्रदेश कैडर का आईएएस अधिकारी होता है) को पीयूष, ललित और भारद्वाज के साथ बैठे हुए देखा।

शाम के 6:45 बजे थे

कल्याण: "सर"

रस्तोगी: "आओ कल्याण, सौभाग्य से हमने हल कर लिया है। पाकिस्तानी प्रतिनिधिमंडल रात के खाने में कॉकटेल सर्विस चाहता है।"

कल्याण: "लेकिन, सर यह हलाल नहीं है। यह हराम है"

रस्तोगी: "मुझे पता है। अब ललित आईटीओ में आबकारी आयुक्त के कार्यालय में एल-लाइसेंस प्राप्त करने के लिए जाओ और भारद्वाज अकबर रोड से शराब लाने के लिए एमईए में प्रोटोकॉल भंडार में जाओ। मैंने ललित को ताज सिटिंग अरेंजमेंट टास्क से हटा लिया है और राकेश को भेजा है।"

कल्याण: "सर"

रस्तोगी: "अब आप हमारे पीआईबी के साथी द्वारा प्रेस नोट जारी के लिए गृहसचिव के साथ खड़े रहना। उसने मीडिया को बताया है कि गृहसचिव भी संबोधित करेंगे। चूंकि आपने इस नोट को लिखा है इसलिए, गृहसचिव चाहतें है कि आप वहाँ रहें। मैं भी वहाँ रहूँगा, हालांकि थोड़ी देर से। शाम 7:00 बजे ब्रीफिंग है।"

पीयूष होटल में राकेश का मार्गदर्शन करेंगे।

कल्याण: "ओके सर"

जब तक कल्याण उठकर आया उसने पाया कि ललित और भारद्वाज अपने-अपने कामों पर चले गए थे। कल्याण और सेक्रेट्री का स्टाफ कमरा नंबर 119 में जाते हैं जहाँ गृहसचिव प्रेस को संबोधित कर रहे हैं। बार-बार पूछे गए प्रश्नों का गृहसचिव द्वारा शान्ति और संयम से निवारण किया गया। अंत में विषयवस्तु के बारे में पूछे गए एक प्रश्न के उत्तर में गृह सचिव ने कहा

गृहसचिव: "मेरे अवर सचिव ने मुझे केवल वस्तुओं (विषयों) को साझा करने की सलाह दी है, न कि विषयवस्तु। वह केंद्रीय सचिवालय सेवा के अधिकारी हैं। वह सचिवालय संचालन में अच्छी तरह से निपुण है। उनके अनुसार, मैं तब तक कुछ भी साझा नहीं कर सकता जब तक कि इसे सक्षम प्राधिकारी की स्वीकृति न मिल जाए। उन्होंने मुझे सटीक नियम पुस्तिका दिखाई है।"

इस तरह, उन्होंने प्रेस सम्मेलन को समाप्त कर दिया। उसके बाद वहाँ मीडिया वालों के लिए चाय नाश्ते की व्यवस्था की गई थी। इसके बाद कल्याण ताज होटल के लिए रवाना हो गया।

दृश्य 57

स्थान: ताज पैलेस होटल, चाणक्यपुरी, नई दिल्ली

ताज होटल पहुंचने पर कल्याण को जानकारी मिली कि पाकिस्तानी आंतरिक सचिव को उस रात ही वापस जाना है। जाँच करने पर पता चला कि इस्लामाबाद में लाल मस्जिद में बम विस्फोट हुआ है। यह स्पष्ट नहीं था

कि अब रिसेप्शन होगा या नहीं। पीयूष दुबे ताज होटल के प्रबंधकों के साथ चर्चा में उलझे हुए थे। वे एल16 लाइसेंस के साथ एमईए के भण्डार से लाए जाने वाले शराब के लिए कुछ 35% ग्रेच्युटी शुल्क ले रहे थे। कल्याण उनके पास गया।

कल्याण: "फिल्हाल इसे रोक देना चाहिए। हम नहीं जानते कि प्रतिनिधिमंडल अभी रवाना होगा या नहीं।"

पीयूष: "क्यों? क्या हो गया?"

कल्याण: "ब्लास्ट हो गया। बार इस्लामाबाद में"

पीयूष: "उनके लिए क्या नया है। यदि आप दूसरों के लिए गड्ढा खोदते हैं तो आप एक दिन उसमें गिरोगे ही।"

कल्याण: "इफ्तिकार जा रहा है, मैं दूसरों के बारे में नहीं जानता।"

पीयूष: "हमें आगे होने वाली प्रगति के लिए इंतजार करना चाहिए।"

कल्याण: "सर"

इसके बाद वे सभी ताज पैलेस होटल स्थित डिनर वेन्यू पर पहुंचे। कल्याण पीयूष के साथ बैठने की व्यवस्था की देखरेख करने के लिए आता है, उसी समय भारद्वाज दौड़ते हुए आता है।

पीयूष: "भारद्वाज, क्या बात है?"

भारद्वाज: "सर, ये लोग पहले से ही अति कर चुके हैं, हमारा आतिथ्य व्यय सीमा से तीन गुना अधिक है। अब वे पाँच सितारा दरों पर सिगरेट का आर्डर दे रहे हैं।"

पीयूष: "कितना पी लेंगे?"

भारद्वाज: "555 या अन्य लोकप्रिय ब्रांड नहीं, वे कुछ ले कार्टियर या कुछ और ब्रांड का ऑर्डर दे रहे हैं, जिसकी कीमत इस होटल में प्रति पैकेट लगभग 5,000 रुपये है।"

पीयूष: "तुरंत जेएस (आईएस) के ध्यान में लाओ। इसे छोड़ दो मैं इसे देख लूँगा।"

इसके बाद उप-उच्चायुक्त, उच्चायुक्त और काउंसलर, पाकिस्तान उच्चायोग के कुछ पहले और दूसरे दर्जे के सचिवों के साथ अन्य प्रतिनिधि भी शामिल हो गए। कॉकटेल परोसे गए थे। कल्याण ने ग्रेच्युटी का जो मुद्दा उठाया था, वह अभी तक हल नहीं हुआ था लेकिन, स्थिति की आकस्मिकता के कारण उन्होंने जेएस को सूचित किया और कॉकटेल शुरू हो गए।

सुरिंदर: "कल्याण साहिब, कॉकटेल केवल मेहमानों के लिए?"

कल्याण: "नहीं डिअर, आप भी ले सकते हैं।"

सुरिंदर: "सर होम सेक्रेटरी, जेएस हर कोई देख रहा है, मुझे अजीब लग रहा है।"

कल्याण: "क्या आपने सीमाओं में सेवा की है या केवल मुख्यालयों में?"

सुरिंदर: "सर मैंने कच्छ के रण, जूनागढ़ और जैसलमेर में भी सेवा की है।"

कल्याण: "छलावरण के बारे में पता होना चाहिए?"

सुरिंदर: "हाँ सर"

कल्याण: "दारू पीने में डर लगता है तो छलावरण करो"

सुरिंदर: "कैसे सर?"

कल्याण: "एक गिलास जूस लो और गटक लो उसके बाद व्हिस्की के साथ गिलास को फिर से भर लो।"

सुरिंदर: "ग्रेट आईडिया सर"

कल्याण: "मैं नहीं पीता। न ही निदेशक या जेएस पीते हैं। लेकिन इन घटिया कमीनों पर छींटाकशी करने के बजाय आप लोगों में से जो पीता है जाओ और आनंद लो। लेकिन, यह ध्यान रखना कि आप अपने ड्रिंक पकड़े रहोगे। राकेश, ललित, रंजीत सभी।"

रंजीत: "सर"

दृश्य 58

अचानक हंगामा मच गया। कुछ पाकिस्तानी मेहमानों ने ज्यादती कर दी थी। शाहिद या शहीद नाम का कोई व्यक्ति जो पाकिस्तान में संयुक्त सचिव का स्तर था। इसके अलावा, होटल के धूम्रपान निरोधक अभ्यास के बावजूद, उन्हें उस अतिथि की इच्छा के कारण सब देना पड़ा जो वह चाहता था। संयोग से, कल्याण ने पाकिस्तान की यात्रा के दौरान देखा भी था कि वहाँ धूम्रपान बहुत आम है और भारत के विपरीत कोई प्रोटोकॉल का पालन नहीं होता।

उसके बाद, पता चला कि विदेश मंत्रालय द्वारा प्रदान की गई शराब समाप्त हो गई है। केवल बीयर के कैन और वाइन बची थी। जेएस को सूचित किया।

रस्तोगी: "अरे! उन्होंने सारा पी लिया। क्या हमारे लोग भी पी रहे हैं?"

कल्याण: "चेक नही किया है।"

रस्तोगी: "क्या भारद्वाज हिसाब रख रहा है?"

कल्याण भारद्वाज को ईशारा करता है जो कुछ दूरी पर है, भारद्वाज पास आता है और पीयूष भी शामिल हो जाता है।

कल्याण: "हाँ भाई, सब कुछ खत्म?"

भारद्वाज: "सर व्हिस्की खत्म। उन्होंने 20 में से 19 बोत्तल दिखा दी है। सर एक बोतल उस स्मार्ट डायरेक्टर मिस्टर जहीर के हाथ में है। उसने एक बोतल छीन ली है। क्या मैं जाकर पूछूं? बीयर और वाइन उपलब्ध हैं।"

रस्तोगी: "हमारे कितने लोग पी रहे हैं?"

भारद्वाज: "सर, गिना नही है। लेकिन सर, डीआईबी, आईबी के दो आईजी, जेसीपी स्पेशल सेल, दिल्ली पुलिस, और शायद एक-दो को एकाध बार परोसी गई थीं। सर, डीवाई एनएसए और जेएस (पीएके) के पास वाइन थी, डीजी एनसीबी के पास केवल बीयर था। हमारे गृहसचिव ने कुछ भी नहीं लिया, न ही जूस और न कोल्ड ड्रिंक्स।"

रस्तोगी चिढ़ गया था।

रस्तोगी: "अब क्या करना है? मुझे गृहसचिव के साथ बात करने दो। क्या एएस एंड एफए वहाँ है?"

"और हाँ! भारद्वाज, बोतल वापस मत लेना। मीडिया बाहर इंतजार कर रहा है किसी प्रकार का हंगामा गड़बड़ कर सकता है।"

भारद्वाज: "सर"

रस्तोगी ने गृहसचिव को इशारा किया जो पाकिस्तान के आंतरिक सचिव, पाक हाई कमिश्नर और डिप्टी एनएसए के साथ बैठे थे। गृहसचिव उठते हैं और वॉशरूम की ओर जाते हैं, जहाँ जेएसआई (आईएस) कुछ मिनटों बाद जाता है। और फिर वापस आता है।

रस्तोगी: "गृहसचिव कोई हंगामा नहीं चाहते हैं। होटल को अपने यहाँ से परोसने दो। हम भुगतान करेंगे। बस यह सुनिश्चित करो कि वे रात 11:00 बजे अंतिम आर्डर की घोषणा कर देंगे।"

भारद्वाज: "क्या मैं होटल के कर्मचारियों को बता दूं?"

रस्तोगी: "अलग आर्डर और बोलो कि कॉकटेल के अलग-अलग बिल होंगे।"

कल्याण: "सर, हमारे बच्चों ने खाया पीया कुछ, मेहमान गिलास तोड रहे हैं 12 आने।"

भारद्वाज ने सुपरवाइजर को इशारा किया।

भारद्वाज: "सर, मैंने अपने वरिष्ठ अधिकारियों के साथ चर्चा की है। आप अपनी इन्वेंट्री से परोस सकते हैं, इसके लिए एक अलग आर्डर और अलग बिल होगा, मैं 05.07.2007 को इसके लिए एक पत्र दूंगा।"

सुपरवाइजर: "सर, कुछ प्रतिनिधियों ने क्रॉकरी भी तोड़ दी है सर।"

भारद्वाज: "आपको अभी काम चलाना होगा, मैं केवल भुगतान सुनिश्चित कर सकता हूँ।"

सुपरवाइजर: मैं इसे संभालने वाली हमारी बैंक्वेट मैनेजर श्रीमती बत्रा और आपके बीच एक कॉल कराऊंगा।"

भारद्वाज: कल नहीं। शायद परसों।"

बाद में सिल्वर सर्विस के साथ भोजन परोसा गया। यह सूचित किया गया कि आंतरिक सचिव, उनकी पत्नी, संयुक्त सचिव (जो शराब को लेकर हंगामा कर रहे थे) और ब्रिगेडियर जावेद अमृतसर के लिए रात 1:00 बजे की फ्लाइट से रवाना होंगे जो लंदन से उतरेगी और सीमा पार करेंगे, बाकी टीम के अन्य सदस्य 05.07.2007 को अपनी आगरा यात्रा पूरी करने के बाद जाएंगे। बाद में आभार प्रदर्शन समारोह भी हुआ। गृहसचिव ने पहले प्रतिनिधियों के नाम पुकारे और अपने हाथ से उपहार सौंपे। उस समारोह के दौरान जानकारी न होने के कारण, उन्होंने शाहिद (वही शराबी) को शहीद कहकर बुलाया। यह सुनते ही वह चिल्लाया "मुझे भारत द्वारा शहीद बना दिया गया" लेकिन, लोगों ने इसे अनदेखा कर दिया हालांकि, वहाँ एक असहज सी शांति छा गई थी। कल्याण, सुरिंदर, पीयूष, एएस (बीएम) और अन्य लोग फिर मुख्य अतिथि और शाहिद सहित उनके साथ यात्रा करने वाले अन्य लोगों के प्रस्थान को सुनिश्चित करने के लिए हवाई अड्डे की ओर जाते हैं। अन्य लोग अपने घरों के लिए रवाना हुए। आधी रात के बाद, आंतरिक सचिव फ्लाइट में बैठे और जो टीम गई थी वह अपने-अपने घरों को लौट आई।

दृश्य 59

04.07.2007

चूंकि, उनके प्रतिनिधिमंडल के नेता चले गए थे इसलिए उस दिन कोई गंभीर कार्यवाही नहीं हुई, उपसमूहों में जो चर्चा करने वाले थे उनके पास हमेशा की तरह बैठक का कोई बिंदु नहीं था। लंच के दौरान कल्याण और आईबी के आईजी सिर्फ आपस में चर्चा कर रहे थे।

कल्याण: "सर, लाल मस्जिद क्या स्टेज मैनेज्ड था?"

आईजी: "कल्याण साहब, आप क्यों चाहते हैं कि मैं सच्चाई उगलूं, मैं इनकार करता हूँ"

कल्याण: "सर, यह इनकार मुझे स्वीकार्य है। धन्यवाद!"

सभी कार्यक्रम उस शाम 5:00 बजे समाप्त हो गए। कल्याण और बाकी टीम नॉर्थ ब्लॉक लौट आई।

कल्याण: "रंजीत, सारी कागजी कार्यवाही, हम कब बैठेंगे और रिकोंसाईल करेंगे।"

रंजीत: "कल पहले घंटे में, मुझे अन्य सभी से इकट्ठा करना है।"

राकेश: "सर हमें कुछ राहत दे दीजिये, कल दोपहर तक।"

कल्याण: "हम गति खो देंगे, चलो हम सर्किल पूरा करते हैं और फिर आराम करेंगे।"

राकेश और अन्य: "सर, आप बहुत मजाकिया हैं।"

कल्याण: "क्यों भाई?"

राकेश: "सर आंतरिक सुरक्षा प्रभाग और बाकी? सर, अगले सप्ताह से हमें संसद के प्रश्नों के लिए नोटिस मिलने लगेंगे।"

भारद्वाज: "सर आगरा बिल और वाहन बिल भी आने बाकी हैं।"

कल्याण: "हम वित्तीय सेक्शन को बाद में देखेंगे। लेकिन हम कागजी कार्यवाही को पूरा कर लेते हैं।"

राकेश: "सर, सारांश के लिए शब्दशः जानकारी का होना आवश्यक है। तो कल सर।"

कल्याण: "ठीक है छुट्टी"

फिर वह पीयूष को कॉल करता है।

कल्याण: "सर लड़के आज के लिए छुट्टी करना चाहते हैं"

पीयूष: "अरे! जाने दो, उनसे अपनी तरह काम करने की उम्मीद न करो, आप जेएस की तरह वर्कहोलिक बन रहे हो, चाय ऑर्डर करो मैं आपके कमरे में आ रहा हूँ, हम भी रैप-अप करेंगे।"

कल्याण: "सर"

कल्याण दूसरों से: "डायरेक्टर बस रैप-अप चाहतें हैं, कुछ भी गंभीर नहीं है, थोड़ी देर रुको।"

लड़के डायेक्टर के साथ सहज होने की भावना के कारण बहुत खुश थे। उन्होंने चाय और नाश्ता किया और बाद में अपने-अपने घर चले गए। लेकिन पूरा कार्यक्रम खत्म नहीं हुआ था। वे जानते थे कि जो मेहमान रुके थे, उन्हें अगले दिन आगरा जाना था और कुछ भी गड़बड़ होने की संभावना थी। बीएसएफ के डिप्टी कमांडेंट सुरिंदर और एक और कर्मचारी मिस्टर मंजार अली प्रतिनिधियों के साथ जाने वाले थे।

अध्याय 22

दृश्य 60

पाकिस्तानी टीम के शेष सदस्यों का प्रस्थान सौभाग्य से बिना किसी और गड़बड़ी और दुर्घटना के हुआ। संबंधित इमिग्रेशन प्राधिकारियों और सीआईएसएफ से औपचारिक रूप से पर्याप्त सावधानी बरतने का अनुरोध किया गया था। इसके अलावा, गृह मंत्रालय के प्रोटोकॉल अधिकारी उन्हें विदाई देने गए।

06.07.2007

कल्याण रंजीत के साथ पाकिस्तानी प्रतिनिधिमंडल की यात्रा के बारे में पेपर इकट्ठा कर रहा था। फोन की घंटी बजी। चूँकि, अवर सचिवों के पीए उनके कमरे में ही बैठते हैं इसलिए, उनकी पीए नीलम ने कहा:

नीलम: "सर, पाकिस्तानी उच्चायोग से फोन।"

कल्याण: "ठीक लाइन दे दो"

और वह रिसीवर उठाता है।

कल्याण: "यस प्लीज"

पीएचसी: "सर, मैं रोजा बोल रही हूँ। सर, एम.....मैडम ने पूछा कि क्या आप रात्रिभोज के लिए पाक उच्चायोग में आ सकते हैं।"

कल्याण: "एक औपचारिक निमंत्रण भेजें और स्थापित चैनलों के माध्यम से भेजें।"

पीएचसी: "सर, मैडम वास्तव में निजी रूप से आपकी मेजबानी करना चाहती थीं।"

कल्याण: "अपनी मैडम से कहो कि मेरी कोई निजी जिंदगी नहीं है। साँस लेने से लेकर खाने तक सब कुछ प्रोफेसनल है।"

पीएचसी: "सर, मैडम से ही बात करें"

कल्याण: "हाँ मैडम"

पीएचसी: "मिस्टर कल्याण मैं दोस्तों के लिए एक गेट-टुगेदर का आयोजन कर रही हूँ। मैंने सोचा कि मैं आपकी भेंट कुछ अच्छे लोगों से करवाऊं।"

कल्याण: "क्षमा करें, मैडम, मैं स्वीकार नहीं कर सकता। इसके अलावा मेरी आहार संबंधी बाध्यताएं हैं। मुझे बहुत खेद है।"

और कल्याण ने रिसीवर रख दिया। फिर उसने जहाँ काम रोका था वहीं से शुरू हो गया। कुछ देर बाद उसके पास मुख्य सुरक्षा अधिकारी (चीफ सेक्योरिटी ऑफिसर) का फोन आया।

सीएसओ:-"अरे कल्याण साहिब! क्या मैं एक मिनट के लिए आ सकता हूँ।"

कल्याण: "आपका स्वागत है"

सीएसओ उसके कमरे में आता है।

कल्याण: "आईये बड़े भाईसाहब"

सीएसओ: "धन्यवाद" (रंजीत को देखता है जो वहाँ बैठा था) कल्याण उसे जाने के लिए इशारा करता है)

सीएसओ: "अरे भैया, बहादुर बनो। पीएचसी की एम... मैडम के आतिथ्य को स्वीकार करने में कुछ भी गलत नहीं है। तुम्हारी तो फट गई। एक बार शामिल होकर तो देखो।"

कल्याण: "सर, एक बार जब मैं इस जगह से बाहर हो जाऊंगा, तो निश्चित रूप से मैं शामिल हो जाऊंगा। यहाँ मैं हमेशा काम के बोझ तले दबा रहता हूँ। ज़हर खाने को भी फुरसत नहीं है।"

सीएसओ: "तुम्हारा दोस्त अंडर सेक्रेट्री (एडमिन) आ रहा है, वे उसके लिए विशेष शाकाहारी पकवान बनवा रहे हैं।"

कल्याण: "यह सब समय के बारे में है। क्षमा करें, मुझे खेद है।"

सीएसओ: "ठीक है। सुना है आपके बेटे ने आईआईटी में प्रवेश लिया है।"

कुछ दोस्त पूछ रहे थे कि क्या आप मार्गदर्शन के लिए समय निकाल सकते हैं। मैं इसे केवल अपने निवास और क्लब में ही तय करूंगा"

कल्याण: "अगले सप्ताह कोशिश करूंगा"

सीएसओ: "ठीक है डिअर! गॉड ब्लेस यू"

कल्याण: "धन्यवाद"

कल्याण ने पीयूष को इसकी सूचना दी। कुछ दिनों के बाद कल्याण को किसी अज्ञात नंबर से एक टेलीफोन कॉल आया, जिसमें उन्हें व्याख्यान देने के लिए आमंत्रित किया गया। कल्याण ने उत्तर दिया, कृपया डी रस्तोगी, संयुक्त सचिव, गृह मंत्रालय, 193 नॉर्थ ब्लॉक, नई दिल्ली को एक औपचारिक पत्र लिखें। दिनांक 09.11.2007 को एक महिला ने फिर से उसके मोबाइल पर कॉल किया और उसे डेट के लिए आमंत्रित किया।

कल्याण: "धन्यवाद, लेकिन मेरे घर पर पत्नी है"

10.07.2007 एक पुलिस कर्मी ने कल्याण को फोन किया।

पीसी: "सर जी, मैं द्वारका थाना से बलवंत एएसआई।"

कल्याण: "क्या चाहिए?"

पीसी: "साहिब जी, मिलके बताना था"

कल्याण: "शाम में आ जाओ।"

पीसी: "ज़रूर साहब"

कल्याण को संदेह हुआ कि यह आदमी पाकिस्तानी उच्चारण (टोन) में बोल रहा था, बलवंत लगभग 8:45 पर आया।

कल्याण: "क्या चाहिए?"

कल्याण ने अपने छोटे बेटे चंद्रा से कहा था कि वह उसके मोबाइल पर उसकी फोटो खींच ले।

बलवंत: "साहिब जी, दरोगा जी ने आपके लिए दावत का निमंत्रण भेजा है। अपने अनिलपुरी साहब भी आ रहे हैं।"

कल्याण: "दारोगा इतना बड़ा हो गया कि एक फोन भी नहीं कर सकता और मैं दावत आदि में जाता नहीं हूँ।"

पीसी: "साहिब जी कुछ बड़े लोगों की दावत है। यहीं कपशेरा के पास। फार्म हाउस में साहिब। साहिब गाड़ी भेज देंगे।"

कल्याण: "ठीक है उसी दिन बता दूंगा"

इसके बाद बलवंत तुरंत चला गया। कल्याण ने तुरंत एमएचए कंट्रोल रूम को फोन किया।

कंट्रोल रूम: "एमएचए कंट्रोल रूम"

कल्याण: "मैं कल्याण बोल रहा हूँ"

कंट्रोल रूम: "सर अभी एक मिनट" और रिसीवर प्रभारी डीसी को सौंपता है और कहता है कल्याण साहिब

डीसी/ कंट्रोल रूम: "साहिब कुछ विशेष?"

कल्याण: "पता लगाओ कि द्वारका पुलिस स्टेशन में कोई एएसआई बलवंत है या नहीं"

फिर संक्षेप में घटना का वर्णन करता है।

डीसी/कंट्रोल रूम: "सर एसएचओ 15 मिनट में आपको रिपोर्ट करेंगे सर"

कल्याण: "कोई ज़रूरत नहीं है। मैं इसे बढ़ाना चाहता हूँ। एसएचओ इसमें गड़बड़ी करेगा। यह एक स्पेशल सेल का मामला है अगर यह गंभीर है तो"

डीसी/ कंट्रोल रूम: "धन्यवाद सर, फिर भी मेरी टीम ने एसएचओ से पहले ही पूछ लिया है, तो उनसे मिल लीजिये सर"

कल्याण: "ठीक है"

चूंकि, आने वाले कॉल बार-बार उसे परेशान करते रहे थे इसलिए कल्याण ने पीयूष को विश्वास में लिया और आईबी के डीआईजी (पाक) से मुलाकात की और उन्हें स्थिति से अवगत कराया।

डीआईजी: "बताओ डिअर आपको क्या परेशान कर रहा है?"

कल्याण: 'सर, यह एम.... मैडम के निमंत्रण और उसके बाद होने वाली एक घटनाओं के साथ शुरू हुआ। उसने अपने मोबाइल फोन से अपने कॉल डेटा रिकॉर्ड भी दिखाए और अपने आधिकारिक लैंडलाइन और आवासीय नंबर और अन्य कनेक्शन दिए।

डीआईजी ने अपनी टीम के सदस्यों को बुलाया और कहा:

डीआईजी: इनसे सारी डिटेल्स नोट करो और सर्च ऑपरेशन शूरू करो। कहीं स्लीपर सेल संभावना तो नही इसकी जाँच करो"

सोफे पर बैठकर चाय पीते हुए कल्याण ने उन सभी घटनाओं का विस्तृत वर्णन किया जो गृहसचिव स्तर की वार्ता समाप्त होने के तुरंत बाद शुरू हुई थी।

डीआईजी: "ठीक है, मिस्टर, कल्याण। हम गहरी जाँच कर सकते हैं यदि आप एक औपचारिक संचारपत्र भेज दें।"

कल्याण: "ज़रूर सर, आपके पास जल्द से जल्द पहुंचेगा"

कल्याण अपने कार्यालय के लिए निकल जाता है। कार्यालय पहुंचने पर वह एक संचार का प्रारूप तैयार करता है और अनुमोदन के लिए अपने निदेशक को भेजता है। निदेशक उस पर कुछ टिप्पणी करता और अनुमोदन करता है। कुछ समय बाद कल्याण को पार्टियों, रात्रिभोज और डेटिंग में शामिल होने के प्रस्ताव और परिचित लोगों के अनुरोध अचानक बंद हो गए।

अध्याय 23

दृश्य 61

इसके बाद 17.07.2007 से संसद का मानसून सत्र शुरू होने वाला था। कल्याण ने नोटिसों का निपटारा करने में अपना समय बिताया। पीयूष को यूनाइटेड नेशंस फाइनेंशियल एक्शन टास्क फोर्स के एक क्षेत्रीय संगठन की मनी लॉन्ड्रिंग एंड टेरर फंडिंग पर एशिया पैसिफिक ग्रुप की बैठक के लिए पर्थ जाना था। दुर्भाग्यवश 16.07.2007 को कल्याण के घुटने में टेनिस बॉल जैसी सूजन हो गई। इसका पता तब चला जब वह अपने बेटे को केमिकल इंजीनियरिंग में बी.टेक. में प्रवेश दिलाने और छात्रावास सहित अन्य औपचारिकताओं को पूरा करने के लिए आईआईटी दिल्ली गया था। वह चल भी नहीं पा रहा था और भयानक दर्द में था। पहले उसने अपनी पत्नी को फोन किया जो उसे लेने आई। अपने बेटे भासी को छात्रावास में रखने के बाद वे सीधे चरक पालिका अस्पताल गए जहाँ कल्याण के दोस्त डॉ. अशोक सक्सेना ऑर्थोपेडिक सर्जन थे। अशोक ने कल्याण को भर्ती होने की सलाह दी, जिसे कल्याण ने अस्वीकार कर दिया। इसके बाद उसे एमआरआई कराने की सलाह दी गई क्योंकि एक्स-रे में कुछ भी नहीं निकला था। एक एमआरआई की लागत 3,000 रुपये थी और इसे निजी रूप से किया जाना था। कल्याण ने अस्पताल से रेफरल ले लिया। अगले दिन उसने अपने कांस्टेबल को कुछ फॉर्म लाने के लिए बुलाया, त्रिभुवन और देवदूत फॉर्म लाए और कल्याण ने उन्हें भर दिया और उन्हें अपने कार्यालय में भेज दिया ताकि पूर्व अनुमोदन प्राप्त किया जा सके। पूर्व अनुमोदन 2 दिनों में प्राप्त हो गया, बाद में 20.07.2007 को कल्याण ने एमआरआई कराया।

23.07.2007

कल्याण डॉ. अशोक सक्सेना के परीक्षण मेज पर अपनी एमआरआई रिपोर्ट के साथ चरक पालिका अस्पताल में था।

डॉ. सक्सेना: “भाभी जी, क्या ये अभी भी बास्केटबॉल खेल रहा है?”

उमा: “नही डॉक्टर, लेकिन ये अपनी जॉगिंग रोज करते हैं”

डॉ. सक्सेना: “जॉगिंग ट्रैक या पक्की सड़क?”

कल्याण: "सड़क में"

डॉ. सक्सेना: "प्यारे अब आपके बाल पकने लगे हैं"

कल्याण: "मैं शीशे में देख सकता हूँ। लेकिन मैं यह जानने के लिए तेरे पास नहीं आया हूँ, मैं सूजे हुए घुटने के साथ आया हूँ।"

डॉ. सक्सेना: "भाभी जी, आप जरा बाहर जाइए, अब हम जिस विषय में बात करने वाले हैं वह आपके विषय से बाहर है।"

उमा: "ठीक है भैया"

(उमा कमरे से बाहर निकलती है)

डॉ. सक्सेना: "साले उल्ले के पट्ठे, हार्ड सरफेस में जॉगिंग मत करना। यह एक हाथी से प्यार करने और अपनी ऐसी की तैसी कराने के बराबर है"

कल्याण: "इसके लिए मुझे एक सीढ़ी की आवश्यकता होगी"

डॉ. सक्सेना: "चु.. ये "तुम आलंकारिक बात को नहीं समझते हो क्या? इसे शाब्दिक रूप से न लें, तुम हड्डियों की चिपिंग से पीड़ित हो प्लस तेरे घुटने में एक मेनिस्कस फट गया है हमें नहीं पता कि कितनी देर पहले। ऐसी की तैसी से मेरा यही मतलब था"

कल्याण: "ओके डिअर"

डॉ.: "कुछ अवशिष्ट जैसा लगता है जिसके कारण मेनिस्कस फटा है"

कल्याण: "निश्चित रूप से यह माँस का एक टुकड़ा है तो इसे हटा दो।"

डॉ.: "मुझे यह तय करना है कि लेजर या सर्जरी। मुझे एक दिन दे दो। मुझे सर्जन से परामर्श करना है और अन्य उपायों की जाँच करनी है"

कल्याण: "तो मुझे क्या करना है?"

डॉ.: "बस भर्ती हो जाओ। तुम्हे एक अलग निजी कमरा दे दिया जाएगा"

कल्याण: "निजी कमरा या सामान्य वार्ड, तुम्हारे यहाँ शौचालय बदबूदार हैं और कपड़े (लिवरी) गंदे हैं"

डॉ. सक्सेना: "ठीक है, तुम्हारे पास विकल्प है जब तक मैं चाहूँ रोज आना पड़ेगा। यदि हर हाल में सर्जरी की जानी है तो फिर कोई तरीका नहीं है, तुम नही बच सकते हो और कुछ दिनों के लिए भर्ती होना पड़ेगा"

कल्याण: "ठीक है डॉक्टर"

डॉ. सक्सेना: "कल 11:00 बजे"

अगले दिन कल्याण ने सुबह 10:00 बजे अस्पताल में अपनी पत्नी के साथ रिपोर्ट की। डॉ. अशोक का कमरा लगभग भर चुका था। डॉ. अशोक अपने सहायक को बुलाते हैं।

डॉ. अशोक: "माया राम ये बचपन का दोस्त है। इनके सारे टेस्ट करवा दो"

माया राम: "ठीक है साहिब, सर्जरी?"

डॉ. अशोक: "नहीं लेजर। हस्तक्षेप के लिए डॉ. सिंघल से बात करो"

माया राम: "तारीख तय करदूं साहब"

डॉ. अशोक: "ठीक है, एमआरआई दिखा कर फिक्स करो। घुटने पर होना है, ज्यादा दिक्कत नहीं"

माया राम: "ठीक है साहब"

डॉ.अशोक: "भाभी जी इसे हमारी देखभाल में छोड़ दीजिये। आप घर या कार्यालय जा सकती हैं और वापस आकर शाम 5:00 बजे तक हमारे भाई को ले जा सकती हैं। लेजर आज नहीं हो सकता है।"

उमा: "भैया लंच बगैरा?"

डॉ. अशोक: "अगर मैं इसे नहीं खिलाऊंगा तो ये मेरा दिमाग खा जाएगा। मेरा भेजा खायेगा। भाई है, खिला दूंगा। नहीं तो अपना लंच दे दूंगा और मैं आपकी डांट खा लूंगा"

उमा (मुस्कुराते हुए): "ठीक है, कुछ भी करो मुझे आपका भाई चलता फिरता चाहिए (उमा को कल्याण के बचपन के दोस्तों की होशियारी की आदत हो गई थी और कुछ हद तक वह उन्हें उसी भाषा में उत्तर देती थी)"

डॉ.अशोक: "इसके अलावा भाभी जी भास्कर आईआईटी गया, बधाई हो"

उमा: "धन्यवाद भैया"

डॉ.: "आईआईटी हमारे भाई को अपने यहाँ देखकर चौंक गया था, इसलिए पृथ्वी ने वहाँ कांपना शुरू कर दिया और हमारे भाई के मेनिस्कस को फाड़ दिया।"

कल्याण: "साले मैं दर्द में हूँ नहीं तो जबाव देता"

डॉ.अशोक: "ठीक है, भाभी जी शाम को आ जाना और मिठाई भी लेकर आना, भतीजा आईआईटी में दाखिल हुआ है।"

उमा: "स्योर, धन्यवाद"

डॉ. अशोक: "आप एसआरसीसी की टॉपर। भाई हमारा मोती लाल नेहरू का गुंडा। आप इस आदमी के चक्कर में कैसे पड़ गई?"

उमा: "अरेंज मैरिज"

डॉ. अशोक: "भाभी, भास्कर तो आप जैसे दिमाग वाला है। आईआईटी में गया, इसके जैसा होता तो एलएलबी करता और अपराधियों से दिन भर दोस्ती करता।"

उमा: "ठीक है भैया मैं शाम को आती हूँ"

बाद में शाम को

डॉ.: "भाभी जी, सब कुछ व्यवस्थित हो गया।"

उमा: "थैंक्स"

कल्याण: "तो क्या हम जायें?"

डॉ.अशोक: "कल्याण, कल हम कुछ टेस्ट करेंगे खाली पेट आना, अगर वाइटल्स अच्छे होंगे तो मैं बुधवार को लेजर करूंगा, कोई खाना नहीं, सुबह की चाय भी नहीं"

कल्याण: "ये टेस्ट केवल सर्जरी के लिए किए जाते हैं?"

डॉ. अशोक: "नहीं, लेजर के लिए भी यह किये जाते हैं"

उमा और कल्याण अस्पताल से निकल जाते हैं। 24.07.2007 कल्याण और उमा सुबह 9:00 बजे अस्पताल पहुंचते हैं और कल्याण रक्त, मूत्र, पीपी रक्त, ईसीजी आदि जैसे सभी परीक्षणों से गुजरता हैं। दोपहर 2:00 बजे तक टेस्टों के परिणाम डॉ. अशोक सक्सेना की मेज पर होते हैं।

डॉ. सक्सेना: "ग्रेट वाइटल्स अच्छे हैं, कल लेजर कर सकते हैं। क्या आप कृपया आज अस्पताल में एक निवासी के रूप में रह सकते हैं?"

उमा: "यदि आवश्यक हो तो आप रख लो"

कल्याण: "मुझे अस्पताल में रहना पसंद नहीं है"

उमा: "कोई भी पसंद नहीं करता"

डॉ. अशोक: "मैंने अभी-अभी एक वीआईपी कमरे की व्यवस्था की है। चिंता मत करो, बस रात भर। भाभी जी आपके साथ रह सकती हैं।"

कल्याण: "नही यार, चन्द्र घर पर अकेला है।"

डॉ. अशोक: "ठीक है। यदि तुम अस्पताल का खाना नहीं खाना चाहते हो तो मैं अपने घर से खाना ले आऊंगा। मेरा घर यहीं परिसर में है।"

कल्याण: "ठीक है"

डॉ. अशोक: "3:00 बजे तक आप फुर्सत हो जायेंगे। फिर आप घर के लिए निकल सकते हैं"

उमा (कल्याण को देखते हुए): "कोई विकल्प नहीं है"

यह निर्णय लिया गया और 25.07.2007 को उमा घर के लिए रवाना हो गई। कल्याण को सुबह 9:00 बजे वार्ड से लेजर थेरेपी कक्ष में ले जाया जाता है। डॉ. अशोक सक्सेना पहले से ही वहाँ मौजूद हैं।

डॉ. अशोक: "भाभी जी, डॉ. शालिनी बाल चिकित्सा सेक्शन में हैं। आप उनके कमरे में बैठ सकते हैं। बाहर बारिश हो रही है आगंतुक क्षेत्र में काफी भीड़ है।"

उमा: "ठीक है"

लगभग दो घंटे बाद दोपहर 12:00 बजे के आसपास कल्याण को वापस लाया जाता है। कुछ पुनर्परीक्षण और चेकिंग आदि के बाद दोपहर करीब ढाई बजे डॉ. अशोक अपने कमरे में वापस आते हैं।

डॉ. अशोक: "उमा मैडम को बुलाओ"

माया राम: "सर"

(और फिर उमा मैडम को बुलाता है): "भाभीजी"

उमा: "हाँ, भैया"

माया राम: "आप अंदर आ जायें"

डॉ. अशोक: "भाभीजी प्रक्रिया पूरी हो गई है। उसे अगले बुधवार को जाँच के लिए आना पड़ेगा। तब तक उसके घुटनों पर बिल्कुल भी तनाव नहीं होना चाहिए, कोई जॉगिंग, व्यायाम आदि नहीं करेगा। मैंने कुछ दर्दनाशक दवाई और एसओएस पर सुझाव दिया है। बाकी यह अपने आप ठीक हो जाएगा। लेकिन उसे एक महीने के बाद फिजियो के लिए आना होगा।"

उमा: "धन्यवाद"

उमा माया राम के साथ प्रक्रिया कक्ष के बाहर जाती है जहाँ कल्याण पहले से ही व्हीलचेयर पर बैठा हुआ है। डॉ. अशोक ने काउंसलिंग देते हुए डिस्चार्ज समरी दी। माया राम कल्याण की व्हीलचेयर को द्वार की ओर धकेलता है।

उमा: "माया राम जी, मैं पार्किंग से कार गेट पर लाती हूँ।"

माया राम: "मैडम, दवा नहीं लेना?"

उमा: "हमारा सेंट्रल गवर्नमेंट हेल्थ स्कीम वाला मामला है। डिस्पेंसरी में मिलेगी"

इसके बाद उमा कार पार्किंग में जाती है और कार गेट के पास लाती है। माया राम कल्याण को कार में बैठने मदद करता है। उमा उसको टिप देने लगती है लेकिन माया राम मना कर देता है।

उमा: "क्या हो गया?"

माया राम: "साहब का बड़ा भाई है, हमारा भी बड़ा भाई है"

उमा: "तो भाभी को मना नहीं करते हैं और उसकी जेब में 50 रुपये का नोट डाल देती हैं।"

अगले छः हफ्तों के लिए कल्याण को आराम करने की सलाह दी जाती है। उपचार के दौरान कल्याण को घुटने की बेल्ट पहनने की भी सलाह दी जाती है जो तीन महीने तक पहननी पड़ेगी। कल्याण 10.09.2007 तक चिकित्सा अवकाश पर था। विडम्बना यह है कि इस अवधि के दौरान 25.08.2007 को हैदराबाद के लुंबिनी क्षेत्र में एक और बम विस्फोट हुआ था जिस पर वह दूसरे देश (पाकिस्तान) की अपनी यात्रा के दौरान इनपुट लेकर आया था। वह केवल अपने दांत दबा सकता था और इसके बारे में कुछ भी नहीं कर सकता था।

अध्याय 24

दृश्य 62

10.09.2007 से कल्याण ने फिर से कार्यालय जाना शुरू किया। उसे सामान्य रूप से चलने में समस्या थी। रस्तोगी ने सीआरपीजी आईजी महेश से 31 अक्टूबर 2007 तक उसे कुछ परिवहन व्यवस्था प्रदान करने का अनुरोध किया था और इसके साथ ही कल्याण काम चला रहा था। उसने रस्तोगी से यह भी कहा था कि नॉर्थ ब्लॉक की घुमावदार सीढ़ियों के कारण वह उसे अक्सर न बुलाया करें और जब कभी बहुत अधिक आवश्यकता होती तो ऐसे अवसरों पर वह गेट नंबर 4 से घूमकर और सीधी सीढ़ियों के माध्यम से पहली मंजिल पर जाता। 14.07.2007 को विशेष सचिव के कमरे में प्रमुख आतंकवादी मामलों की जाँच की स्थिति की समीक्षा के लिए बैठक निर्धारित की गई थी। विशेष सचिव का कमरा, जाँच की स्थिति पर बैठक में रस्तोगी, पीयूष, कल्याण, आईबी से आईजी स्तर के अधिकारी और कैबसेक्ट डायरेक्टर आदि मौजूद हैं।

एसएस (आईएस): "मौजूदा स्थिति के बारे में हमें कौन ब्रीफ करेगा?"

कल्याण ने एक नोट तैयार किया था जिसे उन्होंने एसएस (आईएस) रस्तोगी और पीयूष के साथ भी साझा किया था और उसने उस नोट से पढ़ना शुरू कर दिया।

एसएस (आईएस): "दृष्टिकोण में बदलाव आया है। पीएमओ को लगता है कि जांच में एक रूढ़िवादी (स्टीरियोटाइप) दृष्टिकोण रहा है"

आईबी के आईजी: "सर, आप देश के सबसे वरिष्ठ आईपीएस अधिकारी हैं, मेरे पास भी एक आईपीएस कार्यालय रहा है, क्या स्टीरियोटाइप सर? हमने सीआरपीसी के अनुसार ही किया हैं।"

एसएस (आईएस): "पार्टनर जिस अधिकारी ने इसे उठाया है, वह भी एक बहुत ही वरिष्ठ आईपीएस अधिकारी है। एनएसए ने उसे ऐसा करने का काम सौंपा है।"

रस्तोगी: "सर, हम जाँच का सूक्ष्म प्रबंधन नहीं कर सकते, यहाँ तक कि पीएमओ या एनएसए भी व्यक्तिगत रूप से ऐसा नहीं कर सकते, तथ्यों को सबूतों के आधार पर ही विकसित करना होगा।"

पीयूष: "यहाँ तक कि आयकर में भी हम किसी भी हस्तक्षेप को सहन नहीं करते हैं। सर, हम केंद्र सरकार के अधिकार क्षेत्र में हैं, सर हम राज्य सरकारों को उनके अधिकार क्षेत्र में कैसे आदेश दे सकते हैं?"

एसएस (आईएस): "मैं भागीदारों को जानता हूँ। लेकिन पीएमओ कुछ रीकैलिब्रेशन चाहता है। वे चाहते हैं कि चीजें अलग तरह से की जायें। उनका मानना हैं कि एक समुदाय को बार-बार दोषी ठहराया जा रहा है।"

रस्तोगी: "सर कोई अदृश्य हाथ है जो विमर्श को बदलना चाहता है"

कुछ समय पहले सर, कल्याण पर एचएम कार्यालय द्वारा दबाव डाला गया था।

एसएस (आईएस): "सच में? ऐसा कब हुआ।"

रस्तोगी: "मैं नोट भेज दूंगा। गृहसचिव कोई कार्यवाही नहीं चाहते थे। लेकिन मेरे पास एक प्रति है।"

एसएस (आईएस): "स्योर, कल्याण क्या हुआ?"

रस्तोगी: "सर मैं सभी प्रासंगिक कागजात भेज दूंगा"

एसएस (आईएस): "ठीक है। मैं मिस्टर खान के साथ किसी बात पर उनके रन-इन (मामले) के बारे में जानता हूँ। मैंने जनवरी में जॉइन किया था। इसलिए समझौता ब्लास्ट के दौरान भी गृहमंत्री के कार्यालय ने विशेष रूप से कल्याण को एचएम टीम के साथ ले जाने से इनकार कर दिया था। इसलिए हमने उसे अलग से भेजा था।"

आईएस के आईजी: "सर, वे मुसलमानों के अलावा किसी और को फंसाना चाहते हैं।"

एसएस (आईएस): "कल्याण, आपने अनामिका के साथ समझौता विस्फोट स्थल का दौरा किया था? क्या आप संक्षेप में बता सकते हैं। मैंने रिपोर्ट देखी है।"

कल्याण: "सर"

रस्तोगी: "अब यह स्पष्ट है कि लश्कर और पाक के आतंकी गुटों ने ऐसा किया है। कल्याण ने इस पर इनपुट जनरेट करने में भी मदद की थी। यही कारण है कि एएस (बीएम) ने कल्याण के खिलाफ अपना विरोध जताया।"

एसएस (आईएस): "हम उसके लिए वहाँ हैं"

एसएस (आईएस): "मुझे आईआईएससी मामले पर ब्रीफ करो।"

कल्याण (वर्णन करने के बाद कहता है): "सर लश्कर इस मामले में फिर से। इसी तरह संकट मोचन और कैंट स्टेशन, मक्का मस्जिद में भी।"

एसएस (आईएस): "इस तरह की भारी और स्पष्ट पुष्टि के बाद पीएमओ और एचएमओ विमर्श को क्यों बदलना चाहते हैं?"

यह एक संकेत था कि मौतों की साज़िश रची गई थी। रस्तोगी की टीम ने महसूस किया कि अगले कुछ दिन बेहद चुनौतीपूर्ण होंने वाले हैं क्योंकि यह उनका एकमात्र डोमेन था।

दृश्य 63

इसके बाद आंतरिक सुरक्षा डिवीज़न का कार्य नियमित रूप से चल रहा था। कल्याण को जो सबसे महत्वपूर्ण कार्यवाही करनी थी वह यह थी कि 21,09.2006 को दिए गए प्रकाश सिंह बनाम भारत संघ पर सर्वोच्च न्यायालय के निर्देशों पर की गई कार्यवाही के संबंध में सर्वोच्च न्यायालय में भारत संघ की ओर से काउंटर एफिडेविट दायर करना था। दिनांक 10.10.2007 को कल्याण अपने कमरे में है, इंटरकॉम की घंटी बजती है। कल्याण देखता है कि यह जेएस (आईएस) हैं और (रिसीवर उठाता है): "सर"

रस्तोगी: "तुरंत आओ"

कल्याण जेएस (आईएस) के कमरे में चला जाता है

रस्तोगी: "आओ, पीयूष नवरात्रि पर देर से आएगा"

कल्याण: "सर"

रस्तोगी (एक पेपर सौंपता है): "क्या हमने इस पर ध्यान दिया हैं?"

कल्याण: "सर, यह महत्वपूर्ण प्रतिष्ठानों से संबंधित है, जो पीएम डिवीजन के तहत आता है सर।"

रस्तोगी: "लेकिन यह उन्हें स्वीकार्य नहीं है। मैंने केंद्रीय गृहसचिव से बात की है।"

कल्याण: "सर, पीएम डिवीजन क्या कहता है?"

रस्तोगी: "कहा कि यह आतंकवादी खतरे के बारे में है।"

कल्याण: "सर, लेकिन उत्तर प्रदेश में जिला अदालतें आतंकवादियों के रडार पर हैं।"

रस्तोगी: "केंद्रीय गृहसचिव चाहते हैं कि हम इसे संभालें।"

कल्याण: "सर, मैं एक बैठक बुलाऊंगा। बस आप उपयुक्त समय बता दीजिये सर।"

रस्तोगी: "एसएस (आईएस) को इसकी अध्यक्षता करने देते हैं। एसएस (आईएस) कार्यालय से समय लो"

कल्याण: "डन सर"

कल्याण एसएस (आईएस) कार्यालय में जाता है और बैठक 16.10.2007 के लिए निर्धारित की जाती है।

दृश्य 64

16.10.2007, एसएस (आईएस) का कमरा

इस अवसर पर आईएस डिवीजन के अधिकारी, पीएम डिवीजन की डायरेक्टर (महत्वपूर्ण प्रतिष्ठान सुरक्षा) श्रीमती राधारानी, उत्तरप्रदेश पुलिस के आईजी एसटीएफ, उत्तरप्रदेश सरकार के गृहसचिव, आईबी और अन्य एजेंसियों के अधिकारी मौजूद हैं। रंजीत एक उपस्थिति पत्रक आगे बढाता है जैसा कि मंत्रालय की बैठकों में प्रथा है।

एसएस (आईएस): "इनपुट का विस्तार करते हुए, राधा वास्तव में यह आपका डोमेन है लेकिन, आईएस यह कर रहा है आप यह सुनिश्चित करें कि आप राज्य सरकार के साथ समन्वय में फॉलो-अप कार्यवाही करेंगी"

राधा: "सर स्योर सर"

कल्याण: "सर, हमें यह इनपुट मिली है कि उत्तरप्रदेश में कुछ जिला अदालतें अगले हमले का निशाना होंगी।"

एसएस (आईएस): "आईबी वालों को समझाने दो।"

आईजी आईबी: "सर वे कुछ नए तरीकों का उपयोग करने जा रहे हैं। यूपी के शहरों में ज्यादातर साइकिल रिक्शा चलते हैं, आईईडी को साइकिल रिक्शा में रखा जा सकता है या यह संभव है कि साइकिल स्टैंड में हों। स्थान विशेष रूप से मध्य और पूर्वी उत्तरप्रदेश में जिला अदालतें होंगी।"

एसएस (आईएस): "यूपी सरकार को सतर्क कर दिया गया है।"

आईबी के आईजी: "सर हमने सतर्क कर दिया है। इसके अलावा सर हमने जुलाई में अपना पहला सीडिंग इनपुट भेजा था।"

कल्याण: "12 जुलाई 2007 को हमने उत्तरप्रदेश सरकार के साथ साझा किया था। यह एक चेतावनी साझाकरण था, परामर्श (एडवाइजरी) नहीं था। अब जब हमारे पास अधिक कार्यवाही योग्य मुद्दे हैं तो हम एक औपचारिक सलाह (एडवाइजरी) भी भेज सकते हैं।"

एसएस (आईएस): "उनके अधिकारी यहाँ हैं। इसलिए उनके द्वारा पहले से ही एडवाइजरी सुनी जा रही है।"

एसएस (आईएस): "अब यूपी सरकार ने इस पर क्या किया है"

गृहसचिव (उत्तर प्रदेश): "सर, हमने अपनी कोर कमेटी द्वारा चिन्हित सभी महत्वपूर्ण स्थानों पर क्यूआरटीएस तैनात किए हैं, हमने स्कूलों, कॉलेजों को सैनिटाइज किया है। हमारे पास अच्छी राहत और पुनर्वास प्रणाली और स्थान भी हैं।"

एसएस (आईएस): "आप हमले के बाद के लिए तैयार हैं। लेकिन हमले को रोकने के लिए क्या कार्य योजना है?"

गृहसचिव: "सर हमारे मुख्यमंत्री, सुश्री ...... पहले से ही संभव असंतुष्ट समूहों के साथ सम्पर्क में है और हम आत्मसमर्पण करने वाले कई डकैतों, आतंकवादियों और अन्य लोगों को समायोजित कर रहे हैं और पुनर्वास प्रक्रिया के हिस्से के रूप में उन्हें उत्तर प्रदेश पीएसी में रोजगार दे रहे हैं।"

एसएस (आईएस): "माई डिअर! आप एक आईएएस अधिकारी हैं मुझे स्पष्ट तथ्य बताओ। आपकी सुश्री या यादव सभी बीमारियों/दुर्घटनाओं के लिए सहायक हो सकते हैं, लेकिन क्या वे जिला अदालतों में इस आतंकवादी हमले को रोक सकते हैं।"

गृहसचिव यूपी: "सर हमने फाइल मुख्यसचिव को भेज दी है और वहाँ से मुख्यमंत्री के सचिव से अतिरिक्त संसाधनों की मांग की है, सर,अब फाइले मंजूरी के लिए वित्तसचिव के पास हैं।"

एसएस (आईएस): "हम युद्ध में हैं। एक मित्र ने यह भी बताया है कि हम पुलिस निधि के अंतर्गत उत्तरप्रदेश सरकार को महत्वपूर्ण प्रतिष्ठानों को सुरक्षित करने के लिए विशेष प्रावधान कर रहे हैं। पिछले तीन वर्षों में कितना और किन वस्तुओं के लिए? तुरंत अपने डिवीजन से बात करें और मुझे जानकारी दीजिये। अब, उत्तरप्रदेश के गृहसचिव महोदय, मुझे आपका वाकपटु भाषण पसंद आया। लेकिन कृपया इसे किसी अन्य अवसर के लिए बचाकर रखिये। आपका भाषण एक आतंकवादी को जिला अदालतों पर हमला करने से नहीं रोकेगा। यदि ऐसा होता है तो आपकी सुश्री मुझे कोयले पर रोस्ट करेगी। अब मेरे पार्टनर आईजी साहब क्या आपके पास साझा करने के लिए कुछ और है?"

आईजी: "महोदय, हमने 4 प्लाटून सारी जगह पर तैनात कर दी है। हमारे फोर्स के जवान अन्य स्थलों पर भी तैनात हैं। चौकसी बड़ा दी गई है। हर महानगर के भीड़-भाड़ वाले क्षेत्रों में नाकाबंदी भी कर दी गई है, मुख्यसचिव एवं पुलिस महानिदेशक आदेशों का पूर्ण रूप से अनुपालन कर रहे हैं।"

एसएस (आईएस): "ठीक है। कल्याण, मिनट बनाओ। साथ ही यूपी सरकार की बेहतरीन तैयारियों को भी फाइल पर रिकॉर्ड करो। तब तक राधा कृपया उस जानकारी को भेजो ताकि मैं मिनट बना सकूं। यह आतंकी हमला ऐसा हमला है जिसे टाला नहीं जा सकता। मैं भगवान से प्रार्थना करता हूँ कि हम भारी कीमत न चुकाएं। मैं जिला न्यायालयों में सीपीएमएफ की तैनाती के बारे में भी सचिव से बात करूंगा।"

आईजी: "महोदय वह तो तथाकथित संविधान का उलंघन होगा"

एसएस (आईएस): "ओह भाई, जीवन सुरक्षित करना मेरा दायित्व है, संविधान के अनुकूल हो तो उत्तम। नहीं तो प्रतिकूल जाकर भी प्रयास करुंगा।"

रस्तोगी: "सर सुरक्षा कार्यों का सामाजिक लेखा परीक्षण की पेशकश करते हैं। सर, यह इन मानवाधिकार जोकरों के लिए सबसे अच्छा जवाब होगा।"

एसएस (आईएस): "काम पर वापस आते हैं। कल्याण, मुझे कल तक मिनट मिल जाने चाहिए। आप तात्कालिकता को समझते हैं।"

कल्याण: "सर मैं आज ही देने की कोशिश करूंगा।"

बैठक समाप्त होती है। कल्याण मिनट बनाने का प्रयास करता है। राधा रानी से भी जानकारी मिल जाती है। कल्याण उसे संकलित करता है और एसएस (आईएस) द्वारा दिए गए निर्देशों के अनुसार कार्यवृत्त के अलावा कार्यालय नोट पर एक प्रस्ताव भी बनाता है। जिसमें लिखता है:

सीपीएमएफ को तैनात करने की कोई आवश्यकता नहीं है। इससे हमारे अपने लोगों के साथ राजनीतिक अविश्वास पैदा होगा। उचित निवारक कदम उठाने के लिए राज्य सरकार को परामर्श भेजना।

एसडी/

गृहमंत्री

नीचे, ये टिप्पणियाँ लिखी गई थी:

इसके अलावा, प्रधानमंत्री डिवीज़न इस बारे में एक निगरानी रिपोर्ट देगा कि एमपीएस के तहत उत्तरप्रदेश सरकार को धन कैसे और कहाँ खर्च किया गया, हो सकता है कि वे एक विशेष विभागीय लेखा परिक्षण के लिए सीसीए/एएसएफए के साथ बात करें।

कृपया मॉनिटर करें और 10 दिनों के बाद फ़ाइल प्रस्तुत करें।

एसडी/

गृह सचिव

कल्याण एक कवरिंग लेटर के साथ अनुमोदित मिनट जारी करता है। उसने गृहसचिव के आदेशों की जानकारी देने के लिए डायरेक्टर (पीएम डिवीज़न) को भी एक संचार पत्र भेजा।

दिनांक 30.10.2007 को कल्याण ने गृहसचिव के आदेशों का सम्मान करते हुए पुनः आदेशों के लिए फाइल प्रस्तुत की जिसमें उत्तरप्रदेश सरकार से उठाये गये कदमों पर कोई अपडेट न मिलने की जानकारी दी गई। केन्द्रीय गृहसचिव के आदेश के साथ फाइल दिनांक 31.10.2007 को वापस आई।

कृपया पुन: रिमाइंडर एडवाइजरी भेजें, यदि हम जीवन नहीं बचा सकते हैं तो हमें अपने आप को बचाना चाहिए।

एसडी/

गृहसचिव

31.10.2007

1 नवंबर को दीवाली के कारण छुट्टी थी। इसलिए 02.11.2007 को कल्याण ने एक रिमाइंडर एडवाइजरी का प्रारूप तैयार किया और जेएस (आईएस) से अनुमोदन के बाद, उनके हस्ताक्षर सहित मुख्यसचिव उत्तरप्रदेश, डीजीपी उत्तर प्रदेश, गृहसचिव उत्तरप्रदेश और उत्तरप्रदेश पुलिस के आईजी एसटीएफ को भी प्रतियां भेज दी।

इसके बाबजूद, 23 नवंबर को लखनऊ, वाराणसी और फैजाबाद अदालतों में दोपहर में लगातार सिलसिलेवार छः विस्फोट हुए। दोपहर करीब तीन बजे कल्याण को ये इनपुट मिले। जब वह एमएचए कंट्रोल रूम से मिले इनपुट देख रहा था जिन्हें कुछ इस तरह पढ़ा जा सकता है:

वाराणसी 13:05 और 13:07, फैजाबाद 13:12, लखनऊ 13:32। कल्याण ने वास्तव में सभी उम्मीदें खो दी थीं। उसने समझौता एक्सप्रेस के बारे में चेतावनी दी थी लेकिन, कुछ भी नहीं किया गया, उसने मक्का मस्जिद, गोकुल चाट, जिला अदालतों के बारे में जानकारी थी और उसने चेतावनी भी दी थी। जो भी हमले हुए उनकी सूचना और एडवाइजरी उसने अपने हाथों से जारी की थी। उसे लगता था कि इन्हें रोका जा सकता था, लेकिन राजनीतिक दलों की मिलीभगत के कारण इन्हें होने दिया गया था। राजनेताओं की अवसरवादिता देश के निर्दोष नागरिकों की हत्या कर रही है। उसके जैसे करदाता भी किसी भी समय चपेट में आ सकते हैं। वास्तव में वह उदास (डिप्रेस्ड) हो गया था।

(उसने फिर से अपने पिता के शब्दों को याद किया कि कैसे राजनीतिक इच्छाशक्ति निर्दोषों की मौत को भुनाने के इरादे से कुछ भी कर सकती है।)

पहली बार, कल्याण ने महसूस किया कि उसके पास एक दिल है और उसमें पीड़ा हो सकती है। इससे पहले कि वह इस पर नियंत्रण पाता, आगामी शीतकालीन सत्र के लिए संसदीय नोटिसों की अधिकता को निपटाते हुए दो दिनों के भीतर सिलीगुड़ी-कोलकाता मार्ग पर पश्चिम बंगाल में कूच बिहार के पास एक ट्रेन में एक और विस्फोट हुआ। वही रूटीन फॉलो किया गया था।

संसद का शीतकालीन सत्र समाप्त हो गया।

दृश्य 65

वर्ष 2007 समाप्त होने वाला था। अधिकांश सरकारी कार्यालयों की तरह लोग अपने कैजुअल (अप्रयुक्त) और आकस्मिक छुट्टियों का लाभ उठा रहे थे। ऑपरेशनल संबंधी बाध्यताओं के कारण डिवीजन में छुट्टी प्राप्त करने वाला अंतिम व्यक्ति कल्याण था। कल्याण ने नाराजगी नहीं जताई क्योंकि उसका दूसरा बेटा 11वीं कक्षा में

था और अगले वर्ष मेडिकल प्रवेश की तैयारी कर रहा था। कल्याण के परिवार में राजधानी दिल्ली के विभिन्न हिस्सों में लाइन में लगी ट्यूशन की सभी दुकानों को खारिज करने की प्रथा थी। ऐसी दुकानों का एक झुंड उसके घर से लगभग एक किमी की दूरी पर आशीर्वाद ज़िंग में भी था। कल्याण इन दुकानों की वास्तविकता जानता था। पिछले वर्ष जब उसके बड़े बेटे ने आईआईटी प्रवेश परीक्षा पास की थी तो उनमें से कईयों ने 2 लाख रुपये से 10 लाख रुपये देने और अपने विज्ञापन के लिए भास्कर की फोटो और वक्तव्य देने के लिए उसके परिवार से संपर्क किया था। लेकिन परिवार ने इस प्रस्ताव को अस्वीकार कर दिया था। कल्याण के वृद्ध पिता ने राय दी थी कि हमें झूठ को स्थापित नहीं करना चाहिए और मामला उसी पर समाप्त हो गया। इसलिए परिवार को इन दुकानों की वास्तविकता का पता था।

26.12.2007 के आसपास इलाहाबाद उच्च न्यायालय से एक नोटिस प्राप्त हुआ। न्यायालय ने 23.11.2007 को जिला न्यायालय परिसर में हुए विस्फोटों का स्वत: संज्ञान लिया था। कल्याण ने भारत संघ की ओर से एक काउंटर एफिडेविट तैयार किया और प्रारूप को रस्तोगी के पास ले गया। रस्तोगी ने एमएचए में 5 साल बिता लिए थे। उनका विस्तारित कार्यकाल 31.12.2007 को पूरा होना था। कल्याण और पीयूष दोनों (जो उस समय छुट्टी पर थे) चिंतित थे कि रस्तोगी का उत्तराधिकारी कैसा होगा।

रस्तोगी: "हाँ कल्याण, यह क्या है?"

कल्याण: "सर, यह वह प्रतिक्रिया है जिसे मैंने इलाहाबाद उच्च न्यायालय की याचिका के लिए तैयार किया है।"

रस्तोगी: "इसे कब दाखिल करना है?"

कल्याण: "सर, हमें इसे 04.01.2008 को दाखिल करना है।

रस्तोगी: "ठीक है, हम बैठते हैं।"

रस्तोगी ने काउंटर एफिडेविट पढ़ना शुरू किया। थोड़ी देर बाद:

रस्तोगी: "आपने पूरी सच्चाई लिख दी है। उत्तरप्रदेश सरकार समस्या में होगी, मुझे नहीं लगता कि गृहसचिव इस पर सहमत होंगे।"

कल्याण: "सर"

रस्तोगी ने प्रारूप में कुछ हल्के शब्दों में संसोधन किया

रस्तोगी: "ठीक है, मैं इसे सचिव को भेज दूंगा"

कल्याण: "सर"

फ़ाइल 27.12.2007 को गृहसचिव के आदेश के साथ वापस आ गई, जिस पर लिखा गया था:

"कृपया इसे फिर से तैयार करिये"

"श्री श्रीवास्तव, अतिरिक्त एसजी, इलाहाबाद उच्च न्यायालय के पास एक अधिकारी भी भेजें। मैंने उनसे बात कर ली है। हमारे अधिकारी को भेजिए और काउंटर एफिडेविट को अंतिम रूप दीजिये।"

एसडी/-

गृहसचिव के आदेशों के अनुसार काउंटर एफिडेविट को फिर से तैयार किया गया। कल्याण, रंजीत को इलाहाबाद में प्रतिनियुक्त करने के लिए फाइल प्रोसेस करता है जिसे गृहसचिव की मंजूरी मिल जाती है। वह रंजीत को अपना टूर प्रोग्राम बनाने के लिए निर्देशित करता है।

रंजीत: "सर, एक दिन के लिए घर जा सकता हूँ?"

कल्याण: "कहाँ?"

रंजीत: "सर, कानपुर"

कल्याण: "आज गुरुवार है, एएसजी के कार्यालय के साथ तय कर लो, आज रात निकल जाओ और सोमवार 31 तारीख तक अंतिम संस्करण ले लेना, इसके साथ आप घर जाओ या अपने ससुराल, मुझे कोई दिक्कत नहीं है। मुझे ये 31.12.2007 को चाहिए, सिम्पल।"

रंजीत: "सर"

रंजीत उस दिन रात की ट्रेन से इलाहाबाद के लिए रवाना हुआ। उसे शुक्रवार 28.12.2007 को शाम 4:00 बजे अतिरिक्त एसजी के कार्यालय में रिपोर्ट करना था।

28.12.2007

कल्याण कार्यलय में था। रस्तोगी अपने कार्यालय का काम निपटा रहे थे क्योंकि 31.12.2007 उनके विस्तारित कार्यकाल का उनका अंतिम दिन होने वाला था। कल्याण रस्तोगी के साथ बातचीत करते हुए दिन बिताता है और रस्तोगी द्वारा कल्याण को बहुत सारी सामग्री सौंपी जाती है।

कल्याण: "सर, ये तो गोल्डमाइन है।"

रस्तोगी: "मैं इसे किसी ऐसे व्यक्ति को सौंपना चाहता था जो इसके मूल्य समझता है।"

कल्याण: "डायरेक्टर सर"

रस्तोगी: "आप दोनों एक-दूसरे के पूरक हैं। आतंक के वित्तपोषण के मुद्दों पर, एफआईसीएन, और अपनी टैक्स संबंधी पृष्ठभूमि के कारण वित्तीय मुद्दों पर वह सबसे उपयुक्त है, अन्य सुरक्षा सम्बंधी मुद्दों, कानूनी और काउंटर टेररिज्म लॉजिस्टिक्स आदि पर आप सबसे अच्छे हैं।"

कल्याण: "धन्यवाद सर"

शाम 5:45 बजे वे चाय पी रहे थे। बजर बजता है।

रस्तोगी: "उसे लाइन पर लो"

इलाहाबाद से अतिरिक्त एसजी ऑनलाइन।

रस्तोगी: "सर, ओके सर"

एएसजी:......

रस्तोगी: "सर, हम इसे आपके निर्णय पर छोड़ देते हैं।"

एएसजी:......

रस्तोगी: "कल्याण ये 130 क्या है?"

कल्याण: "अनुच्छेद 130 तब आता है जब राज्य और केंद्र के बीच विवाद पैदा होता है, तो उन्हें उच्चतम न्यायालय के समक्ष अपना-अपना पक्ष रखना पड़ता है। सर, उन्हें बताइए कि यह न तो राज्य की याचिका है और न ही भारत संघ की। यह माननीय न्यायालय का स्वत:स्फूर्त संज्ञान है।"

रस्तोगी एएसजी को स्थिति बताता है।

एएसजी: ......

रस्तोगी: "ठीक है सर, हम इसे फिर से तैयार करते हैं, सर यदि आप इसे सुलझाते हैं तो हम इसे 03.01.2008 को दायर करेंगे, जब उच्च न्यायालय छुट्टी के बाद खुलेगा।"

लाइन डिस्कनेक्ट हो गई।

रस्तोगी: "कल्याण आप शिकायत कर रहे थे"

कल्याण: "किस बारे में सर?"

रस्तोगी: "मेरे बारे में और बाद में गृहसचिव ने काउंटर एफिडेविट में प्रतिक्रिया को बदला था"

कल्याण: "हाँ सर, गृहसचिव ने राज्य सरकार और भारत सरकार के बीच समन्वय और सहयोग के उत्कृष्ट तंत्र और इन तंत्रों आदि के माध्यम से जानकारी और सूचना के बिंदुओं को कैसे साझा किया जाता है आदि को परिवर्तित कर दिया था।"

रस्तोगी: "इस श्रीवास्तव को इसके साथ भी समस्याएं हैं। वह चाहता था कि इसे फिर से तैयार किया जाये।"

कल्याण: "ठीक है सर"

रस्तोगी: "उन्होंने आगे कहा है कि राज्य सरकार और भारत सरकार के बीच समन्वय और सहयोग के उत्कृष्ट तंत्र और इन तंत्रों आदि के माध्यम से सूचना और खुफिया जानकारी को कैसे साझा किया जाता है, जिसके परिणामस्वरूप कई आतंकवादी हमलों को रोका गया है।"

कल्याण: "सर"

रस्तोगी: "रंजीत कब वापस आ रहा है?"

कल्याण: "अगले कार्य दिवस, सोमवार"

रस्तोगी: "इसे तुरंत मेरे पास ले आना। मैं बाद में विदाई में व्यस्त हो जाऊंगा। मैं इसे गृहसचिव के पास ले जाऊंगा और इसे मंजूरी दिलवाऊंगा।"

कल्याण: "सर"

रस्तोगी: "क्या आप जानते हैं कि आपका अगला जेएस यूपी कैडर का हो सकता है। यदि वह अपने पहले असाइनमेंट में यही फाइल करता है तो यूपी कैडर उसे वापस बुला लेगा। वह महिला सुश्री क्या है?"

कल्याण: "वह अधिकारी कौन है?"

रस्तोगी: "मिस्टर लक्ष्मीपति राव। लेकिन हम नहीं जानते कि गृहसचिव या एचएम उसे क्या सौंपेंगे।"

कल्याण: "सर"

रस्तोगी: "वह भी सोमवार को जॉइन हो रहे हैं। उस दिन कनेक्ट कर लेंगे।"

कल्याण: "सर"

कल्याण ऑफिस से निकल जाता है।

31.12.2007, सोमवार

कल्याण पीयूष के कमरे में है। वे रंजीत द्वारा निपटाए गए काउंटर एफिडेविट पर विचार कर रहे थे।

पीयूष (टेलीफोन पर): "सर, कल्याण साब मेरे साथ हैं। हम दोनों आ रहे हैं"

वे रस्तोगी के कमरे में जाते हैं

रस्तोगी: "लक्ष्मी यह आपकी टीम है। गृहसचिव ने मुझे मुद्दों पर आपको ब्रीफ करने के लिए कहा है"

ये पीयूष डायरेक्टर हैं और ये कल्याण अवर सचिव

लक्ष्मीपति राव (मुस्कुराते हुए चेहरे के साथ): विश्वास है हम एक साथ अच्छा समय बिताएंगे"

रस्तोगी: "कल्याण आपका ब्लू चिप है। लेकिन ध्यान से संभालना। इसके अलावा ये अपने विचारों को प्रकट करने से भी नहीं हिचकिचाते हैं। इसलिए उत्तेजित मत होना।"

कल्याण: "सर, हम गृहसचिव के अनुमोदन के लिए काउंटर एफिडेविट लेकर आए हैं।"

रस्तोगी ने सबसे पहले नए संयुक्त सचिव को जानकारी दी। फिर वे सभी गृहसचिव के कमरे की ओर चलते हैं।

गृहसचिव: "आओ रस्तोगी एंड टीम। ठीक है, लक्ष्मी भी यहाँ है। शानदार। लक्ष्मी का स्वागत है। यह आपके करियर के सबसे कठिन कार्यों में से एक है। कोई भी समस्या खड़ी मत कर देना। यदि इन दोनो लड़कों को अच्छे हास्यपूर्ण ढंग से नही संभाला गया तो यह आपके के लिए कठिन होगा। आखिरकार, जब पूरी दुनिया सो रही हो तब कोई भी लाशों की गिनती नही करना चाहता है।"

लक्ष्मी: "सर"

गृहसचिव पहले से ही काउंटर एफिडेविट का ड्राफ्ट देख रहा है।

गृहसचिव: "तो मेरे सक्षम अवर सचिव क्या कहते हैं?"

कल्याण: "सर दो बिंदु। बहुत हल्के हैं और सर हमारे पास राज्य सरकार की मदद से हमलों को रोकने की सटीक संख्या नहीं है।"

गृहसचिव: "बारीकियों में मत पड़ो। कम से कम एक तो होगा ही। इससे यह सुनिश्चित होगा कि हम न्यायालय में झूठ नहीं बोल रहे हैं"

कल्याण: "सर, यह मामला हमारी बार-बार चेतावनियों के बावजूद हुआ। एसएस (आईएस) ने भी परामर्श भेजने और डीजीपी से बात करने के लिए एक बैठक बुलाई थी।"

रस्तोगी: "वे सुश्री सीएम का गुणगान कर रहे थे।"

गृहसचिव: "धनंजय, इसे रहने दो, मैं इसे अप्रूव करता हूँ। कल्याण जाओ और इसे 03.01.2008 को फाइल कर दो।"

गृहसचिव: "फ़ाइल पर रिकॉर्ड"

वे रस्तोगी (अगले दिन से लक्ष्मीपति के) कमरे में लौटते हैं।

कल्याण कंट्रोल रूम में जाता है और अपनी यात्रा और बाद में इलाहाबाद में सीआरपीएफ ग्रुप सेंटर में रहने की व्यवस्था करता है।

कल्याण (डिप्टी कमांडेंट मिस्टर धोंडियाल को बता रहा है): "भाई 05.01.2008 को प्रदोष है। अगर मैं वाराणसी जाता हूँ तो क्या दर्शन हो जाएगा? व्यवस्था कर दो यार।"

डीसी: "सर हरीश को कह देंगे मैं तो आईटीबीपी का हूँ, वह सीआरपीएफ से है।"

कल्याण: "ठीक है"

और 02.01-2008 को प्रयागराज एक्सप्रेस से टिकट बुक करने के लिए धोंडियाल को कुछ पैसे भी दे देता है। कल्याण उस दिन ऑफिस से जल्दी निकल जाता है। वह 31 दिसंबर को जल्दी निकल जाता है क्योंकि दिल्ली की सड़कें सभी की गुंडागर्दी की जगह बन जाती हैं। इसके अलावा, वह उस रात अपने बच्चों के साथ घर पर समय बिताना चाहता था। उसका बड़ा बेटा आईआईटी से अपने पहले सेमेस्टर की परीक्षा के बाद घर आया था। वह घर से ही आईआईटी जाने का विकल्प चुन सकता था लेकिन, कल्याण नहीं चाहता था कि उसका बेटा दिल्ली के कभी न खत्म होने वाले ट्रैफिकजाम पर समय बर्बाद करे। हालांकि, वह छुट्टियों या त्योहार के दिनों और कभी-कभी सप्ताहांत के दौरान आता था। उस दिन कल्याण ने स्क्रैबल खेलते हुए परिवार के साथ अच्छा समय बिताया और फिर सो गया।

अध्याय 25

दृश्य 66

01.01.2008

कल्याण सरोजिनी नगर के श्री विनायक मंदिर में है उस समय उसके मोबाइल की घंटी बजती है। कल्याण के परिवार में नये साल के पहले दिन मंदिरों में जाने की प्रथा है। बेटे के आईआईटी प्रवेश के बाद कल्याण की पत्नी ने एक नया मोबाइल खरीदा है और उसने एक नया फोन अपने बेटे को भी दिया है। उसके फोन का उपयोग कल्याण एक नए पोस्टपेड नंबर के साथ कर रहा था, जिसका पता केवल डायरेक्टर, रस्तोगी और एमएचए कंट्रोल रूम को बस था।

कल्याण: "हाँ क्या हो गया?"

गृह मंत्रालय कंट्रोल रूम: "सर, रामपुर में विस्फोट हो गया। गृहसचिव कार्यालय आपको फोन कर रहा है। गृहसचिव किसी भी समय कार्यालय में होंगे"

कल्याण: "रास्ते में हूँ। कम से कम बीस मिनट लगेंगे"

एमएचए कंट्रोल रूम: "ठीक है सर, मैं सूचित करूंगा"

कल्याण कार्यालय पहुंचता है और गृहसचिव के कमरे में भागता है।

गृहसचिव: "आओ कल्याण। रामपुर में सीआरपीएफ शिविर में एक विस्फोट हुआ है| वो लोग एक सुरक्षा एजेंसी के क्षेत्र में कैसे घुस सकते हैं और बम ब्लास्ट कर सकते हैं? मैं चाहता हूँ कि आप तुरंत जाओ और मुझे एक रिपोर्ट बनाकर दो। बाकी लोग मामले को रफा दफा कर देंगे, लेकिन, मैं एक ईमानदार रिपोर्टिंग चाहता हूँ। यह बेशर्मी भरा कांड हमारे स्तर पर चूक के बिना नहीं हो सकता है।"

कल्याण: "सर मुझे कब जाना है?"

गृहसचिव: "तुरंत, अभी एक प्रस्ताव लाओ मैं अनुमोदित करता हूँ।"

कल्याण: "ठीक है सर, मैं काशी विश्वनाथ से चला जाऊँगा। दोपहर 1:30 बजे तक निकलूंगा और शाम 5:30 बजे तक पहुंच जाऊँगा।"

गृहसचिव: "ट्रेन से जाने की कोई आवश्यकता नहीं है।"

फिर उन्होंने बजर किया और कहा मुझे डीजी सीआरपीएफ से कनेक्ट करो। वापस फोन आता है।

गृहसचिव: "मैं एक अधिकारी को तुरंत रामपुर भेजना चाहता हूँ तुरंत एक वाहन भेजिए।"

कल्याण: "सर, कल मैं इलाहाबाद से जा रहा हूँ।"

गृहसचिव (फोन पर): "वहाँ से वह अदालत के किसी मामले के लिए इलाहाबाद जाएंगे। कृपया सब कुछ व्यवस्थित करें।"

कल्याण: "ठीक है सर"

फिर कल्याण गृहसचिव के कमरे से बाहर निकलता है और नए जेएस (आईएस) के कमरे में जाता है। मिस्टर लक्ष्मीपति प्रतीक्षा कर रहे हैं।

कल्याण: "हैप्पी न्यू इयर सर"

लक्ष्मीपति: "आपको भी नववर्ष की शुभकामनाएं कल्याण। आप कब जा रहे हो?"

कल्याण: "सर, गृहसचिव ने तुरंत जाने का आदेश दिया है।"

लक्ष्मीपति: "ठीक है"

कल्याण: "वहाँ से कल इलाहाबाद सर और बाद में मैं शनिवार या रविवार को वापस आऊंगा।"

तभी पीयूष अंदर आता है।

पीयूष: "हैप्पी न्यू इयर सर, हैप्पी न्यू इयर कल्याण।"

सबने एक दूसरे को शुभकामनायें दी और धन्यवाद दिया।

पीयूष: "क्या हो गया सर?"

कल्याण: "सर, पटाखा बज गया"

पीयूष: "कहाँ?"

लक्ष्मीपति: "रामपुर में कहीं। गृहसचिव बहुत भडके हुए हैं।"

कल्याण: "सर, गृहसचिव इसलिए भडके हुए है क्योंकि यह सीआरपीएफ शिविर में हुआ है। उन्होंने कहा कि हमारी एजेंसियों से कोई चूक हुई है।"

लक्ष्मीपति: "क्या आप इसे संभाल सकते हैं?"

पीयूष: "पेशेवर रूप से बहुत अच्छी तरह से सर, केवल इनकी अतिरिक्त गतिविधियां कभी-कभी स्वीकार्य नहीं होती हैं।"

लक्ष्मीपति: "जैसे?"

पीयूष: "सर इन्होने आकस्मिक छुट्टी के लिए आवेदन किया है"

लक्ष्मीपति: "इसमें नया क्या है?"

पीयूष: "जो कारण दिया था वह डायरेक्टर (आईएस) पीयूष दुबे के खिलाफ एक पागलपन भरी याचिका दायर करना था।"

लक्ष्मीपति: "दिलचस्प लगता है"

कल्याण: "मैं निकलता हूँ सर, मुझे उच्च न्यायालय के मामले के लिए भी कागजात इकट्ठे करने हैं।"

लक्ष्मीपति: "आप सीधे इलाहाबाद जा रहे हैं?"

कल्याण: "सर, गृहसचिव ने पूरी यात्रा के लिए एक वाहन उपलब्ध कराने के लिए पहले ही सीआरपीएफ डीजी को बोल दिया है।"

लक्ष्मीपति: "आपकी पीठ तोड़ देंगे"

कल्याण: "सर"

लक्ष्मीपति/पीयूष: "अपना ध्यान रखियेगा"

कल्याण: "स्योर सर"

कल्याण अपने कार्यालय जाता है, फिर द्वारका में सीआरपीएफ कॉलोनी में रहने वाले एक सीपीएमएफ कांस्टेबल को फोन करता है और उसे यह कहते हुए अपने स्कूटर की चाबियां सौंपता है, "इसे शाम को मेरे घर पर छोड़ देना" और उसे अपना पता देता है।

सीआरपीएफ वाहन रिपोर्ट करता है। कल्याण सबसे पहले घर जाता है और वहाँ पहुंचकर अपने कपड़े आदि रखता है। उनके बेटे वहाँ हैं और पत्नी कार्यालय गई है। लगभग 11:00 बजे थे। कल्याण अपनी पत्नी उमा को फोन करता है।

उमा: "हाँ, क्या समाचार है?"

कल्याण सारी बात बताता है।

उमा: "आपके बच्चे घर पर हैं। हम सभी बड़ी मुश्किल से एक साथ हैं और आप इस यूपी पर्यटन पर जा रहे हैं। यह क्या है?"

कल्याण: "यह पेशेवर (ड्यूटी) है और महत्वपूर्ण है। ठीक है?"

उमा: "रविवार से पहले वापस आ जाईयेगा, भासी को रविवार को हॉस्टल जाना है।"

कल्याण: "रविवार को पक्का आ जाऊँगा।"

उमा: "ठीक है, ऑल द बेस्ट"

कल्याण गाजियाबाद, गुरुमिष्ठेश्वर होते हुए रामपुर की अपनी यात्रा शुरू करता है, कुछ समय बाद वह मुरादाबाद पहुंचता है, जहाँ वे दोपहर के भोजन के लिए सीआरपीएफ बटालियन में रुकते हैं। डीजी कार्यालय द्वारा पूर्व-व्यवस्था की गई थी। उसके बाद दोपहर लगभग 3:00 बजे, वे बरेली की ओर आगे बढ़ते हैं और शाम को लगभग 6:00 बजे रामपुर पहुंचते हैं। ग्रुप सेंटर के आईजी उसका स्वागत करने के लिए आते हैं। ग्रुप सेंटर में उदासी छाई हुई है क्योंकि, उन्होंने अपने मूल्यवान साथियों को खो दिया है।

आईजी: "वेलकम सर"

कल्याण: "धन्यवाद"

आईजी: "सर, आप साइट पर कब जाएंगे, पहले से ही अंधेरा हो चुका है?"

कल्याण: "कोई समस्या नहीं है। मुझे फ्रेश होकर संध्या करने दीजिये कुल मिलाकर 20 मिनट लगेंगे। फिर हम मूल्यांकन के लिए आगे बढ़ सकते हैं। मुझे गृहसचिव को कुछ आउटपुट देना है।"

आईजी: "ठीक है सर, चाय पीकर फ्रेश हो जाईये।"

चाय परोसी गई और और उन्होंने चायपान किया। शाम के 6:30 बजे थे।

कल्याण: "मैं 6:50 तक तैयार रहूँगा।"

वहाँ कल्याण को आभास होता है कि इन लोगों को शायद यह बताया गया है कि दौरा करने वाला अवर सचिव एक कड़क अधिकारी हैं और गृहसचिव का विश्वासपात्र है। इसलिए वे कल्याण से थोडा सा भयभीत थे। वे शाम 6:55 बजे ऑफिसर्स मेस गेट पर मिलते हैं और विस्फोट स्थल की ओर ड्राइव करते हैं। क्षति और अन्य चीजों का आकलन करने के बाद, वे अतिक्रमणकारियों से भरी एक सड़क से गुजरते हैं। जहाँ एक बोर्ड लटक रहा था जिस पर लिखा हुआ था, "भारत सरकार की भूमि, कोई रास्ता नहीं"

कल्याण: "सर, क्या यह हमारी भूमि है?"

आईजी: "सर, यह हमारी है"

कल्याण: "यह सब अतिक्रमण किया गया है"

आईजी: "सर, हम कुछ भी नहीं कर सकते। राज्य के अधिकारियों ने इसे हटाने से इनकार कर दिया है।"

कल्याण (व्यंग्यपूर्ण ढंग से मुस्कुराते हुए): "आप एक अर्धसैनिक बल हैं।"

आईजी: सर, हम नक्सलियों, उग्रवादियों और आतंकवादियों से लड़ सकते हैं, लेकिन राजनीतिक गुंडों से नहीं।"

उपमहानिरीक्षक (जो उनके साथ थे): "सर, यह सड़क हमारे ग्रुप सेंटर को काटती (विभाजित करती) है। एकदम बीच से। स्टाफ क्वार्टर दूसरी तरफ हैं।"

कल्याण: "ओके, यह एक बहुत ही महत्वपूर्ण बिंदु है।"

उपमहानिरीक्षक: सर, सिविल पुलिस जाँच चल रही है, सर हमारा अपना प्रारंभिक मूल्यांकन काफी चिंताजनक है।"

आईजी: "हम आपको कार्यालय में विस्तार से बताएँगे"

कल्याण: "सर"

हालांकि, ज्यादातर स्थानों पर अंधेरा था, लेकिन कल्याण लटकी हुई तारों के माध्यम से अवैध कनेक्शन देख सकता था, जो अवैध अतिक्रमणकारियों ने ले रखे थे। कल्याण ऑफिसर्स मेस में लौटता है और विश्राम करता है। 02.03.2007 को सुबह 10:00 बजे पुन: बैठक करने का निर्णय लिया गया था।

कल्याण: "आईजी सर, हम मिलते हैं और एक बार फिर से पूरा दौरा करते हैं और फिर बैठक करते हैं, हम सुबह 10:00 बजे शुरू करेंगे।"

आईजी: "स्योर सर, वैसे आपके लिए कोई ड्रिंक्स आदि?"

कल्याण: "नहीं डिअर। अच्छा सा टमाटर सूप कह देना। इसके अलावा, सर मैं अपनी टॉयलेट किट भूल गया हूँ। तो क्या आप किसी को टूथपेस्ट, टूथब्रश, शेविंग सेट और अन्य चीजों की व्यवस्था करने के लिए कह सकते हैं?"

आईजी: "स्योर सर, आपको कमरे में मिल जायेगी।"

आईजी का सहायक इन चीजों को लाने के लिए तुरंत किसी को बोलता है। उसके बाद कल्याण भोजन करता है और फिर सो जाता है।

02.01.2008

आईजी का कमरा, ग्रुप सेंटर, सीआरपीएफ रामपुर, सुबह 10:00 बजे

आईजी: "गुड मॉर्निंग, कल्याण साहब"

कल्याण: "गुड मॉर्निंग, क्या हम शुरू करें?"

आईजी: "सर, ग्रुप सेंटर के भीतर अतिक्रमण के मुद्दे को कई बार राज्य सरकार के समक्ष उठाया गया है। स्थानीय सांसद और विधायक बहुत शक्तिशाली हैं इसलिए, कोई भी उनका विरोध नहीं करना चाहता है। वे इसे हटाने में रोड़ा बनते हैं। सर, उत्तर प्रदेश सरकार के किसी स्लम पुनर्वास बोर्ड या विभाग ने हमसे फंड लिया है। लेकिन हम इस पर अड़े हुए हैं। अब आतंकवादी हमला हुआ है।"

इसके अलावा, सर आत्मसमर्पण करने वाले आतंकवादियों और उग्रवादियों के केन्द्रीय अर्धसैनिक बलों में पुनर्वास का भी योगदान है। यह व्यक्ति (नकवी) जो पहले एक खूंखार आतंकवादी था और कई बार कश्मीर में पकड़ा गया था। उसकी आत्मसमर्पण की पेशकश को स्वीकार कर लिया गया और बाद में इसे सीआरपीएफ में शामिल होने का एक वैकल्पिक व्यवसाय दिया गया। इस हमले में उसकी संलिप्तता सामने आई है। लेकिन, सर स्थानीय पुलिस इस कोण को अनदेखा कर रही है।"

कल्याण: "आईजी सर, क्या आप मुझे उन पत्रों की प्रतियां दे सकते हैं जो राज्य सरकार को अतिक्रमण सम्बंधी मुद्दों पर लिखे गए हैं। क्या उत्तरप्रदेश पुलिस ने इस ग्रुप सेंटर के कर्मियों के बयान लिए थे? इस सुधरे हुए उग्रवादी आदि के बारे में पूछा था? क्या बयान में नकवी की संलिप्तता बताई गई है?"

आईजी: "मैं भी इसी कैडर से हूँ। उनकी जाँच का तरीका पेशेवर से बहुत दूर है, हमारे लोगों ने आपके संदेह के अनुसार नकवी की संभावित भागीदारी सहित उनके बयान दर्ज किए हैं लेकिन, वे सही तरीके से काम नहीं कर रहे हैं।"

कल्याण: "उसकी पोस्टिंग कहाँ और ड्यूटी टाइमिंग क्या थी?"

डीआईजी: "सर वह एक्सचेंज में टेलीफोन ऑपरेटर के पद पर तैनात था। लेकिन उसने ग्रुप सेंटर की रूपरेखा को लीक किया है। 31.012.2001 को उसका ड्यूटी रोस्टर नाइट ड्यूटी था। यह काफी स्पष्ट है कि उसने कैंपस का लेआउट मैप लीक किया था।"

कल्याण: "मैं नकवी के पिछले जीवन को भी रिपोर्ट में रखूंगा। बस मुझे रिपोर्ट पर काम करने के लिए एक कंप्यूटर दीजिये।"

आईजी: "सर, हम आपको आगे की यात्रा के लिए वाहन प्रदान करेंगे। वाहन मुख्यालय से रिपोर्ट एकत्र करने के बाद वापस आ जाएगा।"

कल्याण: "सर, ठीक है"

आईजी: "सर"

कल्याण रिपोर्ट टाइप करता है। बाद में एक प्रिंटआउट लेता है। इसे एक कवर में सील करता है और वाहन के चालक को सौंप देता है।

कल्याण: "सीधा गृहसचिव के घर जाओ और डिलीवर करो। 4 न्यू मोती बाग, नई दिल्ली"

ड्राइवर: "जी"

बाद में वे दोपहर के भोजन के लिए इकट्ठा होते हैं और दोपहर 3:00 बजे तक लंच समाप्त करते हैं।

कल्याण: "सर इलाहाबाद कितना दूर है?"

आईजी: "कल्याण जी, आपकी रिपोर्ट भेज दी गई है।"

कल्याण: "धन्यवाद, सर"

आईजी: "सर, लखनऊ के लिए 6 घंटे का ड्राइव है। हमारे पास कुछ वीआईपी गेस्टहाउस हैं। उसके बाद, आप रात भर रुक सकते हैं और सुबह लखनऊ से इलाहाबाद तक केवल 2 से 3 घंटे की यात्रा कर सकते हैं।"

कल्याण: "स्योर सर"

इसके बाद कल्याण ने आईजी और अन्य लोगों से विदाई ली। कल्याण सीआरपीएफ के वाहन में बैठ गया। शाम की चाय और फ्रेश होने के लिए एक छोटे से ब्रेक के बाद वाहन आगे बढ़ता है, कल्याण अधिकाँश समय सोने में बिताता है।

अध्याय 26

दृश्य 67

रात के लगभग 9:45 बजे कल्याण गाड़ी की पिछली सीट पर गहरी नींद में सो रहा था। ड्राईवर ने आवाज देकर उसे जगाया। साहब लखनऊ आ गये हैं। एक अधिकारी ने उसके लिए दरवाजा खोला और उसे सीढ़ियों से पहली मंजिल तक ले गया। यह आईजी स्तर और उससे ऊपर के अधिकारियों लिए एक प्रकार का गेस्ट हाउस था। हालांकि, कल्याण डीजी का अतिथि था इसलिए उसे वहाँ ठहराया गया था। व्यवहारिक तौर पर स्वागत आदि के बाद उसे एक कमरा दिखाया गया। गर्म पानी से स्नान करने के बाद कल्याण ने रात का खाना खाया और ड्राइवर को निर्देश देने के बाद सो गया।

कल्याण: "सुबह 7:00 बजे निकलेंगे।"

सीआरपीफ जवान: "स्योर सर, गाड़ी तैयार होगी"

कल्याण फिर से सो गया, 03.01.2008 सुबह 7:00 बजे, कल्याण कार के अंदर बैठा।

सीआरपीएफ मैंन: "सर, नाश्ता पैक कर दिया है।"

कल्याण: "क्या है?"

सीआरपीएफ मैन: "पूरी सब्जी है साहब, ठंडा होने से पहले खा लेना।"

कल्याण: "ठीक है"

और वे इलाहाबाद की ओर यात्रा शुरू करते हैं।

ड्राइवर: "सर जी, क्या आप सीआरपीएफ बटालियन में जाकर ताजा होगे?"

कल्याण: "नहीं सीधा जाओ और पता बोलता है। श्रीवास्तव 16, समाचार मार्ग, सिविल लाइंस, इलाहाबाद (इंडिया कॉफी हाउस के सामने)"

ड्राइवर: "ठीक है, साहब"

कल्याण लगभग 8:00 बजे पूरी सब्जी का नाश्ता करता है और सुबह कार में रखे गए कुछ समाचार पत्रों को पढ़ना शुरू करता है। वे सुबह 10:00 बजे उस पते पर पहुंचते हैं।

श्रीवास्तव: "प्लीज, आईये कल्याण साहब। आपके गृहसचिव ने इस मामले के बारे में बात की है। यह मेरा जूनियर संतोष निगम है, यह मेरे कार्यालय में आपसे चर्चा करेंगे। फिर दोपहर के भोजन तक मैं आऊंगा और हम एक बार फिर काउंटर एफिडेविट देखेंगे और इसे फाइल करेंगे। संतोष तुम्हें भी सेवा करनी है।"

कल्याण: "कोई पार्टी नहीं है सर। स्वत: संज्ञान का मामला है। केवल राज्य सरकार को अधिसूचना की आवश्यकता है।"

श्रीवास्तव: "क्षमा करें, मैं भूल गया"

कल्याण: "सर, तो सर मैं संतोष को अपनी गाड़ी में ले जाऊंगा"

संतोष: "ठीक है सर। कल्याण के साथ जाऊंगा"

श्रीवास्तव: "कल्याण जी, चाय पीकर जाओ। संतोष, हमरे मुंशी ने कार्यालय खुलवाया नहीं होगा।"

संतोष: "हम फोनवा में पूछ लेंगे"

श्रीवास्तव: "हमरा एग्यारह बजे मैटरवा है। हम जा रहे हैं। आप लोग चाय लेकर आईये"

संतोष: "ठीक है ना?"

चाय पीने के बाद वे इलाहाबाद उच्च न्यायालय में जाते हैं, जो एक विशाल राजसी भवन है।

संतोष: "साहिब जी, हम जरा पनवा ले लेते है। आप भी लेंगे का?"

कल्याण न कहते हुए अपना सिर हिलाता है। कुछ 120 और 64 नंबरों के साथ अपने पनवा के बाद संतोष इसे लगभग 10 मिनट तक चबाने का आनंद लेता है और बाद में अपना मुंह कुल्ला करता है और वे चैंबर साइड में चले जाते हैं। तीसरी मंजिल पर लगे बोर्ड पर लिखा है, " कार्यालय अतिरिक्त सॉलिसिटर जनरल, भारत सरकार के वरिष्ठ स्थायी वकील और कुछ अन्य उपाधियाँ, इलाहाबाद।" कल्याण और संतोष अतिरिक्त एसजी के विशाल कक्ष के एक कोने में बैठते हैं। संतोष काउंटर एफिडेविट पढने लगता है।

संतोष: "अनुमोधन हुई गवा?"

कल्याण: "जी हाँ, गृहसचिव ने कर दिया"

संतोष: "ठीक, नोट्राईज कर के फाइल करवाते है। सुनवाई कब है?"

कल्याण: "कल की तारीख है"

संतोष: "मुंशी भैया, कल का एडवांस लिस्टवा है क्या?"

मुंशी(एक फ़ोल्डर सौंपते हुए): "ई फाइलवा में है"

संतोष (फाइल का अवलोकन करते हुए): "अरे भाई, ये तो सीजे बैंच में है, सूओ मोटू, आइटम नंबर 1, सुबह में आ जाएगा। मिस्लेनिअस के एकदम बाद।"

मुंशी: "जी हाँ साहब। एएसजी साहब शाम को ही जिक्र किए थे। शुक्रवार पहला नंबर"

चाय के कुछ कप गटकने के बाद वे कमरे में आने वाले एएसजी को देखकर नमस्कार करने के लिए खड़े होते हैं।

एएसजी: "रे मनोज पांडे! तुम को हम कहे थे न कि वो सीपीडब्ल्यूडी भूमि अधिग्रहण मामले में लाइन प्लान लगा दो कोर्ट एफिडेविट में।"

मनोज: "सर, सीपीडब्ल्यूडी को कहे थे, पत्र भी लिखा था। कोई उत्तर नहीं आया। न हीं कोई अधिकारी उपस्थित हुआ।"

एएसजी: "आज सीजे ने फटकार लगा दी। मेरी बात करवा दो रामचंद्रन जी है भारत सरकर में सचिव।"

मनोज एएसजी के पीए को उन्हें कनेक्ट करने के लिए कहता है।

एएसजी: "अभी नहीं, महत्वपूर्ण ममला है"

संतोष: "सर काउंटर एफिडेविट ठीक है। गृहसचिव का अनुमोदन भी है, आप सेटल कर दें, मैं सर्विस और फाइलिंग करवा दूंगा।"

एएसजी कल्याण और संतोष के हस्ताक्षर करने के बाद एफिडेविट पर हस्ताक्षर करता है।

एएसजी: नोट्राईज करवा दो। और प्रादेशिक सरकार के लिए सर्विस करवा के फाइल कर दो"

संतोष: "ठीक है, साहब"

दोनों एएसजी से अनुमति लेते हैं और बाहर निकलते हैं। बाद में काउंटर एफिडेविट नोट्राईज किया जाता है, उसके बाद एक प्रति उसी मंजिल पर उत्तरप्रदेश सरकार के महाधिवक्ता के कार्यालय को सौंप दी जाती है और काउंटर एफिडेविट दायर किया जाता है। दोपहर के 3:30 बजे है। कल्याण अगले दिन अदालत में उपस्थित होने का वादा करते हुए छुट्टी लेता है और इलाहाबाद में सीआरपीएफ बटालियन के लिए रवाना हो जाता है। इलाहाबाद शहर के ग्रामीण और भीतरी इलाकों में शांति है। वहाँ उसे डीआईजी द्वारा रिसीव किया जाता है जो उसे अपने कक्ष में ले जाता है और चाय की पेशकश करता है। वह बाद में वह उसे ऑफिसर्स मेस में ले जाता हैं। डीआईजी किसी नेतराम की जलेबी की पेशकश भी करता है जो इलाहाबाद में बहुत प्रसिद्ध है और कल्याण

साहब के लिए जलेबी लाने के लिए किसी को भेजता है। शाम करीब साढ़े छः बजे जलेबी और समोसे को चाय के साथ ऑफिसर्स मेस में उसके कमरे में पहुंचाया जाता है।

दृश्य 68

04.01.2008

कल्याण सुबह 10:55 बजे तक चीफ जस्टिस कोर्ट में पहुंच जाता है। अतिरिक्त एसजी मिस्टर श्रीवास्तव और संतोष निगम अंदर टहलते रहे। श्रीवास्तव ने कल्याण को वकीलों के लिए आरक्षित पंक्तियों के ठीक पीछे बैठने का संकेत किया।11:00 सीजेआई और उनके साथी न्यायाधीश अंदर आते हैं। वहाँ उपस्थित लोग उनके सम्मान में खड़े होते हैं।

सीजे: "इससे पहले कि मैं मिस्लेनिअस मामलों पर कॉल करूं, मेरे पास एक बहुत ही महत्वपूर्ण सूचीबद्ध मामला है। यह मामला राज्य में बार और बैंच के हित से संबंधित है। इसलिए, मिस्लेनिअस और उल्लेख इंतजार कर सकते हैं।"

फिर वह याचिका नंबर पर कॉल करता है .... बनाम भारत संघ और अन्य। मैंने भारत संघ के काउंटर एफिडेविट का अवलोकन किया है। उत्तरप्रदेश सरकार ने कुछ भी दायर नहीं किया है। वह उत्तरप्रदेश सरकार के महाधिवक्ता या किसी और को बुलाता है। कोई भी उपलब्ध नहीं था। यह देखते हुए वह कहता है, "मैं समझता हूँ कि इस तरह के महत्वपूर्ण मामले में उत्तरप्रदेश सरकार गंभीर नहीं है।"

यूपी के अतिरिक्त महाधिवक्ता हांफते हुए कहते हैं:

उत्तरप्रदेश के एएजी: "योर ऑनर"

सीजे: "यह केवल आपके कारण बचा है। आपके मन में उच्च न्यायालय के प्रति बहुत कम सम्मान है।"

दूसरे न्यायाधीश: "क्या हमें अदालतों में सरकारी अधिवक्ताओं की उपस्थिति सुनिश्चित करने की आवश्यकता है। क्या हम एक नियम जारी करें?"

उत्तरप्रदेश के एएजी: "माय लार्ड, मैं माफी मांगता हूँ"

सीजे: "एजी कहा है?"

यूपी के एएजी: "महोदय, बस उपस्थित होंगे"

सीजे (कोर्ट मास्टर को आदेश देते हुए): रजिस्ट्रार जनरल के माध्यम से मुख्य सचिव और डीजीपी को 10.0.2008 को पहले उपस्थित होने के लिए नियम (आदेश) जारी करो।"

एजी (फिर से हडबडाते और हाँफते हुए): "मी लॉर्ड्स, हम माफी मांगते हैं, मी लॉर्ड मैं लॉर्डशिप का बहुत सम्मान करता हूँ। कृपया मुझे अंतिम बार माफ कर दें।"

दूसरे न्यायाधीश: "ठीक है, हम उस सम्मान के बारे में जानते हैं जो आप यहाँ अनुपस्थित रहकर देते हैं। यह इस तथ्य से और पता चलता है कि इस महती अदालत के लिए आपका सम्मान कितना है, जबकि भारत सरकार ने अपना जवाब दायर कर दिया है, उनका अधिकारी अदालत में मौजूद है, जैसा कि अतिरिक्त एसजी द्वारा सूचित किया गया है लेकिन, आपने स्वत: संज्ञान याचिका को पढ़ने की भी परवाह नहीं की है।"

सीजे: "भारत सरकार की प्रतिक्रिया रिकॉर्ड पर ली गई है। इस मामले में उनकी उपस्थिति को डिस्चार्ज किया जाता है, क्या हमें उत्तरप्रदेश राज्य के साथ किसी भी स्थिति में सामग्री की सत्यता की पुष्टि करने की आवश्यकता है? तो हमें उनके अधिकारी, अवर सचिव कल्याण को न्यायालय में उपस्थित होने और न्यायालय की सहायता करने की आवश्यकता होगी। उत्तरप्रदेश राज्य के लिए नियम जारी करें। मुख्यसचिव और पुलिस महानिदेशक 10.01.2008 को इस न्यायालय में व्यक्तिगत रूप से उपस्थित होंगे।" (डिक्टेशन समाप्त)

एएसजी: "मैं आभारी हूँ मीलॉर्ड"

कल्याण बेंच को नमस्कार करता है और बाहर निकल जाता है। दिन के 11:35 बजे थे।

संतोष: "सर, आप फ्री हो गए?"

कल्याण: "धन्यवाद एएसजी साहब"

कल्याण: संतोष जी मेरा ये संपर्क है। संतोष जी अपना बिल भेज देना एएसजी से एंडोर्स करवा के।"

श्रीवास्तव: "अरे! सीजे ने तारिफ की है। चाय पी कर जाओ"

वे एएसजी के चैंबर में जाते हैं और चाय और स्नैक्स लेते हैं। बाद में कल्याण जाने की अनुमति लेता है।"

कल्याण 12:00 बजे कार में बैठता है।

ड्राइवर: "सर कहाँ?"

कल्याण: "वापस सेंटर जाएंगे, फिर वहाँ से बनारस"

ड्राइवर: "सर"

वे सीआरपीएफ बटालियन सेंटर में वापस जाते हैं। लंच के बाद कल्याण डीआईजी की अनुमति लेता है।

डीआईजी: "सर, हमारे पास बनारस में अच्छी व्यवस्था नहीं है। इसलिए मैंने लंका में बीएचयू गेस्ट हाउस में रहने की व्यवस्था की है। वहाँ का खाना बहुत अच्छा है। इसके अलावा, आपको गंगा स्नान, काशी विश्वनाथ मंदिर,

संकट मोचन और कालभैरव ले जाने के लिए हमारी यूनिट से कर्मचारी मिलेंगे। सर, आप अगले दिन 10:30 बजे के लगभग वापस जाने के लिए फ्री हो जायेंगे।"

कल्याण: "ठीक है"

डीआईजी: "सर, हमारे लिए प्रार्थना करियेगा"

कल्याण: "स्योर"

इसके बाद वे बनारस की ओर ड्राइव करते हैं। तुलसी घाट जिसमें कम भीड़ होती है, में गंगास्नान करने के बाद कल्याण को काशी विश्वनाथ मंदिर और बाद में काल भैरव मंदिर और संकट मोचन तथा अंत में गंगा के घाटों के पास एक अन्य मंदिर में ले जाया जाता है। किंवदंती के अनुसार, यह देवी भगवान महादेव की बहन हैं और बहुत से लोग इस मंदिर में जाते हैं। सुबह 10:00 बजे तक उसकी सभी प्रार्थनाएं समाप्त हो जाती हैं और बीएचयू गेस्ट हाउस में नाश्ता करने के बाद, वे दिल्ली वापसी की यात्रा शुरू करते हैं और लगभग रात के 8:30 बजे तक पहुंचते हैं। थका हारा कल्याण रात्रि भोजन के बाद तुरंत सो गया।

अध्याय 27

दृश्य 69

07.01.2008

कल्याण कार्यालय में वापस आ गया है और रामपुर के एक सन्देशवाहक द्वारा भेजी गई उसकी रिपोर्ट पहले से ही एमएचए में उठापटक करवा कर रही थी। केन्द्रीय अर्धसैनिक बलों में आत्मसमर्पण (सुधरे) किए हुए उग्रवादियों को स्थापित करने की प्रक्रिया को फिर से समाप्त किया जा रहा था। प्रत्येक सोमवार को होने वाली वरिष्ठ अधिकारियों की बैठक में एसएस (आईएस) और एएस (बीएम) हाथापाई करने तक पहुंच गए थे। बाद में गृहसचिव द्वारा कल्याण को बुलाया गया और वह दोपहर 12:00 बजे के लगभग वहाँ रिपोर्ट करता है। एसएस (आईएस) और भड़के हुए एएस (बीएम), लक्ष्मी राव, जेएस (आईएस), जेएस (पुलिस II केंद्रीय बलों से सम्बंधित) आदि पहले से ही वहाँ मौजूद थे। कल्याण को पहले से ही उस बहस के बारे में पता था जो कुछ समय पहले एएस (बीएम) और एसएस (आईएस) के बीच कमरा नंबर 119 में हुई थी।

गृहसचिव: "आओ कल्याण, बैठो"

कल्याण को एसएस (आईएस) के बगल में एक कुर्सी मिलती है और वह उस पर बैठता है।

गृहसचिव: "आपने रिपोर्ट में देखा है कि आईजी सीआरपीएफ की जाँच में सुरक्षा बल द्वारा भर्ती किया गया और टेलीफोन ऑपरेटर के रूप में काम करने वाला एक सुधारित आतंकवादी साजिश का हिस्सा था।"

कल्याण: "हाँ सर"

गृहसचिव: "यह पूरी तरह से आईजी की रिपोर्ट का आधार था"

कल्याण: "नहीं सर"

गृहसचिव: "तो फिर और क्या है?"

एएस (बीएम): "सर, इस आदमी को काल्पनिक रिपोर्ट लिखने की आदत है। मैंने पूर्व के गृहसचिव को भी इस बारे में बताया था।"

कल्याण: "नहीं सर, मैं वहाँ भी सही साबित हुआ था। लेकिन अपर्याप्त अनुमोदनों के कारण हमें झुकना पड़ा। लेकिन रिपोर्ट 100% सच साबित हुई है।"

गृहसचिव: "कल्याण, आप मेरे सवाल का जवाब दो"

एसएस (आईएस): "नहीं सर, यह अस्वीकार्य है, मेरे लड़के खून-पसीना बहा रहे हैं और इस प्रकार का आक्षेप (आरोप) लगाया जाता है"

गृहसचिव: "एसएस मैं उस पर ध्यान दे रहा हूँ। कल्याण, अब बताओ भरोसेमंद बिंदु क्या थे?"

कल्याण अपने साथ नोट्स लाया था, यह बताने के लिए कि आईजी रिपोर्ट निराधार नहीं थी वह दस्तावेजों, गतिविधियों और अन्य चीजों को पढ़ता है और सूचीबद्ध करता है। कल्याण द्वारा सूचीबद्ध हर शब्द के साथ एएस (बीएम) और भड़क रहा था।

एएस (बीएम): "सर, आप जानते हैं कि ये पुलिस के लोग कैसे तिल का ताड बना सकते हैं"

एसएस (आईएस): सर, मैं देश के वरिष्ठतम पुलिसकर्मियों में से एक हूँ मुझे इस पर कड़ी आपत्ति है"

गृहसचिव: "इस बार मैं इस आरोप को अनसुना कर रहा हूँ, ऐसा कहने के बाद एएस (बीएम) मिस्टर खान कृपया, तथ्यों पर सुनिश्चित रहें। इससे पहले कि आप इस तरह के बयान दें तो मैं कहूँगा कि आपके द्वारा लगाये गए आरोपों के आधार के लिए सबूत होने चाहिए।"

रिपोर्ट के बारे में कुछ महत्वपूर्ण चर्चा के बाद, गृहसचिव ने सभी को धन्यवाद दिया और सभी लोग उठकर चल दिए। बाहर निकलते समय एसएस (आईएस) कल्याण, राव और जेएस (पुलिस) को उसके कमरे में आने का इशारा करता है।

एसएस (आईएस): "यह रिपोर्ट एएस (बीएम) को कैसे मिली?"

कल्याण: "सर, मैं आज ही कार्यालय आया हूँ"

एसएस (आईएस): "मैं आपसे नही कह रहा हूँ कल्याण लेकिन, लक्ष्मी यह चिंता का विषय है। यदि आवश्यक हो तो डिवीजन में अपने सभी अधिकारियों की सकारात्मक जाँच करें।"

जेएस (आईएस): "सर"

एसएस (आईएस): "कल्याण बहुत शानदार काम, मैंने राज से पिछले काम के बारे में सुना है।"

जेएस (पुलिस): "बहुत शानदार कल्याण"

चाय पीने के बाद सभी अधिकारी चले गए। जब तक कल्याण अपने कमरे में वापस आया और दोपहर का भोजन किया तब तक दोपहर के 1:40 बज चुके थे।

अध्याय 28

दृश्य 70

वर्ष के व्यस्त पहले सप्ताह के बाद, कल्याण के जीवन में कोई महत्वपूर्ण घटना नहीं हुई, उसका सारा समय जाँच की स्थिति, संसदीय नोटिस, परामर्श जारी करने आदि में बीत रहा था। संसद के आगामी मानसून सत्र के कारण 21 फरवरी 2008 को कल्याण और पीयूष सत्र की तैयारी पर काम कर रहे थे। शनिवार का दिन था। शाम के लगभग 5 बजे प्रधानमंत्री कार्यालय से एक फोन आया। पीयूष ने कल्याण को इंतजार करने के लिए कहा। कल्याण को पता था कि यह घरेलू मोर्चे पर संभावित तौर पर विस्फोट करेगा। क्योंकि उसकी पत्नी का जन्मदिन था। उसका बड़ा बेटा हॉस्टल से आया था और उसे सपरिवार होटल अशोका के सागर रत्न में खाना खाने जाना था। पीयूष को कल्याण को रोकना पड़ा क्योंकि, गृहसचिव अपने कार्यालय जाने के बजाय निदेशक (आईएस) पीयूष के कमरे में चले आए थे।

गृहसचिव: "पीयूष अच्छा है, आप दोनों यहाँ हैं। मैंने पीएमओ से कहा है एक संकट है।"

पीयूष: "क्या है सर?"

गृहसचिव: "मुझे एक फोन आया था। ब्रिटेन में किसी के पास प्रधानमंत्री के आधिकारिक निवास पर कब्जा करने के लिए अदालत का आदेश है।"

पीयूष: "ये नहीं हो सकता। ऐसा कैसे हो सकता है?"

गृहसचिव: "उन्हें भारतीय उच्चायोग द्वारा अधिसूचित किया गया है। अदालत का आदेश मिल गया है।"

पीयूष ने कंट्रोल रूम को फोन किया।

पीयूष: "विनोद, मैं निदेशक (आईएस), तुरंत गेट नंबर 4 पर किसी को तैनात करो, एक मैसेंजर गृहसचिव के लिए पीएमओ से कुछ कागजात लेकर आ रहा है गृहसचिव मेरे कमरे में है तुरंत मैसेंजर को यहाँ ले आओ।"

5 मिनट के बाद, विनोद स्वयं सन्देशवाहक को निदेशक (आईएस) के कमरे में लाता है और सोफे पर बैठे गृहसचिव को देखकर चकित हो जाता है। गृहसचिव को वह लिफाफा मिलता है जिसे कल्याण की मदद से खोला जाता है।

गृहसचिव: "देखो ये क्या आफत है"

कल्याण: "सर, भारतीय उच्चायोग ने किसी एस निहाल सिंह निवासी शेफील्ड यूके के पक्ष में 7-10 रेसकोर्स रोड का कब्जा देने के लिए शेफील्ड कोर्ट का एक आदेश (डिक्री) भेजा है।"

पीयूष: "कल्याण साहब सुबह से मेरे साथ हो, दारू कब पी ली?"

गृहसचिव: "कल्याण सही है, यह वही है जो पीएस-टू-पीएम ने मुझे बताया था।"

वे कागजों का अवलोकन करते हैं। वे पाते हैं कि एक बिक्री विलेख (सेल डीड) भेजी गई है जिसमें कहा गया है कि मैं मनमोहन सिंह सुपुत्र स्वर्गीय एस. गुरमुख सिंह, ... बेचता हूँ ... संपत्ति खसरा संख्या 7-10 रेस कोर्स रोड खसरा के राजस्व रिकॉर्ड में दर्ज किया .... जुरबाग गाँव......................

इस पर हस्ताक्षर किए गए हैं और अमृतसर में रजिस्ट्रार के कार्यालय में पंजीकृत किया गया।

कंट्रोल रूम ने मुख्यसचिव पंजाब, डीजीपी पंजाब को भी फोन किया और गृहसचिव के साथ कॉन्फ्रेंस कॉल की व्यवस्था की। कल्याण हर चीज के मिनट्स रिकॉर्ड कर रहा था। फिर गृहसचिव कल्याण को पीएमओ के लिए एक स्टेटस नोट डिक्टेट करता है। गृहसचिव उन दोनों को अगले दिन (रविवार) को कार्यालय में आने का निर्देश देता है ताकि, मीडिया को इस बात की भनक लगने से पहले वो लोग उस पर कुछ काम कर सके।

रात के 8:00 बजे थे

कल्याण अपनी पत्नी को फोन करता है और उसे विजय चौक से साथ लेने के लिए कहता है, वह सीआईएसएफ सहायक कमांडेंट को बताता है कि उसकी बाइक नॉर्थ ब्लॉक पार्किंग में रात के लिए खड़ी की जाएगी। वह अपने कमरे में जाता है और संध्यावंदन करता है। बाद में डिस्पैचर आता है और रिपोर्ट करता है कि गृहसचिव की रिपोर्ट डिलीवर कर दी गई है। कल्याण ने जब फोन किया था तब उमा मंदिर में थी। उसने वाहन से आकर कल्याण को साथ लिया। उमा का 42वां जन्मदिन मनाने के लिए उन्होंने सागर रत्न, अशोक होटल में एक साथ डिनर किया। अगले दिन कल्याण फिर से ऑफिस में था।

उन्होंने हर संभव पहलू पर काम करने कोशिश की। इस मामले में पीयूष के कमरे से आईबी के कुछ अधिकारी काम कर रहे थे। कैबसेक के कुछ लोग भी काम कर रहे थे, किसी फोरेंसिक प्रयोगशाला से एक फोरेंसिक वैज्ञानिक को भी साथ जोड़ा गया था। दुर्भाग्य से, उस फोरेंसिक वैज्ञानिक ने पुष्टि की कि प्रधानमंत्री के हस्ताक्षर वास्तविक हैं। यह कोई नहीं जानता था कि इसे धोखे से या फिर कुछ और करके लिया गया था। शाम 7:00 बजे गृहसचिव को संकेत दिया गया कि वह अधिकारियों के साथ एक बैठक कर सकते हैं।

एमएचए कंट्रोल रूम के तहत आने वाले ऑपरेशन रूम को वैकल्पिक कंट्रोल रूम के रूप में इस्तेमाल किया जा सकता है। इसे मीटिंग रूम के रूप में इस्तेमाल किया गया। कंट्रोल रूम ने आईबी सूत्रों की मदद से चाय-नाश्ते की व्यवस्था की थी। सचिव कैबसेक, राज चटर्जी और डीआईबी सभी शाम 7:30 बजे आए और

मिले। डीआईबी ने कहा कि यह मामला पंजाबी मीडिया में रिपोर्ट किया गया है और उन्होंने फील्ड पब्लिसिटी निदेशालय और डीडी अमृतसर पर इस सामग्री को लॉक करने के लिए दबाव डाला था हालांकि, इसे पाकिस्तान में कुछ चैनलों के माध्यम से प्रसारित किया गया था जिसे पंजाब और जम्मू-कश्मीर के सीमावर्ती क्षेत्रों में प्रसारित होने का खतरा था।

सचिव कैबसेक: "सर, यह बात बिगड़ रही है। भारतीय प्रधानमंत्री को बदनाम करने के लिए यह आईएसआई का खेल है। सर फुटप्रिंट स्पष्ट हैं। इससे पहले कि यह और बिगड़ जाए हमें इसे नियंत्रण में कर लेना चाहिए।"

गृहसचिव: "आप क्या सुझाव देते हैं?"

सचिव कैबसेक: "मेरे लोग निहाल सिंह के साथ सम्पर्क करेंगे"

डीआईबी: "लेकिन सर इससे पहले कि हम कुछ करें यह ध्यान देने वाली बात है कि राजिंदर (फोरेंसिक विशेषज्ञ) का कहना है कि हस्ताक्षर वास्तविक हैं। पीएमओ में कुछ लोगों को पकड़ने की जरूरत है। इसके अलावा, सर यह उनकी गतिविधियों को फंडिंग करने के लिए पैसे वसूलने की एक चाल हो सकती है। हमें सावधानी बरतने की जरूरत है।"

गृहसचिव: "अदालत ने बिना किसी नोटिस के डिक्री कैसे जारी की?"

सचिव कैबसेक: "सर, पता चल जाएगा। सर, कल हम एक निष्पादन योजना बनायेंगे, आप मैं और डीआईबी"

गृहसचिव: "ठीक है"

बैठक समाप्त हो गई, कल्याण को पता नहीं था कि योजना क्या थी। मंगलवार 22.02.2008 को कल्याण को माधव द्वारा बुलाया गया।

माधव: "गृहसचिव आपको तत्काल चाहते हैं"

कल्याण: "आ रहा हूँ"

कल्याण गृहसचिव के कमरे में प्रवेश करता है।

गृहसचिव: "आओ कल्याण"

वह राज चटर्जी को अंदर देखता है।

कल्याण: "गुड मॉर्निंग सर"

राज चटर्जी: "आओ कल्याण, आप किसी और नाम पर यूके जा रहे हैं। इस बार पीएमओ की मंजूरी के साथ कोई भी आपत्ति नहीं उठाएगा।"

कल्याण: "सर"

गृहसचिव: "राज, कल्याण को समझाओ"

राज चटर्जी: "सर, कल्याण एक स्मार्ट ऑपरेटर है। पहले भी ऐसा कर चुका है। उसे एक पूरी ब्रीफिंग देंगे।"

कल्याण: "सर"

राज चटर्जी उसे एमएचए कंट्रोल रूम ले जाता है और कुछ बताता है, जब राज उसे छोड़ देता है तो उसके बाद कल्याण पीयूष के पास जाता है। कल्याण पीयूष को सब बताता है कि क्या-क्या हुआ है।

पीयूष: "पिछली बार एएस (बीएम) आपके पीछे था तो अब आप उसके क्रोध को क्यों आमंत्रित कर रहे हो?"

कल्याण: "सर पिछली बार उसके पास एक विकल्प था, इस बार उन्होंने पहले ही पीएमओ को एक नोट भेजा है। मुझे पता भी नहीं था।"

पीयूष: "फिर ठीक है। गणेशजी आपके साथ हैं।"

कल्याण: "धन्यवाद सर"

दृश्य 71

24.02.2008

कल्याण रात 11:30 बजे हवाई अड्डे पर है, वह अपने आधिकारिक पासपोर्ट पर यात्रा कर रहा है। इमिग्रेशन और सिक्योरिटी चेक की औपचारिकताएं पूरी करने के बाद वह पैसेंजर वेटिंग एरिया में पहुंचकर बैठ जाता है। जब कल्याण विमान में सवार होने का इंतजार कर रहा था तब एक अन्य अधिकारी मिस्टर सैनी भी लॉबी में उसके साथ शामिल होते हैं। दिल्ली-लंदन एयर इंडिया की उड़ान 25.02.2008 को रात के 1:40 बजे है। लगभग 1:00 बजे पर बोर्डिंग कॉल होती है। उस समय श्री सैनी ने इंतजार करने के लिए कहा। इसलिए वे दोनों इंतजार करते हैं। लगभग 1:15 पर जब सैनी और कल्याण प्रवेश काउंटर की ओर जाते हैं तब कल्याण ने नोटिस किया कि मिस्टर सैनी के पास बिजनेस क्लास बोर्डिंग पास है।

चूंकि, वह अधिकारी के स्तर को नहीं जानता था इसलिए, उसने सोचा कि बिजनेस क्लास का अधिकारी होने के लिए पर्याप्त वरिष्ठ होना चाहिए। काउंटर पर उसे बिजनेस क्लास बोर्डिंग काउंटर पर रिपोर्ट करने का निर्देश दिया जाता है, यह देखकर कल्याण आश्चर्यचकित हो जाता है। फिर एक ड्यूटी अधिकारी उसकी ओर आती है और अपना परिचय देती है।

ड्यूटी ऑफिसर: "सर, मैं रेखा राव हूँ"

कल्याण: "आपसे मिलकर अच्छा लगा"

रेखा: "मुझे भी सर, सर मैं ड्यूटी ऑफिसर हूँ। सर पीएमओ से आपको सहायता करने के लिए आदेश प्राप्त हुए हैं। इसके अलावा, सर हमारे क्षेत्रीय निदेशक ने आपको बिजनेस क्लास में अपग्रेड किया है।"

कल्याण: "उनकी बड़ी कृपा"

रेखा: "सर, धन्यवाद। सर हीथ्रो में हमारे स्टाफ के लोग आपके सामान के लिए आपकी सहायता करेंगे।"

कल्याण: "धन्यवाद"

उस समय कल्याण को एहसास हुआ कि वह पीएमओ के लिए काम कर रहा है। कल्याण सीट 3 डी में बैठा और मिस्टर सैनी सीट 2 डी पर।

कल्याण: "हर चीज के लिए आपका धन्यवाद"

उसने रेखा को विदा किया और अपनी बेल्ट को बांधने के बाद, सो जाता है।

एयर होस्टेस: "पीने के लिए कुछ?"

कल्याण: "अच्छा संतरे का जूस प्लीज!"

अपनी प्यास बुझाने के बाद कल्याण ने सोने की कोशिश की। लेकिन, उसे नींद नही आई और कुछ घंटों बाद उसने घोषणा सुनी, "कुछ ही देर में हम लंदन के हीथ्रो अंतर्राष्ट्रीय हवाई अड्डे में उतरेंगे आदि। वह उठता है और जल्दी से फ्रेश होने के लिए वॉशरूम जाता है।

दृश्य 72

25.02.2008 हीथ्रो लंदन हवाई अड्डा

वे फ्लाइट से बाहर निकल गए।

सैनी: "हम इमिग्रेशन क्लियर करने के बाद रुकेंगे।"

कल्याण: "स्योर"

चूंकि, उनके पास बिजनेस क्लास कार्ड और आधिकारिक पासपोर्ट था इसलिए, इमिग्रेशन में लगभग 20 मिनट में काम हो गया। कल्याण और सैनी को उच्चायोग के अधिकारी मिस्टर पंकज शर्मा मिलते हैं। कल्याण को सैनी और शर्मा आपस में परिचित जैसे लगे। कल्याण और सैनी को उच्चायोग की कार में ले जाया गया और एक होटल में चेक-इन किया गया।

पंकज शर्मा: "सर, अभी सुबह के 8:40 बजे हैं। आप फ्रेश हो सकते हैं और अपना नाश्ता कर सकते हैं।"

कल्याण: "ठीक है"

पंकज शर्मा: "उच्चायुक्त दोपहर 1:00 बजे आपसे मिलेंगे।"

कल्याण: "ज़रूर"

पंकज शर्मा: "सर, उन्होंने अभी केवल एक कमरा ही दिया है। दूसरा कमरा दोपहर 12 बजे से उपलब्ध होगा। सर, कल्याण यहीं ठहरेंगे, आप दोनों फ्रेश हो सकते हैं और आपका कमरा दोपहर 12 बजे तक तैयार हो जाएगा। फिर आप अपना सामन वहाँ स्थानांतरित कर सकते हैं।"

सैनी: "ठीक है"

पंकज शर्मा चला जाता है। स्नान और अपनी संध्या प्रार्थना आदि करने के बाद कल्याण और सैनी नाश्ते के कमरे में जाते हैं और अपने कूपन देकर नाश्ता करते हैं। लगभग 12:30 बजे पंकज शर्मा वापस रिपोर्ट करता है और सैनी के अपने कमरे में चले जाने की जानकारी लेता हैं। बाद में वे सेंट्रल लंदन में एल्डविच में उच्चायोग के लिए ड्राइव करते हैं और लगभग 1:00 बजे तक वहाँ पहुँचते हैं। उच्चायोग के सुरक्षा अधिकारी उन्हें तुरंत अंदर ले जाते हैं। उन्हें एक विशाल कांफ्रेंस रूम में ले जाया जाता है। कल्याण और सैनी को रूम में बैठाया जाता है और उच्चायुक्त अंदर आता है। अभिवादन आदि होने के बाद उच्चायुक्त बैठक शुरू करता है।

उच्चायुक्त: "हम एक बड़ी मुसीबत में हैं। यहाँ पीएम का सरकारी आवास बिक जाता है और हमें इसका प्रबंधन करना पड़ता है। कल्याण आप हमारे लिए क्या लाए हैं?"

कल्याण: "सर, हमें सेल डीड देखना होगा। कीमत 300 मिलियन पाउंड स्टर्लिंग (यूके) पता चली है। हमें लगा कि कीमत कम होगी। ये आदेश पीएमओ से हैं कि खरीदार से बात करें और इसे वापस ले लें। इसका निपटारा करके उसको भुगतान करें।"

उच्चायुक्त: "कोई आँकड़ा जहाँ तक हम रेखा खींच सकते हैं?"

कल्याण: "सर, ये सब मिस्टर राजन, और मिस्टर श्रीनिवास प्रसाद बता पायेंगे। मैं यहाँ केवल एक संदेशवाहक और प्रतिनिधि हूँ जिसे उस एस. निहाल सिंह के समक्ष प्रस्तुत किया जाना है"

राजन: "सर, मैंने अपने लोगों के साथ तथ्य की जाँच की है वर्तमान समय में कोई भी प्रतिकूल रिकॉर्ड नहीं है। लेकिन खरीदने के लिए वित्तपोषण क्षमता स्थापित नहीं की गई है।"

श्रीनिवासन: "सर, जाहिर है कि यह भारत सरकार को शर्मिंदा करने का प्रयास है। इसके अलावा पैसे की इस राशि को यदि ये सच है तो केवल आईएसआई द्वारा ही वित्त पोषित किया जा सकता है।"

कल्याण: "आँकड़ा तय करना होगा और हमें एनएसए को सूचित करना होगा। वे मंजूरी लेंगे।"

उच्चायुक्त: "उन्होंने एक अवर सचिव को क्यों भेजा? किसी वरिष्ठ अधिकारी को भेजते तो बेहतर होता।"

कल्याण: "सर, मुझे यात्रा करने के आदेश दिए गए थे।"

श्रीनिवास: "सर, दो कारण हैं। एक है कल्याण का ट्रैक रिकॉर्ड। राज चटर्जी सर पहले भी ऐसे मिशनों के लिए इनका उपयोग कर चुके हैं। दूसरा, सर कोई भी वरिष्ठ अधिकारी के आने से अनावश्यक ध्यान आकर्षित होगा और इस बात का मीडिया तक पहुंचने का खतरा होगा।"

राजन: "सर, डीआईबी का भी यही तर्क था।"

उच्चायुक्त: "मैं समझ गया।"

राजन: "हमारे लोगों ने इस निहाल सिंह का पता लगाया है, मैं शनिवार 28.02.2008 को इसके साथ एक बैठक तय करने की कोशिश कर रहा हूँ। वास्तव में सप्ताहांत होने के कारण एक जान-पहचान का इवेंट हो सकता है।"

उच्चायुक्त: "मैं आपके लिए टीम और लॉजिस्टिक्स की व्यवस्था कर दूंगा"

श्रीनिवास प्रसाद: "सर इसमें हम केवल तीन लोग होंगे। हमारे पास बर्मिंघम में एक एसेट (सूत्र) है। यह बैठक उसके आवास पर होनी है। सर, क्या आप ज्वेलरी हाउस को किसी भी प्रकार की आपातकालीन स्थिति के लिए तैयार रहने के लिए बोल सकते हैं?"

उच्चायुक्त: "स्योर, मैं डीएचसी को निर्देश भेजूं दूंगा। कल्याण को कल बर्मिंघम जाने दो। वह लेक डिस्ट्रिक्ट और दूसरे स्थान देख लेगा।"

(ज्वेलरी हाउस वह जगह है जहाँ बर्मिंघम में भारत का वाणिज्य दूतावास स्थित है)

कल्याण: "धन्यवाद सर, मैं कोलंबो योजना पर 1990 के दशक में मैनचेस्टर में रहा हूँ। फिर भी मैं जाऊंगा। मेरी भतीजी सोलिहुल में रह रही है, शायद उससे मिलने जाऊं।"

उच्चायुक्त: "ग्रेट। मैं एनएसए और एफएस को एक अपडेट भेजूंगा।"

कल्याण: "मैं भी गृहसचिव सर को अपडेट करूंगा, वह काफी चिंतित थे।"

दोपहर के 2:30 बज चुके थे, उन्होंने दोपहर का भोजन किया। बाद में कल्याण और सैनी को होटल में वापस छोड़ दिया गया, उन्हें उनकी आगे की योजना के निर्देश दिए गए। कल्याण गृहसचिव के निजी नंबर पर कॉल करता है जो उसे दिया गया था और उसने गृहसचिव को सारा अपडेट दिया।

अध्याय 29

दृश्य 73

26.02.2008

उच्चायोग के कर्मचारी उन्हें चेक-आउट करने में मदद करने के लिए होटल में आते हैं, इसके बाद उन्हें यूस्टन स्टेशन पर छोड़ दिया जाता है और बर्मिंघम की यात्रा करने के लिए टिकट दिया जाता है। उन्हें बताया गया कि एक अधिकारी बर्मिंघम में उनसे मिलेगा। उन्हें न्यू स्ट्रीट स्टेशन पर उतरने का निर्देश दिया गया और उन्होंने बर्मिंघम के लिए 11:30 बजे की ट्रेन ली। यात्रा के दौरान एचसीआई कर्मचारी द्वारा पैक करके दोपहर का भोजन भेजा गया। रास्ते में सैनी ने एक शीतल पेय लुकोज़ और कुछ सादे नमकीन चिप्स पैकेट भी खरीदे। कल्याण और सैनी न्यू स्ट्रीट स्टेशन, बर्मिंघम में ट्रेन से उतरते हैं। एक व्यक्ति ने उन्हें पहचान लिया।

एचसीआई कर्मचारी: "सर मैं बर्मिंघम में काउंसलेट से प्रद्युत बनर्जी हूँ।"

सैनी: "मैं सैनी हूँ और ये कल्याण हैं"

प्रद्युत: "आपसे मिलकर अच्छा लगा सर, आपका स्वागत है सर, हमें आपका अतिरिक्त ध्यान रखने के लिए कहा गया है, आप पीएमओ के अतिथि हैं सर।"

कल्याण: "नहीं डिअर, मैं सिर्फ एमएचए का एक अधिकारी हूँ"

प्रद्युत: "सर, हम होटल जाएंगे सर"

वे एक कार से होटल जाते हैं और उन्हें चेक-इन कराया जाता है।

सैनी: "सर, शाम के लगभग 4 बजे हैं। हम लगभग 6 बजे मिलते हैं।"

कल्याण: "जी सही रहेगा"

सैनी: "सर, क्या आप मेरे साथ ड्रिंक करेंगे (शराब पीयेंगे)? "मेरे पास चिवास रीगल है?"

कल्याण: "मैं शराब नहीं पीता। कुछ कोल्ड ड्रिंक की व्यवस्था करियेगा और आप पी सकते हैं।"

सैनी: "ग्रेट सर, मेरे कमरे में।"

कल्याण: "हम एक-दूसरे के बगल में हैं 1203 और 1204"

सैनी: "सर, धन्यवाद सर"

कल्याण कुछ देर के लिए सो जाता है। शाम को लगभग 5:30 बजे उठता है और अपनी शाम की संध्या प्रार्थना के लिए तैयार हो जाता है। बाद में पेंट्री से अपने लिए एक कप कॉफी मंगवाता है। कॉफ़ी पीने के बाद वह देखता है कि 6 बजकर 5 मिनट हो गए हैं और फिर वह सैनी के कमरे में जाता है।

सैनी: 'सर, कृपया आईये, सर"

कल्याण: "धन्यवाद"

सैनी: "सर, मैंने आपके लिए संतरे के जूस की व्यवस्था की है"

कल्याण: "ग्रेट!"

सैनी: "कुछ हल्दीराम नमकीन भी मैं भारत से लाया था। भुजिया और काजू किशमिस मिश्रण, और कुछ घर का बना सामान भी।"

कल्याण: "ग्रेट! लेकिन आपको यह तब तक रखना होगा जब तक हम यहाँ रहेंगे। और मुझे नहीं पता कि कब तक?"

सैनी: "सर, घर में बात हो गई?"

कल्याण: "नहीं डिअर, उस दिन जब मैंने राजन के फोन से फोन किया था उसके बाद कोई और मौका नहीं मिला।"

सैनी: "सर, आप हमारे फोन का उपयोग कर सकते हैं, हमारे लिए कोई सीमा नहीं है।"

सैनी अपना चिवास रीगल पीने लगता है और कल्याण संतरे का जूस। रात करीब साढ़े आठ बजे वे रात के खाने के लिए एक पाकिस्तानी रेस्तरां में गए। तब पता चला कि होटल न्यू स्ट्रीट रेलवे स्टेशन के बहुत नजदीक था। अगले दिन उन्होंने कल्याण की भतीजी से मिलने सोलिहुल जाने की योजना बनाई और उसके बाद होटल जाकर सो गए।

27.02.2008

कल्याण को 80 पाउंड या प्रति दिन 100 अमरीकी डालर के बराबर की दर से लगभग 400 पाउंड का भुगतान किया गया था। वह बस सोच रहा था कि क्या उसका यह साथी उसकी जेब पर अतिरिक्त बोझ डालेगा। सैनी कल्याण के पास आता है और वे नाश्ते के लिए जाते हैं। नाश्ता करने के बाद, सैनी कल्याण को बताता है।

सैनी: "सर, आपके लिए आज सोलिहुल जाने के लिए एक कार की व्यवस्था की गई है, हमारा काम कल ही शुरू हो पायेगा। तो आज आप खाली हैं। क्या हमें अभी चलना चाहिए?"

कल्याण: "मेरी भतीजी वहाँ होगी लेकिन, पति काम पर होगा। सप्ताहांत के कारण केवल आज दोपहर को उपलब्ध होगा। इसलिए हम दोपहर में चलते हैं।"

सैनी: "सर, फिर मैं दोपहर 2:00 बजे वाहन के लिए कॉल करता हूँ। 1 घंटे का ड्राइव है वहाँ कुछ समय व्यतीत करेंगे और शाम 6:00 बजे तक वहाँ से निकलकर 7:00 बजे तक यहाँ वापस आ जायेंगे।"

कल्याण: "डिअर, कार बहुत ज्यादा चार्ज करेगा। यह मेरी जेब के अनुरूप नहीं है।"

सैनी: "सर, आप यहाँ पीएमओ के काम पर हैं इसलिए सब मुफ्त है। मैं भी केवल आपकी जरूरतों का ख्याल रखने के लिए तैनात किया गया हूँ।"

कल्याण: "बहुत बहुत धन्यवाद"

सैनी: "इसके अलावा सर, राजन सर, और श्रीनिवास प्रसाद सर इसी होटल में शाम को पहुंचेंगे, हमें कॉकटेल और रिसेप्शन के लिए डीएचसी के घर जाना होगा।"

कल्याण: "धन्यवाद"

वे सोलिहुल गए और निर्धारित कार्यक्रम के अनुसार लगभग 7:00 बजे तक लौट आए। कल्याण की भतीजी रात का खाना खाने की जिद कर रही थी लेकिन, उन्होंने विनम्रता से मना कर दिया। उसी समय कल्याण को इस बात का एहसास हुआ कि इस सैनी को भी उसकी जासूसी करने का आदेश है अन्यथा विशुद्ध रूप से निजी यात्रा पर उसके साथ जाने की कोई आवश्यकता नहीं थी, उसने बस उसे अनदेखा कर दिया। होटल के कमरे में पहुंचने के बाद कल्याण फ्रेश हुआ और अपनी शाम की प्रार्थना पूरी की। शाम 7:45 पर दरवाजे पर दस्तक हुई। कल्याण ने दरवाजा खोला और देखा कि सैनी, राजन और श्रीनिवास प्रसाद औपचारिक सूट पहने इंतजार कर रहे हैं।

कल्याण: "सर, क्या हमें फॉर्मल पहनना है?"

सैनी: "अच्छा होगा, एक्सपैट (विदेसी हिन्दुस्तानी) समुदाय के कुछ अन्य लोग भी वहाँ होंगे इसलिए, एक प्रकार का औपचारिक अवसर है।"

कल्याण अपना सूट बदलता है साथ ही अपनी टाई बांधता है और केवल 5 मिनट में तैयार हो जाता है। वे अलग-अलग कारों से ड्राइव करते हैं और डीएचसी मिस्टर वाटस के घर पहुंचते हैं। वहाँ कल्याण कई लोगों से मिलता है, जिनमें डीएचसी की पत्नी भी शामिल है जो काउंसल जनरल के रूप में यूके में किसी दूसरे स्टेशन पर पदस्त है। शुरू में कॉकटेल परोसे जाते हैं। एक प्रवासी सिख व्यक्ति (सरदार) कल्याण से बातचीत करने लगता है:

सरदार: "तुस्सी पींदे नहीं"

कल्याण: "जी नहीं"

सरदार: "कदी वी नी? (कभी नहीं?)

कल्याण: "लित्ता नी। पिछों 5 सालां तो लित्ता नी। तुस्सी कान्नों पुछदे सी?" (मैं नहीं लेता... पिछले 5 वर्षों से नहीं पीया, आप क्यों पूछ रहे हैं?)

सरदार: "ऐवें ही, कोई मेडिकल वजा (कारण) हैगी" (ऐसे ही? कुछ स्वास्थ्य सम्बंधी कारण है क्या)

कल्याण: "नहीं जी, आपां फिटोफिट हां" (नहीं सर, मैं एकदम फिट हूँ)

सरदार: "फिर तां तुस्सी इक आधा ड्रिंक तां चक लो।" (फिर तो आप कम से कम कुछ ड्रिंक तो ले लो)

राजन उसे एक गिलास लेने के लिए संकेत देता है।

सरदार: "बोत बदिया, मेरे कैणे ते तुसी लित्ता। मेरी येनी इज्जत करदे हो। तुस्सी मेरा वड्डा प्रा।" (बहुत अच्छा, आपने मेरे कहने से लिया आप मेरे बड़े भाई हो) सरदार कल्याण को गले लगाता है।

राजन: (तमिल में फुसफुसाते हुए): "वह हमारा एसेट (सूत्र) है, हमें कल इसके साथ काम करना है। उसे खुश करो।"

कल्याण: "ज़रूर सर"

बीच इसी श्रीमती वाट्स हस्तक्षेप करती हैं:

श्रीमती वाट्स: "ओके, तो आप तमिल भाषी हो?"

कल्याण: "हाँ मैडम, मैं तमिल हूँ"

श्रीमती वाट्स: "ओके चेन्नइया से हो"

कल्याण: "इलई, दिल्ली में पैदा हुआ और बड़ा हुआ"

श्रीमती वाट्स: "दिल्ली में कहाँ?"

कल्याण: "आरके पुरम"

श्रीमती वाट्स: "दिलचस्प है, मैं भी दिल्ली से हूँ। तमिल होने के कारण पक्का आपने डीटीईए से पढाई की होगी"

कल्याण: "हाँ, डीटीईए मंदिर मार्ग"

श्रीमती वाट्स: "मैंने भी लोदी एस्टेट, 1972 पासआउट और स्नातक स्तर की पढ़ाई की थी"

कल्याण: "1975 मंदिर मार्ग और फिर मोती लाल नेहरू, बीएससी (एच), गणित 1978।"

श्रीमती वाट्स: "मैं एलएसआर से थी, फिर जेएनयू, भारती नगर में रहती थी।"

कल्याण: "जानकार अच्छा लगा मैडम"

राजन: "कल्याण पिल्लैयार कोइल के प्रबंधन में है। (विनायक मंदिर)"

श्रीमती वाट्स: "ग्रेट, मेरे चाचा भी मंदिर के साथ जुड़े हुए थे। मैं अक्सर अपने माता-पिता के साथ वहाँ जाती थी।"

राजन: "शशिकला जी, ये युवावस्था में भी काफी लोकप्रिय थे, डीयू के लिए बास्केटबॉल खेलते थे हम सब छात्र इनसे डरते थे। ये बुखारी के बेटे के करीबी दोस्त भी थे।"

कल्याण: "अल्ताफ, दिल्ली (जाकिर हुसैन कॉलेज) का रहने वाला था। बड़ा अच्छा बास्केटबॉलर था।"

फिर डिनर के लिए बुलाया गया और सभी लोग डिनर टेबल पर गए।

दृश्य 74

28.02.2008

कल्याण, राजन, श्रीनिवास और सैनी के साथ जाता है और गाड़ी में बैठ जाता है। श्रीनिवास की गाड़ी में पिछली रात माहौल बनाने वाला सरदार भी था। राजन की कार में दो और सरदार थे। कल्याण, सैनी और एक और अजनबी तीसरी कार में जाते हैं। वे शेफ़ील्ड की ओर बढ़ते हैं। एक घंटा से अधिक ड्राइविंग करने के बाद वे एक भव्य घर के पास पहुंचते हैं। पिछली रात माहौल बनाने वाला सरदार श्रीनिवास के साथ जाता है और दरवाजे पर दस्तक देता है। दरवाजा खुलता है और उन सभी को अंदर ले जाया जाता है। वे ड्राइंग-रूम की तरह एक विशाल हॉल में जाते हैं।

सरदार: "सत श्री अकाल जी"

वहाँ लगभग 6-7 सिखों का एक समूह इकट्ठा है, वे सभी जोर से सत श्री अकाल बोलते हैं। फिर सरदार बातचीत शुरू करता है और कल्याण का परिचय भी कराया जाता है।

सरदार: "ये जेडे साब ने, साड्डे बड्डे प्रा वर्गे ने। एक स्याप्पे विच फस गए ने। एना नूं बचाणा हैगा (ये साहब मेरे बड़े भाई की तरह है, ये एक समस्या में फंस गए हैं। हमें इन्हें बचाना होगा)"

निहाल सिंह: "स्याप्पा की ने?" (समस्या क्या है)?

सरदार: "तुस्सी जेडे मकान दा सौदा कित्ता, वो चूठा कागज़ बनवा के हो गया ने। तुस्सी रैम करो, नहीं ते साड्डे इस प्रा नूं जेल जाणा पैगा" (आपने जिस मकान का सौदा किया हैं,वह नकली कागजात पर हुआ है. कृपया दया करें अन्यथा मेरे इस भाई को जेल जाना पड़ेगा)

निहाल सिंह: मेरे कोल ते कचैरी दे ऑडर हैगे। असीं 300 मिलियन पाउंड दा सौदा कित्ता। उपरी कागज दा खर्च जेड़ा है इंडियन रुपये च चाली लख वखरा (मेरे पास अदालत का आदेश है। मैंने 300 मिलियन पाउंड का सौदा किया है और कागजी कार्यवाही के लिए भारतीय रुपये में 40 लाख का खर्चा और किया है।)

श्रीनिवास सरदार को ईशारा करता है।

सरदार: "तुवान्नो सारा पैसा वापस कर दित्ता जाएगा। तुस्सी बड्डा दिल करो जी।" (आपके सारे पैसे वापस कर दिए जायेंगे आप बड़ा दिल करो जी)

निहाल सिंह: "तुस्सी मैन्नू 500 मिलियन देदो, असीं सुलह कर लेंगे" (आप मुझे 500 मिलियन दे दो मैं सुलह कर लूँगा)

राजन और श्रीनिवास ने सरदार को परामर्श के लिए बुलाया, उतने में:

निहाल सिंह बेटा: "आओ जी चा लेलो" (आईये चाय ले लीजिये)

वे चाय लेते हैं। उस समय राजन, श्रीनिवास, सरदार और दो अन्य सज्जनों के साथ गहन चर्चा कर रहे थे। फिर वे वापस आ जाते हैं।

सरदार: "तुवान्नो दुज्जी जगा मकान दा सौदा भी करवा देंगे। नाले पैहा भी दे देंगे" (आपको दूसरी जगह मकान भी दिलवा देंगे और पैसा भी दे देंगे)

निहाल सिंह: "500 मिलियन डॉलर दिलवा दो"

सरदार: "तुवान्नो जोरबाग, जेड़ा नेड़े ही हैगा उत्थे या फिर मलचा मार्ग चों इक सौदा करवा देंगे। नाले 100 मिलियन पाउंड ले लो, वखरा सौदा है" (आपको जोरबाग या मलाचा मार्ग में एक सौदा करवा देंगे और 100 मिलियन पाउंड दे देंगे, यह एक अच्छा सौदा है)।

निहाल सिंह: "ठीक है मैं 50 मिलियन कट करदा हां, 450 करवा दो। असीं सेटल कर देंगे।"

सरदार: "तुसी एक बार दिल्ली आओ जी"

राजन: "मैं वादा करता हूँ कि कोई भी कानून और प्रवर्तन एजेंसी आपको नहीं छुएगी, आपके साथ एक सम्मानित विशिष्ट अतिथि जैसा व्यवहार किया जाएगा।"

निहाल का बेटा: "ऐसा सभी कहते हैं। लेकिन पापा तुस्सी जिवें लैंड करोगे, वो आपको गिरफ्तार कर लेंगे।"

राजन: "मैं आश्वासन देता हूँ"

इसके बाद वे फिर से विचार-विमर्श करते हैं। यह तय किया गया कि राजन और श्रीनिवास बातचीत जारी रखेंगे। कल्याण और सैनी के पास कमरे के कोने में चुप बैठे रहने के आलावा और कोई विकल्प नहीं था। राजन कल्याण को ईशारा करता है।

निहाल की तरफ से एक और व्यक्ति: "कित्थे जा रहे हो, जी?"

राजन इशारे से संकेत देता है धुम्रपान। राजन और कल्याण बाहर निकलते हैं।

राजन: "कृपया इस सिगरेट को जलाकर रखें। मैं धूम्रपान करूंगा। ये ब्रेक है जो आपको लेनी पडती है।"

कल्याण: "ठीक है सर"

राजन: "क्या उन्होंने कोई ऊपरी सीमा बताई थी?"

कल्याण: "उन्होंने बस इतना कहा था कि श्रीनिवास सर और आप इससे निपटेंगे।"

राजन: "इवन वाई पेरिसा तरकरन।" (वह अपना मुंह बहुत ज्यादा खोल रहा है)

श्रीनिवास भी उनके साथ शामिल हो गया: "अम्म"

राजन उसे एक सिगरेट देता है, जिसे श्रीनिवास जलाता है।

कल्याण: "हमें क्या करना है सर? गृहसचिव ने कहा है कि जब जरूरत हो तो उनको कॉल कर सकता हूँ"

राजन: "धैर्य रखो, हम इसे क्रैक करें लेगे। मुख्य मुद्दा था बेचने की इच्छा वह हमें पता चल गई है।"

सौदे के वित्तीय हिस्से पर बातचीत जारी रही। शाम के 7:00 बजे थे। उन सभी का दोपहर का भोजन छूट गया था। इसलिए, उन्होंने अगले दिन फिर से बात करने का फैसला किया। उन्हें यह सब रविवार तक समाप्त करना था क्योंकि, निहाल सिंह सप्ताह के दिनों में उपलब्ध नहीं था। फिर वे बर्मिंघम में अपने होटल में वापस चले गए। अपनी दिनचर्या के अनुसार फ्रेश होने के बाद कल्याण ने अपनी संध्या प्रार्थना की और रात के खाने के लिए सबके साथ चला गया। सैनी ने दो अन्य लोगों को अपने कमरे में ड्रिंक की पेशकश की और उस दिन वे फिर एक भारतीय रेस्तरां में गए जहाँ स्वादिष्ट मटर पनीर, बैंगन का भर्ता और छोले परोसे गए। रात के खाने के बाद, वे होटल लौट आए और फिर सो गए।

29.02.2008 रविवार

सुबह नाश्ते के बाद, उन्होंने फिर से उसी पैटर्न में शेफ़ील्ड की यात्रा की। वे लगभग 11:00 बजे पहुंचे। वहाँ कुछ और अजनबी आ गए थे। बातचीत सीधी और तल्ख हो रही थी और जो अजनबी आज आये थे वो बड़ी तीखी

बहस कर रहे थे। ऐसे कई अवसर आये जब ऐसा लगा कि यह विफल हो जाएगा। राजन ने कल्याण को बाहर आने का इशारा किया। इस बार किसी ने कोई आपत्ति नहीं जताई। राजन कल्याण को बाहर गली में टहलने के लिए ले गया। सड़क का नाम कुछ लॉसडेल सड़क था। धूम्रपान करते समय राजन ने खुलासा किया।

राजन: कल्याण, खालिस्तानी घुस गए हैं। आज के सभी अजनबी खालिस्तानी पृष्ठभूमि के लोग हैं। चीजें कठिन हो गई हैं। यह पैसा आईएसआई द्वारा खड़े किए खालिस्तानी आंदोलन को दिया जाएगा।

कल्याण: "सर, बंटाधार कर दो, बस इतना कहिए रेड कार्नर नोटिस जारी करते हैं।"

राजन: "पीएम चाहते हैं कि मामला बंद हो जाए, यह बहुत बड़ी शर्मिंदगी होगी।"

कल्याण: "सर, लेकिन वे बहुत बड़ी माँग कर रहे हैं।"

राजन: "श्रीनी को उन्हें संभालने दीजिए, सैनी प्रधानमंत्री के साथ बैक एंड का काम व्यक्तिगत रूप से करेंगे।"

कल्याण: "ठीक है, सर"

आज फिर से दोपहर का भोजन नहीं हुआ, लगभग 4:30 बजे अजनबियों ने जाना शुरू कर दिया। श्रीनिवास ने मोर्चे को प्रभावी ढंग से सम्भाले रखाऔर लगभग 7:45 पर सौदे की बात बनती दिखी।

निहाल सिंह और उसकी पत्नी: "ठीक है जी। अपनी सरकार नू कै दो 100 मिलियन पाउंड स्टर्लिंग। अमृता शेरगिल मार्ग, पृथिविराज रोड या जोरबाग में एक बंगला। मलचा मार्ग च नहीं चाहिये।"

श्रीनिवास: "मैं अनुमोदन लूंगा और पुष्टि करूंगा, यह केवल एक औपचारिकता है। इसे वैसा ही समझे जैसा तय किया है। बिचौलिये का नाम भी नहीं पूछेंगे। कोई अपराधिक मामला भी नहीं, ठीक है?"

निहाल सिंह: "ठीक है सर जी"

श्रीनिवास: "हम कल सुबह 10:00 बजे तक पुष्टि करेंगे और फिर हम कागजात पर काम करेंगे।"

निहाल सिंह: "हिंदुस्तान सरकार की तरफ से कौन साइन करेंगे"

श्रीनिवास (कल्याण को दिखाते हुए): "साहिब इसी लिये आए हैं"

निहाल: "ठीक जी। इसी बात पर एक-एक ड्रिंक हो जाए"

सभी सहमत होते हैं।

राजन: (तमिल में फुसफुसाते हुए): "मना मत करना। बस गिलास पकड़ लो, अगर आप चाहें तो धीरे-धीरे पीना"

कल्याण: "सेरी सार" (ठीक है सर)

निहाल सिंह ब्लू लेबल की एक बोतल निकालता है और हर किसी को व्हिस्की परोसी जाती है। भारत के विपरीत, कोई पानी नहीं डाला गया। कल्याण को यह बहुत कड़वा लगा और उसने इसे फीका करने के लिए कुछ बर्फ के टुकड़े लिए। इसके बाद, वे सभी बर्मिंघम के लिए रवाना हो जाते हैं। रात के 10:15 बजे थे, वे भोजन के लिए उसी भारतीय रेस्तरां में गए जहाँ उन्होंने पिछले दिन भोजन किया था। इसके बाद वे बात करते रहे और सफलता का जश्न मनाते रहते हैं।

01.03.2008

लगभग 1:00 बजे (जो भारत में सुबह 6.30 बजे है) कल्याण एचएस को कॉल करता है।

कल्याण: "सर, गुड मॉर्निंग सर"

गृहसचिव: "सुप्रभात कल्याण कोई प्रगति"

कल्याण: "सर, ...उसने गृहसचिव को सारा विवरण दिया"

गृहसचिव: "क्या यह ज्यादा नहीं लग रहा है?"

कल्याण: "सर मुझे कहा गया था कि हम इसे उनकी एजेंसी के लोगों पर छोड़ देना है"

गृहसचिव: "ठीक है। लेकिन मुझे पता था कि आप इसे क्रैक कर लेंगे"

कल्याण: "सर, आज एनएसए से मंजूरी के बाद वे इसे पक्का कर लेंगे। कल मुझे कागजी कार्यवाही पूरी करनी है"

गृहसचिव: "किसी भी चीज के बारे में चिंता न करना। मैं यह भी सुनिश्चित करूंगा कि आपका परिवार घबराए नहीं।" "बहुत शानदार काम कल्याण। हमने सौदे का अपना हिस्सा पूरा कर लिया। अन्यथा ये एजेंसियां इसको लेकर घोर युद्ध करती।"

कल्याण: "सर, धन्यवाद, सर"

गृहसचिव: "हमें आपको धन्यवाद देना चाहिए, प्रधानमंत्री को आपको धन्यवाद देना चाहिए।"

गृहसचिव फोन डिस्कनेक्ट करता है, फिर कल्याण ने फोन सेट सैनी को सौंप दिया। थोड़ी देर बाद सैनी कल्याण के कमरे का दरवाजा खटखटाता है।

कल्याण: "क्या हुआ सर?"

सैनी: "एचएस का फोन"

कल्याण फोन पकड़ता है

कल्याण: "हाँ सर"

गृहसचिव: "कल्याण, मैंने पीएमओ को जानकारी दे दी है। संयोग से एनएसए ने भी उसी समय ब्रीफिंग की थी। वे अनुमोदन भेज रहे हैं। आपके लिए काम समाप्त करने और आने के आदेश हैं।"

कल्याण: "सर"

इसके बाद रात के लगभग 2:30 बजे थे जब कल्याण सो गया और सुबह 7:30 बजे सामान्य से थोड़ी देर बाद जागा। सुबह के स्नान और प्रार्थना आदि करने के बाद कल्याण 8:30 बजे नाश्ता करने गया। वह अकेला ही नाश्ता कर रहा था। बाद में, लगभग 9:00 बजे जब वह कॉफी के साथ अपना नाश्ता समाप्त कर रहा था तब उसने सैनी को अंदर आते देखा। इसलिए वह उसे कंपनी देने के लिए उसके साथ बैठ गया। अगले 15 मिनट में श्रीनिवास और उसके 5 मिनट बाद राजन आया। राजन ने कल्याण को थम्स-अप किया। अपनी प्लेटों में नाश्ता लेने के बाद, वे भी उनके साथ बैठ गए।

श्रीनिवास: "आप बहुत भाग्यशाली हैं। राज सर ने मुझे बताया। वैसे मुझे अपने ईमेल पर आगे बढ़ने की अनुमति मिली है।"

राजन: "ग्रेट यार"

श्रीनिवास: 'मैंने लिखित पुष्टि पर जोर दिया। अन्यथा वे आपको बाद की तारीख में लिंच करेंगे।"

राजन: "हमारी एजेंसी में नहीं देते हैं।"

श्रीनिवास: "आमतौर पर नहीं। इस बार शामिल आंकड़े के कारण मैं कोई मौका नहीं लूँगा।"

नाश्ते के बाद, उन्होंने सौदे की पुष्टि करने के लिए निहाल सिंह को फोन किया। बाद में वे शेफ़ील्ड में उसके घर गए।

वहाँ केवल निहाल और उसकी पत्नी थे। उन सभी ने यूके में होने वाली कागजी कार्यवाही पूरी की। बाद में टीम बर्मिंघम लौट आई और ज्वेलरी हाउस में मुलाकात की। उच्चायुक्त को भी सूचित किया गया था। उन्होंने भी उप-उच्चायुक्त को पुष्टि की कि उन्हें एनएसए और पीएम के पीएस से अपडेट मिला है। साथ ही सारी कार्यवाही को तुरंत समाप्त करने के निर्देश दिए गए हैं। उच्चायोग से एक कानूनी विशेषज्ञ को पहले से ही बर्मिंघम भेजा गया था। जब वे बैठक में थे, तब कानूनी विशेषज्ञ ज्वेलरी हाउस पहुंचा। बैठक फिर से शाम सात बजे तक चली। कल्याण को दैनिक भत्ते के रूप में एक और 400 पाउंड वाला एक लिफाफा सौंपा गया। वे कानूनी विशेषज्ञ मिस्टर गांधी को टीम में साथ लेकर होटल लौट आए। रात में फिर से सैनी के कमरे में कुछ ड्रिंक हुए और वे बातचीत करते रहे। कल्याण उनको कम्पनी देने के लिए अपना संतरे का जूस लेकर आया था। सभी ने उसी जगह खाना खाया और रात करीब 11:00 बजे होटल लौट आए।

दृश्य 75

2.3.2008

सुबह 10:00 बजे ज्वेलरी हाउस में डीएचसी के कार्यालय में बैठक शुरू हुई। उस दिन काम का पहला चरण शुरू करना था। कल्याण को पिछले आदेश को रद्द करने के लिए शेफील्ड शेरिफ कोर्ट में कुछ कागजात स्थानांतरित करने के लिए एक वकील के साथ जाना था। इसे दोनों पक्षों द्वारा सर्वसम्मति से बताया जाना था। फिर नए सिरे से प्रक्रिया शुरू होगी। निहाल सिंह द्वारा मुकदमेबाजी पर किए गए कुछ खर्चों का भुगतान उसे शाम को किया जाना था। कल्याण, सैनी और एचसीआई लंदन द्वारा नियुक्त एक बैरिस्टर ने शेफ़ील्ड की यात्रा की और दोपहर 1:00 बजे तक उन्होंने आदेश को रद्द करने से संबंधित कागजी कार्यवाही शुरू कर दी। न्यायालय के पीठासीन अधिकारी ने दोपहर तीन बजे मामले की सुनवाई की और दोनों पक्षों की सहमति के अनुसार एक आदेश दिया। एक बड़ी बाधा पार कर ली गई थी। कल्याण ने एचएस को प्रगति के बारे में सूचित किया। इसके बाद वे बर्मिंघम लौट आए।

03.03.2008

अगले दिन यह निर्णय लिया गया कि जब तक कि प्रक्रिया पूरा नहीं हो जाती तब तक कल्याण अगले कुछ दिनों के लिए शेफ़ील्ड में स्थानांतरित हो जाएगा। इसलिए, अगले दिन कल्याण और सैनी ने होटल से चेक-आउट किया और शेफ़ील्ड चले गए और बर्मिंघम में उप-उच्चायुक्त कार्यालय द्वारा प्रबंध किए एक होटल में चेक-इन किया। इस दिन कल्याण, सैनी और बैरिस्टर अन्य कागजी कार्यवाही को पूरा करने में व्यस्त रहे। इस बीच निहाल सिंह, जिसे निर्धारित कार्यक्रम के अनुसार पहली किस्त नहीं मिली थी, वह पीछे हट गया। कल्याण ने पहली बार उससे सीधे बात की और बड़ी विनम्रता से उसे संभाला। बाद में सैनी ने बताया कि कल्याण योजना को निष्पादित करने के लिए शेफील्ड में फंस गए थे और उच्चायोग के अधिकारियों के साथ कुछ तात्कालिक काम पड़ गया था। 04.03.2008 को अधिकांश कागजी कार्यवाही पूरी कर ली गई थी और 05.03.2008 तक अन्य मुद्दों को पूरा करने के बाद कल्याण ने बर्मिंघम की यात्रा की। उसने सुबह ही होटल से चेक-आउट कर लिया।

उच्चायोग का वाहन आया और दोपहर के भोजन के बाद सभी कागजी कार्यवाही पूरी होने के बाद, वे वापस ज्वेलरी हाउस चले गए। कल्याण को मिस्टर वाट्स द्वारा डीब्रीफ किया गया। उसे बर्मिंघम से दिल्ली के लिए एयर इंडिया की रात 10:30 बजे की फ्लाइट से वापसी का टिकट दिया गया। बाद में कल्याण को बर्मिंघम हवाई अड्डे पर प्रोटोकॉल के साथ छोड़ दिया गया और उसे दूसरी औपचारिकताओं को पूरा करने में मदद की गई। सैनी जो उसे छोड़ने आए थे, ने एक लिफाफा सौंपा और बताया कि यह पीएमओ से है। एक अन्य सज्जन ने एक और लिफाफा सौंपा और कहा कि राज सर ने देने के लिए कहा है। उसे बिजनेस क्लास में अपग्रेड किया गया था। कल्याण ने लिफाफे को अपने केबिन बैगेज में डाल दिया। सुरक्षा जाँच के बाद कल्याण शुल्क मुक्त दुकान

पर गया और कुछ चॉकलेट खरीदे। बाद में उसने दोनों लिफाफे खोले और पीएमओ के लिफाफे में 5000 पाउंड और राज सर के लिफाफे में 3000 अमेरिकी डॉलर पाए।

06.03.2008 को लगभग 10:30 बजे विमान दिल्ली में उतरा और कल्याण दोपहर 12 बजे तक घर पहुंच गया। वह थक गया था। उसकी पत्नी ऑफिस गई थी। उसका दूसरा बीटा चंदू भी स्कूल गया था। हालांकि, घर में जूते के रैक में चाबियों को छिपाने का एक गुप्त रहस्य था। कल्याण ने वहाँ से चाबियाँ उठाई और दरवाजा खोला। स्नान के बाद उसने भोजन किया और सो गया। बाद में दोपहर लगभग 2:00 बजे छोटा बेटा स्कूल से लौटा और दोपहर लगभग 3:00 बजे उसकी पत्नी उमा भी लौट आई। थके होने के कारण कल्याण ने उनसे ज्यादा बात नही की और फिर सो गया।

दृश्य 76

09.03.2008 को कल्याण हमेशा की तरह कार्यालय गया। गृहसचिव ने उसे बुलाया। उन्होंने यूके में जो कुछ भी हुआ था, उसके बारे में एक पूर्ण जानकारी ली, जिसमें लगभग 45 मिनट लगे। गृहसचिव बहुत खुश था।

गृहसचिव: “शायद एनएसए या पीएमओ प्रत्यक्ष रिपोर्ट ले सकते हैं।”

कल्याण: “क्या मुझे रिपोर्ट देनी होगी?”

गृहसचिव: “नहीं, इसे लिखने की जरूरत नही है। ऐसी चीजें दर्ज नहीं की जाती हैं।”

कल्याण: “ठीक है सर”

गृहसचिव ने पीएमओ में किसी को फोन किया और पूरी जानकारी दी।

गृहसचिव: “यदि आवश्यक हुआ तो वे बुला सकते हैं। आपको मेरे साथ आना पड़ सकता है।”

कल्याण: “स्योर सर। मेरा सौभाग्य”

कल्याण कमरे से निकलकर जेएस (आईएस) मिस्टर राव के कमरे में गया।

राव:”कल्याण, आप कब आए?”

कल्याण: “शनिवार को दिल्ली पहुंच गया था लेकिन, आज कार्यालय आया।”

जेएस (आईएस): “सुनकर अच्छा लगा। तो आपने इसे करके दिखाया”

कल्याण: “धन्यवाद, सर”

जेएस (आईएस): “आपकी अगली चुनौती आ रही है”

कल्याण: “सर वह क्या है?”

जेएस (आईएस): "विदेश मंत्रालय से जेएस (नार्थ ईस्ट) श्री गावडे ने फोन किया था। मैं आपको इस बारे में जानकारी देने वाला था।"

कल्याण: "सर, हम चीन से डील नहीं करते हैं, बीएम डिवीजन और नॉर्थ ईस्ट डिवीजन से उन्हें संभालने के लिए कहें।"

जेएस (आईएस): "यह एक क्षेत्रीय मुद्दा नहीं है। "कुछ और है?"

उसी समय पीयूष कमरे में आता है।

पीयूष: "कल्याण साब, यूके मिशन सफल।"

फिर जेएस को संबोधित करते हुए कहता है:

पीयूष: "सर आंतरिक सुरक्षा डिवीज़न उत्साहित है। सर, हर कोई इनसे मिलना चाहता है।"

जेएस (आईएस): "हाँ, मुझे भी बहुत सारे कॉल आ रहे हैं। उनका कहना है 2 में से 2 अर्थात 100 प्रतिशत मारक क्षमता। कल्याण हमें आप पर गर्व है।"

कल्याण: "धन्यवाद सर"

जेएस (आईएस): "अगली दावत पहले से ही उसकी मेज पर है"

कल्याण: "वह क्या है सर?"

जेएस (आईएस): "विदेश मंत्रालय के जेएस (नार्थ ईस्ट) चाहतें हैं कि आप इस साल मुंबई और दिल्ली से ओलंपिक मशाल के सुरक्षित गमन के आयोजन के लिए उनकी टीम में रहें।"

कल्याण: "सर, यह सीधे तौर पर सीपी मुंबई और सीपी दिल्ली के साथ किया जा सकता है।"

जेएस (आईएस): "मैंने एसएस (आईएस) से भी बात की। उनका कहना है कि यह आपके अधिकार क्षेत्र में आने वाला कानून और व्यवस्था का मुद्दा है।"

कल्याण: "ठीक है सर"

अध्याय 30

दृश्य 77

अगले कुछ दिनों में कल्याण इस परियोजना में शामिल हो गया और संसदीय स्थायी समिति की प्रश्नावली और अन्य संबंधित मुद्दों के उत्तर तैयार करने के नियमित काम भी करता रहा। ओलंपिक मशाल 14-15 अप्रैल को मुंबई से और 17-18 अप्रैल को दिल्ली से होकर गुजरनी थी। जैसे-जैसे तारीख निकट आई बैठकों और भागीदारी की गति तीव्र हो गई। लेकिन इसके कारण कल्याण एक अन्य संदर्भ में एक लाभप्रद स्थिति में भी पहुंच गया। कल्याण ने कैलाश मानसरोवर यात्रा के लिए संपर्क अधिकारी के रूप में प्रतिनियुक्त होने के लिए आवेदन किया था। अवर सचिव और उससे ऊपर के स्तर के अधिकारियों को तीर्थयात्रियों की प्रत्येक टीम के साथ प्रतिनियुक्त किए जाने का अधिकार है। कल्याण को इसके लिए एक साक्षात्कार का एक संचारपत्र मिला। उसका साक्षात्कार 09.04.2008 को निर्धारित किया गया था। चयन पैनल के अध्यक्ष विदेश मंत्रालय के संयुक्त सचिव (नार्थ ईस्ट) श्री गावडे थे। कल्याण पिछले कुछ दिनों से ओलंपिक मशाल मिशन पर काम कर रहा था। जैसे ही उसका नाम पुकारा गया।

कल्याण: "क्या मैं आ सकता हूँ सर?"

जेएस (ईए): "आईये"

कल्याण: "धन्यवाद सर"

जेएस (ईए): "मिस्टर कल्याण आपको क्यों लगता है कि आप प्रतिनियुक्त होने के लिए उपयुक्त हैं।"

कल्याण: "सर, नियम अच्छी तरह से दस्तावेजित हैं, मुझे बस उनका पालन करना है।"

जेएस (ईए) (वाक्पटुता करते हुए): "मिस्टर कल्याण, मैं पिछले एक महीने से ओलंपिक मशाल मामले में काम कर रहा हूँ। मैंने देखा है कि एमएचए ने अभी तक कुछ नही किया है।"

कल्याण: "संसाधनों को देखते हुए हम भारत के विभिन्न राज्यों से मशाल के सुरक्षित मार्ग को सुनिश्चित करने के लिए अपना सर्वश्रेष्ठ दे रहे हैं। हमें यह भी सुनिश्चित करना होगा कि हम नागरिकों को उनके अधिकार से वंचित ने करें।"

जेएस (ईए): "अरे! अगर भारत सरकार में कोई भी जाने के लायक है तो वह आप हैं, हम एक महीने से इस मशाल मिशन पर एक साथ काम कर रहे हैं।"

कल्याण: "धन्यवाद, सर"

जेएस (ईए): "चिकित्सा मंजूरी के अधीन। हमारे कर्मचारी आपको इस बारे में जानकारी देंगे"

कल्याण: "धन्यवाद, सर"

जेएस (ईए): धन्यवाद, मिस्टर कल्याण"

कल्याण कमरे से बाहर निकलता है। बाद में कल्याण को श्री मुस्तफी का फोन आता है कि उसे सिलेक्ट कर लिया गया है और उसे 11.04.2008 को दिल्ली हार्ट एंड लंग्स इंस्टीट्यूट में खाली पेट चिकित्सा जाँच के लिए रिपोर्ट करना है। कल्याण के चिकित्सा संबंधी सभी टैस्ट हुए। अगले दिन 12.04.2008 को उसे आईटीबीपी के डाक्टरों के एक पैनल द्वारा परिणामों की जाँच के लिए आईटीबीपी स्वास्थ्य केन्द्र में रिपोर्ट करने के लिए कहा गया। कल्याण उस प्रक्रिया से भी गुजरा और उसे प्रतिनियुक्त करने के लिए पर्याप्त रूप से फिट घोषित कर दिया गया। उसे 30.06.2008 को दिल्ली से प्रस्थान करने वाले तीर्थयात्रियों के छठे जत्थे का नेतृत्व करना था। कल्याण अपनी फिटनेस के लिए अपने आहार नियन्त्रण सहित रोज लगभग 9-10 किलोमीटर की जॉगिंग कर रहा था लेकिन, मई के मध्य में, विदेश मंत्रालय के चाइना डेस्क से एक सूचना प्राप्त हुई कि चीनी सरकार ने तीसरे से छठे जत्थों को यात्रा करने से रोक दिया है। इस बात की जानकारी पाने वाले कई मित्रों और सहयोगियों ने आकर कल्याण के समक्ष अपनी-अपनी संवेदना व्यक्त की। लेकिन, कल्याण को पूर्वाभास था कि वह यात्रा करेगा। आगे की यात्रा की तारीख 30.06.2008 भी बीत चुकी थी। फिर एक दिन कल्याण को एक मिस्टर चटर्जी, डी.एस. (चीन) का फोन आया, और उससे उसकी इच्छा पूछी गई कि क्या वह छठे बैच में जाएंगे। उसने इस प्रस्ताव को तुरंत स्वीकार कर लिया। यह 07.07.2008 की बात है। प्रस्थान 11.07.2008 को हुआ। उसे विदेश मंत्रालय में मिस्टर चटर्जी के कमरे में बुलाया गया।

मिस्टर चटर्जी: "वास्तव में जिस व्यक्ति जो एलओ होना था वह बीमार पड़ गया। हम ऐसे लोगों को यात्रा करने की अनुमति नहीं दे सकते। मैंने जेएस (ईए) से बात की। वह आपको बहुत मान देते हैं उन्होंने बताया कि यदि कोई व्यक्ति 3 दिनों में तैयार हो सकता है तो वह केवल कल्याण हो सकता है।"

कल्याण: "धन्यवाद सर"

मिस्टर चटर्जी (ऑफर लेटर सौंपते हुए): "बधाई हो कल्याण, भगवान शिव आप पर अपना आशीर्वाद बनाये रखें"

कल्याण: "वास्तव में सर, धन्यवाद"

कल्याण नॉर्थ ब्लॉक की ओर जाता है और ऑफर लेटर अपने विभाग को सौंपता है, वे उसकी प्रतिनियुक्ति की स्वीकृति देने के लिए प्रक्रिया शुरू कर देते हैं। चूंकि, कल्याण आधिकारिक पासपोर्ट पर यात्रा कर रहा था इसलिए, उसने अपना आधिकारिक पासपोर्ट एक सन्देशवाहक के माध्यम से विदेश मंत्रालय के पीवी (पासपोर्ट एंड वीजा) सेक्शन में वीजा नोट के लिए भेजा था, जिसे संदेशवाहक द्वारा हाथोंहाथ लाया गया। अगले दिन वही पासपोर्ट नई दिल्ली स्थित चीनी दूतावास को दिया गया और दोपहर बाद उन्होंने उसके पासपोर्ट पर वीजा की मुहर लगा दी। कल्याण को यात्रा की अग्रिम राशि भी देनी थी, इसके लिए उसने अपने एक कर्मचारी को काम पर लगाया, 09.07.2008 शुक्रवार की शाम को उसकी प्रतिनियुक्ति स्वीकृति और चेक जारी किया गया। यह आवश्यक था क्योंकि, उसे चीनी अधिकारियों को चीन में प्रवेश करते ही 700 अमरीकी डॉलर जमा करने थे और कुछ और राशि जमा करनी थी।

11.07.2008 से 08.08.2008 तक कल्याण कैलाश मानसरोवर यात्रा पर था। इस बीच, मोडासा और सूरत में एक हमला हुआ, जिसके बारे में उसकी बहुत कम भागीदारी थी अथवा कोई भागीदारी नही थी।

11.08.2008

कल्याण कार्यालय में हैं। उसी समय कश्मीर में गंभीर कानून और व्यवस्था की गड़बड़ी के समाचार मिले थे, जिसे अमरनाथ आंदोलन के रूप में जाना जाता है। चूंकि, यह कश्मीर डिवीजन का डोमेन था इसलिए आंतरिक सुरक्षा डिवीज़न के पास निपटने के लिए कुछ नही था। इसके बावजूद, खुफिया समन्वय के मुद्दों और नियंत्रण कक्ष की निगरानी के कारण कल्याण ने आधिकारिक रिकॉर्ड के लिए घटनाओं की लिखित जानकारी बना रखी थी।

दृश्य 78

13.08.2008

एमएचए कंट्रोल रूम में एक बहुत ही महत्वपूर्ण रिपोर्ट प्राप्त हुई थी। जम्मू-कश्मीर की प्रसिद्ध राजनेत्री और पूर्व मुख्यमंत्री की बेटी महबूबा मुफ्ती के नेतृत्व में कई लोग आतंकवादी संगठन दुख्तरान-ए-मिल्लत की एक महिला आतंकी नेता के साथ अवैध रूप से मुजफ्फ़राबाद गए थे। कल्याण ने तुरंत उक्त जानकारी के आधार पर निम्नलिखित इनपुट बनाई:

उपर्युक्त स्थिति को देखते हुए यह पता चला है कि पीओके में अवैध रूप से जाने वाले व्यक्तियों ने देश के कई कानूनों का उल्लंघन किया है। हम विदेशी डिवीज़न से अनुरोध कर सकते हैं कि वे इस मामले में अन्य बातों के साथ-साथ उचित कार्यवाही करें, जिसमें आधिकारिक आईसीपी के माध्यम से उनके दोबारा प्रवेश पर रोक लगाना भी शामिल है।

हस्ताक्षर/-

अवर सचिव(आईएस)

हमें कम से कम यह सुनिश्चित करना होगा कि कानून का उल्लंघन करते हुए प्रदर्शनकारियों का नेतृत्व करने वाले नेताओं को सजा दी जाए।

हस्ताक्षर/-

डायरेक्टर(आईएस)

हस्ताक्षर (जेएस)

यह इनपुट आगामी कार्यवाही के लिए विदेशी डिवीज़न को भेज दिया गया, 14.08.2008 को कल्याण को एएस (बीएम) द्वारा बुलाया गया।

कल्याण: "क्या मैं अंदर आ सकता हूँ सर?"

एएस (बीएम): "कृपया, बैठ जाइए"

कल्याण: "सर, आपने मुझे बुलाया था, सर?"

एएस (बीएम): "आप ये फाइल पर क्या लिखते हैं, क्या आप हजारों लोगों को फिर से भारत में आने से रोक सकते हैं? वे भारत के नागरिक हैं।"

कल्याण: "सर, लेकिन वे उचित परमिट के बिना एक विदेशी क्षेत्र में गए हैं, वह क्षेत्र एक शत्रुतापूर्ण क्षेत्र है।"

एएस (बीएम): "मुझे कानून मत सिखाओ। वे भारत के उतने ही नागरिक हैं जितने की मैं और आप लेकिन, कश्मीरी होने के नाते वे सीमा के उस पार जाने के लिए स्वतंत्र हैं।"

कल्याण: "सर, इसके लिए भी कोई आधिकारिक आदेश नहीं है।"

एएस (बीएम): "आपका डायरेक्टर क्या लिखता है। महबूबा और दूसरे लोगों को गिरफ्तार करो। क्या आप दोनों पागल हो गए हैं? वहाँ कानून और व्यवस्था का एक बड़ा मुद्दा बन जायेगा।"

कल्याण: "क्षमा करें सर, लेकिन..."

एएस (बीएम) कल्याण को चुप करा देता है और कहता है कि अगली बार जब आपके यहाँ से मेरे डिवीजन को ऐसा कोई इनपुट भेजा जाएगा तो हम उचित कार्यवाही करेंगे।"

कल्याण: "ठीक है, सर"

दृश्य 79

08.09.2008, सोमवार

कल्याण अपने कमरे में है। फोन की घंटी बजती है। वह देखता है कि जेएस (आईएस) लाइन पर है।

कल्याण: "सर"

जेएस (आईएस-I): "मेरे कमरे में आओ"

उनकी आवाज में जल्दबाजी से कल्याण गंभीरता को समझ सकता था और वह जेएस के कार्यालय की ओर भागता है। कल्याण ने कमरे में प्रवेश करते ही कुछ अजनबियों के साथ-साथ आईबी के दो अधिकारियों को आतंकवाद के वित्तपोषण (टेरर फंडिंग) पर कुछ काम करते हुए देखा।

जेएस (आईएस): "आओ पीयूष, मामला बहुत अर्जेंट है।"

कल्याण ने पीयूष को कमरे में आते हुए देखा

पीयूष: "क्या हो गया साब?"

जेएस (आईएस): "भारतीय स्टेट बैंक की एक शाखा में प्रत्येक कैश चेस्ट से बड़ी मात्रा में नकली भारतीय मुद्रा (फेक इंडियन करेंसी) निकली है।"

पीयूष: "ओके सर"

जेएस (आईएस): "जेएस (राजस्व) वहाँ जाँच करने के लिए जा रहा है। एसबीआई हेड ऑफिस मुंबई से चीफ जनरल मैनेजर भी आ रहा है। हमें अपने एक प्रतिनिधि को भेजने की जरूरत है।"

पीयूष: "सर, राज्य का मामला है"

कल्याण: "हाँ सर"

जेएस (आईएस): "डीआईबी ने गृहसचिव से बात की है और उन्हें लगता है कि यह टेरर फंडिंग के बारे में है और कुछ बड़ा है।"

पीयूष: "गृहसचिव का मैन फ्राइडे (खास या चहेता)"

जेएस (आईएस): "यही सुझाव मैं चाहता हूँ, गृहसचिव ने भी अपना मन बना लिया है।"

कल्याण: "सरजी मैं इससे थक गया हूँ।"

जेएस (आईएस): "गृहसचिव नहीं मानेगा। इसलिए मैं डायरेक्टर से इसे फाइल पर प्रस्तुत करने के लिए कह रहा हूँ, आप एमएचए नॉमिनी होंगे।"

पीयूष: "सर, कल्याण साब के पास काठमांडू में पाकिस्तानी उच्चायोग द्वारा की जाने वाली फेक करेंसी की तस्करी के बारे में फर्स्ट हैण्ड जानकारी है। इस मामले ये विशेषज्ञ हैं, बल्कि गुरु हैं, यहाँ तक कि इन्होने आईएसआई द्वारा कॉल गर्ल हनी ट्रैपिंग मामले को इसी तरह से उजागर किया है।"

जेएस (आईएस): "पीयूष ये क्या है, मैंने फाइल नहीं देखी है। क्या आप इसे मेरे पास भेज सकते हैं?"

कल्याण: सर फाइल को आईपीएस सेक्शन में भेज दिया गया है। मेरे पास नोट्स का सारांश हैं।"

जेएस (आईएस): "ग्रेट मेरे पास भेजो, मैं इसे देखूंगा।"

पीयूष: "सर, यूपी कैडर के हैं। निश्चित रूप से बहुत उपयोगी होगा, सर।"

कल्याण: "सर"

जेएस: "लेकिन, यह एफआईसीएन पहले। सभी इनपुट बाहर निकालो।"

कल्याण: "स्योर सर"

कल्याण अपने कमरे में वापस चला जाता है। वह अपने सेक्शन के रिकॉर्ड से एफआईसीएन पर सभी कागजात छानता है और एक विस्तृत नोट बनाता है। वह यह उल्लेख करने से नहीं चूकता है कि जनवरी 2008 से पहले एफआईसीएन धारा 489 के तहत अपराध की श्रेणी में था और इसे संभालने के लिए राज्य सरकारों पर छोड़ दिया गया था। लेकिन नागरिकों के उत्पीड़न की बार-बार शिकायतें दर्ज करने से राज्य पुलिस की आनाकानी, पेट्रोल पंप कर्मचारियों, सड़क के किनारे विक्रेताओं आदि के साथ सांठगांठ में कुछ पुलिस कर्मियों की संलिप्तता आदि के कारण एफआईसीएन की तस्करी निर्बाध हो रही थी। इन सभी बाधाओं का आकलन करने के बाद, एफआईसीएन की शिकायतें दर्ज करने की प्रक्रियाओं को सरल बनाने के लिए केंद्रीय गृहसचिव द्वारा सभी राज्यों के पुलिस महानिदेशकों और मुख्यसचिवों को एक पत्र जारी किया गया था। पत्र में यह भी कहा गया था कि एफआईसीएन देश में टेरर फंडिंग का दूसरा सबसे बड़ा स्रोत है।

इसके बाद राजस्व विभाग से जेएस उसे फोन करता है और उससे मिलने के लिए कहता है, कल्याण अपने जेएस को सूचित करता है और नॉर्थ ब्लॉक के दूसरे छोर पर जाता है और जेएस के साथ मिलकर अपनी कार्य योजना तैयार करते हैं। योजनानुसार, उन्होंने 09.09.2008 को शाम की फ्लाइट से लखनऊ की यात्रा की। 10.09.2008 को वे उत्तरप्रदेश पुलिस की एसटीएफ और उत्तरप्रदेश पुलिस की इकॉनोमिक ओफ्फेंसस विंग से अलग-अलग बैठकों में मिलेंगे उसके बाद भारतीय स्टेट बैंक के साथ बैठक करेंगे और फिर भारतीय रिजर्व बैंक वालों के साथ भी बैठक होने वाली थी। इस बीच, कल्याण अन्य मंत्रालयों के साथ साझा की जाने वाली सामग्री और यात्रा योजना के अनुमोदन के लिए फ़ाइल प्रोसेस करता है। चूंकि, कल्याण को 09.09.2008 को लखनऊ के लिए शाम 4:00 बजे की फ्लाइट लेनी है इसलिए, कल्याण मेट्रो से कार्यालय जाता है। कार्यालय

पहुंचने पर कल्याण आईएसआई हनी ट्रैप के कागजात छानता है। कागजों से निकले सार को मोटे तौर पर कुछ ऐसे पढ़ा जा सकता है:

जेआईसी की रिपोर्ट के अनुसार कई आईएएस, आईपीएस और केंद्रीय और राज्य सेवाओं के अधिकारियों, न्यायाधीशों, अधिवक्ताओं, पत्रकारों को आईएसआई द्वारा हनीट्रैप किया गया है। नवीनतम शिकार अफीम कारखाने के महाप्रबंधक, जो गाजीपुर के एक केंद्रीय सेवा अधिकारी थे। .....

तरीका यह है कि सरकारी या गैर-सरकारी संगठनों के प्रमोटर, जो स्वास्थ्य, एड्स रोकथाम, नशा निवारण और ऐसे ही बहुत से मामलों से सम्बंधित लंबित पड़े प्रस्तावों के लिए संपर्क करने की आड़ में इन व्यक्तियों से दोस्ती करने के लिए सुंदर लड़कियों को भेजा जाता है। बाद में वे परस्पर निकट आते हैं और हनी ट्रैप के शिकार बनाये जाने वाले लोगों के साथ शारीरिक संबंध तक बनाये जाते हैं। इसके बाद उन्हें विवाह के लिए ब्लैकमेल किया जाता है जो ज्यादातर पड़ोस के जिले में................ मस्जिद में होता है। इनके रिकॉर्ड को अलग-अलग रखा जाता है:..........

हस्ताक्षर/

अवर सचिव (आईएस)

डायरेक्टर (आईएस)

जेएस(आईएस)

अखिल भारतीय सेवा प्रभाग (डी/ओपीटी) में आईएएस अधिकारीयों के ऊपर आवश्यक कार्यवाही के लिए भेज दो। आईपीएस अधिकारीयों के सन्दर्भ में कार्यवाही हो उसके लिए गृहमंत्रालय के आईपीएस डिविजन में भेज दो।

हस्ताक्षर/

गृहसचिव

अध्याय 31

दृश्य 80

मिस्टर मोहित गोविल और कल्याण दोपहर भोजन के बाद लखनऊ की फ्लाइट लेने के लिए हवाई अड्डे की ओर निकले। लखनऊ पहुंचने पर उनका स्वागत लखनऊ के सीमा शुल्क उत्पाद शुल्क अधिकारी द्वारा किया जाता है। उन्हें बटलर रोड नामक स्थान पर एक गेस्टहाउस में ठहराया जाता है। रात के खाने के बाद कल्याण और गोविल टहलने के लिए बाहर जाते हैं, टहलते समय गोविल धूम्रपान करने लगता है और कुछ विषय समझने के लिए कल्याण के साथ बातचीत करता है:

गोविल:"तो आपका मतलब है कि सहज आँखों से नोटों की पहचान करना आसान नहीं है।"

कल्याण: "हाँ सर, 500 और 1000 रुपये के नोटों में रंग संयोजन वास्तविक रंग के बहुत निकट है। इसके अलावा, हमें अपने अंगूठे के साथ पहचान कोड महसूस करना पड़ता है। लेकिन, वास्तव में संवेदनशील अंगूठे के लिए यह पता लगाना मुश्किल है।"

गोविल: "और कोई समस्या?"

कल्याण: "कागज की विशेषता सर। असली नोट (कागज़) .... जीएसएम के होते हैं, जबकि पाकिस्तानियों के नोट...... जीएसएम के होते हैं। लेकिन, सर फिर से केवल हाथों से यह जाँच करना बहुत मुश्किल है। आपको इसके लिए माइक्रोमीटर स्क्रू गेज की आवश्यकता पड़ सकती है।"

गोविल: "इसका मतलब है कि इको अफेयर्स को भी शामिल किया जाना चाहिए।"

कल्याण: "ज़रूर सर। वे कागजों की खरीद में लिप्त हैं और मुद्रण उनका डोमेन है। लेकिन, सर उन्होंने स्नेहासिस बागची नामक समिति का गठन किया है। हमें परिणामों का इंतजार करना पड़ सकता है।"

गोविल: "सरकारी समिति से आज तक कुछ निर्णय हुआ है? बस, टाइम पास।"

कल्याण: "लेकिन, सर उन्होंने मुझे कई बार जोर देकर बताया है कि एचएस को बताओ कि यह बीएसएफ के लोग हैं जो इसे भारत में लाते हैं।"

गोविल: "इसे छोड़ दो। हम इसे अलग से देखेंगे।"

कल्याण: "सर, हम कल कार से 6 घंटे की यात्रा करने जा रहे हैं। सीधे वाराणसी के लिए उड़ान भरी जा सकती थी और यात्रा की जा सकती थी।"

गोविल: "नहीं, कल्याण जी, वे चाहते थे कि राज्य सरकार को संलग्न किया जाए।"

कल्याण: "ठीक है सर, रामपुर ब्लास्ट मामले में मुझे अच्छा अनुभव नहीं रहा था। उत्तरप्रदेश सरकार ने इनकार कर दिया था और एकपक्षीय रिपोर्ट बनाने के लिए गृह मंत्रालय को दोषी ठहराया था।"

गोविल: "कोई टिप्पणी नहीं, मैं भी यूपी कैडर से हूँ यह मेरी भी सरकार है।"

कल्याण: "ठीक है सर"

अगले दिन लगभग 8:00 बजे उन्होंने कार से डोमरियागंज के लिए अपनी यात्रा शुरू की। वे तीन कारों में सवार थे। एक एम्बेसडर में मोहित गोविल और कल्याण थे। दूसरी कार में आरबीआई के एक अधिकारी के साथ भारतीय स्टेट बैंक के अधिकारी थे और तीसरी कार में यूपी एसटीएफ के लोग थे। वे जलपान के लिए गोंडा के पास एक जगह पर रुके और फिर आगे बढ़े। जब तक वे डोमरियागंज पहुंचे तब तक दोपहर के 3:00 बजे थे। वे सीधे बैंक की शाखा में गए। वहाँ लंच का प्रबंध किया गया था। लंच के बाद, आगंतुक वरिष्ठ प्रबंधक के कमरे में बैठे। एसबीआई के अधिकारियों ने एसओपीएस का पालन करने के लिए शाखा के कर्मचारियों के साथ अलग से चर्चा की और उनमें से एक इसकी जाँच करने लगा। भारतीय रिजर्व बैंक के अधिकारियों ने मुद्रा प्रबंधन विभाग के अपने परिपत्रों के अनुसार बैंकों में मुद्रा प्रबंधन एसओपी की फिर से जाँच करना शुरू कर दिया। यह निर्देश दिया गया था कि इस शाखा में 1000 और 500 रुपये जैसे बड़े मूल्य वर्ग के नोटों और महाराजगंज, गोरखपुर आदि जैसे पड़ोसी क्षेत्रों में कुछ अन्य स्थानों पर 1000 और 500 रुपये जैसे बड़े मूल्यवर्ग के नोटों के इशु होने और मिलने सम्बंधित मुद्दे पर ब्रेक लगाया जाएगा। भारतीय रिजर्व बैंक ने यूनियन बैंक और अन्य प्रमुख शाखाओं के वरिष्ठ अधिकारियों को अगले दिन भी एक बैठक के लिए बुलाया। कल्याण और मोहित गोविल सभी बैठकों में रहे। कल्याण ने अपनी ओर से की हुई सभी कार्यवाहियों का उल्लेख किया, जिसके अंतर्गत उसने और श्री गोविल ने उत्तरप्रदेश एसटीएफ, स्थानीय जिला उपमहानिरीक्षक, एसएसपी आदि के साथ अलग-अलग चर्चाएं कीं।

12.09.2008 का पूरा दिन अलग-अलग अधिकारीयों के साथ बैठकों में ही बीता। स्थानीय जिला पुलिस ने व्यापारियों के निकायों जैसे कि व्यापार संघ, श्रमिक ठेकेदार और अन्य व्यावसायिक समूह जिनके व्यावसायिक प्रचलनों में भारी नकदी लेनदेन होता है, के साथ बैठकों की भी व्यवस्था की थी। भारतीय रिजर्व बैंक और मिस्टर गोविल ने भी इस अवसर पर वित्तीय समावेशन और दैनिक आधार पर मजदूरी के भुगतान और अन्य आकस्मिक भुगतानों सहित बैंकिंग लेनदेन पर अधिक भरोसा करने की आवश्यकता पर जोर दिया। बैंकों को सभी ग्राहकों का केवाईसी सत्यापन करने का निर्देश दिया गया। इसके अलावा, आईसीआईसीआई और कुछ अन्य निजी बैंकों, सहकारी समितियों और ग्रामीण बैंकों सहित प्रत्येक बैंक को अपनी शाखाओं और इस क्षेत्र के एटीएम में

भी सीसीटीवी की कार्यशील स्थिति को फिर से जाँच करना था, जिसे स्थानीय पुलिस कर्मियों की उपस्थिति में अन्य पड़ोसी जिलों में भी लागू किया जाना था।

इस दुर्भाग्यपूर्ण मामले की उत्पत्ति का पता उत्तरप्रदेश एसटीएफ द्वारा एक महीने की सख्त समय सीमा के अंदर लगाया जाना था और जाँच की प्रगति को एक महीने के भीतर भारत सरकार के साथ साझा किया जाना था। दल 13.09.2008 को लखनऊ के लिए रवाना हुआ और बाद में दोपहर लगभग 2:00 बजे दिल्ली के लिए उड़ान भरी। कल्याण लगभग 4:00 बजे दिल्ली उतरा और विश्राम करने के लिए घर पहुंचा। कहानी के पूरे सरगम से परिचित होने के कारण कल्याण के कानों में उसके पिता के शब्द गूंज रहे थे कि कैसे एक परिवार राष्ट्र के पूरे संसाधनों को नष्ट कर रहा है।

अध्याय 32

दृश्य 81

शाम लगभग 7:00 बजे उसका फोन बजता है। फोन एमएचए कंट्रोल रूम से था।

कल्याण: "हाँजी क्या हो गया?"

एमएचए कंट्रोल रूम: "सर जी दिल्ली में पटाखा बज गया।"

कल्याण: "कहाँ?"

एमएचए कंट्रोल रूम: "सर कनॉट प्लेस, बाराखंभा, और अन्य स्थानों पर।"

कल्याण: "मैं अभी आया हुआ और ड्राइव नही कर सकता मुझे लेने के लिए एक वाहन भेजो।"

एमएचए कंट्रोल रूम: "ठीक है सर"

कल्याण: "ठीक है"

कॉल समाप्त होते ही फोन फिर से बज उठा। यह पीयूष का कॉल था।

कल्याण: "हाँ सर"

पीयूष: "दिल्ली में बम धमाके हुए हैं, क्या आप आ सकते हैं?"

कल्याण: "ठीक है सर, मैंने सीआर (कंट्रोल रूम) से वाहन भेजने के लिए कहा है। मैं थका हुआ हूँ सर और ड्राइव नहीं कर सकता।"

पीयूष: "हाँ, हरीश ने मुझे बताया। मैंने अपनी गाड़ी भेज दी है... देवी सिंह आपको लेने आ रहा है, गृहमंत्री दौरा कर रहे हैं और जेएस उनके साथ हैं, मैंने आपके कंप्यूटर से एचएम के बयान का टेम्पलेट प्रिंट लिया है और इसे गृहमंत्री के बयान के लिए प्रासंगिक सुधार के साथ भेजा है। साथ ही कंट्रोल रूम से विस्फोटों की प्रकृति, सटीक स्थानों और हताहतों के ब्यौरे के बारे में प्रासंगिक जानकारी एकत्र करने का अनुरोध किया है।

कल्याण: "ठीक है सर, मैं वहाँ जल्द ही आ जाऊँगा।"

उमा ऑफिस से आ गई थी। उसका बेटा पढ़ रहा था क्योंकि, वह मार्च 2009 में बारहवीं की परीक्षा देने वाला था।

उमा: "क्या ये सब कभी बंद होगा? लोग आपको बताते हैं कि आप सक्षम हैं। अगर ऐसा है तो विस्फोट क्यों नहीं रुकते?"

कल्याण: "डार्लिंग मेरे पास समय नहीं है और न ही मैं किसी बहस के मूड में हूँ। मेरी हड्डियां कड़कड़ा रही हैं, मैं सुबह 6:00 बजे से सड़क पर था।"

कल्याण अपनी शाम की संध्याप्रार्थना करने के लिए उठता है, उमा ने पहले से ही दीपक जला दिया है।

उमा: "क्या आपको देर हो जाएगी?"

कल्याण: "कोई पता नहीं"

उमा: "मैं डोसा बना देती हूँ, आप खाकर जाना।"

कल्याण: "ठीक है"

जब वाहन आता है तब कल्याण डोसा खा रहा था।

उमा (दरवाजा खोलते समय): "आओ देवी"

देवी सिंह: "जय हिंद, मैडम"

उमा: "डोसा लोगे?"

देवी सिंह: "जी मैडम"

इस बीच कल्याण ने अपना डोसा समाप्त किया और चलने के लिए तैयार हो गया।

उमा: "उसे डोसा खाने दो पता नहीं उसे आगे कब खाने को मिलेगा।"

कल्याण: "ठीक है, लेकिन जल्दी करो"

देवी अपना डोसा और चाय समाप्त करता है और फिर दोनों नॉर्थ ब्लॉक के लिए रवाना होते हैं। कल्याण रात 8:00 बजे नॉर्थ ब्लॉक पहुंचता है। कल्याण और पीयूष गृह मंत्रालय के कंट्रोल रूम द्वारा प्राप्त सारी जानकारी का अवलोकन करते हैं। पीयूष ने संयुक्त पुलिस आयुक्त (विशेष प्रकोष्ठ) को फोन करके यह पता लगाया कि कौन सा समूह इसमें शामिल हो सकता है। वे एक प्रारंभिक रिपोर्ट तैयार करते हैं और इसे गृहमंत्री आवास, प्रधानमंत्री कार्यालय, गृहसचिव और कैबिनेट सचिव को भेजते हैं। अगले दिन जेएस (आईएस I) ने पीयूष और कल्याण को बुलाया।

जेएस (आईएस I): "पीयूष पूरा मीडिया हँस रहा है"

पीयूष: "किस बारे में?"

जेएस (आईएस I) ने प्रत्येक विस्फोट के बाद गृहमंत्री द्वारा दिए गए बयान को दिखाया। सारे बयान एक जैसे हैं, टाइम्स ऑफ़ इंडिया, हिंदुस्तान टाइम्स आदि का आरोप है कि केंद्रीय गृहमंत्रालय ने इन ब्लास्टों को रोकने के लिए वास्तव में कोई भी ठोस कदम उठाने के बजाय केंद्रीय गृहमंत्री के बयान के लिए टेम्पलेट बनाकर रखा है। पायनियर तो एक कदम और आगे निकल गया है। उसने लिखा है कि प्रत्येक विस्फोट स्थल पर केंद्रीय गृहमंत्री ने अलग-अलग कपड़े पहने हुए है।

कल्याण: "सर, वाराणसी मेरा पहला धमाका था, मैंने उस समय यह टेम्पलेट बनाया था। हम इसका उपयोग कर रहे हैं। विस्फोटों की आवृत्ति (गति) बढ़ रही है और हम हर बार कुछ नया नही बना सकते।"

पीयूष: "सर इसे बदल देंगे, सर"

दृश्य 82

पिछले कुछ दिनों से दिल्ली पुलिस 13.09.2008 को दिल्ली में हुए सिलसिलेवार विस्फोटों के बारे में अपडेट कर रही थी कि इस विस्फोट में लश्कर-ए-तैयबा के एक मोर्चे इंडियन मुजाहिद्दीन या हिजबुल मुजाहिद्दीन के आतंकियों के रूप में आजमगढ़ के युवाओं की संलिप्तता है। उनके फुट प्रिंट का पता लगाया जाना था और कैसे उनके स्लीपर सेल की एक छोटी सी शाखा जामिया नगर में स्थित थी और कैसे वे इसे क्रैक करने के निकट थे।

19.09.2008

नॉर्थ ब्लॉक में गृहमंत्रालय के लोगों को यह पता था कि केंद्रीय गृहमंत्री हाल ही में तकनीकी उपयोगिता सबंधी किसी उद्घाटन के लिए दिल्ली पुलिस मुख्यालय गए थे। यह जानकारी 18.09.2008 को साझा की गई थी। कल्याण अपने कार्यालय में पहुँच गया था। दोपहर के करीब 12 बज रहे थे। कल्याण कुछ निरीक्षण के लिए एमएचए कंट्रोल रूम गया जोकि उसका डोमेन था। वहाँ बैठे हुए कल्याण को पता चला कि कुछ संदिग्ध आतंकवादियों द्वारा विशेष प्रकोष्ठ की टीम पर गोलीबारी की गई है, ये वो आतंकी थे जिन्होंने जामिया नगर में 13.09.2008 के दिल्ली विस्फोटों को अंजाम दिया था। कल्याण चाहता था कि एमएचए कंट्रोल रूम इस बारे में अधिक से अधिक जानकारी प्राप्त करे। डिप्टी कमांडेंट ने जानकारी प्राप्त करने और साझा करने का वचन दिया। कल्याण सीधे जेएस (आईएस) के कार्यालय गया, जिसे पहले से ही सूचना मिल चुकी थी और वह भड़का हुआ था। पीयूष भी वहाँ आ गया। कल्याण पिछले कुछ दिनों में दिल्ली पुलिस स्पेशल सेल से मिली विभिन्न प्रगति रिपोर्टों को इकट्ठा करने के लिए अपने कमरे में गया और उन्हें जेएस (आईएस I) के साथ साझा किया। वे सभी जानते थे कि यह गोलीबारी वास्तव में हुई थी।

गृह मंत्रालय के डिप्टी कमांडेंट भी अपने अपडेट के साथ आ गये थे।

डिप्टी कमांडेंट: "सर, दिल्ली पुलिस के अनुसार केंद्रीय गृहमंत्री दिल्ली पुलिस मुख्यालय में मौजूद थे और उन्हें मिनट दर मिनट के आधार पर अपडेट किया गया था। सर, यह उनकी रिपोर्ट है। इसलिए हमें कुछ भी चिंता नहीं करनी चाहिए।"

जेएस (आईएस I): "धन्यवाद"

लेकिन शाम होते-होते पूरा परिदृश्य बदल गया। माननीय गृहमंत्री ने अपना मुंह न खोलने को प्राथमिकता दी। कई राजनेताओं और मीडियाकर्मियों ने पूरा समय समाचार चैनलों पर बबाल मचाना शुरू कर दिया था कि कैसे दिल्ली पुलिस द्वारा कुछ निर्दोष छात्रों को मार दिया गया है। गलत रिपोर्टिंग सभी रिकॉर्ड तोड़ रही थी। केंद्र शासित प्रदेश डिवीजन और आंतरिक सुरक्षा डिवीजन ने गृहमंत्री के पीएस से अनुरोध किया कि वे कृपया केंद्रीय गृहमंत्री पर एक बयान जारी करने के लिए दबाव डालें, जिसमें सच्चाई को स्वीकार किया गया था कि उन्हें मिनट दर मिनट के (वास्तविक समय के) आधार पर घटना के बारे में अवगत कराया गया था लेकिन, गृहमंत्री ने एक शब्द भी नहीं बोला।

हमारे पास कुछ राजनेताओं ने दावा किया था कि उन दिनों के दौरान सत्तारूढ़ राष्ट्रीय राजनीतिक दल के अध्यक्ष उज्ज्वल भविष्य के साथ राष्ट्रवादी युवाओं की अवैध हत्या के कारण सो नहीं सके थे। अन्य राजनीतिक दल भी इस पर अपनी-अपनी राजनितिक रोटियाँ सेंक रहे थे। उनमें से किसी ने नही कहा कि मारे गए लोग हिजबुल मुजाहिद्दीन का हिस्सा थे। हमने अपना एक बहुत ही विशेष अधिकारी खो दिया था, जिसका बहुत शानदार रिकॉर्ड था। उसकी एकमात्र चूक यह थी कि वह अस्पताल से (जहाँ उसका बेटा उपचाराधीन था) सीधे इस ऑपरेशन में भाग लेने के लिए आ गया था और इस कारण उसने बुलेटप्रूफ जैकेट नहीं पहनी थी। इसे इंस्पेक्टर के बलिदान को जानबूझकर आत्महत्या के रूप में वर्णित किया गया था। संयोग से, कल्याण उस इंस्पेक्टर से परिचित था क्योंकि, वह कल्याण के अपार्टमेंट से थोडा सा दूर द्वारका सेक्टर 4 में रहता था। इसके अलावा, एक बार सेक्टर 6 मार्केट में कल्याण ने इस इंस्पेक्टर के नेतृत्व में एक ऑपरेशन देखा था और जब कल्याण और वो इंस्पेक्टर आमने-सामने आये थे तो इंस्पेक्टर ने कल्याण को नमस्कार किया था और कल्याण ने उसे थम्स-अप करके स्वीकार किया था। इसके बाद, समाचार पत्र में यह बताया गया कि द्वारका सेक्टर 6 में आईसीआईसीआई बैंक के एटीएम में कुछ टेरर फंडिंग ट्रेल पकड़ा गया था। कल्याण उसके लिए दुखी था।

निसन्देह, राजनीतिक कारणों से किसी राजनेता या यूँ कहे एक राजनीतिक दलाल ने मृतक इंस्पेक्टर के परिवार के प्रति सहानुभूति भरा एक बयान जारी किया था।

अध्याय-33

दृश्य 83

30 सितम्बर 2008

जैसे ही कल्याण अपने कार्यालय पहुंचा एक रिपोर्ट आई जिसमें मालेगांव में पिछली शाम को हुए एक बम विस्फोट के बारे में सूचित किया गया था। प्रारंभिक रिपोर्ट के अनुसार, अपराधी इंडियन मुजाहिद्दीन और एक कट्टर इस्लामिक संगठन अहले हदीस के लोग थे। विस्फोट एक भीड़-भाड़ वाली जगह में खड़ी एक एलएमएल फ्रीडम मोटरसाइकिल का उपयोग करके किया गया था। नासिक ग्रामीण पुलिस जाँच कर रही थी। गृह मंत्रालय के कंट्रोल रूम से घटना के बारे में अधिक जानकारी प्राप्त करने का अनुरोध किया गया था। वरिष्ठ अधिकारियों को विस्फोट के ब्यौरे से अवगत कराया गया था। 10.10.2008 के आसपास आईबी इनपुट से सूचना प्राप्त हुई कि मामले को एटीएस मुंबई को स्थानांतरित कर दिया गया है। महाराष्ट्र सरकार को इस बारे में औपचारिक रूप से सूचित नहीं किया गया। बाद में जब प्रगति की सूचना मिल रही थी तब गृहमंत्रालय को सूचित किया जा रहा था कि दिनांक 29.09.2008 को कट्टर राष्ट्रवादी संगठन अभिनव भारत से संबंधित कुछ लोगों को गिरफ्तार किया गया था। यह उनके पहले प्रारंभिक निष्कर्षों के साथ प्रतिकूल कार्यवाही थी। सुझाव दिया गया था कि इसमें स्पष्टीकरण माँगा जा सकता है। हालांकि, जब फाइल ट्रांजिट में थी तब गृहमंत्री के कार्यालय ने उस फाइल को अपने यहाँ मंगवा लिया था और वह फाइल कभी वापस नहीं आई। बाद में, मुंबई में स्टेशन हेड सहित आईबी के कुछ सूत्रों ने सूचित किया कि एक झूठा बबाल मचाया जा रहा है और कुछ हिंदू संगठनों को उन विस्फोटों के लिए दोषी ठहराया जा रहा है जो उन्होंने किए ही नहीं थे। इसके अलावा, तीन चीजें स्पष्ट हो रही थीं।

एक सेवारत सेना अधिकारी जिसने दक्षिणी महाराष्ट्र के कई क्षेत्रों में तेजी से बढ़ने वाले कट्टरपंथ के बारे में इनपुट दिया था और उनके लोगों के सेना में भर्ती होने और अंदर से भारतीय रक्षा बलों को कमजोर करने के षड्यन्त्र का खुलासा किया था। उस अधिकारी को गिरफ्तार करके सलाखों के पीछे डाल दिया गया। इसके अलावा, यह भी रिकॉर्ड की बात थी कि गिरफ्तार किए गए सेना अधिकारी की निष्ठा और खुफिया विषयों सम्बंधी निपुणता कुछ ऐसी थी कि इस अधिकारी ने खुफिया जानकारी एकत्र करने के लिए मुंबई पुलिस एटीएस को प्रशिक्षित किया गया था। इस मामले में कई अन्य व्यक्तियों को झूठे आरोपों में गिरफ्तार किया गया था। इसका एक और महत्वपूर्ण पहलू 'संगठन' भी है।

जेएस आईएस I के कमरे में

कल्याण: "सर आपने मुझे बुलाया?"

जेएस (आईएस I): "हाँ कल्याण, आपको इस्लामाबाद में संयुक्त आतंकवाद विरोधी बैठक के लिए जाना पड़ सकता है।"

कल्याण: "सर, पहले के जेएस आईएस ने ये रिकॉर्ड किया था कि आधिकारिक प्रतिनिधिमंडल के साथ मेरी इस्लामाबाद यात्रा से बचा जाना चाहिए।"

जेएस (आईएस I): "देखो डिअर, मालेगांव विस्फोटों पर कुछ पकाया जा रहा है। मुंबई एटीएस इस हमले के लिए पुणे के अभिनव भारत को जिम्मेदार ठहरा रही है।"

कल्याण: "लेकिन सर इस संगठन पर आईबी की रिपोर्ट अलग है।"

जेएस (आईएस I): "उसमें क्या है?"

कल्याण:"सर, यह एक ऐसा संगठन था जिसके साथ गृहमंत्री कार्यालय का एसएसएफ फंड ट्रेल जुड़ा हुआ है। आईबी इनपुट में यह भी कहा गया है कि इस संगठन को 2006 में पुणे में पुनर्जीवित किया गया था। यह 1953 से निष्क्रिय था। जिन लोगों ने इस संगठन को पुनर्जीवित करने के लिए कागजात पर हस्ताक्षर किए थे उनमें महाराष्ट्र सरकार के पदाधिकारी थे। आवेदन हमारे आईबी एसेट द्वारा दिया गया है। सर, मिस्टर गुरु मोंगा, जेडी मुंबई और महाराष्ट्र के स्टेशन हेड ने इसकी पुष्टि की थी। इसके अलावा, सर महाराष्ट्र सरकार ने इसको पुनर्जीवित करने की प्रक्रिया में तेजी लाने के लिए पुणे में रत्नाकर बैंक में खाता खुलवाया था और इसमें कुछ मनी ट्रेल हमारे एसएसएफ फंड से जुड़ा हुआ है।"

जेएस (आईएस I): "क्या हमारे पास एसएसएफ है?

कल्याण: "सर, हमारे पास है। केवल गृहमंत्री का कार्यालय उसे क्लियर और प्रबंधन करता है।"

जेएस (आईएस I): "ठीक है। मैं एचएम के पीएस से पता लगाऊंगा। आपको यह जानकारी कैसे मिली?"

कल्याण: "सर, गृह सचिव स्तर की वार्ता के दौरान पाकिस्तानी प्रतिनिधिमंडल ने बहुत ज्यादा पी लिया था और कुछ महंगी क्रॉकरी भी तोड़ दी थी। हम उसके लिए भुगतान नहीं कर सकते थे। इसलिए एचएस ने 12 लाख रुपये के भुगतान को एसएसएफ से मंजूरी दी थी।"

दृश्य 84

जेएस (आईएस): "पता चल जाएगा। वैसे आपके पास कोई विकल्प नहीं है। जेएटी (जॉइंट एंटी टेररिज्म मेकेनिज़्म) के लिए इस्लामाबाद जाना होगा।"

कल्याण: "सर"

जेएस (आईएस), पीयूष और कल्याण को पता नहीं था कि कल्याण को मालेगांव के फ़ॉलो-अप से बाहर रखा जा रहा था। कल्याण को 23-24 अक्तूबर 2008 को संयुक्त आतंकवाद रोधी तंत्र (जॉइंट एंटी टेरर मैकेनिज्म) की बैठक के लिए इस्लामाबाद भेज दिया गया। वहाँ सब हमेशा की तरह हुआ जिसमें डोजियर आदि का आदान-प्रदान किया गया। वह जानता था कि यह निरर्थक प्रयास अमन की आशा गैंग के साथ मिलकर किया गया एक ड्रामा था। उसके लिए यह एक आदेश था और उसे इसका पालन करना था। वह 25 तारीख को वापस लौटा और बाद में दो दिनों तक अपने परिवार के साथ दिवाली मनाई। वह 29.10.2008 को कार्यालय गया। कल्याण ने पाकिस्तान में हुई जेएटी की बैठक में कार्यवाही पर अपनी रिपोर्ट सौंपी।

दृश्य 85

नवम्बर 2008

इस्लामाबाद में आयोजित जेएटी बैठक की कार्यवाही की अगली कड़ी में विदेश मंत्रालय से एक पत्र प्राप्त हुआ जिसमें इस्लामाबाद में गृहसचिव स्तर की वार्ता के आयोजन के लिए तारीखों की पेशकश की गई थी। प्रस्ताव यह था कि इसे महीने के अंत में रखा जाए। गृहसचिव के साथ परामर्श करने के बाद 15.11.2008 को एक ही दिन के आयोजन के लिए वार्ता की तारीख तय की गई। इस सम्बन्ध में 04.11.2008 को विदेश मंत्रालय को आधिकारिक संचार के माध्यम से सूचित किया गया। बीच की अवधि में, कल्याण ने यह भी नोट किया कि उन्होंने पुणे स्थित किसी अभिनव भारत संगठन की संलिप्तता बताई है। वह जानता था कि एसएसएफ खाते से पैसा भेजा गया था। उसने यह भी देखा कि महाराष्ट्र सरकार ने चैरिटीज कमिश्नर के समक्ष इस संगठन को पुनर्जीवित किया था। वह जानता था कि कुछ पकाया जा रहा है अर्थात साज़िश हो रही है।

दृश्य 86

04.11. 2008

जेएस (आईएस) का कमरा

कल्याण, पीयूष और रंजीत उपस्थित थे।

जेएस (आईएस): "हमें एचएसएलटी (गृह सचिव स्तर की वार्ता) 2008 के लिए अपनी तैयारी शुरू करनी होगी। इस साल यह पिछली बार के विपरीत एक दिन का मामला होगा। सबसे पहले हमें भारतीय प्रतिनिधिमंडल की संरचना को अंतिम रूप देना है। कल्याण?"

कल्याण (रंजीत से पिछली फाइलें लेते हुए): “सर, हमारे पास पहले से ही इस तरह के एचएसएलटी के लिए प्रोटोकॉल हैं। वह भी सीसीएस द्वारा अनुमोदित। यह फ्लैग “ए” पर चिन्हित किया गया है। यह 2006 की पारी है”

जेएस (आईएस): “ठीक है, औपचारिक रूप से अनुमोदन के लिए प्रस्तुत करो”

कल्याण: “रणजीत इसको लंच के बाद फाइल में पुट कर दो। एनटाइटलमेंट्स सब डिपार्टमेंट ऑफ़ एक्सपेंडीचर से गवर्न होगा। स्टेट गेस्ट वाला ऑर्डर”

जेएस (आईएस): “अरे! राज्य अतिथि के मामले में दैनिक खर्च क्या है।”

कल्याण: “सर 12.25 अमरीकी डॉलर.. सर जेएस (एफ) का कहना है ड्राईक्लीन के पैसे नहीं निकलते।”

पीयूष: “सर ऐसा ही है और सर, यदि आप शाकाहारी हैं, तो एचसीआई, इस्लामाबाद द्वारा व्यवस्था बनाई जानी चाहिए”

जेएस (आईएस): “क्या उनके पास रसोइया है? क्या व्यवस्था है?”

पीयूष: “नहीं सर। इसे हमारे लिए कुछ कर्मचारी करते हैं।”

जेएस (आईएस): “रंजीत आप भी दूसरी एजेंसियों से इनपुट के लिए अपना संचार भेजो।”

रंजीत: “स्योर सर, मैं इसे तुरंत करूंगा।”

वे कमरे से बाहर आ जाते हैं। पीयूष कल्याण को उसके साथ आने के लिए कहता है। इसलिए, वे पीयूष के कमरे में जाते हैं।

पीयूष: “क्या आप जानते हैं कि आपको मालेगांव विस्फोट प्रकरण से दूर रखने के लिए भेजा गया था?”

कल्याण: “सर, वे मुझे दफना सकते हैं लेकिन, सच्चाई को दफनाया नहीं जा सकता है।”

पीयूष: “वे सभी रंगे हाथों पकड़े जाएंगे”

कल्याण: “कोई बाबू फस जाएगा”

पीयूष: “ठीक, इसके लिए किसी बाबू को फांसी दी जाएगी”

इसके बाद कल्याण अपने कमरे में वापस चला जाता है। प्रतिनिधिमंडल की संरचना के बारे में रंजीत द्वारा बनाई गई फाइल तैयार है। उसका अवलोकन करने और संतुष्ट होने के बाद वह उस पर अपने हस्ताक्षर करता है और डायरेक्टर (आईएस) को मार्क करता है। बाद में वह रंजीत को अपने चैंबर में बुलाता है।

कल्याण: “इनपुट का लैटर”

रंजीत: “सर, यह जारी किया गया है, सर। कार्यालय की प्रतिलिपि”

कल्याण: "बहुत अच्छा रंजीत। लेकिन अलग-अलग डिवीजनों को अलग-अलग प्रतियां भेजने का प्रयास करना। आईबी के पास एलएंडओ, मल्टी-एजेंसी सहयोग, जाली मुद्रा, आतंक वित्त, पाकिस्तान से निकलने वाले सिख उग्रवादी आदि हैं। अन्यथा, हमसे कुछ छूट जायेगा।"

रंजीत: "सर, मुझे डीआईबी भेजना है।"

कल्याण: "इन मंडल प्रमुखों को सीसी भेजो।"

रंजीत: "सर"

आंतरिक सुरक्षा डिविजन वर्ष 2008 को कोस रहा था क्योंकि, वर्ष 2008 उनके लिए सबसे कष्टकारक और रक्तरंजित वर्ष था। इसके अलावा, अब इनपुट आ रहे थे कि पकिस्तान आधारित आतंकवादियों के तटीय क्षेत्रों से प्रवेश करने और प्रमुख शहरों में आतंकवादी हमले करने की संभावना है। कल्याण ने इस इनपुट को ऑर्डर के लिए प्रस्तुत किया। उसे तटीय राज्यों के मुख्यसचिवों और पुलिस के डीजीपीयों को एडवाइजरी जारी करने का निर्देश दिया गया। एडवाइजरी 06.11.2008 को जारी की गई। कल्याण के अधीन सचिवालय विभिन्न एजेंसियों से मिलने वाले इनपुट पर काम करने में व्यस्त हो गया। बाद में 11.11.2008, सोमवार की सुबह, उसके कार्यालय में दो संचार कल्याण की प्रतीक्षा कर रहे थे। सबसे पहले एक इनपुट था जिसमें कहा गया था कि संभावित हमले के वेस्टन कोस्ट पर होने की उम्मीद थी, जो प्रमुख शहरों में स्थित महत्वपूर्ण प्रतिष्ठानों पर होने वाला था।

कल्याण ने अपने उच्च अधिकारियों से अनुमोदन प्राप्त करने के बाद गुजरात, महाराष्ट्र, गोवा, कर्नाटक और केरल के तटीय राज्यों को एक और पुनर्स्मरण एडवाइजरी भेजी। दूसरा इनपुट परेशान करने वाला था, इसमें सूचित किया था कि मुंबई एटीएस ने मालेगांव मामले में संलिप्तता के संबंध में किसी कर्नल को गिरफ्तार किया था। कल्याण ने उन संस्थागत रेकॉर्डों की जाँच की जिनमें जेआईसी इनपुट रखा गया था। कल्याण ने इस इनपुट को बाहर निकाला और दोनों को जोड़ा। तब उसे पता चला कि इस कर्नल ने महाराष्ट्र के कुछ क्षेत्रों में बढ़ रही कट्टरपंथी गतिविधियों और सेना को कमजोर करने के एजेंडे के साथ रक्षा बल में प्रवेश करने की उनकी मंशा को लेकर सावधान किया था, सेना और इस कर्नल का नाम मेल खा रहा था। उसने उसी को पॉइंट आउट किया और उस पर प्रकाश डाला। फ़ाइल को सेंट्रल स्टेट डिविजन में स्थानांतरित कर दिया गया, जिसके पास इस विषय के लिए बहुत कम प्रासंगिकता और डोमेन था। उनका डोमेन अपराधिक रिकॉर्डों, केन्द्र और राज्य के मुद्दों और राज्यपालों का शासन लगाना आदि था।

कल्याण ने जेएस (आईएस) के साथ इस मुद्दे को उठाया।

जेएस (आईएस): "कल्याण, मंत्री का आदेश है। क्या हम कुछ कर सकते हैं?"

कल्याण: "सर, वह कल महाराष्ट्र में हैं। सर एसएसएफ मनी ट्रेल भी है, सर इसे संभालना हमारे लिए एक बड़ी मुश्किल भरी स्थिति होगी।"

जेएस (आईएस I): "एचएस (गृह सचिव) ने यह भी कहा है कि एचएम (गृह मंत्री) ने लिखित आदेश दिए हैं। इसे डायरेक्टर (आईएस) के साथ चर्चा न करना।"

कल्याण: "सर"

कल्याण जानता था कि कहीं न कहीं कोई राष्ट्रवादी व्यक्ति फसाया जा रहा है।

दृश्य 87

10.11.2008 को शुरू हुआ सप्ताह बहुत व्यस्त रहा। पूरा सप्ताह गृहसचिव के उद्घाटन भाषण को बनाने, भारतीय कानून के अंतर्गत पाकिस्तान में रहने वाले भगौड़ों के सम्बन्ध में डोजियर बनाने, जेएस, एसएस और एचएस के साथ बैठकों में ही चला गया। इसी दौरान एक दिन जेएस (आईएस) के कार्यालय में:

जेएस (आईएस): "कल्याण, आप परेशान दिख रहे हैं"

कल्याण: "नही सर, बिल्कुल नहीं"

जेएस (आईएस): "उस कर्नल वाली बात को भूल जाओ, अगर एचएम चाहता है तो आप कुछ भी नहीं कर सकते हैं।"

पीयूष: "कल्याण इसके बारे में परेशान नहीं है बल्कि, संभावित समुद्री मार्ग से होने वाले हमले की चेतावनी को लेकर बड़ी संख्या में आने वाले इनपुट को लेकर चिंतित है।"

कल्याण: "हाँ सर, मुझे कुछ पूर्वाभास हो रहा है कि जब प्रतिनिधिमंडल वहाँ (पाकिस्तान) में होगा तब यह दुर्भाग्यपूर्ण घटना घटित होनी चाहिए।"

जेएस (आईएस): "निराधार। तुम ऐसा क्यों सोचते हो?"

कल्याण: "सर, पाकिस्तानी एचएसएलटी के बारे में बिल्कुल भी गंभीर नहीं हैं। 2006 में उन्होंने आरएसएस मुख्यालय पर हमला किया। 2007 में वे लाल मस्जिद हमले का हवाला देते हुए भाग गए।"

जेएस (आईएस): "इसके बारे में बहुत अधिक मत सोचो लेकिन, सतर्क रहो। हमने मुंबई के डीजीपी को हाई अलर्ट पर रहने को कहा है। नेवल इंटेलिजेंस और तटरक्षकों को भी सतर्क कर दिया गया है।"

कल्याण: "सर"

पीयूष: "कल्याण साब, हम केवल इतना ही कर सकते हैं।"

कल्याण: "सर, मैं छोड़ता हूँ"

पीयूष: "सर यह सामान उठाने से बचता है"

जेएस (आईएस): "मतलब?"

पीयूष: "सर, पाकिस्तान में हम एक सेकंड के लिए भी किसी भी पेपर को अनदेखा नहीं करते हैं। इसलिए, होटल के कमरे को छोड़कर एक व्यक्ति हमेशा उन्हें पकड़कर रखता है।"

कल्याण: "सर, मैरियट होटल को आतंकवादियों द्वारा उड़ा दिया गया था। सरीना ही एकमात्र विकल्प है। यह आईएसआई का केंद्र है। इसलिए आपको कोई राहत नहीं है।"

पीयूष: "और तो और सर वे अपने गुर्गों और जेबकतरों के माध्यम से आपसे कोई भी दस्तावेज निकाल सकते हैं।"

जेएस (आईएस): "इसके लिए पैसा है?"

पीयूष: "इसी के लिए है, सर"

कल्याण: "सर ड्रग का पैसा, जाली नोट का पैसा"

जेएस (आईएस): "डोमरियागंज का क्या हुआ?"

कल्याण: "सर, मोहित गोविल स्थिति का आकलन करने के लिए अगली बैठक बुलाएगा।"

कल्याण: "यह सब कारण है। कहीं जाली नोट इस काम के लिए तो नहीं हैं?"

जेएस (आईएस): "अलार्मिस्ट मत बनो। कल्याण इन सबके बाद, आपको कुछ समय के लिए आराम की आवश्यकता है। साल के अंत में मैं आपको निश्चित रूप से छुट्टी दूंगा और जिस भी राज्य में आप जाना चाहते हैं उसके डीजीपी को बताऊंगा कि वे आपको सबसे अच्छी सुविधाएं प्रदान करें।"

पीयूष: "अपने सीआरपीएफ को बोल देते हैं साब"

पीयूष और कल्याण जेएस (आईएस) के कमरे से निकल जाते हैं और अपने-अपने कमरों में चले गए।

दृश्य 88

17.11.2008

दोनों (कल्याण और पीयूष) पीयूष के कमरे में बैठे हैं और एचएस के प्रारम्भिक भाषण को अंतिम रूप दे रहे हैं। प्रतिनिधिमंडल की फाइल पहले ही मंत्री के अनुमोदन के लिए भेजी जा चुकी है जिसे एचएम द्वारा अनुमोदित नहीं किया गया है।

पीयूष: "इसमें क्या हो गया?"

कल्याण: "पता नहीं सर"

पीयूष: "यह एक पूर्व-निर्धारित परंपरा है। अवर सचिव (आईएस) एक विकल्प के रूप में अनुमोदित प्रोटोकॉल में होता है।"

कल्याण: "2006 में वह वहाँ नहीं था।"

पीयूष: "क्या पाकिस्तान जाने के लिए इच्छूक हो?"

कल्याण: "नहीं, मैंने तथ्य बताया है। पाकिस्तान वह जगह है जहाँ मैं नही जाना चाहता। इसके अलावा, मैं बेटे की पढ़ाई के लिए समय नहीं दे पाया हूँ।"

पीयूष: "अरे! आईआईटी में चला गया। और क्या करना है?"

कल्याण: "सर दूसरा बेटा"

पीयूष: "ठीक है"

तभी इंटरकॉम की रिंग बजती है, पीयूष रिसीवर उठाता है, दूसरी ओर जेएस (आईएस) हैं।

पीयूष: "सर"

जेएस (आईएस) -------

पीयूष: "ठीक है"

और रिसीवर वापस रखता है।

पीयूष: "प्रतिनिधिमंडल की रुपरेखा किसके कंप्यूटर में है?"

कल्याण: "रंजीत"

पीयूष: "उसे इंतजार करने के लिए कहो"

कल्याण: "क्या हुआ सर?"

पीयूष: "अल्पसंख्यक मामलों के मंत्री एक अधिकारी को भेजना चाहते हैं"

कल्याण: "सर, इसमें उनकी क्या भूमिका?"

पीयूष: "मैंने अल्पसंख्यक मामलों का मंत्रालय नहीं कहा, मैंने अल्पसंख्यकों के मंत्री कहा।"

कल्याण: "इसलिए, हम आदेशों का इंतजार करेंगे। इसके अलावा, सर क्या हम गृहसचिव के ओपनिंग रिमार्क को पूरा करेंगे?"

पीयूष: "अरे! तुम्हारे ड्राफ्ट को कौन काटता है?"

कल्याण: "सर"

पीयूष: "हम दूसरे एजेंडा आइटम्स पर काम करेंगे।"

कल्याण: "सर, वे लगभग दोहराए जाते हैं। वीजा करार और कांसुलर एक्सेस पर हमारी स्थिति स्पष्ट है। तीर्थयात्रियों पर प्रोटोकॉल को हमने फिर से नहीं खोलने का फैसला किया है, एनसीबी-एएनएफ पर कोई प्रगति नहीं हुई है और सीबीआईएफआईए पर वे पीछे नहीं हटते हैं। वास्तव में, हमारे सीबीआई के साथियों को उनकी (पाकिस्तान) टीम के दौरे के बाद पाकिस्तान में जाने से रोक दिया गया था।"

पीयूष: "हमारे रस्तोगी साहब ने ऐसा एजेंडा डाला है संगठित अपराध सिंडिकेट्स का, वे जानते हैं कि यह सीधा दाऊद की ओर ले जाएगा"

कल्याण: "सर, उन्होंने दोनों पक्षों के न्यायाधीशों की यात्रा कराने के पेशकश भी की है। अगर आम सहमति बनती है तो इस बार हमारी पहली टीम जाएगी"

पीयूष: "इसके अलावा, हमने एफआईसीएन मुद्दों का प्रस्ताव रखा है, हमें इसे मेज पर लाने की आवश्यकता है।"

कल्याण: निश्चित रूप से सर, हमें यह करने की जरूरत है। लेकिन एमईए हमारा साथ नही देता है"

पीयूष: "बिल्कुल सही बात है कल्याण।"

दृश्य 89

20.11.2008, पीयूष का कमरा

कल्याण और पीयूष बात कर रहे हैं। कैबसेक के नायर कमरे में आते हैं।

कल्याण: "गुड मॉर्निंग, सर"

नायर: "गुड मॉर्निंग, कल्याण"

पीयूष: "नायर, ऐसा क्या है जो आपको यहाँ लेकर आ गया, कुछ दिक्कत परेशानी वाला है क्या?"

नायर: "साला दिलचस्प नहीं कहेगा। बीवी से भी ऐसे ही बात करते हो क्या?"

पीयूष: "बीबी से बात नहीं करता, सिर्फ सुनता हूँ। मेरे में इतनी हिम्मत नहीं कि बात रखूं और डांट खाऊं, न ही इतना धैर्य है कि वेट करूं उसको खत्म करके अपना नंबर आने का।"

नायर: "ग्रेट, अब यह वास्तव में परेशान करने वाला है। एम्बुलेंस स्वस्थ आदमी के लिए नहीं आता है, ऐसा ही है।"

पीयूष: "क्या है?"

नायर: "क्या आप इस मोड़ पर वार्ता रद्द कर सकते हैं? जब आप लोग वहाँ होंगे पाकिस्तानी तब हमला करेंगे। दूसरा, यह भारत के लिए एक अत्यंत गंभीर हमला होगा और साथ ही बहुत अपमानजनक भी होगा। तीसरा, वे आपके प्रतिनिधिमंडल को वहाँ रोक सकते हैं। पीयूष, यदि संभव हो तो मत जाओ।"

पीयूष: "गृहसचिव स्तर की वार्ता है। डिअर, मैं कैसे मना कर सकता हूँ?"

नायर: "कल्याण साब, आप बाहर निकल जाईये मतलब मत जाईये।"

कल्याण: "सर, कोशिश करूंगा।"

नायर: "यह गृह सचिव के लिए भी शर्मनाक होगा।"

कल्याण: "क्यों सर, हमने एक सीसीएस नोट भेज दिया है।"

नायर: "मुझे आरसी सर से बात करने दो।"

कल्याण: "ठीक है सर"

पीयूष: "इन तटीय हमलों के बारे में क्या है?"

नायर: "100% संभावना। केवल मूर्ख ही अनदेखा करेंगे। वास्तव में, आज हमारे इनपुट के अनुसार टीम कराची से समुद्र के रास्ते रवाना हो गई है।"

पीयूष: "तो फिर हम पाकिस्तान में क्या करने जा रहे हैं?"

नायर: "टाइम पास। हम डीएनआई और कोस्ट गार्ड इंटेलिजेंस विंग के साथ काम कर रहे हैं।"

पीयूष: "दो दिनों में वापस आ जायेंगे।"

नायर के जाने से पहले आईबी के आईजी कमरे में आते हैं।

आईजी: "हाँ नायर, क्या आपने पहले ही बता दिया है?"

नायर: "सर हम हमेशा नंबर 1 होते हैं।"

आईजी: "मैकडोवेल व्हिस्की (ब्रांड के विज्ञापन का जिक्र करते हुए)।"

पीयूष: "ज़रूर सर, मैं आप दोनों पर विश्वास करता हूँ। लेकिन कॉल एक अलग स्तर पर होना चाहिए।"

आईजी: "कल्याण, आपका पसंदीदा एजेंडा फिर से मेज पर हैं।"

कल्याण: "सर, मुझे लगता है कि हमने इसे पिछली बार बंद कर दिया था।"

आईजी: "वे आपके पीछे आते रहते हैं। बल्कि हर बार और ज्यादा ताकत के साथ आते हैं, भारत में उनकी एक लॉबी है जो उनका समर्थन करेगी। हो सकता है कि एसएएफएमए (SAFMA) या फिर अमन की आशा गिरोह या फिर किसी अन्य नाम के तहत कोई और अन्य लॉबी हो।"

कल्याण: "सर मुझे लगता है कि मैं नही जाऊं"

पीयूष: "नहीं करना चाहते। देखते हैं क्या आप बच पाते हैं।"

कल्याण: "सर, वे कुछ बड़ा करने की साज़िश रच रहे हैं।"

नायर: "स्योर और बहुत शक्तिशाली भी। वास्तव में, पूरी टीम ही एक डिजाइन है।"

आईजी: "पीयूष हमने डीआईबी को गृहसचिव से बात करने के लिए कहा था और डीआईबी ने बात की। लेकिन, एमईए और अन्य लोग अनिच्छुक हैं। पीएमओ आज शाम को एक बैठक करेगा।"

इंटरकॉम की घंटी बजती है।

पीयूष: "सर"

जेएस (आईएस): ......

पीयूष: "लेकिन सर, एम्ब्रेयर की क्षमता मात्र 15 है। एचएस अपनी पत्नी के साथ जा रहे हैं।"

जेएस (आईएस): "सर"

पीयूष रिसीवर रखता है।

पीयूष: "आपकी मुराद पूरी हो गई"

कल्याण: "क्या हुआ सर?"

पीयूष: "आपका 20 वर्ष पुराना मित्र प्रतिनिधिमंडल में है, अल्पसंख्यक मामलों के मंत्री और पीएमओ उसे वहाँ चाहते हैं इसलिए, आपको बाहर कर दिया गया है। आप हमारे लिए भी पूजा करते।"

कल्याण: "सर आकर पार्टी करेंगे।"

पीयूष: "साला एक दिन का टेंशन होगा।"

कल्याण: "बढ़िया हो गया, धन्यवाद सर"

इसके बाद कल्याण दुलीचंद को रंजीत को बुलाने के लिए कहता है। दुलीचंद रंजीत को बुलाता है। जब नायर, आईजी, और अन्य लोग चाय ले रहे थे तब रंजीत कमरे में आता है।

रंजीत: "सर"

पीयूष: "रंजीत डेलिगेशन का फाइल सबमिट करो। कल्याण साहब की जगह एएस (बीएम) एहसान खान जा रहे हैं।"

रंजीत: "ठीक है सर"

कल्याण: "कृपया, राज्य अतिथि व्यवहार है।"

रंजीत कमरे से बाहर निकलता है।

आईजी: "पीयूष देखना यह एएस (बीएम) अपने पत्ते खेलेगा, बस ध्यान रखना।"

दृश्य 90

21.11.2008

कल्याण कार्यालय में है। एक इनपुट प्राप्त हुआ जिसमें कहा गया है कि भारतीय नौसेना ने पाकिस्तानी जहाज को आतंकवादियों को ले जाते हुए देखा था, जो कराची से कुछ समुद्री मील की दूरी पर पाकिस्तानी जल क्षेत्र में चले गए। कल्याण को जेएस (आईएस) द्वारा बुलाया जाता है और कल्याण उनके कमरे में जाता है।

जेएस (आईएस I): "कल्याण आपके लिए गृहसचिव का एक काम है।"

कल्याण: "सर"

पीयूष: "इलाहाबाद उच्च न्यायालय की लखनऊ पीठ में गृहसचिव के खिलाफ अदालत की अवमानना का नोटिस है।"

जेएस (आईएस I): "कल्याण लॉजिकली काम करना है"

पीयूष: "सर, मैंने याचिका को सरसरी तौर पर देखा है यह किसी विश्वनाथ चतुर्वेदी बनाम कुछ लोग हैं। केंद्रीय गृहसचिव को अनावश्यक रूप से घसीटा गया है।"

जेएस (आईएस I): "मुझे पता है कि गृहसचिव भी जानते हैं कि इसका गृहमंत्रालय का कोई संबंधित नहीं है। लेकिन एएस (बीएम) ने एचएस को सलाह दी है कि आप इसे निपटाने के लिए सबसे उपयुक्त व्यक्ति हैं।"

पीयूष: "सर, सुनवाई 25.11.2008 के लिए निर्धारित की गई है"

कल्याण: "सर, मुझे इसके उत्तर का एक प्रारूप बनाने में लगभग तीन घंटे लगेंगे फिर हम इसके निपटारे के लिए ललित को अतिरिक्त एसजी के पास भेज सकते हैं।"

जेएस (आईएस I): "ठीक है, इसे क्रैक करिये"

कल्याण अपने कमरे में जाता है और गृहसचिव की ओर से एक काउंटर एफिडेविट तैयार करता है इसके बाद उसे अनुमोदन के लिए निर्धारित प्रक्रिया के अनुसार प्रस्तुत करता है। लगभग 6:00 बजे प्रारूप को एचएस द्वारा बहुत सारे सुधारों और संशोधनों के साथ मंजूरी दे दी जाती है। कल्याण ने ललित को निर्देश दिया कि वह लखनऊ के लिए सुबह की फ्लाइट ले ले, जहाँ इसका निपटारा (प्रतिवाद) करने के लिए अतिरिक्त सॉलिसिटर जनरल ने सहायक सॉलिसिटर जनरल श्री त्रिवेदी को नामित किया है। ललित गृहसचिव द्वारा अनुमोदित प्रति लेता है और 22.11.2008 को तय किए गये प्रतिवाद को सौंपने के लिए कार्यालय में आने वाला है। एचएस को मामले की प्रगति के बारे में जानकारी दी जाती है।

22.11.2008 को जैसा कि तय किया गया था ललित शनिवार होने के बावजूद 11:00 बजे कार्यालय में आ गया, सभी कर्मचारी कार्यालय में थे जिसमें गृहसचिव भी शामिल थे। कल्याण गृहसचिव के कमरे में जाता है।

कल्याण: "सर प्रतिवाद का अंतिम रूप है"

गृहसचिव (एचएस): "इसे नोटराइज़ कैसे किया जाएगा?"

कल्याण: "मैंने एमएचए कंट्रोल रूम से पूछा है। वे दिल्ली पुलिस की मदद ले रहे हैं, उनके पास कई पब्लिक नोटरी हैं जो उनके परिचित हैं।"

एचएस: "और आप कब जा रहे हैं?"

कल्याण: "24 की फ्लाइट से"

एचएस: "गुड"

कल्याण: "धन्यवाद सर"

एचएस काउंटर एफिडेविट पर हस्ताक्षर करता है।

एचएस: "यदि आपको किसी भी चीज की आवश्यकता पड़े तो माधव को कॉल करना। वह व्यवस्था करेगा। मैं कल जा रहा हूँ, आईसीपी वाघा का निरीक्षण करूंगा और वाघा के रास्ते वहाँ प्रवेश करूंगा।"

कल्याण: "सर"

एचएस, उनकी पत्नी और विदेश मंत्रालय के एक निदेशक, जो प्रतिनिधिमंडल का हिस्सा थे वाघा से सीमा पार करके लाहौर होते हुए इस्लामाबाद तक सड़क मार्ग से यात्रा करने वाले थे।

अध्याय 34

दृश्य 91

कर्मचारी पूरा दिन कार्यालय में थे और प्रतिनिधिमंडल के प्रस्थान सम्बंधित सारे काम निपटा रहे थे। उन्होंने 24.11.2008 के लिए कुछ चीजें छोड़ दीं थी।

24.11.2008

अन्य सभी अधिकारियों को शाम लगभग 4 बजे एम्ब्रेयर विमान से यात्रा करनी थी। कल्याण को भी शाम 4 बजे की उड़ान से लखनऊ जाना था। इसलिए, वे सभी एक ही काफिले में एयरपोर्ट गए। एक अधिकारी ने कल्याण को घरेलू हवाई अड्डे पर छोड़ दिया। वहाँ कल्याण सबसे अलग हो गया और उसने भगवान को धन्यवाद दिया कि वह इस्लामाबाद की यात्रा से बच गया जिसका मतलब था यात्रा के दौरान पूरा समय तनाव। कल्याण लखनऊ उतरा वहाँ सीआरपीएफ के जवानों ने उसका स्वागत किया और उसी गेस्ट हाउस में ठहराया जिसमें वह पहले रुका था। अपनी संध्या प्रार्थना और भोजन के बाद वह सो गया।

अगले दिन वह लखनऊ में उच्च न्यायालय में गया और एएसजी श्री त्रिवेदी के कार्यालय में गया। एक मुंशी ने फाइलिंग प्रक्रिया को पूरा करने में उसकी मदद की और उसने यह भी सुनिश्चित किया कि अन्य पार्टियों का काम भी पूरा हो जाए। सुबह लगभग 10:30 बजे मिस्टर त्रिवेदी अतिरिक्त सॉलिसिटर जनरल और मिस्टर श्रीवास्तव एक साथ कार्यालय आए। वे इलाहाबाद से वापस आये थे। फिर उच्च न्यायालय में केस की सुनवाई हुई। मिस्टर श्रीवास्तव तर्क दिया कि अवमानना मामले में गृहसचिव को कैसे पक्षकार बनाना एक निरर्थक और दुर्भावनापूर्ण कृत्य है। उन्होंने संविधान के कई प्रावधानों का हवाला देते हुए और केंद्रीय गृहसचिव को आरोपमुक्त करने के लिए राहत मांगते हुए लगभग 15 मिनट तक बहस की।

न्यायाधीश: “फिर तो उस प्रकरण में वह अदालत में जरुर आ सकते थे।”

अतिरिक्त एसजी: “योर ऑनर, वह एक महत्वपूर्ण काम से पाकिस्तान की यात्रा कर रहे हैं। उन्होंने अपने अधिकारी को भेजा है, माई लॉर्डशिप के पास असीमित शक्तियां हैं और किसी भी समय जब लॉर्डशिप चाहें तो कॉन्टेमनर अदालत में मौजूद होगा। लेकिन योर ऑनर, यह एक और निरर्थक काम होगा क्योंकि कथित तौर पर उल्लंघन किए गए आदेशों का कार्यान्वयन उनके अधिकार क्षेत्र में नहीं आता है।”

न्यायाधीश: "सबसे पहले अगर यह उनका डोमेन नहीं था तो उनका नाम क्यों घसीटा गया।"

विपक्षी वकील: योर ऑनर, वह देश के सम्पूर्ण पुलिस बल के अधीक्षक हैं"

न्यायाधीश: "अतिरिक्त एसजी"

अतिरिक्त एसजी: "माय लॉर्डशिप, इस बात को अनदेखा नही कर सकते हैं कि जाँच करने का निर्देश राज्य पुलिस को था। पुलिस और लोक व्यवस्था राज्य का विषय है, जाँच की जिम्मेदारी डीजीपी की है।"

न्यायाधीश: "ठीक है, न्यायाधीश अनिच्छा से केंद्रीय गृहसचिव को बरी करने के लिए सहमत हो गए।"

अतिरिक्त एसजी: "धन्यवाद योर ऑनर"

इसके बाद वे सभी अदालत परिसर से बाहर निकलते हैं। दोपहर 1.00 बजे है और कल्याण सीआरपीएफ गेस्ट हाउस लौटता है। वह रास्ते में इंडियन एयरलाइंस के कार्यालय में रुकता है और उस दिन शाम की फ्लाइट से अपनी वापसी पुनर्निर्धारित करता है। कल्याण हवाई अड्डे पहुंचता है और दिल्ली की फ्लाइट में चेक-इन करता है। उड़ान एक घंटे की देरी से चल रही है। वह सुरक्षा जाँच के बाद लॉबी में इंतजार कर रहा है। तभी उसका फोन बजता है। एक पाकिस्तानी नंबर देखते हुए पहले वह फोन काट देता है, मोबाइल की घंटी फिर से बजती है। थोड़ी चिंता के साथ वह फोन उठाता है। पीयूष ऑनलाइन था।

पीयूष: "कल्याण साहिब"

कल्याण: "सर"

पीयूष: "हमारी यात्रा एक और दिन के लिए बढ़ा दी गई है। एजेंडा अधूरा रह गया है इसके अलावा, हम कल दोपहर 3:00 बजे आंतरिक सचिव से मुलाकात कर रहे हैं।"

कल्याण: "सर"

पीयूष: "क्या आप एएस एंड एफए के साथ इस यात्रा विस्तार के लिए मंजूरी ले लोगे और इसे एचसीआई इस्लामाबाद को भेज सकते हैं?"

कल्याण: "सर कल सुबह पहले घंटे में करूंगा"

कल्याण उस रात दिल्ली लौटता है और रात लगभग 9:00 बजे घर पहुंचता है। उमा के माता-पिता भी कुछ समय उनके साथ बिताने के लिए वहाँ पहुंचे हैं। अपने ससुराल वालों के साथ पारंपरिक स्वागत और शिष्टाचार के बाद, कल्याण खाना खाता है और सो जाता है।

अध्याय 35

दृश्य 92

26.11.2008

कल्याण प्रतिनिधिमंडल की यात्रा विस्तार के लिए मंजूरी लेता है और इसे फैक्स द्वारा एचसीआई, इस्लामाबाद को भेजता है। बाद में, कल्याण ने श्री मोहित गोविल को डोमरियागंज मामले को आगे बढ़ाने के लिए अपनी उपलब्धता के लिए सहमति दी। बैठक दोपहर 3:00 बजे तय की गई इसलिए, दोपहर भोजन के बाद वह बैठक में भाग लेने के लिए नॉर्थ ब्लॉक के पश्चिमी विंग में जाता है। यह बैठक कॉफी के दो दौर के साथ लगभग 2 घंटे तक चलती है। यह बिल्कुल स्पष्ट था कि कुछ बैंक कर्मचारियों ने अपने नियमित व्यापार ग्राहकों के साथ अपनी जान पहचान के कारण एफआईसीएन को अपनी शाखाओं में लीक किया था जिसके कारण बाद का सारा प्रकरण हुआ। बैठक के बाद, शाम 6:30 बजे के आसपास कल्याण घर लौट आया।

अपनी नियमित संध्यावंदन के बाद, वह टीवी पर समाचार चैनलों को बदलते हुए घर पर विश्राम कर रहा था। रात के लगभग 8:30 बजे उमा ने उसे भोजन के लिए बुलाया। रात के भोजन के लिए बैठने से ठीक पहले कल्याण ने मुंबई में दो गिरोहों के बीच कुछ झड़पों के बारे में एक समाचार देखा। इसने कल्याण को पिछले 20 दिनों में प्राप्त हुए इनपुट की बाढ़ के कारण सतर्क कर दिया। यहूदी केंद्र लियो पोल्ड केस जिसे इनपुट्स में मुख्य स्थल के रूप में रिपोर्ट किया गया था और जिसे पिछले कुछ दिनों में भारतीय नौसेना और कुछ अन्य सूत्रों द्वारा समुद्री मार्ग के हमले का सबसे प्रमुख स्थान बताया जा रहा था, को देखकर कल्याण को अपने पेट में मरोड़ का एहसास हुआ। इसलिए, उसने फिर से पुष्टि करने के लिए कंट्रोल रूम में कॉल किया।

एमएचए कंट्रोल रूम: "सर"

कल्याण: "कल्याण बोल रहा हूँ"

एमएचए कंट्रोल रूम: "सर"

कल्याण: "क्या हो रहा भाई, मुंबई से रिपोर्ट आया क्या?"

एमएचए कंट्रोल रूम: "सर, अभी तो गैंग वार है।"

कल्याण: "ज्यादा पता लगाओ। गहरा खोदो (मतलब गहरी जाँच करो) और मुझे ताजा अपडेट के साथ कॉल करो।"

एमएचए कंट्रोल रूम: "सर"

कल्याण अपने परिवार के साथ रात के खाने के लिए बैठता है। जैसे ही वह खाना समाप्त करता है फोन की घंटी फिर से बजती है और कल्याण रिसीवर उठाता है।

एमएचए कंट्रोल रूम: "कल्याण सर"

कल्याण: "हाँ, बताओ"

एमएचए कंट्रोल रूम: "सर ममला बड़ा है, ताज ट्राईडेंट में टेरर अटैक हो गया"

कल्याण: "लोगों ने बंधक बना लिया, क्या हुआ?"

एमएचए कंट्रोल रूम: "कोई अंदाजा नहीं सर"

कल्याण: "मैं अभी आ रहा हूँ"

एमएचए कंट्रोल रूम: "गाड़ी"

कल्याण: "मैं अपनी बाइक से आ जाऊंगा। हम गाड़ी के इंतजार में समय खो देंगे। मैं समय बचाने के लिए गेट नंबर 4 की तरफ से आऊंगा, सीआईएसएफ के आदमी को तात्कालिकता के बारे में बताओ और मेरी बाइक को सम्भालकर उसे उचित स्थान पर पार्क करने के लिए बोल दो।"

एमएचए कंट्रोल रूम: "ठीक है, सर"

कल्याण रात लगभग 9:15 बजे अपने घर से निकलता है और नार्थ ब्लॉक गेट नंबर 4 पर रात 9:45 बजे के आसपास पहुंचा। सीआईएसएफ का एक कांस्टेबल उसकी बाइक को लेने और पार्क करने के लिए इंतजार कर रहा है। नॉर्थ ब्लॉक का प्रभारी (सीआईएसएफ के सहायक कमांडेंट) कल्याण से पूछता है।

सहायक कमांडेंट: "सर, क्या हुआ सर?"

कल्याण: "पंगा है, कोई और अधिकारी नहीं है?"

सहायक कमांडेंट: "सर आपने बोला होता तो गाड़ी भेज देते"

कल्याण: "डबल टाइम वेस्ट"

सहायक कमांडेंट: "ठीक है, सर"

कल्याण अपने एक्सेस कार्ड का उपयोग करके एमएचए नियंत्रण कक्ष में जाता है और उसका उपयोग करता है। ड्यूटी पर सहायक कमांडेंट सीआरपीएफ के मिस्टर रॉबर्ट थे।

कल्याण: "क्या अपडेट है?"

रॉबर्ट: "सर कुछ नहीं है। ताज होटल, ट्राइडेंट होटल, सीएसटी आदि सभी स्थानों पर हमला किया गया है।"

कल्याण के चार्ज में पूरी रात कंट्रोल रूम में ही बीती। जेएस (पुलिस) थोड़े समय के लिए आये जिसमें मानेसर से मुंबई तक एनएसजी की तैनाती और तत्काल आवाजाही का निर्देश दिया गया। बीएसएफ के एक विमान को तैयार रखा गया। बाद में गृहमंत्री के आवास से एक टेलीफोन कॉल आया।

नागरे पाटिल: "एमएचए कंट्रोल रूम"

एमएचए कंट्रोल रूम: "बोल रहे हैं और कल्याण को रिसीवर दे दिया"

कल्याण: "कल्याण बोल रहा हूँ"

नागरे पाटिल: "सर आपने चार्ज ले लिया"

कल्याण: "हाँ"

नागरे पाटिल: "सर, मंत्री जी का आदेश है कि वे एनएसजी के साथ जायेंगे।"

कल्याण: "ओके"

नागरे पाटिल: "ठीक है"

कल्याण:" जैसे ही वे तैयार हो जाते हैं, मैं आपको सूचित करूंगा"

नागरे पाटिल: "ठीक है"

फोन कट गया।

रॉबर्ट: "कल्याण सर, आपके पास कोई संपर्क नंबर है?"

लखनऊ हवाई अड्डे पर पिछले कल जिस नंबर से उसे कॉल आया था उसे साझा करने के बाद

कल्याण: "कोशिश करो"

रॉबर्ट: "ठीक है सर"

कल्याण: "इस्लामाबाद में एचसीआई (भारतीय उच्चायोग) को सूचित कर दिया गया, है न?"

रॉबर्ट: "कोई प्रतिक्रिया नहीं आ रही है"

फिर एचसीआई से कोई ऑनलाइन चिल्लाता है, रॉबर्ट उससे स्थिति का वर्णन करता है।"

रॉबर्ट: "सर गृहसचिव की टीम मुरी में है और वहाँ फोन नेटवर्क नहीं है"

कल्याण: "मुंबई से क्या समाचार है"

गृह मंत्रालय का एक कर्मचारी: "सर, कुछ नहीं आ रहा है। सीपी ताज में और प्रसाद ट्राइडेंट में है। कुछ अधिकारी सीएसटी और लियोपोल्ड कैफे में है।"

इस बीच दरवाजे पर दस्तक होती है और एक कर्मचारी दरवाजा खोलता है, जेएस (एनई) अंदर आता है। कल्याण उसे नमस्कार करता है।

जेएस (एनई): "मुझे कैबिनेट सचिव द्वारा यहां भेजा गया है।"

कल्याण: "सर, हमारे पास कोई अपडेट नहीं है। हर कोई सम्पर्क रहित है अथवा किसी से सम्पर्क नही हो पा रहा है।"

जेएस (एनई): "किसी को बंधक बना लिया क्या?"

कल्याण: "दोनों होटलों के मेहमान बंधक हैं"

जेएस (एनई): "मैं आपकी मदद कैसे कर सकता हूँ?"

कल्याण: "सर, मंत्रिमंडल सचिवालय, विदेश मंत्रालय, पीएमओ सभी फोन कर रहे हैं। हमारे पास उनके लिए कुछ भी नहीं है, सर, मैंने मुंबई के स्टेशन हेड मिस्टर गुरु से भी जानकारी के लिए बात की है।"

जेएस (एनई): "मैं इसे संभाल लूंगा।"

कल्याण: "हम आपके लिए ऑप्स (ऑपरेशन) रूम खोल सकते हैं सर"

जेएस (एनई): "ठीक है"

कल्याण कुछ कांस्टेबलों को ओपीएस रूम खोलने और उसे व्यवस्थित करने का निर्देश देता है जो कंट्रोल रूम का एक हिस्सा है।

जेएस (एनई): "कोई अन्य मदद?"

कल्याण: "सर, मेरा एक छोटा सा सुझाव है जब तक एनएसजी नही निकलता है और मुंबई नहीं पहुंच जाता, तब तक क्या हम मुंबई हवाई अड्डे में सीएसएफ या चेंबूर में आरसीएफ जैसे स्थानीय रूप से उपलब्ध सैन्य संसाधनों की कंपनी को तैनात कर सकते हैं?"

जेएस (एनई): "मैं मंत्री जी को संदेश भेजता हूँ"

रॉबर्ट् ने गृहमंत्री के आवास को कॉल किया।

जेएस (एनई): "पाटिल, तुरंत एचएम को पूछो क्या हम सीआईएसएफ जैसे स्थानीय रूप से उपलब्ध बलों को तैनात कर सकते हैं?"

रॉबर्ट ने एक पर्ची आगे बढाई जिस पर लिखा था, "सर नवी मुंबई में सीआरपीएफ के लगभग 1500 कर्मियों का ग्रुप सेंटर है"

जेएस (एनई): "हमारे पास नवी मुंबई में सीआरपीएफ भी तैनात है"

पाटिल:......

और फोन डिस्कनेक्ट हो गया।

जेएस (एनई): "कल्याण, वह गृहमंत्री से आदेश लेगा"

रात के करीब 00.00 बजे सूचना मिली कि एनएसजी की टीम करीब 15 मिनट में तैयार हो जाएगी।

कल्याण: "पाटिल को सूचित करो"

रॉबर्ट ने गृहमंत्री के आवास पर फोन किया।

पाटिल: "हाँ"

कल्याण: "गृहमंत्री को सूचित कर दो, एनएसजी तैयार है"

पाटिल: "मंत्री के तैयार होने के बाद मैं आपको वापस कॉल करूंगा"

कल्याण: "जेएस (एनई) के प्रस्ताव के बारे में भी"

पाटिल: "मंत्री जी ने कुछ नहीं कहा है"

इसके बाद वे मंत्री के कार्यालय में फोन करके जानकारी मांगते रहे कि क्या वह तैयार हैं। लेकिन कोई जानकारी नही मिली। लगभग 1:00 बजे फोन फिर से बजता है।

रॉबर्ट: "सर, मुंबई पुलिस से है"

कल्याण: "हाँ, क्या जानकारी है?"

अग्रवाल: "सीनियर इंस्पेक्टर एटीएस अग्रवाल बोल रहा हूँ सर। पूरे एटीएस का सफाया हो गया है, सर, दूसरे सभी अधिकारी भी जूझ रहे हैं।"

कल्याण: "कितने हताहत हुए, फैक्स करो"

अग्रवाल: "सर, एसीएस (होम) मैडम को भी अभी ताज से निकाला गया है। बाकी लोगों को बंधक बना लिया गया है"

कल्याण (महिला के लिए गालियाँ बकते हुए): "साली इसके पास तो सारा इनपुट था। क्या करने गई थी।"

रॉबर्ट (बात आगे बढाते हुए): "सर हमले का उद्घाटन करने गई होगी"

कल्याण: "विदेशी कितने हैं? राष्ट्रीयता के साथ सूची चाहिये। यहाँ दूतावास लगातार फोन कर रहे हैं।"

अग्रवाल: "सर, कल सुबह ही संभव होगा। दोनों होटलों की घेराबंदी की हुई है।"

कल्याण: "कैफे में"

अग्रवाल: "यहूदी का मंदिर है। सभी विदेशी हैं।"

रब्बी मारा जा चुका है। अन्य लोग अभी भी जानकारी एकत्र कर रहे हैं।"

कल्याण: "डिअर, अंतर्राष्ट्रीय दबाव है कुछ जानकारी दे दो।"

अग्रवाल: "मैं कुछ मदद नहीं कर सकता सर।"

और फोन डिस्कनेक्ट हो गया है। रात्रि लगभग 2:00 बजे नागरे पाटिल ने फोन किया।

एमएचए कंट्रोल रूम: "जी सर"

कल्याण: "क्या हुआ?"

एमएचए कंट्रोल रूम: "सर, गृहमंत्री चले गए हैं। हमें प्रोटोकॉल का पालन करने के लिए मुंबई हवाई अड्डा सीआईएसएफ को एक संदेश भेजना होगा।"

कल्याण: "रॉबर्ट देखो जरा, अगर हम कोई प्रोटोकॉल प्रबंध कर सकते हैं. आपके सुरक्षा कर्मी जानते हैं कि यह युद्ध है। एक मिनट भी बर्बाद नहीं कर सकते"

रॉबर्ट: "लेकिन सर, अगर प्रोटोकॉल का पालन नहीं किया गया तो वह एक अनुशासनात्मक समिति बैठायेंगे।"

कल्याण: "साला चु... या है। उसकी माँ मर रही हो तब भी प्रोटोकॉल मांगेगा क्या?"

रॉबर्ट: "शायद साब। ये लोग ऐसे ही है।"

उन्हें सूचित किया गया कि गृहमंत्री और एनएसजी दल चले गए हैं। बाद में, उन्हें यह भी जानकारी मिली कि केंद्रीय गृहसचिव को स्थानीय समयानुसार आधी रात को सूचित कर दिया गया है और टीम भारतीय उच्चायोग से बेहतर समन्वय के लिए इस्लामाबाद वापस आ रही है। लगभग 5:00 के बाद, एचएस और टीम एचसीआई में होगी।

मध्यरात्रि 2:30 से 4:30 बजे के बीच के दो घंटे में दुनिया भर से पीएमओ, एमईए और भारतीय दूतावासों आदि से आने वाली फोन कॉल्स ने कल्याण के जीवन को नरक बना दिया था, जिनके प्रतिउत्तर में उनके पास ज्यादा कुछ न था। कल्याण और रॉबर्ट ने जवाब दिया कि एनएसजी की विशेष टीम काम पर है और कुछ ही घंटों में उन सभी को बचा लिया जाएगा।

उन्हें रिपोर्ट मिली थी कि एनएसजी का विमान सुबह 4:40 बजे मुंबई पहुंचा था। लेकिन, गृहमंत्री का प्रोटोकॉल चल रहा था। उनके स्वागत के बाद उन्हें पहले टर्मिनल की बिल्डिंग में ले जाया जाएगा. उसके बाद ही एनएसजी टीम को उतारा जाएगा। कंट्रोल रूम में हर कोई गुस्से में उबल रहा था। प्रोटोकॉल प्रक्रिया पूरी होने के बाद एनएसजी की टीम उतरी और एक कोच से हमले के स्थानों पर गई। जब तक वे ताज और ट्राइडेंट पहुंचे तब तक सुबह के 5:40 बज चुके थे। एनएसजी की पहली कंपनी ने ताजमहल होटल में घुसने का प्रयास किया लेकिन 30 लोगों की पूरी कंपनी शहीद हो गई। बाद में, उन्होंने स्थिति को नियंत्रित कर लिया और आतंकवादी को मार गिराया।

पूरा ऑपरेशन 32 घंटों तक चला, उसके बाद ही हम हताहतों और नुकसान का सटीक आकलन करने में सक्षम हुए।

इस बीच एचसीआई इस्लामाबाद से संदेश मिला कि भारतीय प्रतिनिधिमंडल दोपहर 3 बजे तक लौट आएगा। एमएचए कण्ट्रोल रूम के बाहर पूरी तरह से हंगामा हुआ। मीडिया ने मार्ग को अवरुद्ध कर दिया था। स्टाफ और अन्य लोग जो रात भर काम कर रहे थे, उन्हें अपने नित्यकर्म के लिए वॉशरूम में जाना भी मुश्किल हो गया था। कल्याण ने किसी से चोरी-चुपके कुछ कहा। एमएचए के एक कर्मचारी ने एक टूथब्रश और पेस्ट की व्यवस्था की और कल्याण वॉशरूम में गया और उसने नित्यकर्म आदि को पूरा किया तथा स्नान करके फिर से सुबह 6:00 बजे तक काम करने के लिए तैयार हो गया। जेएस (एनई) को कहा गया कि एमएचए कंट्रोल रूम के लोग संभाल लेंगे और वह अपने स्नान आदि के लिए घर जा सकते हैं।

पूरी टीम को केवल चाय ही मिली थी, थोड़ी देर बाद सीआरपीएफ के आईजी मिस्टर महेश ने फोन किया और सूचित किया कि वह आरकेपुरम में सीआरपीएफ के एक प्रतिष्ठान से नाश्ते की व्यवस्था कर रहे हैं। सुबह 8: 00 बजे तक जेएस (एनई) भी लौट आये और हर कोई पूरी तरह से लीन होकर काम कर रहा था लेकिन, वास्तविकता यह थी कि स्थिति की निगरानी के अलावा कोई कुछ नहीं कर सकता था और न कर सका।

सुबह 6 बजकर 10 मिनट पर पहले एनएसजी के छः सैनिक जब ताज होटल में घुसने की कोशिश कर रहे थे तब वे हमले में शहीद हो गए। यह समाचार हमें मिल गया था और कंट्रोल रूम में लोग खाने के मूड में नहीं थे। इसके बाद, आईबी स्टेशन से सूचना मिली कि टीवी चैनलों द्वारा जवाबी कार्यवाही का प्रसारण कराची के एक होटल से पाकिस्तानी हैंडलरों द्वारा देखा गया है और वे ताज होटल और ट्राइडेंट होटल में आतंकवादियों को हमारे बलों की आवाजाही और स्थान की रूपरेखा के बारे में सचेत कर रहे थे। यह जानकारी कल्याण द्वारा जेएस (एनई) को दी गई।

जेएस (एनई): "कल्याण, यह क्या है? कोई अपडेट?"

कल्याण: "सर आईबी स्टेशन हेड ने एक रिपोर्ट भेजी है। क्या हम इस प्रसारण को रोकने के लिए कुछ कर सकते हैं?"

जेएस (एनई): "व्यक्तिगत स्तर पर पहले दो काम करूंगा। पहला, मेरी बेटी एनडीटीवी में काम करती है उसे घर से निकालना पड़ेगा। दूसरा, कोई भी मीडिया लॉबी से भिड़ नही सकता है, वे प्रेस की स्वतंत्रता पर हमले को लेकर बवाल करेंगे।"

कल्याण: "सर, लेकिन हमें पहले राष्ट्र की रक्षा करनी होगी। यदि कोई राष्ट्र नहीं है तो कोई प्रेस नहीं है और कोई स्वतंत्रता नहीं है।"

जेएस (एनई): "उन्हें कौन बताएगा, लेकिन मैं डीआईबी को पीएमओ के साथ बात करने के लिए कहूँगा, कोई और यह कॉल नहीं लेगा। हर कोई मीडिया के साथ दोस्ती चाहता है।"

कल्याण: "स्योर सर"

सुबह 9:00 बजे के बाद, जब सबने काम करना शुरू किया तो स्थिति और भी खराब हो गई। फोन की घंटी फिर से लगातार बजना शुरू हो गई। कल्याण और टीम उस समय तक एनएसजी अभियान की प्रगति पर छोटी से छोटी जानकारी इकट्ठा करने में व्यस्त थे, कुछ लोगों को पहले ही बचा लिया गया था और अस्पताल ले जाया गया था, इस जानकारी को उन्होंने साझा करना शुरू कर दिया था। कल्याण हर डिटेल के नोट्स बना रहा था। उसने नियंत्रण कक्ष में ही दोपहर का भोजन किया और बाद में, उस ने पिछले कल से नोट किए गए हर विवरण की एक पूर्ण रिपोर्ट बनाई। कार्यालय खुलने के बाद उसे कैबिनेट सचिवालय से एक रिपोर्ट मिली। सीलबंद कवर खोलने पर रिपोर्ट में जो लिखा था >>>>>>> उसने पढ़ी। रिपोर्ट को आगे बढ़ाते हुए यह चेतावनी दी गई है कि होटल ताज और होटल ट्राइडेंट >>>>>> पाकिस्तान प्रशिक्षित आईएसआई प्रायोजित आतंकवादियों के निशाने पर हैं।

कल्याण ने रिपोर्ट की तारीख की जाँच की तो वह चौंक गया, यह 25.11.2008 थी, इसके बाद उसने श्री नायर को फोन किया।

कल्याण: "सर, मुझे अभी-अभी एक रिपोर्ट मिली है सर।"

नायर: "इसे जेएस (आईएस) के लिए चिह्नित किया गया था। कल वह सन्देशवाहक बिना रिपोर्ट सौंपे यह कहते हुए वापस आ गया था कि जेएस (आईएस) दौरे पर है। शायद उनके कर्मचारियों ने उसे वापस भेज दिया होगा। तब मुझे एहसास हुआ कि टीम पाकिस्तान में है। इसलिए मैंने अपने कर्मचारियों से कहा कि आपको एक प्रति भेजें। कल आप एक बैठक में थे।"

कल्याण: "सर, वह इसे कर्मचारियों को दे सकता था।"

नायर: "माफ करना लेकिन, यह अत्यंत संवेदनशील है। आधार, वर्गीकरण आदि जानने की आवश्यकता है।"

कल्याण: "मैं समझता हूँ सर"

नायर: "अब आप समझ गए हैं कि आपको एक अप्रासंगिक और बकबास मामले में 25.11.2008 को लखनऊ क्यों भेजा गया था? यहाँ तक कि आईबी के आईजी ने भी आपको ऐसा ही बताया था।"

कल्याण: "सर, आपका मतलब है कि अवमानना का मामला एक डिजाइन था।"

नायर: "इस पर कोई टिप्पणी नहीं। लेकिन निश्चित रूप से एचएस को शामिल करना एक डिजाइन था। यहाँ तक कि आपको भेजने के बजाय स्थगन भी लिया जा सकता था।"

कल्याण: "सर, सब कुछ भ्रम की स्थिति में डूबा हुआ है।"

नायर: "कल्याण, उनकी ओर से कोई भ्रम नहीं है। वे अपनी योजना के अनुसार काम कर रहे हैं।"

कल्याण: "धन्यवाद, सर"

बाद में कल्याण ने लंच किया जिसकी व्यवस्था सीआरपीएफ के आईजी द्वारा की गई थी और उसके बाद दो पृष्ठों का नोट तैयार किया। माधव से लेकर गृहसचिव के स्टाफ अधिकारी हवाई अड्डे पर उनका स्वागत करने जा रहे थे। कैबिनेट सचिव ने दिल्ली में उतरते ही एचएस से मिलने की इच्छा जताई।

कल्याण (माधव के कमरे में): "यह घटनाओं की सूची है। एचएस को पूछियेगा कि क्या उन्हें किसी भी स्पष्टीकरण की आवश्यकता है तो मैं कंट्रोल रूम में उपलब्ध हूँ।"

माधव: "मैं आपको सुझाव दूंगा कि आप मेरे साथ हवाई अड्डे चलें।"

कल्याण: "मैं कोई मौका नहीं लेना चाहता। देखो यह सब हड़बड़ी का कच्चा काम है एचएस भड़क सकता है, अगर मैं उनके सामने जाता हूँ तो मुझे उनके क्रोध का सामना करना पड़ेगा।"

माधव: "ठीक है, सर"

दोपहर लगभग 3 बजे कथित तौर पर कल्याण को सूचित किया गया कि फ्लाइट उतर चुकी है। वह रिपोर्ट गृहसचिव को सौंप दी गयी थी। कल्याण को हॉट स्टैंड-बाय पर उपलब्ध होने के लिए कहा गया था। जरूरत पड़ने पर उसे कैबिनेट सचिव के कमरे से बुलाया जा सकता है। कल्याण के अलावा ऐसा कोई भी अधिकारी उस समय नही था जिसे घटनाओं की प्रत्यक्ष जानकारी थी। कल्याण 4:30 बजे तक इंतजार करता रहा फिर कंट्रोल रूम में माधव का फोन आया।

माधव: "कल्याण जी, एचएस कार्यालय में है आपको तुरंत बुला रहे हैं।"

कल्याण: "आ रहा हूँ"

कल्याण गृहसचिव के कमरे में जाता है।

एचएस: "आओ कल्याण"

कल्याण: "गुड आफ्टरनून सर"

एचएस: "आपने परिस्थितियों को देखते हुए बहुत अच्छा काम किया"

कल्याण: "सर"

एचएस: "मुझे बताया गया है कि आप कल रात से यहाँ हैं। जब तक यह समाप्त नहीं हो जाता तब तक मैं कंट्रोल रूम की निगरानी करने और समन्वय करने के लिए अधिकारियों का पैनल नहीं बना रहा हूँ। तो आप मिस्टर जैन, (एक अन्य संयुक्त सचिव) को ब्रीफ करो और आप आराम कर सकते हैं। कल के बाद, आपको राव और पीयूष के साथ इस पूरे दुर्भाग्यपूर्ण घटनाक्रम के कागजी कार्य और फॉलो-अप आदि पर काम करना है। मैंने पहले ही पीयूष को देर रात की फ्लाइट से मुंबई जाने और सभी संभव जानकारी देने के लिए कहा है।"

कल्याण: "सर, एक और बात जो मैंने जेएस (एनई) से अनुरोध किया था, सर ऑपरेशन अभी भी चल रहे हैं और हमने अपने लोगों को खो दिया है। इसका श्रेय कुछ मीडिया चैनलों को दिया जाता है जिन्होंने ऑपरेशन का लाइव टेलीकास्ट किया है।"

एचएस: "कल्याण, डीआईबी ने इस मामले को पीएमओ के साथ उठाया है। लेकिन पीएमओ अनिच्छुक है। वह मीडिया चैनल शक्तिशाली मंत्रियों का बहुत खास है। आपको सब समझ आ गया होगा?"

इसके बाद कल्याण गृहसचिव के कार्यालय में मिस्टर जैन से मुलाकात करता है और दोनों एमएचए कंट्रोल रूम में जाते हैं।

कल्याण (कंट्रोल रूम के प्रभारी कमांडेंट को बताते हुए): "ये पीपी डिवीजन में संयुक्त सचिव मिस्टर जैन हैं अब से ये ही समन्वय का कार्य संभालेंगे।"

कमांडेंट: "सर, आपका स्वागत है सर"

कल्याण फिर उनको उस जानकारी के बारे में ब्रीफ करता है जिसे प्राप्त किया जाना है। उसके बाद वह अपनी बाइक (जिसे गेट नंबर 4 पर एक कांस्टेबल ने प्राप्त किया था) का पता लगाने के लिए एमएचए कंट्रोल रूम से एसी सीआईएसएफ को फोन करता है और बाइक मिलने पर वहा वापस घर चला जाता है। घर पहुंचकर अत्यंत आवश्यक स्नान करने के बाद वह अपनी संध्यावन्दन आदि करने और भोजन करने के बाद लगभग 8:15 बजे तक सोने चला जाता है।

अध्याय 36

दृश्य 93

28.11.2008

एनएसजी ने स्थिति को अपने नियंत्रण में ले लिया था। इस आतंकी हमले में बड़ी संख्या में लोग हताहत हुए थे। मुंबई एटीएस ने भी अपना चीफ खो दिया था। संयोगवश, यह वही अधिकारी था जिसने 01.06.2006 को गृहमंत्री के कमरे में एक प्रसिद्ध राजनेता के साथ कल्याण से मुलाकात की थी। कल्याण की शादी की 20वीं वर्षगांठ थी। कल्याण ने घर पर जल्दी आने जैसा कोई भी वचन नहीं दिया था। वह इस तरह का वचन देने से भयभीत था। हालांकि, कल्याण इस दुखद और गंभीरता पूर्ण दिन पर किसी भी नकारात्मक चीज पर चर्चा नहीं करना चाहता था, फिर भी वह स्वयं को रोक न सका और उसने अपने पिता को पूरी गाथा सुनाई। उसके पिता ने भी अपनी वही बात दोहराई कि देश की पूर्व प्रधानमंत्री की बहु और वास्तविक शक्तिशाली महिला 'ग्रैंड क्वीन' कानून के तहत केवल अपने कुटिल और भव्य डिजाइन (साज़िश) को पूरा कर रही है।

उस दिन भी पीयूष ऑफिस में नहीं था। सूत्रों से जानकारी एकत्र करने के लिए उसे मुंबई भेजा गया था। उसे मुंबई हवाई अड्डा परिसर में ही रहने के लिए कहा गया था जहाँ सीआईएसएफ के डीआईजी को व्यवस्था करने के लिए कहा गया था। आईबी के आईजी कल्याण के कमरे में झांकते हैं।

आईजी: "कॉफी बोर्ड"

कल्याण: "आ रहा हूँ, सर"

कल्याण कॉफी बोर्ड के पास जाता है। आईजी हॉल के एक कोने में बैठे है।

कल्याण उनके पास जाता है और अपने नियमित वेटर हनीफ को कॉफी लाने के लिए ईशारा करता है और आईजी से बातचीत करना शुरू करता है।

कल्याण: "सर"

आईजी: "उन्होंने आपको बाहर भेज दिया था"

कल्याण: "सर, नायर ने मुझे बताया"

आईजी: "हम जानते थे कि कुछ पक रहा है अर्थात कुछ बड़ा खेल चल रहा।"

कल्याण: "सर, इतने इनपुट के साथ एक अंधा आदमी भी उन्हें रोक सकता था"

आईजी: "कल्याण, सरकार अंधी नहीं है यह उनकी मदद कर रही थी"

कल्याण: "सर, क्यों सर?"

आईजी: "आपकी जगह अतिरिक्त सचिव को ले जाया गया था न?"

कल्याण: "सर"

आईजी: "अन्य सभी अधिकारी संयुक्त सचिव स्तर के थे"

कल्याण: "सर"

आईजी: "खुफिया संस्थानों पर स्टेट्स और रैंक भारी पड़ा"

कल्याण: "सर, कैसे? लेकिन, सर हमारे पास एजेंसियों के दो अधिकारी थे सर, स्वयं आप और मिस्टर....।"

आईजी: "हम दोनों कल ही उड़ गए थे। लेकिन कोई फ्लाइट उपलब्ध नहीं थीं इसलिए, हम दुबई होते हुए आये वो भी कमर्शियल फ्लाइट से।"

कल्याण: "ठीक है सर, लेकिन एचएस को संदेश मिला होगा, इंटेलिजेंस के दो लोग सहयोग नहीं कर रहे थे और पहले ही छोड़ कर आ गये, यह आने वाली चीजों को लेकर सबसे अच्छा बयान था।"

आईजी: "हर कोई कल्याण की तरह नही सूंघ सकता है"

कल्याण: "सर, एचएस गृहमंत्रालय के एक अनुभवी अधिकारी रहे हैं, यहाँ तक कि निदेशक और तत्कालीन संयुक्त सचिव के रूप में भी रहे हैं।"

आईजी: "इसका कोई मतलब नहीं है। परिणाम का भान (अंदाजा) होने के लिए आपके पास योग्यता होनी चाहिए"

कल्याण: "सर"

आईजी: "धनंजय एचएस पर भारी पड़ता"

कल्याण: "सर, आपका मतलब है कि एएस (बीएम) सभी पर भारी पड़ गया और एचएस सहमत हो गए।"

आईजी: "एकदम सही है कल्याण। एक और कॉफी प्लीज, बात अभी खत्म नहीं हुई"

कल्याण हनीफ को दो और कॉफ़ी लाने के लिए ईशारा करता है।

कल्याण: "यह हास्यास्पद है। लेकिन, सर हमारे सुरक्षा बलों ने जहाज को देखा था।"

आईजी: "कहानी बाहर निकल जाएगी। मैं इसे रोक लेता हूँ। मुंबई में मेरे साथी गुरु ने भी डीआईबी को जानकारी दी है। इसलिए, शायद डीआईबी पुष्टि कर सकता है।"

कल्याण: "सर"

आईजी: "कल्याण, आपको भी डिजाइन के हिस्से के रूप में बाहर भेजा गया था इसलिए, आप सतर्क रहना आप किसी के रडार पर हैं।"

इसके बाद जानकारी जुटाने और मीडिया के लिए गृहमंत्री के वक्तव्य को संशोधित करने आदि में पूरा दिन बीत गया। रिपोर्ट की जाने वाली एकमात्र प्रगति यह थी कि भारतीय सुरक्षा बलों ने स्थिति को नियंत्रित कर लिया है। कल्याण ने राव से जल्दी जाने की अनुमति मांगी और कार्यालय से निकल गया। शुक्रवार का दिन था। उसने अपने बड़े बेटे भास्कर को भी घर आने के लिए फोन किया ताकि, वे घर पर एक आकस्मिक पार्टी का आनंद ले सकें। वह जानता था कि अगले दिन उसे कार्यालय में बुलाया जाएगा, चाहें शनिवार ही क्यों न था। उसने पाकिस्तान यात्रा के बारे में लोगों से बहुत सुना था इसलिए, वे सभी घर पर ही रहे और उन्होंने बाहर से खाना मंगवाया। इस प्रकार एक छोटी सी पार्टी आयोजित की गई।

29.11.2008

कल्याण फिर से नॉर्थ ब्लॉक में वापस आ गया, पीयूष 26.11.2008 के बारे में और अधिक जानकारी लेकर आया था। उसने 26.11.2008 को गृहसचिव स्तर की वार्ता के समापन पर जारी किए गए संयुक्त प्रेस वक्तव्य को भी साझा किया। उसने इस्लामाबाद में जो कुछ भी हुआ उसे भी बताया। पीयूष ने बताया कि केवल एहसान खान और सीबीआई के प्रतिनिधि अरशद अली ही पाकिस्तानी पक्ष द्वारा प्रस्तावित वार्ता यात्रा के विस्तार के इच्छुक थे। उन्हें दूसरी प्रशासनिक सुधार समिति की 8वीं रिपोर्ट की प्रगति की समीक्षा करने के लिए भी कहा गया था, जिसे विशेष रूप से "आतंकवाद का मुकाबला" (कोम्बैटिंग टेररिज्म) शीर्षक दिया गया था।

अधिकारियों का एक समूह गठित किया गया था और वे अधिकांश रिपोर्ट को स्वीकार करने के लिए तैयार नहीं थे। अधिकारियों के विचार में सिफारिशें अधिकारियों से अधिकार क्षेत्र छीन लेंगी और इसे सत्तारूढ़ पार्टी के राजनेताओं के हाथ में दे देगी। इसलिए, यह खतरनाक परिणामों से परिपूर्ण था। सिफारिशों में से एक सिफारिश भारत सरकार के अंतर्गत "एक संघीय जाँच एजेंसी की स्थापना" भी थी।

इसमें कुछ भी नया नहीं था। वास्तव में, माननीय उच्चतम न्यायालय ने अपने एक फैसले में यह निर्देश दिया था जिसमें पुलिस सुधारों की आवश्यकता पर बल दिया गया था। भारत सरकार की ओर से कल्याण द्वारा फिर से दायर काउंटर एफेडेविट में इसका एक सरकारी नीति के रूप में विरोध किया था क्योंकि, यह संविधान की अनुसूची VII के तहत निर्धारित स्टेट डोमेन का उल्लंघन करेगा।

अब एआरसी में यह सिफारिश किसी अपराध को आतंकवादी गतिविधि के रूप में घोषित करने और प्रस्तावित संघीय एजेंसी को आदेश देने के लिए भारत पर अप्रतिबंधित शक्तियों के साथ और भी अधिक खतरनाक परिणामों से भरी हुई थी। सभी अधिकारियों ने सर्वसम्मति से सिफारिशों को खारिज कर दिया। यह अस्वीकृति हाल ही में कुछ अपराधों को हिंदू आतंक के रूप में ब्रांड करने के प्रयासों की पृष्ठभूमि में थी (जैसे कि नांदेड़ विस्फोट), जिसके तहत देश में आतंकवादी हमलों का रंग बदलने का प्रयास किया गया था।

एक अन्य प्रमुख सिफारिश केंद्रीय मंत्रिमंडल को डिफेन्स इंटेलिजेंस प्रतिष्ठानों सहित सरकार के सभी इंटेलिजेंस प्रतिष्ठानों पर निगरानी सौंपना था। एनएसए द्वारा अत्यधिक आवश्यकता व्यक्त करने के बावजूद समिति के सदस्यों द्वारा इसका विरोध भी किया गया था। एनएसए एक पूर्व निदेशक थे। आईबी और दुसरे अधिकारी उनकी राजनीतिक चाल को लेकर हैरान थे।

पीयूष: "कल्याण, एआरसी रिपोर्ट को समीक्षा करने वाले हैं।"

कल्याण: "सर, अगर लागू हो गया तो इसको भी हिंदू टेरर ब्रांड कर देंगे।"

पीयूष: "क्या हमारे पास इनपुट है।"

कल्याण: "सर, हाँ सर, लेकिन इसे मानवाधिकार और राष्ट्रीय एकता (एचआरएनआई) डिवीजन में स्थानांतरित कर दिया गया था। और हाँ! अनीस बर्नी या किसी और के द्वारा एक पुस्तक जिसका शीर्षक '26.11 आरएसएस की साज़िश' पहले से ही रिलीज के लिए तैयार है।"

पीयूष: "ओह भाई ये तो बहुत खतरनाक है। एचआरएनआई डिवीजन को यह क्यों मिली? पिंक बुक (एमएचए में कार्य का आवंटन) के अनुसार यह हमारा डोमेन है।"

कल्याण: "हाँ सर, लेकिन वरिष्ठ अधिकारियों की बैठक में यह तय किया गया था। एएस (बीएम) ने जोर देकर कहा था कि आईएस विंग गड़बड़ कर देगा।"

पीयूष: "ये आदमी तो बहुत अधिक हस्तक्षेप कर रहा है।"

कल्याण: "सर, वह हमें संसाधनों से भी भूखा मार रहा है।"

पीयूष: "जैसे?"

कल्याण: "बड़ी सरल चीजें हैं जैसे कि मेरे पास एजेंसियों से प्राप्त जब्त एफआईसीएन रखने के लिए एक अलमारी नहीं है। मुझे बिना किसी इंटरनेट कनेक्शन के एक स्टैंड-अलोन (केवल) कंप्यूटर की आवश्यकता है।"

पीयूष: "और कुछ?"

कल्याण: "उन कर्मचारियों को देखिये जो उन्होंने आईएस डिवीजन में पदस्त किये हैं।"

पीयूष: "बिल्कुल ठीक है, मनफूल दिल का मरीज है, नीलम देर से आती है, शाम को उसे चार्टर्ड बस पकड़नी होती है और वह ज्यादातर यह कहते हुए फर्लू मारती है कि उसकी सास अस्वस्थ है।"

कल्याण: "सर, संदीप के पास हमेशा कोई न कोई समस्या रहती है या फिर दूसरों के साथ।"

पीयूष: "हाँ, अच्छे-अच्छे सहायक और अनुभाग अधिकारी आदि एडमिनिस्ट्रेशन, विजिलेंस और अन्य डिविजनों में नियुक्त हैं।"

कल्याण: "सर सब कुछ कोडिफाइड है। वे युवा प्रतिभाओं को मार रहे हैं। वे बाबुओं के रूप में उन्नति करेंगे और साथ ही उनमें हर चीज जानने का घमंड भी होगा।"

पीयूष; "फुल फॉर्म में मत आना"

कल्याण: "स्योर सर, लेकिन भौतिक रसद का क्या, मैंने तीन लिखित अनुरोध भेजे हैं।"

पीयूष: "अगली एसओएम (सीनियर ऑफिसर मीटिंग) में एसएस (आईएस) को उठाने के लिए बोलना। जेएस (आईएस) थोडा फट्टू है।"

कल्याण: "वैसे सर आईजी साहब से बात हुई"

पीयूष: "क्या कहा?"

कल्याण: "इस्लामाबाद में होने वाली घटनाओं के बारे में"

पीयूष: "हाँ यार, साला फस गए थे, आपको निकाल दिया गया। हमें मुरी जाना पड़ा और आधी रात में लौटना पड़ा।"

कल्याण: "सर, मुझे 20 घंटे तक लगातार अकेले चुनौती से भिड़ना पड़ा। एक साला वो मंत्री जिसके कारण एनएसजी के प्रस्थान में देरी हुई, हमें हर जगह से आने वाली कॉल का सामना करना पड़ा।"

पीयूष: "इत्मिनान से डॉट्स ज्वाइन करो"

कल्याण: "लेकिन, सर आईजी सर ने कुछ बताया"

पीयूष: "एएस (बीएम) ने यात्रा विस्तार के लिए खेल खेला। रैंक और प्रोटोकॉल में वरिष्ठ होने के नाते वह हम सभी पर भारी पड़ा। आपने स्वीकृति आदेश में उसे वैकल्पिक नेता बनाकर उसकी मदद की।"

कल्याण: "मैंने नहीं बनाया। वह एक लिखित आदेश था।"

पीयूष: "ठीक है, मुझे फाइल दिखाओ। एचएस वैकल्पिक नेता के साथ कोई असहमति नहीं चाहता था अन्यथा यह मीडिया में चला गया होता और हमें भारी नुकसान का सामना करना पड़ता। आपकी यूके वाली दोस्त भी

वहाँ थी। अब वह पाकिस्तान में हिंदू के लिए संवाददाता के रूप में तैनात हैं। वहा पूरा समय प्रतिनिधिमंडल का पीछा कर रही थी।"

कल्याण: "सर, क्या आपका मतलब है कि यह सब योजनाबद्ध था?"

पीयूष: "कोई टिप्पणी नहीं। आप बुद्धिमान हैं। मैंने आपको डॉट्स जोड़ने के लिए कहा है।"

कल्याण: "सर मुंबई से कुछ पता चला क्या?"

पीयूष: "कुछ मुख्य गैप्स। उन्होंने कोलाबा के पास लाइफबोट छोड़ दिए थे फिर मछुआरों की कॉलोनी से होते हुए बधवार पार्क की ओर गए थे।"

कल्याण: और सर शाम को बधवार पार्क में परिवहन ले रहे थे। खाली पीली तो 3 घंटे में नहीं मिलती।"

पीयूष: "मुझसे कुछ निकलवाने की कोशिश मत करो। मैंने आपको डॉट्स जोड़ने, निष्कर्ष निकालने और चुप रहने के लिए कहा है। फ़ाइल पर कोई रिकॉर्डिंग नहीं होगी। एएस (बीएम) आपके ऊपर बहुत चिढ़ा हुआ है और यदि आपने रिकॉर्ड में कुछ भी दर्ज कर दिया तो वह आपको इस बार लिंच कर देगा।"

कल्याण: "सर, महाराष्ट्र सीएम और फिल्म निर्माता इस तरह से दौरा कर रहे हैं जैसे कि यह एक पर्यटन स्थल है।"

पीयूष: "फिल्म बनेगा, खेल खत्म और पैसे हजम।"

कल्याण: "सर, आईजी कुछ और गंभीर भी बता रहे थे।"

पीयूष; "क्या?"

कल्याण: "सर, यदि आपने यात्रा विस्तार को स्वीकार नहीं किया होता तो बीएसएफ एम्ब्रेयर को तकनीकी आधार पर रोक दिया गया होता। हो सकता था कि सभी उड़ानों को रोक दिया गया होता। पाकिस्तान एटीसी ने तकनीकी खराबी को अधिसूचित कर दिया था। कुल मिलाकर जब आईएसआई मुंबई में खेल रही थी तब उन्हें आपको वहाँ हर हाल में रोकना था।"

पीयूष: "क्या वह एक इनपुट दे रहे हैं? हमें इंतजार करना चाहिए। बिना किसी इनपुट के रिकॉर्ड मत करना। एएस (बीएम) वैसे ही आपके ऊपर बंदूक ताने बैठा है।"

कल्याण: "ठीक है सर"

पीयूष: "उसका गुर्गा अंगद जो अमेरिकी प्रशासन में है और फिर वह सीएसओ धनंजय सिंह जिसकी आपके साथ ठनी हुई है दोनों आपका पीछा कर रहे हैं।"

कल्याण: "ठीक है, सर"

पीयूष: "आईजी और जेएस कैबसेक वाणिज्यिक उड़ानों द्वारा 26.11.008 को लौट आए थे।"

कल्याण: "सर, एचएस ने संदेश नहीं देखा।"

पीयूष: "नहीं यार, कमिटमेंट हो चुका था।"

कल्याण: "लाल मस्जिद जैसा खेल करते।"

पीयूष: "गुड सेंस ऑफ ह्यूमर। ये साले पाकिस्तानी पहले से जानते हैं कि हमले कहाँ होने वाले हैं या कहाँ गड़बड़ी होगी। इसलिए हम उनसे झूठ नहीं बोल सकते है। वे हर प्रकार से कहानी के लेखकों की तरह होते हैं।"

कल्याण: "सर, फिर यह आरएसएस की साज़िश क्यों?"

पीयूष: "आईजी साहब का कहना है कि यह भारत की मीडिया और राजनीतिक दलों में उनकी मार्केटिंग टीम है जो ये सब करते हैं।"

कल्याण: "सर, ये तो बहुत अच्छा है। लेकिन, सर ये मार्केटिंग टीमें कौन हैं?"

पीयूष: "समाजिक कार्यकर्ता, मीडिया कर्मी आदि।"

कल्याण: "सर, मैंने उनके बारे में रिपोर्ट देखी है कि वे पाकिस्तान से ड्रग्स (मादक पदार्थों) की तस्करी करने वाले प्रतिनिधिमंडलों को ग्रीन चैनल पार करने में सहायता कर रहे हैं।"

पीयूष: "जनवरी 2006 एसएएफएमए पाकिस्तानी प्रतिनिधिमंडल का दौरा। इनपुट पढो"

कल्याण: "सर, मैंने इसे पढ़ा है। इसके अलावा, मैंने अक्टूबर 2006 में चैंपियन ट्रॉफी के दौरान पाकिस्तानी टीम को लेकर हुई घटना के बारे में भी पढ़ा है।"

पीयूष: "क्या आपने एसएएफएमए लॉबिस्ट और दिल्ली में ड्रग्स से जुड़े मामलों के साथ किसी भी लिंक के विवरण को देखा है?"

कल्याण: "धुंधला सा याद है कि मीडिया के लोगों ने दिल्ली पुलिस में नार्को डोमेन के साथ डीसीपी को हटाने के लिए हस्तक्षेप किया था। कुछ ताकतवर पत्रकारों को पकड़ा भी गया था।"

पीयूष: "उन शक्तिशाली पत्रकारों के बेटे ड्रग्स पेडलिंग में शामिल थे। उन्हें डीसीपी (नार्को) की टीम ने एक पाकिस्तानी सप्लायर से खेप लेते समय X नामक स्थान पर पकड़ लिया था और गोली मार दी थी। यह इंटेलिजेंस के नेतृत्व वाला ऑपरेशन था। बाद में, डीसीपी (नार्को) के तहत उस मामले को बहुत शक्तिशाली व्यक्तियों द्वारा बंद करवा दिया गया था। उन शक्तिशाली लोगों ने मामले को दबा दिया और इसे हिट एंड रन केस बनाकर बंद करवा दिया।"

कल्याण: "याद आया मैंने इनपुट पढ़ा था। सर, लेकिन इसे तो सिक्यूरिटी डिवीज़न को भेज दिया गया था जो एनसीबी और नार्को आदि से संबंधित है।"

पीयूष: "नहीं कल्याण साब, मेरा मतलब है कि वे इतने शक्तिशाली लोग हैं कि दिल्ली पुलिस में मामला बन्द करवा सकते हैं और टीम को भी नष्ट कर सकते हैं। इसलिए मार्केटिंग करने वाले कुछ लोगों के पास देश के प्रधानमंत्री की तुलना में अधिक ताकत है।"

कल्याण: "यूटीपी (यूनियन टेरिटरी पुलिस) को इस मुद्दे को उठाना चाहिए था।"

पीयूष: "यूटी डिवीजन से इसे बंद करने के लिए निर्देश दिया गया था कि दूसरी जगहों पर आवश्यकताओं के कारण डीसीपी (नार्को) की कोई आवश्यकता नहीं है।"

कल्याण: "सर, कल रविवार है। क्या हम काम कर रहे हैं? मुझे एक ख़ास दोस्त की बेटी की शादी में जाना है।"

पीयूष: "अभी तक तो नहीं। मुंबई से पूरी जानकारी मिलने के बाद ही हम शुरु कर सकते हैं। लेकिन आप जानते हैं ऐसा कभी भी हो सकता है। लेकिन शादी तो शाम को होगी?"

कल्याण: "नहीं सर, यह मलयाली शादी है। सुबह के समय है। दोपहर तक फ्री हो जाऊँगा। मलयाली शादियों में भोजन बहुत विशेष होता है। लगभग 50 प्लस आइटम।"

पीयूष: "ग्रेट! मजे लो। ऑफिस आने के लिए भी तैयार रहिएगा।"

कल्याण: "सर मयूर विहार में हैं, जो नॉर्थ ब्लॉक से 20 मिनट की दूरी पर है। शादी उत्तर गुरुवायूरप्पन मंदिर में है।"

पीयूष: "हाँ मैं वहाँ गया था"

कल्याण: "धन्यवाद"

इसके बाद वे ऑफिस से छुट्टी करते हैं।

दृश्य 94

30.11.2008, रविवार, स्थान: उत्तर गुरुवायूरप्पन मंदिर, मयूर विहार

कल्याण अपने पुराने दोस्तों के साथ भेंट करने में व्यस्त है। इसके बाद वह मंच पर जाता है और नवविवाहितों को आशीर्वाद देने के बाद जैसा कि भारतीय शादियों में परम्परा है लोग भोजन करने के लिए जाते हैं। कल्याण भी भोजन के लिए चला गया। भोजन में कई स्वादिष्ट व्यंजन पकाये गये थे जैसे अविअल. ओलन, कलन, फ्राइड वेज करी, दो प्रकार के कस्टर्ड जिनके नाम दूध से बना पाल पयस्स्म और अडई प्रदमन (नारियल के आधार से

बना) और इनके साथ अन्य दक्षिण भारतीय व्यंजन भी थे। लगभग 12:30 बजे जब कल्याण भोजन कर रहा था तब उसका फोन बजता है। कल्याण ने देखा कि यह एमएचए कंट्रोल रूम से है।

कल्याण: "कल्याण बोल रहा हूँ"

एमएचए कंट्रोल रूम: "सर, दोपहर 1:00 बजे आपको कार्यालय में होना होगा"

कल्याण: "और आप मुझे अभी कॉल कर रहे हैं।"

एमएचए कंट्रोल रूम: "सर, डायरेक्टर सर ने मुझसे कहा था कि आपको परेशान न करें। आप एक शादी में होंगे। सिर्फ आधे घंटे का नोटिस पर्याप्त है।"

कल्याण: "ठीक है मैं आता हूँ"

एमएचए कंट्रोल रूम: "ठीक है सर, डायरेक्टर साब और जेएस आ गए हैं।"

कल्याण: "ठीक है"

कल्याण हाथ धोने के बाद अपने दोस्त के पास जाता है और जाने की अनुमति लेता है और फिर सीधे नॉर्थ ब्लॉक की ओर ड्राइव करता है, वहाँ पहुंचकर और कार पार्क करने के बाद वह सीधे डायरेक्टर के कमरे में जाता है। लगभग 12:50 बजे थे।

पीयूष: "आओ, कल्याण साब। आप घड़ी की सुई के हिसाब से ठीक 20 मिनट में पहुंच गए।"

कल्याण: "हाँ सर, पर बैठक किस बारे में है?"

फिर लक्ष्मी राव जो डायरेक्टर के कमरे में आ गए थे, बोलने लगे।

राव: "कल्याण बैठक उस बारे में है जो गड़बड़ आपने 26/11 को की थी, जब हम लोग यहाँ नही थे।"

कल्याण (यह जानते हुए कि जेएस मजाक कर रहा था): "सर मुझे गड़बड़ के लिए छोड़ दिया गया था। इसकी अध्यक्षता कौन कर रहा है सर? एचएस?"

पीयूष: "नही, एचएम, एनएसए और दूसरे डिफेन्स इंटेलिजेंस प्रमुख भी आ रहे हैं, साथ ही आईबी और कैबसेक भी।"

कल्याण: "सर, मुझे क्या करना होगा?"

पीयूष: "क्या आपने एसएस (आईएस) को भी सीआरपीएफ और सीआईएसएफ की तैनाती के लिए एचएम को भेजे गए प्रस्ताव के बारे में बताया है?"

कल्याण: "एसएस (आईएस) ने मुझे पुष्टि करने के लिए कहा था। जेएस (एनई) ने उन्हें इस बारे में जानकारी दी थी"

राव: "कल्याण, आपका स्टॉक बढ़ रहा है। सभी सुरक्षा प्रमुखों ने आपकी बहुत प्रशंसा की है।"

पीयूष: "लेकिन एएस (बीएम) ने नहीं"

राव: "वो हम सभी जानते हैं। कोई टिप्पणी नहीं"

कल्याण, पीयूष और जेएस (आईएस) राव, पहली मंजिल पर एमएचए के बैठक कक्ष में जाते हैं। कुछ समय बाद एचएम, एनएसए के साथ आता है। डायरेक्टर आईबी, कैबसेक सचिव, एमआई अधिकारी, एनआई अधिकारी, डीआईए प्रमुख, एसएस (आईएस), जेएस (आईएस) आदि कई अधिकारी कुर्सियों पर बैठे हुए हैं।

गृहमंत्री: इस बैठक में आपका स्वागत है। हम 26/11 की घटनाओं में हमसे क्या गलती हुई है, हमारी कमियाँ क्या थीं? आदि का जायजा लेने के लिए हम यह बैठक कर रहे हैं। ....

कल्याण (एसएस-आईएस से पूछता है): "सर, क्या हमें इस बैठक के मिनट्स बनाने की आवश्यकता है"

एसएस (आईएस): यहाँ विस्फोट होने जा रहा है। यदि आप कैकोफोनी (cacophony) से रिकॉर्ड कर सकते हैं तो कर लो लेकिन, मेरी सलाह है कि कोशिश भी मत करो। यह सब व्यर्थ होगा।"

कल्याण ने राहत महसूस की कि उसे कोई काम नहीं करना है। बल्कि, शादी के स्वादिष्ट व्यंजन खाने के बाद उसे नींद जैसी महसूस हो रही थी। अचानक, डीजी एमआई ने गृहमंत्री पर चिल्लाना शुरू कर दिया जोकि कल्याण के लिए सुरक्षा बलों में देखे गए पूर्ण अनुशासन को देखते हुए दुर्लभ से दुर्लभ अवसर जैसा था। इसके बाद अन्य लोगों ने भी मंत्री का सामना करना शुरू कर दिया। एनएसए ने चर्चा को मॉडरेट करने का प्रयास किया लेकिन, इसका कोई फायदा नहीं हुआ।

एक वरिष्ठ अधिकारी: "माननीय मंत्री जी, हम आज सारा दोष ले रहे हैं; (सुनाई नहीं दिया) ,,,,, नौसेना ने देखा था और उन्हें भारतीय अंतर्राष्ट्रीय जल क्षेत्र में प्रवेश करने के लिए इंतजार कर कर रहे थे। ...डीप्लोयड.... निगरानी और चेतावनी के साथ हाई अलर्ट था। लेकिन यह रिडिप्लॉयमेंट क्यों।"

एक और अधिकारी: "हम लोग एक्सपोज करेंगे कि पीएमओ का कॉल था और यह रिडिप्लॉयमेंट हुआ....... बिना किसी गलती के हम दोष ले रहे हैं........हम अपने नाम वापस लेने का अवसर चाहते हैं। हमारे चीफ ने पहले ही जवाबी हवाई हमलों (एयर स्ट्राइक्स) की पेशकश की थी।"

एसएस (आईएस): "कल्याण! इसलिए मैंने आपसे कहा था। अब देख लो क्या आप यहाँ कुछ भी रिकॉर्ड कर सकते हैं? डीआईबी और कैबसेक सचिव ने अपने अधिकारियों के बारे में पाकिस्तान में ध्यान नहीं दिए जाने को लेकर एक शब्द तक नही कहा है।"

कल्याण: "सर"

उसी समय कोई एक डाक फोल्डर लेकर कमरे में आता है और इसे गृहमंत्री के सामने रखता है। गृहमंत्री इसे खोलते हैं।

गृहमंत्री: "अब आपके पास जल्द ही अपने मुद्दों को हल करने के लिए एक नया गृहमंत्री होगा। मैंने नैतिक जिम्मेदारी लेते हुए सुबह ही अपना इस्तीफा भेज दिया था। मैंने सोचा था कि मैं इस दुर्भाग्यपूर्ण घटना से कुछ सबक लूंगा और उन्हें अपने उत्तराधिकारी गृहमंत्री के लिए रिकॉर्ड में रखूंगा। मैं आपकी चिंता को समझता हूँ। कृपया, कोई भी द्वेष या दुर्भावना मन में न रखें। हम सब अपना काम कर रहे हैं। यहाँ तक कि पीएमओ में वह अधिकारी जिसने तैनाती का आदेश दिया था वह भी अपना काम ही कर रहा था/थी। वह अपने वरिष्ठ के आदेशों का पालन कर रहा था/थी।"

मैं वास्तव में निष्ठापूर्वक अधिकारियों की अपनी टीम से मिलना चाहता हूँ जिन्होंने आंतरिक सुरक्षा के क्षेत्रों और अन्य क्षेत्रीय सुरक्षा के क्षेत्रों में उत्कृष्ट काम किया है, मैं उनकी सफलता की कामना करता हूँ।"

जिस तरह से एनएसए व्यवहार कर रहा था, हर किसी को उम्मीद थी कि एनएसए अगले गृहमंत्री होंगे, लेकिन ऐसा नहीं होना था। अगले दिन सब अखबारों में एक समाचार छपा हुआ था। जिसके अनुसार वर्तमान वित्तमंत्री को देश का गृहमंत्री नियुक्त किया गया था।

यह मामला यहीं खत्म नहीं हुआ। इसके बाद तो विमर्श को बदलने का प्रयास किया गया। उपर्युक्त तथ्यों के आधार पर सामने लाए गए ब्यौरे के बावजूद, जिसकी कल्याण ने उम्मीद की थी कि सरकार के पास जाँच के माध्यम से सच्चाई को सामने लाने के अलावा और कोई विकल्प नहीं था, इसे तोड़-मरोड़ कर पेश किया गया और तथ्यों को बदल दिया गया। मुंबई हमले में लगभग 200 लोगों की मृत्यु होने और उससे पहले के हमलों में हुए बड़े नुकसान के बाद भी गंदी और झूठी कहानी चलती रही। यह पाया गया कि कुछ अधिकारियों और कुछ निर्दोष कार्यकर्ताओं को बाद में अपराधों के लिए आरोपी बनाया गया, ये वो अपराध थे जो उन्होंने नही किये थे। विडंबना यह है कि ये लोग अभी भी मुकदमेबाजी से गुजर रहे हैं।

आखिर कल्याण को कैसे पता चला कि हमले के 34 दिनों के भीतर वह स्वयं उनके निशाने पर होगा? उसे कैसे पता चला कि उसका अपहरण करने की कोशिश की जाएगी? ये अलग बात है कि यह प्रयास विफल हो गया, लेकिन कोशिश तो हुई थी। बाद में जब उसने मंत्रालय में अपने वरिष्ठों के समक्ष एक रिपोर्ट दायर की तो उसे पता चला कि नए गृहमंत्री (जिन पर कल्याण को बहुत उम्मीदें थीं कि ये कुछ अच्छा काम करेगा) वास्तव में, डिजाइन का एक हिस्सा थे। पुलिस आयुक्त को सूचित किए जाने से पहले वह गृहमंत्री 19 दिनों तक उस रिपोर्ट पर सोए रहे। बाद में, स्रोत-आधारित जानकारी के अनुसार, कल्याण को पता चला कि अधिकारी का अपहरण करने का एजेंडा उसी गृहमंत्री का था ताकि, जीवित पकड़े गए आतंकवादी को अपहृत अधिकारी (कल्याण)

की रिहाई के लिए आदान-प्रदान किया जा सके और मुम्बई आतंकी हमले में पाकिस्तान की संलिप्तता के पूरे निशान मिटाये जा सके।

अपहरण का प्रयास हुआ लेकिन वह विफल हो गया। उसी दिन इस्लामाबाद में एक दिलचस्प घटना घटी। कुछ महीने पहले एक आतंकवादी बम विस्फोट में एक प्रमुख अंतर्राष्ट्रीय होटल को पूरी तरह से ध्वस्त कर दिया गया था। उसी का नवीनीकरण और पुनर्निर्माण किया गया था और उस दिन उसका फिर से उद्घाटन किया गया था। उक्त समारोह में एक बहुत ही प्रसिद्ध मीडिया कंपनी के निदेशक को समारोह में आमंत्रित किया गया था। उन्होंने एक उभरते हुए राजनीतिक नेता और पूर्व क्रिकेटर का साक्षात्कार लिया था। उक्त साक्षात्कार में उन्होंने नेता की शारीरिक बनावट, उनके ऑक्सफोर्ड की शिक्षा से अर्जित शिष्टाचार और उनकी खूबसूरती को लेकर बड़ी प्रशंसा की थी। उसने उन्हें आतंकवाद के खिलाफ युद्ध के नेता के रूप में भी अभिषिक्त किया था। यह सर्वविदित था कि यह क्रिकेटर जो उभरता हुआ राजनेता बन गया था वास्तव में, 26.11.2008 के हमले के अपराधी के साथ सांठगांठ कर रहा था और उस नेता ने 26.11.2008 हमले के मुख्य साजिशकर्ता आतंकवादी के साथ गठबंधन में चुनाव लड़ा था।

साथ ही कल्याण ने नए गृहमंत्री की ईमानदारी पर भी विश्वास किया था। उसे यहाँ भी निराशा और धोखा ही मिला। इस नए गृहमंत्री द्वारा कई कुटिल उपाय किए गए थे। एनआईए के मामले को ही देख लीजिए। बाद में इस एजेंसी को सामान्य आपराधिक मामलों को भी बहुसंख्यक समुदाय द्वारा किए गए आतंक के मामलों में बदलने वाली एक एजेंसी में बदल दिया गया था। इसी प्रकार, पाकिस्तानी बैंक (जो न केवल जम्मू-कश्मीर और देश के अन्य भागों में, बल्कि नक्सल प्रभावित क्षेत्रों और पूर्वोत्तर क्षेत्र सहित देश के हर अशांत क्षेत्र में आतंकवाद को बढ़ावा देने के लिए अपनी संलिप्तता को लेकर हाई अलर्ट पर था) की एक शाखा खोलने के प्रस्ताव को भी वास्तव में केंद्रीय गृहमंत्री के रूप में पदभार ग्रहण करने से पहले इसी गृहमंत्री द्वारा मंजूरी दी गई थी।

इतना ही नहीं, इस गृहमंत्री का कार्यकाल अपने आप में पहला कार्यकाल था जब पुलिस खरीद में भ्रष्टाचार हुआ और सीबीआई द्वारा छापा मारा गया। यह लगभग उसी समय हुआ था जब इस्लामाबाद के भारतीय उच्चायोग का एक अधिकारी आईएसआई के एक व्यक्ति के साथ स्टड ट्रैप में फंस गया था। भारत में पाकिस्तान उच्चायोग द्वारा भारतीय राजनेताओं के साथ किस प्रकार समझौता किया जा रहा था, इसके बारे में और कई अन्य विवरण पुस्तक के अगले भाग में प्रकाशित किए जायेंगे। अगले भाग में यह भी पता चलेगा कि कैसे एक राज्य के मुख्यमंत्री और गृहमंत्री को पुलिस मुठभेड़ के झूठे मामले में फंसाने की कोशिश की गई थी। उन सभी ज्वलंत विवरणों का पुस्तक के अगले भाग में फिक्शन (काल्पनिक) के रूप में रहस्योद्घाटन किया जाएगा।

ॐ तत् सत

www.ingramcontent.com/pod-product-compliance
Lightning Source LLC
LaVergne TN
LVHW041151150826
845673LV00001B/131

* 9 7 9 8 8 9 0 2 6 6 8 1 1 *